# Deutschbuch 8

## Sprach- und Lesebuch

### Neue Ausgabe

Herausgegeben von
Bernd Schurf und Andrea Wagener

Erarbeitet von
Gerd Brenner, Ulrich Campe,
Günther Einecke, Dietrich Erlach,
Ute Fenske, Karlheinz Fingerhut,
Margret Fingerhut, Heinz Gierlich,
Cordula Grunow, Rolf Kauffeldt,
Markus Langner, Monika Lenkaitis,
Angela Mielke, Kerstin Muth,
Norbert Pabelick, Bernd Schurf
und Andrea Wagener

unter Beratung von
Karlheinz Fingerhut

# INHALTSVERZEICHNIS

## Helden und Vorbilder – Informieren und Dokumentieren .................... 9

**1.1** Alte und neue Helden – Umfragen und Interviews: Sammeln fürs Portfolio .................... 9
„Helden" – Annäherung an einen Begriff .................... 9
Adopt-A-Minefield – Recherchieren fürs Portfolio .................... 11
Stille Helden – Umfragen und Interviews durchführen .................... 14
„Alltagshelden" – Ein Portfolio ausarbeiten .................... 16

**1.2** Heldentum und Zivilcourage – Texte analysieren .................... 18
*Luciano de Crescenzo:* Aus den „Zwölf Arbeiten des Herakles" .................... 19
*Theodor Fontane:* John Maynard .................... 22
*Wolf Biermann:* Ballade vom Briefträger William L. Moore aus Baltimore ...... 23
*Martin Selber:* Hanna und Elisabeth .................... 25

**1.3** Appell gegen die Gleichgültigkeit – Plakate und Flyer gestalten .................... 29
Ein Flyer für die Helden des Alltags .................... 30

## Ich esse, was ich will – Einen Standpunkt vertreten .................... 31

**2.1** Über Geschmack lässt sich nicht streiten, oder doch? – Meinungen begründen .................... 31
Jeder isst anders – Diskutieren und Protokollieren .................... 31
Essen mit gutem Gewissen – Thesen aufstellen und begründen .................... 34
Küchendienst im Streitgespräch – Äußerungen hinterfragen .................... 37

**2.2** Was haben Orangen mit Gerechtigkeit zu tun? – Schriftlich Stellung nehmen .................... 39
Schritt 1: Informationen sichten – Stichwortzettel anlegen .................... 39
Schritt 2: Informationen sinnvoll ordnen – Mind-Maps anlegen .................... 42
Schritt 3: Schwerpunkte setzen – Eine Gliederung erstellen .................... 43
Schritt 4: Aussagen in Zusammenhang bringen – Sätze logisch verknüpfen ... 44
Schritt 5: Informationen richtig einrahmen – Einleitung und Schluss formulieren .................... 46
Jetzt geht's ums Ganze – Eine schriftliche Stellungnahme verfassen .......... 47

**2.3** Ist Kochen Kult? – In Leserbriefen öffentlich Stellung nehmen .................... 48
*Interview mit Johann Lafer:* Das riecht ja wieder wunderbar .................... 48
*Interview mit Jamie Oliver:* Die Küche ist für Kinder ein fantastischer Ort ...... 50

## Lebensläufe – Beschreiben, Schildern und Erzählen .................... 51

**3.1** Ich in fünfzehn Jahren – Lebensentwürfe ausgestalten .................... 51
Bilder vom Ich – Sich selbst und andere beschreiben .................... 51
*Denis Knauf (15):* In 15 Jahren .................... 52
*Juliane Grupa (17):* In 15 Jahren .................... 53
Eintreten – Stimmungen im Raum schildern .................... 56
*David Chotjewitz:* Einsteins Zimmer .................... 56

SPRECHEN · ZUHÖREN · SCHREIBEN · SPRECHEN · ZUHÖREN · SCHREIBEN · SPRECHEN · ZUHÖREN · SCHREIBEN · SPRECHEN · ZUHÖREN · SPRECHEN

# INHALTSVERZEICHNIS

**3.2** „Aus dem Leben eines Taugenichts" – Eine Novelle untersuchen .......... 58
„Das Rad an meines Vaters Mühle brauste und rauschte ..." –
Ein stimmungsvoller Erzählanfang .............................................. 58
„Der Schlafrock stand mir schön zu Gesichte" – Gefühle schildern ........... 60
Sehnsucht nach der Ferne und nach der Heimat –
Romantische Grundstimmung .................................................. 63

**3.3** **Gespräche führen – Zuhören und Nachfragen** ............................ 66
„Dialog der Generationen" – Hypertexte ...................................... 66
Sich in einem Bewerbungsgespräch vorstellen ................................ 68

## Die Tageszeitung –
## Lesen, Verstehen und Gestalten ..................................... 69

**4.1** **Vorfälle rund um uns –**
**Für die Zeitung recherchieren und schreiben** ................................ 69
Wie kommt die Zeitung an Informationen? – Der Weg einer Nachricht ....... 70
Selbst recherchieren und schreiben ............................................ 71
Die eigene Meinung kundtun – Kommentare verfassen ...................... 72
Eine Zeitung für uns ............................................................ 72

**4.2** **Aktuelle Ereignisse – Zeitungstexte untersuchen** ......................... 73
Ordnung im Blätterwald – Ressorts unterscheiden ............................ 73
Alles auf einen Blick – Das Gestaltungsprinzip des Textdesigns .............. 75
Wie Journalisten schreiben –
Meldung, Bericht, Reportage, Kommentar .................................... 76
Archäologische Entdeckung im Internet ...................................... 76

**4.3** **Projekt: Eine Klassenzeitung im Team gestalten** .......................... 83

## Anstand und Würde –
## Vom Umgang mit Wertbegriffen ..................................... 85

**5.1** **Die Sache mit dem Anstand – Begriffe klären** ............................. 85
Sehen und Verstehen – Begriffe schaffen Ordnung ........................... 85
Was heißt hier Anstand? –
Passende Begriffe für verschiedene Situationen .............................. 86
Rücksichtnahme oder Verantwortungsbewusstsein? –
Synonyme und Antonyme bei abstrakten Begriffen .......................... 89
Anständig anstehen – Begriffserklärung mit dem Wörterbuch .............. 91
Anstand und Würde – Begriffe voneinander abgrenzen ...................... 94

**5.2** **Würdiges oder unwürdiges Verhalten? –**
**Wertbegriffe in literarischen Erzählungen** ................................ 96
*Erich Fried:* Ritterlichkeit ...................................................... 96
*Bertolt Brecht:* Die unwürdige Greisin ........................................ 98

**5.3** **Sprachmanipulation –**
**Begriffe des öffentlichen Sprachgebrauchs kritisch hinterfragen** ......... 102
„Alles überzuckert mit Müll" – Beschönigungen ............................. 102
„Wohlstandsmüll" – Unwörter erkennen ..................................... 104

SCHREIBEN · ZUHÖREN · SPRECHEN · SCHREIBEN · ZUHÖREN · SPRECHEN · NACHDENKEN · NACHDENKEN ÜBER SPRACHE · NACHDENKEN

# INHALTSVERZEICHNIS

## Wunschwelten – Modalität ..................................... 105

**6.1 Gedankenspiele in Lied, Pop, Rock und Rap – Konjunktiv II** .............. 105
König müsste man sein – Bedingungsgefüge .................................. 105
*Rio Reiser:* König von Deutschland ......................................... 106
*Kathinka Zitz-Halein:* Wenn ich ein König wäre ............................ 108
*Jerry Bock:* Wenn ich einmal reich wär' ... ................................ 110
*Gwen Stefani:* Rich girl ................................................... 111
Nur eine Traumfabrik? – Popmusik in der Diskussion ......................... 112

**6.2 Rekordwelten in Medien – Konjunktiv I und Modalverben** .............. 113
... wurde behauptet – Indirekte Rede ....................................... 113
Abenteurer Fossett weiter auf Rekordkurs ................................... 113
Umjubelter Empfang von Weltrekordseglerin MacArthur ........................ 117
Journalistische Sorgfalt – Regelungen mit Hilfe von Modalverben ........... 118

**6.3 Nicht wirklich, aber möglich ... – Denkbares produzieren** ................. 122
Pop, Rock, Rap – Texte für die Schülerzeitung ............................. 122
Was wäre geschehen, wenn ... – Geschichten aus der Zeitmaschine .......... 122
*Heinrich Heine:* Deutschland. Ein Wintermärchen .......................... 122
Die Rolle wechseln – Gegentexte ........................................... 123
*Rita Pavone/Nina Hagen:* Wenn ich ein Junge wär' ......................... 123
*F. Raimund/C. Kreutzer:* Das kriegerische Mädchen ........................ 124

## Die eigene Sprache finden – Jugendsprache ......... 125

**7.1 „Ich glaub, Erwachsene würden das so nicht sagen" –**
**Über die eigene Sprache nachdenken** .................................... 125
„Eine eigene Sprache haben" –
Sprachvarianten unterscheiden ............................................. 126
„Fast eine Geheimsprache" – Merkmale der Jugendsprache .................... 129
„Umgangssprachlich!" – Jugendsprache im Unterricht ....................... 131
*Johann Wolfgang Goethe:* Das Schreien ................................... 131

**7.2 Jugendliche vor Gericht –**
**Wie Jugendliche und Juristen im Fernsehen sprechen** .................... 133
Mordanschlag nach Mobbing? – Sprachliche Ebenen unterscheiden ......... 133
„Die Tätigkeit eines Juristen lebt von der Sprache" –
Gespräch mit dem Juristen Aziz Sariyar .................................... 136

**7.3 SMS – Neues Medium, neue Sprache?** ................................ 138

## Aus Forschung und Technik – Richtig schreiben ... 141

**8.1 Fachsprache im Alltag – Fremdwörter im Gebrauch** .................... 141
Newcomer Stahl – Fremdwörter nachschlagen ................................. 142
*Rolf Froböse:* Stahl im Alltagsleben – Rostfrei .......................... 142
Short Cuts aus Forschung und Technologie –
Ableitungen und Zusammensetzungen bei Fremdwörtern ....................... 147
Phonstarke Musik in der Disko –
Doppelschreibungen bei Fremdwörtern ...................................... 149

6

7

8

4

■ INHALTSVERZEICHNIS

**8.2 Wie funktioniert das? – Zeichen setzen** .................................... 152
Geniale Erfindungen – Satzwertige Partizipien und satzwertige Infinitive .... 152
*Nicola von Lutterotti:* Der Strom aus dem Rucksack ......................... 152
*Jörg Albrecht:* Das Tatterometer ........................................... 154
Punkt, Punkt, Komma, Strich – Schreiben zu Experimenten ................. 155
*Kay Spreckelsen:* Der Karussel-Versuch .................................... 155

**8.3 Die Bewerbungsmappe – Fehler vermeiden** ......................... 158
„Ich würde mich daher sehr freuen, ..." – Bewerbungsschreiben, Lebenslauf ... 158
Sicher formulieren – Rechtschreibtipps .................................... 162

## Freundschaft – Perspektiven in Texten und Bildern ...................... 167

**9.1 Freundschaft hat viele Gesichter – Texte lesen und verstehen** ............. 167
Wahre und falsche Freunde – Textaussagen veranschaulichen ................ 167
*A. M. Homes:* Jack und Max ................................................ 168
*Franz Kafka:* Gemeinschaft ................................................ 169
*Hermann Hesse:* Freundespflicht ........................................... 170
*Friedrich Schiller:* Die Bürgschaft ......................................... 172
Freizeitgenossen oder enge Vertraute? – Sachtexte analysieren .............. 175

**9.2 Freundschaftsbilder – Kreativ schreiben** ........................... 178
Bilder als Momentaufnahme – Geschichten entwickeln ...................... 178
Freundschaft inszenieren – Dialoge verfassen .............................. 179
*Hans Manz:* Freundschaften ................................................ 179
Freundschaften verschlüsseln – Fabeln schreiben .......................... 180
*Käthe Recheis:* Der Löwe und die Stiere .................................. 180

**9.3 Projekt: Freundschaftstexte mit dem Computer interaktiv gestalten** ..... 181
Akrostichen interaktiv ...................................................... 181
Textausschnitte weiterschreiben ............................................ 182
*Chris Wooding:* Beste Freunde .............................................. 182

## Nicht ganz alltägliche Situationen – Kurzgeschichten ........................................................... 185

**10.1 Jugendliche und Erwachsene – Kurzgeschichten interpretieren** .......... 185
*Julia Franck:* Streuselschnecke ............................................ 186
*Wolfgang Borchert:* Nachts schlafen die Ratten doch ........................ 187
*Wladimir Kaminer:* Schönhauser Allee im Regen ............................ 190

**10.2 Kurzgeschichten um- und weiterschreiben** ......................... 193
*Guy Helminger:* Die Bahnfahrt .............................................. 193
*Ralf Thenior:* Zu spät ..................................................... 195
*Adelheid Duvanel:* Mein Schweigen .......................................... 196

**10.3 Kurzfilm und Hörspiel – Eine Kurzgeschichte medial umgestalten** ......................................... 198
Projekt A: „Schönhauser Allee" ➔ Einen Film drehen ........................ 198
Projekt B: „Nachts schlafen die Ratten doch" ➔ Ein Hörspiel aufnehmen ...... 199

# INHALTSVERZEICHNIS

## 11

### Leben auf der Flucht – Jüdische Schicksale im Jugendroman .................. 201

- **11.1** Mirjam Pressler: „Malka Mai" und Myron Levoy: „Der gelbe Vogel" ....... 201
  - Malka Mai – Die Hauptfigur eines Romans ................................. 202
  - Aufbruch zur Flucht – Die Erzählweise untersuchen ........................ 204
  - Die siebenjährige Malka – Die Hauptfigur chrarakterisieren ............... 208
  - Alan und Naomie – Äußere und innere Handlung ............................. 209
  - Puppen als (Gesprächs-)Partner – Redeformen im modernen Roman .......... 211
  - Puppen bekommen ein Eigenleben – Motive vergleichen ..................... 213

- **11.2** Sich in Figuren hineindenken – Erzähltexte um- und ausgestalten ....... 216
  - Myron Levoy: „Der gelbe Vogel" (4) ....................................... 217

- **11.3** Projekt: Bücher, CD-ROMs und Filme zum Thema „Jugend im Dritten Reich" vorstellen ......................... 219

## 12

### Menschen in der Stadt – Gedichte und Songs untersuchen und gestalten ... 221

- **12.1** Von Berlin, New York und anderen Großstädten – Gedichte im Vergleich .. 221
  - Motive der Großstadt – Bildliche und musikalische Bezüge herstellen ...... 222
  - *Erich Kästner:* Besuch vom Lande .......................................... 222
  - *Kurt Tucholsky:* Augen in der Groß-Stadt .................................. 224
  - *Ideal:* Berlin ............................................................ 224
  - Als Einzelner unter Millionen – Das lyrische Ich .......................... 226
  - *Lilly Sauter:* Ballade von der Métro ...................................... 226
  - *Orhan Veli:* Ich höre Istanbul ............................................ 227
  - Inhalt und Form im Einklang – Einen lyrischen Text analysieren ........... 229
  - *Theodor Storm:* Die Stadt ................................................. 229
  - *Hildegard Wohlgemuth:* Industriestadt sonntags abends ..................... 229
  - *Titus Müller:* Potsdamer Platz, *Georg Heym:* Berlin I..................... 230

- **12.2** Sprechen vor Ort – Dialekt in Dichtung und Alltag ...................... 233
  - *Hilde Fischer:* Op der Huhstroß ........................................... 233
  - *Matthias Koeppel:* Döss Tourrastin Flauch ................................. 237
  - *Mascha Kaléko:* Frau Wegerich ............................................. 237

- **12.3** Blick auf meine Stadt – Foto- und Lyrikwerkstatt ....................... 238
  - *Eugen Gomringer:* cars and cars ........................................... 238
  - *Karlhans Frank:* Das Haus des Schreibers .................................. 238
  - *Johannes Kühn:* Der Dom ................................................... 238

## 13

### Friedrich Schiller: „Wilhelm Tell" – Szenen aus einem klassischen Drama ................................... 241

- **13.1** Die Exposition – Die Einführung in das Drama erschließen ............... 241
  - Ort und Atmosphäre: Erster Aufzug, erste Szene ........................... 242
  - Der Auftritt des Helden ................................................... 243
  - Das erregende Moment: Erster Aufzug, dritte Szene ........................ 246
  - Dramentechnische Begriffe ................................................. 249

6

# INHALTSVERZEICHNIS

**13.2** Höhepunkt und Lösung des Konflikts – Szenisch spielen ................ 251
Der Konflikt auf dem Höhepunkt: Dritter Aufzug, dritte Szene .............. 251
Die Lösung des Konflikts: Vierter Aufzug, dritte Szene ....................... 256

**13.3** Projekt: Ein Abend rund um Tell ......................................... 260

## Werbung – Anzeigen und Filmspots untersuchen und gestalten ................ 263

**14.1** „Nichts ist unmöglich ..." – Werbeanzeigen untersuchen ................. 263
AIDA – Wie Werbeanzeigen gestaltet sind ................................... 264
Typisch? – Werben mit Klischee und Witz ................................... 267
„Echtheitsfaktor" in visuellen Welten – Werben mit allen Mitteln ........... 267
*Jürgen Schmieder:* So konzentriert kommen wir nicht mehr zusammen ...... 267

**14.2** Werben und erzählen – Filmische Mittel in Werbespots untersuchen ..... 270
Was will der Spot uns sagen? – Kamerafahrt und Kameraschwenk ........... 270
Wirkung erzeugen – Schnitt und Montage ................................... 273

**14.3** Projekt: Einen Werbespot drehen ......................................... 275

## Wer ist schön? – Strategisch lesen ......................... 277

**15.1** Schön sein, schöner Schein – Informationen entnehmen, verknüpfen und bewerten ................................................... 277
Einen literarischen Text verstehen ......................................... 278
*Edgar Allan Poe:* Das ovale Porträt ....................................... 278
Einen Sachtext verstehen .................................................. 282
Ein Bild auf der Haut bleibt beliebt ........................................ 282
Ein Thema erörtern ....................................................... 284
Aufgabenarten und Lösungsstrategien – Lernprozesse reflektieren .......... 286

**15.2** „Bin ich schön?" – Testaufgaben selbst entwerfen ....................... 288
*Andrea Hauner, Elke Reichart:* Attraktivität ............................... 288
*Doris Dörrie:* Bin ich schön? ............................................. 290

**15.3** Der schöne Schönfaden – Lesetraining ................................... 292
Gezieltes Lesen ........................................................... 292
Überfliegendes Lesen ...................................................... 294
Intensives Lesen .......................................................... 296

## Orientierungswissen ......................................... 298
1 Sprechen – Zuhören – Schreiben ......................................... 298
2 Nachdenken über Sprache ............................................... 304
3 Lesen – Umgang mit Texten und Medien ................................. 322
4 Arbeitstechniken und Methoden ......................................... 334
Bildquellenverzeichnis .................................................... 337
Autoren- und Quellenverzeichnis .......................................... 338
Textartenverzeichnis ...................................................... 340
Sachregister .............................................................. 341

# Wie ihr mit dem „Deutschbuch" arbeiten könnt

| Arbeitsbereiche | ■ SPRECHEN – ZUHÖREN – SCHREIBEN<br>■ NACHDENKEN ÜBER SPRACHE<br>■ LESEN – UMGANG MIT TEXTEN UND MEDIEN<br>■ ARBEITSTECHNIKEN UND METHODEN |
|---|---|
| **Kapitelaufbau im Dreischritt**<br><br>Beispiel:<br>15 Wer ist schön? – Strategisch lesen | **Hauptlernbereich**<br>Im ersten Teil wird das Thema des Kapitels erarbeitet.<br><br>■ 15.1 Schön sein, schöner Schein – Informationen entnehmen<br><br>**Verknüpfung mit einem weiteren Lernbereich**<br>Im zweiten Teil werden die erworbenen Kenntnisse und Fertigkeiten mit einem anderen Lernbereich verbunden.<br><br>■ 15.2 „Bin ich schön?" – Testaufgaben selbst entwerfen<br><br>**Üben und Vertiefen des Gelernten**<br>Der dritte Teil eines jeden Kapitels enthält Übungen zur Wiederholung und Vertiefung des Gelernten.<br><br>□ 15.3 Der schöne Schönfaden – Lesetraining |
| **Orientierungswissen** | 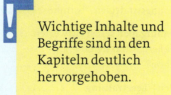 |
| **Piktogramme** |  Partnerarbeit     Arbeiten mit dem Computer<br> Gruppenarbeit     fächerverbindende Aufgabe<br> Rollenspiel     Arbeitstechniken und Methoden |

SPRECHEN · ZUHÖREN · SCHREIBEN

# 1 Helden und Vorbilder – Informieren und Dokumentieren

## 1.1 Alte und neue Helden – Umfragen und Interviews: Sammeln fürs Portfolio

### „Helden" – Annäherung an einen Begriff

**1** Die hier abgebildeten Personen werden alle als Helden bezeichnet.
a) Von wem habt ihr schon einmal gehört?
b) Was verbindet ihr mit der Figur „Wilhelm Tell"? (▷ S. 241–262)
c) Worin unterscheiden sich reale Helden von fantastischen Heldenfiguren?

**2** Um welche Personen aus Geschichte und Gegenwart würdet ihr die Abbildungsreihe ergänzen? Begründet eure Meinung.

1 Helden und Vorbilder – Informieren und Dokumentieren

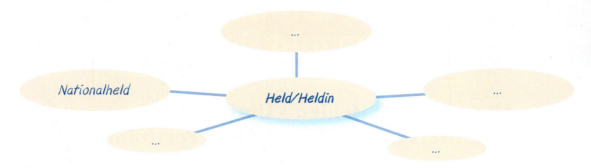

**3** *Sucht weitere besondere Bezeichnungen für Helden.*
 a) *Ergänzt dazu den Cluster in eurem Heft.*
 b) *Erklärt die Bedeutung der Begriffe.*
 c) *Ordnet den Begriffen konkrete Personen zu und erläutert, wodurch sie sich als Held oder Heldin auszeichnen.*

 **4** *Erarbeitet in Partner- oder Gruppenarbeit eine mögliche Heldendefinition und gleicht sie anschließend in der Klasse ab. Einigt euch auf maximal drei Definitionen und hängt sie in Postergröße in der Klasse auf.*

 **5** *Wählt eine Persönlichkeit oder eine Figur aus, die ihr als „Held" bezeichnen würdet.*
 a) *Informiert euch über deren Lebensweg und stellt diesen in einem Steckbrief vor. Bei erfundenen, so genannten „fiktiven Figuren" (wie z.B. Superman) könnt ihr über die Entstehungsgeschichte der Figur berichten und die Eigenschaften aufführen, mit denen ihr Erfinder sie ausgestattet hat.*
 b) *Begründet anschließend, warum die von euch vorgestellte Person als Held oder Heldin wahrgenommen wird. Trifft eine der von euch erarbeiteten Definitionen zu?*

### ARBEITSTECHNIK

**Informationen gezielt entnehmen**
Für einen Steckbrief, ein Referat oder ein **Portfolio** (eine Sammelmappe zu einem bestimmten Thema) muss man aus Text-, Audio- und Bildquellen Informationen und Sachwissen gezielt entnehmen, um sie anschließend in die eigene Arbeit „einzubauen", entweder als Zitat oder zusammengefasst in eigenen Worten.

Folgende Arbeitsschritte haben sich dafür bewährt:
☐ **Aktiviert euer Vorwissen:** Was wisst ihr schon zu dem Thema, welche Informationen braucht ihr noch? Notiert euch Fragen, auf die ihr in den Sachtexten Antworten sucht.
☐ **Überfliegt** zunächst die Texte, indem ihr eure Fragen vor Augen habt. Bei Büchern entscheidet ein Blick in das Inhaltsverzeichnis oder das Sachregister, ob sie als Informationsquelle in Frage kommen.
☐ **Lest dann den Text genau,** d. h.: auf einer Kopie wichtige Stellen markieren, für das Thema unnötige Abschnitte streichen, Zwischenüberschriften oder Randbemerkungen einfügen, Zitate herausschreiben, Notizen machen.

# Adopt-A-Minefield – Recherchieren fürs Portfolio

## Stars, Sternchen und wahre Helden

*Von Dieter Sieckmeyer*

**Neuss.** Fingerspitzengefühl gehört dazu, wenn man es schaffen will, auf einer oft etwas langatmigen Gala beim Publikum Gänsehaut-Feeling zu erzeugen. Wenn Cat Stevens alias Yusuf Islam seinen Klassiker „Where do the Children play?" singt, nachdem kurz zuvor das Schicksal von Kindern geschildert wurde, die beim Spielen durch Landminen zerfetzt wurden, verfehlt die Inszenierung ihre Wirkung nicht.

Jede Menge Prominenz – von Boris Becker über Marius Müller-Westernhagen, Nadja Auermann oder Katarina Witt – war nach Neuss gekommen, um Lady Heather Mills-McCartney zu unterstützen. Dabei kamen bis gestern 680.000 Euro zusammen. Wie Gala-Organisator Sascha Hellen erklärte, stehen allerdings einige angekündigte Schecks noch aus.

Auch Sitar-Musik gehört selten zum Programm einer Gala. Für die Ohren der echten Beatles-Fans war das rasante Spiel von Anoushka Shankar allerdings kein musikalisches Neuland. Schließlich hatten die Fab Four schon mit Anoushkas Vater Ravi Shankar viel experimentiert.

Aber zwischen dem niederländischen Meister-Magier Hans Klok oder Bonnie Tyler (Geiger Nigel Kennedy hatte aus organisatorischen Gründen kurzfristig abgesagt) wurde immer wieder daran erinnert, dass die Gala einen ernsten Hintergrund hat. Daher war auch Vera Bohle der eigentliche Star des Abends. Die ehemalige TV-Redakteurin hatte mit 29 Jahren ihren Beruf aufgegeben und sich zur Minen-Räumerin ausbilden lassen. Seitdem ist sie in der ganzen Welt im Einsatz. Für die Gala wurde Vera extra aus Afghanistan eingeflogen. „Anfangs hatte ich so große Angst, dass bei der Arbeit das Visier meines Spezialhelms beschlagen ist", erzählte die sympathische Blondine,

*Mit einem Sonderpreis ehrten die McCartneys die deutsche Landminen-Räumerin Vera Bohle.*

„aber viel gefährlicher ist es, wenn man zu wenig Angst hat. Erst vor zwei Tagen ist einer meiner Kollegen auf dem Flughafen von Kabul bei einem Unfall ums Leben gekommen." Die gebürtige Recklinghausenerin wurde stellvertretend für alle, die gegen Landminen kämpfen, im Rahmen der Gala ausgezeichnet.

Wie Heather Mills-McCartney erklärte, sind schätzungsweise noch rund 70 Millionen Landminen vergraben. Besonders tragisch ist, dass vor allem Kinder Opfer der tückischen Waffen werden. So appellierte Ehemann Paul zum Schluss der Gala an die Politik: „Ich hoffe, dass irgendwann alle Regierungen dieser Welt aufhören, solche Waffen einzusetzen."

Um den Kampf gegen Landminen zukünftig noch effektiver führen zu können, brachte Nina Ruge ein Kooperationsangebot mit. Die Moderatorin, die sich als Botschafterin für Unicef engagiert, schlug vor, dass die beiden Organisationen zukünftig zusammenarbeiten. Unicef engagiert sich vor allem bei den Vereinten Nationen und betreibt Aufklärungsarbeit in den Krisengebieten, während Adopt-A-Minefield sich vor allem um das Abräumen von Minenfeldern kümmert.

*Franziska Srasik (Bayerischer Rundfunk, 2005):*

## Vera Bohle: Mein Leben als Minenräumerin

Es ist die Kunst der Langsamkeit, die sie beherrscht. Das höchste Gut in ihrem Beruf. Sisyphusgleich[1] räumt sie den Schrott von anderen weg, tödlichen Schrott. Auf dem Balkan, in Afrika und auch Afghanistan. Und während sie das tut, fallen woanders die nächsten Bomben. Vera Bohle – die einzige deutsche Minenräumerin im Ausland.

Elend sehen und nicht helfen können, war ihr zu wenig, damals, als Journalistin und Touristin.

Vera Bohle: „Die Idee war im Hinterkopf, über Jahre, bis ich dann einen Artikel in einer Zeitung gelesen habe, dass die Dresdner Sprengschule bosnische Flüchtlinge zu Minenräumern ausbildet. Das war der Auslöser, wo ich dachte, klar, die Voraussetzung dafür, dass Flüchtlinge wieder normal leben können, ist, dass die Minen geräumt sind – und man kann es eben lernen."

Es ist ein Leben im Ausnahmezustand, denn das Risiko scheint nie kalkulierbar. Der Respekt für Minen: nie unangebracht. Die Routine ist der größte Feind. Eine unbedachte Sekunde verändert Leben. Für immer. Ein Tritt zu viel, ein Schritt zu weit. Tödlicher Ernst für die Bevölkerung und auch für die Helfer. Angst ist hier ein notwendiger Begleiter. Und Belastung zugleich.

Nach Afghanistan wollte Vera Bohle nie, kategorisch[2]. Ihr Protest gegen die Taliban[3]. Nun war sie schon zweimal dort. In diesem Land, wo mehr als 10 Millionen Minen liegen – das Erbe von über 20 Jahren Krieg. Und sie wird zurückkehren. Weil die Menschen keine Chance auf Normalität haben ohne fremde Hilfe. Und weil sie als Frau nicht mehr Exot, sondern Lebensretter ist. Notlagen kennen eben keinen Geschlechterkampf.

Schreiben als Therapie. Zur Verarbeitung von Glück, Einsamkeit, Trauer und Tod. Vera Bohle sagt, sie liebe das Leben – vielleicht zu sehr. Ihr Buch zeigt sie als Wanderin zwischen den Welten. Ihren Welten. Und macht deutlich, dass Idealismus seine Grenzen hat. Manchmal heißt eine davon Demut.

Vera Bohle: „Ich weiß noch mehr zu schätzen, was ich hier habe. Ich bin mir noch mehr meiner körperlichen Unversehrtheit, überhaupt meiner Gesundheit bewusst. Dieses Wohlstandsgefühl, das positive Gefühl, wenn ich in Deutschland bin, zu sagen, hey, hier geht es mir richtig, richtig gut. Weil man eben den Vergleich hat mit dem anderen. Und auch natürlich das Wissen, was Frieden bedeutet."

---

1 **sisyphusgleich:** eine mühevolle, vergebliche Arbeit ausführen
2 **kategorisch:** hier: auf keinen Fall
3 **Taliban:** radikal-islamische Kämpfer Afghanistans

---

**1** Erklärt, warum Vera Bohle, die Vertreterin der Organisation „Adopt-A-Minefield", als „eigentlicher Star" des Galaabends bezeichnet wird und in der Überschrift von „wahren Helden" die Rede ist.

**2** Lest noch einmal die beiden Texte.
   a) Worin unterscheiden sie sich? Was erfahrt ihr jeweils über Vera Bohle? In welcher Form wird über sie berichtet?
   b) Welche Textstellen oder Abschnitte erscheinen für eine Kurzinformation über das Problem der Landminen besonders wichtig, welche kann man bei der Bearbeitung vernachlässigen?

1.1 Alte und neue Helden – Umfragen und Interviews: Sammeln fürs Portfolio

**3** Sucht weitere Informationen über Initiativen, die sich der Räumung von Landminen verschrieben haben. Berichtet über eure Recherche. Haltet eure Erkenntnisse und Berichte in eurem **Portfolio** fest.

## ARBEITSTECHNIK

**Recherchieren, ein Portfolio vorbereiten**
- Unter einem **Portfolio** versteht man eine sorgfältig angelegte Mappe, in der wichtige Quellen (z. B.: Buchauszüge, Zeitungsfotos ...) und eigene Materialien (z. B.: eure Helden-Steckbriefe, eigene Texte, Bilder ... ) zu einem bestimmten Thema und nach einem vorher überlegten Arbeitsplan gesammelt und von euch selbst beurteilt werden.
- **Mögliche Inhalte eines Portfolios:**
  - ein grafisch gestaltetes Deckblatt, das zum Thema passt;
  - ein Vorwort, in dem ihr euer Ziel und eure Vorgehensweise beschreibt;
  - ein Inhaltsverzeichnis, eine Gliederung;
  - selbst geschriebene Texte, z. B.: eine Inhaltsangabe zu einem Buch oder eine Zusammenfassung umfangreicher Informationen aus dem Internet;
  - fremde Texte und Bilder aus Zeitschriften, Büchern, dem Internet ... eingescannt oder in Kopie (mit Quellenangaben);
  - Interviews;
  - persönliche Einschätzungen zum Gelingen der jeweiligen Arbeitsschritte.
- **Materialrecherche**
  - Für eine umfangreiche Dokumentation über das Thema „Landminen" sind die hier abgedruckten Texte nur ein Baustein. Ein zentraler Arbeitsschritt bei der Erstellung von Referaten oder Portfolios ist deshalb die Recherche, d. h. Hintergrundinformationen müssen zusammengestellt werden.
  - Hierzu müssen Fakten, Daten, Personen, Ereignisse, die mit dem gewählten Thema zu tun haben, ausfindig gemacht und ausgewertet werden.
  - Folgende Möglichkeiten stehen für die Informationsbeschaffung zur Verfügung: Bibliothek, das Internet, Anfragen bei öffentlichen oder privaten Institutionen (Parteien, Kirche, Unicef, Stiftungen etc.).
- **Materialauswertung** (vgl. Schaubild)
- **Überdenken des eigenen Arbeitsprozesses**
  Gebt in eurem Portfolio darüber Auskunft, auf welche Art und Weise ihr gelernt habt,
  - z. B.: wie ihr auf eine Anfrage hin die Zusage für ein Interview bekommen habt,
  - wie lange ihr surfen musstet, um im Internet an eine bestimmte Information zu kommen,
  - welche Arbeitsschritte besondere Schwierigkeiten bereiteten und wie ihr diese gelöst habt.

| Leitfragen: Ist das Thema klar formuliert? | Internetrecherche: z. B. Online-Angebot der Fernsehsender, Suchmaschinen gezielt nutzen, Suchbegriffe eingrenzen | Weitere Informationsquellen: Tages-/Wochenzeitungen, Hilfsorganisationen, Sachbücher etc. |
|---|---|---|

Material prüfen (▷ Informationen gezielt entnehmen, S. 10), immer Fundort angeben

| Teile ich die Meinung des Autors/der Autorin? | Merkwissen: Informationen und Sachwissen gezielt nutzen (vgl. oben) |
|---|---|

13

1 Helden und Vorbilder – Informieren und Dokumentieren

# Stille Helden –
# Umfragen und Interviews durchführen

## Düsseldorfer Tafelrunde

(Red.) In Zeiten knapper Kassen und zurückgehender Spendengelder ist es schon fast ein Wunder, dass die Düsseldorfer Tafelrunde weiterhin jeden Tag Bedürftigen eine preiswerte, aber dennoch gesunde und vielseitige warme Speise anbieten kann. Ohne die ehrenamtlichen Helfer und Helferinnen, die jeden Tag in der Küche stehen und ständig bei Geschäftsleuten um günstige Lebensmittellieferungen nachsuchen, wäre die stetig wachsende Zahl von hungrigen Gästen gar nicht zu bewältigen. Im Übrigen: Auch nicht Bedürftige sind im Restaurant der Tafelrunde willkommen. Sie zahlen einen regulären Preis und unterstützen damit zugleich die Arbeit der Initiative.

## Elfjährige ist Unicef-Junior-Botschafterin

Leverkusen (AFP). Wegen ihres Engagements für die Tsunami-Opfer ist die elfjährige Nana Yaa Nyantakyi aus Leverkusen zur Unicef-Junior-Botschafterin ernannt worden. Die Schülerin wurde in der Frankfurter Paulskirche mit dem „Oscar für Kinderrechte" ausgezeichnet. Sie hatte Hunderte Ansteckschleifchen genäht und verkauft. Den Erlös ließ sie dem Kinderhilfswerk zukommen.

*Das Geld ist knapp:
Darum packt Walter Scheffler, Besitzer des Restaurants, auch selbst überall mit an.*

**1** *Alltagshelden gelten – wie historische Vorbilder auch – in der Regel als Vorbilder. Sie organisieren Tafelrunden für Bedürftige, Nachbarschaftshilfen und engagieren sich in gemeinnützigen Vereinen.*
   a) *In welcher Form unterstützen die in den Zeitungsmeldungen genannten „Alltagshelden" ihre Mitmenschen? Beschreibt deren konkreten Einsatz.*
   b) *Welche Eigenschaften zeichnen eurer Meinung nach ein Vorbild aus? Decken sich diese mit eurer Definition des Helden/der Heldin?*

 **2** *Führt eine **Umfrage** durch zum Thema „Vorbilder in unserer Gesellschaft – Helden des Alltags". Klärt zunächst in einem Planungsgespräch folgende Punkte:*
   □ *Welcher **Personenkreis** soll befragt werden: Alle Altersschichten oder nur Erwachsene? Experten, z.B.: Politiker, Sprecher von Organisationen …?*
   □ *Welchen **Standort** wählt ihr: eure Schule, den Marktplatz, euren Stadtteil?*
   □ *Welcher **Fragenkatalog** soll zu Grunde liegen?*
   □ *Wie werden die **Ergebnisse ausgewertet** und präsentiert?*

**3** Wertet eure **Umfrage** aus: Habt ihr euch auf wesentliche Fragen beschränkt? Wie schätzt ihr die Reaktion der Gesprächspartner ein?

**4** Führt nun ein **Interview** zum selben Thema durch.
a) Informiert euch über euren Gesprächspartner und dessen Tätigkeitsbereich.
b) Überarbeitet eure Fragen aus der Umfrage. Stellt den Bezug zum Gesprächspartner her.

### ARBEITSTECHNIK

**Fragetechnik im Interview**
Die Fragen müssen klar und übersichtlich formuliert sein: Nicht zu viele Einzelheiten auf einmal erfragen. Folgende Fragemöglichkeiten gibt es:

☐ **Einstiegsfrage:** Sie ermöglicht es dem Gesprächspartner, leicht ins Gespräch einzusteigen (Warming-up-Frage), z. B.: „Die überwältigende Teilnehmerzahl an Ihrer Benefizveranstaltung hat die Öffentlichkeit überrascht. Wie erklären Sie sich den Erfolg?"

☐ **Faktenorientierte Fragen,** z. B.: „Seit wann arbeiten Sie für die deutsche Sektion der Initiative ‚Adopt-A-Minefield'?"

☐ **Einschätzungsfragen,** z. B.: „Was halten Sie von ‚Charity-Walks', die seit ungefähr zehn Jahren auch in Deutschland häufig von Schülern organisiert werden?"

☐ **Kontrollfragen,** damit könnt ihr im Verlauf eines Interviews sichergehen, ob ihr eine bestimmte Meinung des Befragten auch richtig verstanden habt, z. B.: „Sehe ich das richtig, dass Sie uns bei der Suche von Sponsoren unterstützen wollen?"

**5** Formuliert eine schriftliche Anfrage an euren Interviewpartner, z. B. den Sprecher einer Hilfsorganisation, ob er in ein Interview mit euch einwilligt.

### ARBEITSTECHNIK

**Eine Anfrage stellen**
**Anfragen** werden in der Regel schriftlich gestellt. Dabei wird sowohl bei einem herkömmlichen Brief wie bei der E-Mail die Briefform gewahrt: förmliche Anrede, Betreff angeben, Anliegen freundlich vorbringen und in Bezug auf das Thema genau umschreiben.

---

**Albert-Einstein-Gymnasium-Düsseldorf**
Schülervertretung
Eichenweg 5
40546 Düsseldorf

Herrn
Martin Reiter
Ahornallee 6–8
40545 Düsseldorf          Düsseldorf, den 11.11. 2006

**Interviewanfrage zum Thema: „Vorbilder in unserer Gesellschaft – Helden des Alltags"**

Sehr geehrter Herr Reiter,
auch für das laufende Schuljahr plant die Schülervertretung unserer Schule die Durchführung eines Charity-Walks. Der Erlös soll einem Schulprojekt für Waisenkinder in Ruanda zufließen. Als Leiter des Projekts „Düsseldorf hilft Afrika" können Sie uns sicher anschaulich berichten, was dort genau unterstützt wird. Wir würden uns sehr freuen, wenn wir mit Ihnen zu dem oben genannten Thema ein Interview durchführen dürften. Können wir mit Ihrer Unterstützung rechnen? Für nähere Informationen stehen wir Ihnen gern jederzeit zur Verfügung.

Mit freundlichen Grüßen
*Julia Gülder* (Schulsprecherin)

# „Alltagshelden" – Ein Portfolio ausarbeiten

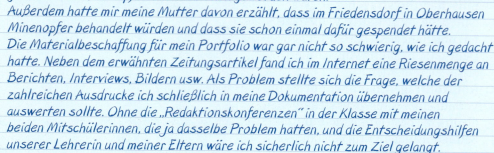

*Beispiel für ein Vorwort:*
*Marcel Tropfeld, Klasse 8b*

Anfang des Schuljahres beschäftigten wir uns im Deutschunterricht mit dem Kapitel „Helden und Vorbilder". Wir bekamen die Aufgabe, zu dem Thema „Alltagshelden" ein Portfolio zu erstellen. Zwei Mitschülerinnen und ich entschieden uns, über die Hilfsorganisation „Adopt-A-Minefield" zu arbeiten.
Über einen aktuellen Zeitungsartikel sind wir auf diese weltweit tätige Initiative gestoßen. Dass ich das Thema interessant fand, hing auch damit zusammen, dass ich im Fernsehen schon einmal einen Bericht über Kinder in Angola gesehen hatte, die Opfer von Landminen geworden waren.
Außerdem hatte mir meine Mutter davon erzählt, dass im Friedensdorf in Oberhausen Minenopfer behandelt würden und dass sie schon einmal dafür gespendet hätte.
Die Materialbeschaffung für mein Portfolio war gar nicht so schwierig, wie ich gedacht hatte. Neben dem erwähnten Zeitungsartikel fand ich im Internet eine Riesenmenge an Berichten, Interviews, Bildern usw. Als Problem stellte sich die Frage, welche der zahlreichen Ausdrucke ich schließlich in meine Dokumentation übernehmen und auswerten sollte. Ohne die „Redaktionskonferenzen" in der Klasse mit meinen beiden Mitschülerinnen, die ja dasselbe Problem hatten, und die Entscheidungshilfen unserer Lehrerin und meiner Eltern wäre ich sicherlich nicht zum Ziel gelangt.

**1** Notiert die Arbeitsschritte, die ihr dem **Vorwort** entnehmen könnt.

**2** Überlegt, welche der Arbeitsschritte ihr für euer Thema übernehmen könnt, und wo ihr noch zusätzliche Aufgaben planen müsst.

**3** Sichtet eure in der Klasse gesammelten Materialien über Organisationen, Initiativen oder Einzelpersonen, deren Arbeit dem Thema „Helden im Alltag" gerecht wird:
a) Entscheidet euch für euer Schwerpunktthema. Das kann ein Teilaspekt des Themas „Alltagshelden" sein oder eine bestimmte Organisation.
b) Erstellt euren persönlichen Arbeitsplan, verständigt euch in der Klasse über folgende Punkte:
  ☐ Welches Ziel verfolgt ihr mit der Arbeit an eurem Portfolio?
  ☐ Wie viel Zeit steht zur Verfügung?
  ☐ Was gehört in euer Portfolio? Lest hierzu noch einmal auf S. 13 nach.

**4** Ein **Inhaltsverzeichnis** gehört zu jedem Portfolio. Lest zunächst kritisch das auf S. 17 abgebildete Inhaltsverzeichnis zum Thema „Adopt-A-Minefield".
a) An welchen Stellen könnte noch besser gegliedert werden?
b) Erstellt dann ein Inhaltsverzeichnis zu eurem Thema.

## Adopt-A-Minefield

| | |
|---|---|
| Vorwort | 1 |
| I Mein Arbeitsplan | 2 |
| II Adopt-A-Minefield: Gründung, Entwicklung und heutiges Tätigkeitsfeld | 4 |
| 1. Eigener Text | 4 |
| 2. Materialien aus dem Internet | 6 |
| 3. Zeitungsartikel | 8 |
| 4. Eigener Kommentar zu den ausgewählten Materialien | 10 |
| III Weltkarte mit Konfliktherden und Einsatzgebieten der Organisation | 11 |
| Kommentar | |
| IV Veranstaltungen von Adopt-A-Minefield | 12 |
| Zeitungsartikel, Newsletter, Interviewauszüge zur Motivation | |
| der Mitglieder, Briefe von zwei Vertreterinnen von Adopt-A-Minefield | |
| V Selbstaussagen jugendlicher Minenopfer | 16 |
| Eigener Kommentar | 18 |
| VI Fernsehbericht über Landminenopfer | 19 |
| Hintergrundinformationen aus dem Internet-Angebot des Senders | |
| VII Spendenaufruf unserer Klasse | 22 |
| Anfragen an die Lokalzeitung, das Gemeindeblatt, die Stadtsparkasse; | |
| Rückmeldungen | 25 |
| VIII Rückblick auf den Arbeitsprozess: | 27 |
| 1. Erfolge, Misserfolge | 27 |
| 2. Auswahlschwierigkeiten bei Texten und Materialien | 28 |
| 3. Ansatzpunkte zur Verbesserung | 29 |

**5** Betrachtet den 8. Gliederungspunkt des Inhaltsverzeichnisses und den Kommentar unten genauer. Formuliert auch für euer Portfolio Einschätzungen und Bewertungen eurer Vorgehensweise.

**Beispiel zu Kapitel V der oben wiedergegebenen Gliederung:**
Die hier eingehefteten Briefe der beiden afghanischen Jungen, die beim Spielen zu Landminenopfern wurden, habe ich auf den Internetseiten von „Adopt-A-Minefield" gefunden. Ich habe die beiden Briefe, in denen die Jungen der Hilfsorganisation über ihr Schicksal berichten, deshalb ausgewählt, weil sie aus der Sicht der Opfer stammen. Meistens habe ich nämlich nur Berichte über das Problem der Landminen und die Arbeit der Hilfsorganisationen gefunden, aber nur wenige Berichte aus den Krisengebieten oder von den Opfern selbst.

## 1.2 Heldentum und Zivilcourage – Texte analysieren

Im Folgenden findet ihr eine Reihe literarischer Texte, die jeweils einen besonderen Blick auf das Thema „Helden und Vorbilder" werfen. Ihr könnt zunächst die Texte einzeln, mit Hilfe der jeweiligen Arbeitsanregungen, untersuchen. Anschließend bietet sich ein tabellarischer Vergleich an, am besten erarbeitet ihr euch ein Plakat. Dazu könnt ihr folgendes Muster nutzen. In einigen Spalten findet ihr Beispiele als Anhaltspunkte; ihr könnt diese natürlich auch durch eure eigenen Formulierungen ersetzen.

|  | Homer/ de Crescenzo | Fontane | Biermann | Selber |
|---|---|---|---|---|
| Textart |  | Ballade |  |  |
| Thema/Inhalt in maximal zwei Sätzen |  |  | Das Gedicht schildert die Reise eines weißen Briefträgers in die Südstaaten der USA, wo er für die Gleichberechtigung der schwarzen Bevölkerung eintritt. Diese Demonstration bezahlt er mit dem Leben. |  |
| Gezeigte oder erwartete Eigenschaften des Helden/ der Heldin |  | Mut, Aufopferungsbereitschaft … |  |  |
| Gestaltungsmittel, stilistische Auffälligkeiten |  |  | Refrain: 8 Strophen = 8 Tage |  |
| Möglicher Beweggrund des Autors, diesen Text zu schreiben |  |  |  | Es ist wichtig, verfolgten Menschen zu helfen. |
| Eigener Kommentar | Die antiken Heldentaten werden wörtlich genommen. Der Autor bringt sie dadurch dem heutigen Leser nahe. Der Text gefällt mir gut, weil er die „Superhelden" nicht zu ernst nimmt. |  |  |  |

Luciano de Crescenzo

## Aus den „Zwölf Arbeiten des Herakles"

*Die antiken Heldensagen begeistern bis heute die Menschen, und alle Jahre wieder dienen sie sogar als Stoff für Hollywood-Filme. In früheren Zeiten war man auf die besonderen Fähigkeiten von Helden angewiesen, etwa wenn die Stadt von Feinden belagert wurde oder andere schwierige Probleme gelöst werden mussten. Deshalb wurden Heldentaten besungen, wobei die Fantasie kaum Grenzen kannte. Im Folgenden findet ihr Auszüge aus der Herakles-Sage in einer modernen Übertragung des italienischen Schriftstellers de Crescenzo.*

Doch wie groß war Herakles nun eigentlich? Pythagoras hat sich seine Gedanken darüber gemacht und ist zu folgendem Ergebnis gekommen: Man hatte ihm gesagt, dass der Held
5 mit nur zweihundert Schritten das gesamte Stadion von Olympia der Länge nach durchmessen habe, wobei die Länge der Laufbahn sechshundert Fuß betrug. Also konnte der Schritt des Riesen nicht weniger als neunzig
10 Zentimeter betragen, und daraus folgend seine Körperlänge mindestens vier Ellen und ein Fuß, also zwei Meter und sechs Zentimeter. Dennoch musste dieser mächtige Kerl mit dem imponierenden Körperbau fast sein gan-
15 zes Leben lang für einen mittelmäßigen Typ wie Eurystheus arbeiten, und dies nur, um sich die Sporen eines Gottes mit der dazugehörigen Unsterblichkeit zu verdienen.
Genauer betrachtet, waren die berühmten
20 zwölf Arbeiten des Herakles nicht alle besonders erwähnenswert. Meist ging es darum, irgendein Ungeheuer, das in der Umgebung Angst und Schrecken verbreitete, zur Strecke zu bringen.
25 Aus Rücksichtnahme auf den Leser werden daher hier die das Bekämpfen von Ungeheuern betreffenden Herkulesarbeiten knapper zusammengefasst, um dafür etwas länger bei den Augeiasställen, dem Gürtel der Hippolyte
30 und den Äpfeln der Hesperiden zu verweilen.

*Herkules Skulptur, um 300 v. Chr.*

### Die Augeiasställe

Bei der bizarrsten[1] der zwölf Arbeiten bekam Herakles eine Aufgabe übertragen, für die wir uns heute an ein Reinigungsunternehmen wenden würden. Und zwar ging es darum, die 35 Ställe des Augeias auszumisten und auszuwaschen. In den Mythen wird erzählt, dass es aus den Ställen dieses Königs von Elis so entsetzlich stank, dass die ganze Peloponnes darunter zu leiden hatte. Manchmal, wenn Boreas be- 40

1 **bizarrsten:** ungewöhnlichsten, seltsamsten

*Sarkophagrelief mit neun der zwölf Arbeiten des Herkules, 1.–3. Jh. v. Chr.*

sonders heftig blies, mussten sich sogar die Libyer in ihren Häusern verrammeln, um sich vor dem Gestank aus dem Norden zu schützen, bei dem es einem glatt den Magen umdrehte. Außerdem hatte sich der Mist, den das Vieh des Augeias produzierte, dermaßen angehäuft, dass die Bauern in der ganzen Gegend kein Feld mehr pflügen und einsäen konnten. Als der hinterlistige Eurystheus von diesem Problem erfuhr, lag es für ihn nahe, Herakles mit der Lösung zu beauftragen. „Dieses Mal", so jubelte er, „bin ich ihn für mindestens fünf Jahre los." Er stellte sich schon schadenfroh vor, wie Herakles angewidert den ganzen Mist der Peloponnes in Körbe laden und auf seinen Schultern fortschaffen musste. Aber Eurystheus hatte die Rechnung ohne die übermenschlichen Kräfte unseres Helden gemacht. Der erledigte nämlich die Arbeit in einem einzigen Tag, indem er kurzerhand den Lauf zweier Flüsse, Alpheius und Peneios, so umleitete, dass deren Wasser den Mist, der sich in zehn Jahren angesammelt hatte, einfach wegspülte. Nebenbei hatte Herakles dann noch Phaëthon zu töten, den wildesten der zwölf weißen Stiere, die Augeias als Viehhüter eingesetzt hatte.

**Die Äpfel der Hesperiden**

Seit der Erledigung der ersten Arbeit waren schon mehr als acht Jahre vergangen, als Eurystheus Herakles eines Tages den Auftrag gab, ihm ein paar Äpfel im Garten der Hesperiden zu pflücken. Das hört sich ziemlich unproblematisch an, doch barg auch diese Arbeit für den Helden einige Tücken.

Auch heute kann niemand so genau sagen, wo dieser wunderbare Garten eigentlich lag. Manche verlegen ihn zum Horn von Afrika, andere auf den Grund des Roten Meeres, wieder andere ins neblige Ungarn, nach Marokko oder an die Küste des Atlantischen Ozeans. Da in den Mythen in Zusammenhang mit diesem Garten aber häufig von der Sonne, die ins Meer eintauchend untergeht, gesprochen wird, halten wir hier die letzte Hypothese für am wahrscheinlichsten. Mit Sicherheit aber befand der Garten sich jenseits der damals bekannten Welt.

Der Apfelbaum war nun ein Hochzeitsgeschenk der Mutter Erde an Hera, und die Göttin hatte ihn in einen Garten pflanzen lassen, der ihr besonders teuer war. Die drei Hesperiden (Hespere, Aiglis und Erytheis) sowie einen flammenspuckenden Drachen namens Ladon, der Tag und Nacht unter dem Baum hockte, hatte sie zur Bewachung angestellt. Bekanntlicherweise hasste Hera Herakles ohnehin schon als lebenden Beweis der Untreue ihres Gatten Zeus. Was erst, wenn er nun auch noch ihre Äpfel stahl? Diese grundsätzliche Überlegung veranlasste Herakles, zunächst einmal den Rat des weisen Seegottes Nereus zu suchen, der in der Nähe der Pomündung residierte.

„Was soll ich tun, o Nereus, um einerseits meinen Herrn zufriedenzustellen, andererseits aber auch die göttliche Hera nicht noch weiter zu reizen, die mich schon seit den Zeiten, als ich noch in der Wiege lag, mit ihrem Hass verfolgt?"

110 „Betritt niemals den Garten der Hesperiden!"
„Und wie soll ich dann an die Äpfel kommen?"
„Lass sie von jemand anderem pflücken!"
Aber wer sollte das für ihn tun? Zufällig
115 wohnte aber nun in der Nähe des Gartens ein gewisser Atlas, der Gigant also, den die Götter seinerzeit dazu verurteilt hatten, das Himmelsgewölbe auf seinen Schultern zu tragen, und zwar als Strafe dafür, dass er sich am Auf-
120 stand der Titanen gegen die Olympier beteiligt hatte.
„Du, der du die Hesperiden besser als sonst jemand kennst", sagte Herakles zu ihm, „könntest du so nett sein, mir ein paar Äpfel zu pflü-
125 cken. Drei würden schon reichen."
„Und wer soll den Himmel tragen, solange ich im Garten bin?"
„Das mache ich schon!", erwiderte Herakles.
„Gut, aber um ehrlich zu sein, ist mir dieser
130 Drache, der den Baum bewacht, nicht ganz geheuer", zierte sich Atlas immer noch.
„Sei unbesorgt", beruhigte ihn der Held, „den übernehme ich."
Gesagt, getan. Herakles kletterte auf die Um-

fassungsmauer des Gartens und erledigte La- 135
don mit einem gut gezielten Pfeil, ohne dabei
einen Fuß in den Garten zu setzen. Hera war
untröstlich und setzte Ladon später als das
Bild der Schlange unter die Sterne am Himmel
(Hyginus, *Poetische Astronomie*, II, 3). 140
Nachdem Atlas nun die Äpfel gepflückt hatte,
versuchte er, Herakles auszutricksen und sich
aus dem Staub zu machen. Er hatte nämlich
schon lange die Nase voll vom Tragen des Himmelsgewölbes, und so schien es ihm zu schön, 145
um wahr zu sein, dass Herakles sich so bereitwillig, wenn auch zu einem anderen Zweck,
erboten hatte, das Gewölbe für ihn zu halten.
„Pass mal auf", sagte Atlas zu ihm, „am besten
bringe ich selbst dem Eurystheus die Äpfel. 150
Trage du solange den Himmel für mich."
Doch Herakles war nicht auf den Kopf gefallen.
„Einverstanden", sagte er, „ich muss ihn mir
nur noch bequemer zurechtlegen. Nimm ihn 155
doch noch mal einen Augenblick, dann kann
ich mir ein Kissen auf die Schulter legen, damit er nicht so drückt."
Als Atlas merkte, was da gespielt wurde, war
Herakles schon mit den Äpfeln auf und da- 160
von.

**1** a) Welche Herausforderungen hat Herakles (oder Herkules) zu bestehen, und welche besonderen Fähigkeiten werden ihm zugeschrieben? Bezieht den Herkulesfries mit ein.
b) In welchen umgangssprachlichen Wendungen finden wir diese Fähigkeiten heute noch? Gebt Beispiele.

**2** Der Autor hat eine bestimmte Einstellung zum Geschehen. Woran erkennt man sie und wie könnte man sie beschreiben?

**3** Benennt Textstellen, die deutlich machen, dass sich der Verfasser an heutige Leser wendet.

**4** Vergleicht die hier abgedruckten Auszüge mit einer älteren Übertragung der Herakles-Abenteuer, z.B. in Gustav Schwabs „Sagen des klassischen Altertums". Notiert auffällige inhaltliche und sprachlich-stilistische Unterschiede.

**5** Informiert euch über die Taten und Verhaltensweisen weiterer antiker oder mittelalterlicher Helden wie Odysseus, Achilleus, Hektor, Äneas, Siegfried und Brunhild, aus der Nibelungensage, den spanischen Ritterhelden El Cid oder die französische Nationalheldin Jeanne d'Arc und überlegt, ob sie auch heute noch als Vorbild gelten könnten.

1 Helden und Vorbilder – Informieren und Dokumentieren

Theodor Fontane

## John Maynard

John Maynard!
        „Wer ist John Maynard?"
„John Maynard war unser Steuermann,
Aus hielt er, bis er das Ufer gewann,
5  Er hat uns gerettet, er trägt die Kron,
Er starb für uns, unsre Liebe sein Lohn.
        John Maynard."

Die „Schwalbe" fliegt über den Erie-See,
Gischt schäumt um den Bug wie Flocken von
10    Schnee;
Von Detroit fliegt sie nach Buffalo –
Die Herzen aber sind frei und froh,
Und die Passagiere mit Kindern und Fraun
Im Dämmerlicht schon das Ufer schaun,
15  Und plaudernd an John Maynard heran
Tritt alles: „Wie weit noch, Steuermann?"
Der schaut nach vorn und schaut in die Rund:
„Noch dreißig Minuten ... Halbe Stund."

Alle Herzen sind froh, alle Herzen sind frei –
20  Da klingt's aus dem Schiffsraum her wie
    Schrei,
„Feuer!", war es, was da klang,
Ein Qualm aus Kajüt und Luke drang,
Ein Qualm, dann Flammen lichterloh,
25  Und noch zwanzig Minuten bis Buffalo.

Und die Passagiere, bunt gemengt,
Am Bugspriet stehn sie zusammengedrängt,
Am Bugspriet vorn ist noch Luft und Licht,
Am Steuer aber lagert sich's dicht,
30  Und ein Jammern wird laut: „Wo sind wir?
    Wo?"
Und noch fünfzehn Minuten bis Buffalo. –

Der Zugwind wächst, doch die Qualmwolke
    steht,
35  Der Kapitän nach dem Steuer späht,
Er sieht nicht mehr seinen Steuermann,
Aber durchs Sprachrohr fragt er an:
„Noch da, John Maynard?"
        „Ja, Herr. Ich bin."
40  „Auf den Strand! In die Brandung!"
        „Ich halte drauf hin."
Und das Schiffsvolk jubelt: „Halt aus! Hallo!"
Und noch zehn Minuten bis Buffalo. –

„Noch da, John Maynard?", und Antwort
45    schallt's
Mit ersterbender Stimme: „Ja, Herr, ich halt's!"
Und in die Brandung, was Klippe, was Stein,
Jagt er die „Schwalbe" mitten hinein.
Soll Rettung kommen, so kommt sie nur so.
50  Rettung: der Strand von Buffalo!

Das Schiff geborsten. Das Feuer verschwelt.
Gerettet alle. Nur *einer* fehlt!

Alle Glocken gehn; ihre Töne schwelln
Himmelan aus Kirchen und Kapelln,
55  Ein Klingen und Läuten, sonst schweigt die
    Stadt,
*Ein* Dienst nur, den sie heute hat:
Zehntausend folgen oder mehr,
Und kein Aug' im Zuge, das tränenleer.

60  Sie lassen den Sarg in Blumen hinab,
Mit Blumen schließen sie das Grab,
Und mit goldner Schrift in den Marmorstein
Schreibt die Stadt ihren Dankspruch ein:
„Hier ruht John Maynard! In Qualm und Brand
65  Hielt er das Steuer fest in der Hand,
Er hat uns gerettet, er trägt die Kron,
Er starb für uns, unsre Liebe sein Lohn.
        John Maynard."

---

**1** *Zeichnet eine Skizze des Schiffes und deutet an, wo die Passagiere und der Kapitän stehen, wo der Steuermann und wo die Rauchentwicklung besonders stark ist. Hilft die Skizze zu erklären, wieso John Maynard als Held zu bezeichnen ist?*

**2** *Die Ballade schildert ein dramatisches Geschehen. Tragt die Ballade vor und macht dabei die Stellen, an denen sich die Spannung steigert, deutlich.*

**3** *Untersucht den Aufbau der Ballade genauer. Was wird in der ersten und in den beiden letzten Strophen geschildert?*

**4** *Verfasst einen Zeitungsbericht über die Schiffskatastrophe auf der Grundlage von Augenzeugenberichten (▷ S. 71).*

## Wolf Biermann

*Wolf Biermann wurde 1936 in Hamburg geboren. Schon früh verlor er seinen Vater, der als Jude 1936 verhaftet und 1942 im KZ Auschwitz von den Nationalsozialisten ermordet wurde. Wolf Biermann siedelte 1953 als überzeugter Kommunist in die DDR über. Seine Gedichte, Lieder und Balladen, mit denen er die politische und gesellschaftliche Entwicklung in der DDR kritisch begleitete, machten ihn der politischen Führung in der DDR verdächtig. Dazu trug auch bei, dass Biermanns Lieder in der Bundesrepublik Deutschland große Beachtung fanden. 1976 wies die DDR-Staatsführung ihren unbequemen Kritiker und Mahner trotz der großen Proteste in beiden Teilen Deutschlands wegen „Staatsfeindlichkeit" aus. Seitdem lebt Biermann wieder in seiner Geburtsstadt Hamburg.*

### Ballade vom Briefträger William L. Moore aus Baltimore,

der im Jahre 63 allein in die Südstaaten wanderte
Er protestierte gegen die Verfolgung der Neger.
Er wurde erschossen nach einer Woche.
Drei Kugeln trafen ihn in die Stirn.

5 SONNTAG
Sonntag, da ruhte William L. Moore
von seiner Arbeit aus.
Er war ein armer Briefträger nur,
in Baltimore stand sein Haus.

10 MONTAG
Montag, ein Tag in Baltimore,
sprach er zu seiner Frau:

„Ich will nicht länger Briefträger sein,
Ich geh nach Südn auf Tour (that's sure)"
15   BLACK AND WHITE, UNITE! UNITE!
schrieb er auf ein Schild.
  *White and Black – die Schranken weg!*
Und er ging ganz allein.

DIENSTAG
20 Dienstag, ein Tag im Eisenbahnzug,
fragte William L. Moore
manch einer nach dem Schild, das er trug,
und wünschte ihm Glück auf die Tour.
  BLACK AND WHITE, UNITE! UNITE!
25   stand auf seinem Schild ...

**MITTWOCH**
Mittwoch, in Alabama ein Tag,
ging er auf der Chaussee,
weit war der Weg nach Birmingham,
30 taten die Füße ihm weh.
    BLACK AND WHITE, UNITE! UNITE!

**DONNERSTAG**
Donnerstag hielt der Sheriff ihn an,
sagte: „Du bist doch weiß!"
35 Sagte: „Was gehn die Nigger dich an?
Junge, bedenke den Preis!"
    BLACK AND WHITE, UNITE! UNITE!

**FREITAG**
Freitag lief ihm ein Hund hinterher,
40 wurde sein guter Freund.
Abends schon trafen Steine sie schwer –
sie gingen weiter zu zweit.
    BLACK AND WHITE, UNITE! UNITE!

**SONNA'MT**
45 Sonna'mt, ein Tag, war furchtbar heiß,
kam eine weiße Frau,
gab ihm ein' Drink, und heimlich sprach sie:
„Ich denk' wie Sie ganz genau."
    BLACK AND WHITE, UNITE! UNITE!

50 **LAST DAY**
Sonntag, ein blauer Sommertag,
lag er im grünen Gras –
blühten drei rote Nelken blutrot
auf seiner Stirne so blass.
55     BLACK AND WHITE, UNITE! UNITE!
    stand auf seinem Schild.
    *White and Black – die Schranken weg!*
    Und er starb ganz allein.
    Und er bleibt nicht allein.

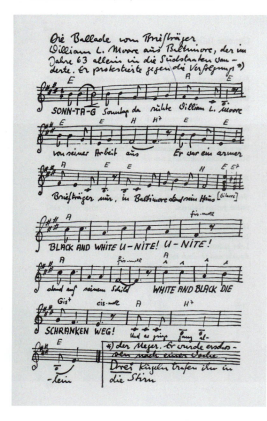

**1** *Erläutert das Gliederungsprinzip der Ballade.*

**2** *Welche Ereignisse und welche Erfahrungen prägen die Reise des Briefträgers Moore?*

**3** *Deutet die Aufschrift auf dem Demonstrationsplakat. Was hat den Briefträger dazu bewogen, dieses Schild mit auf die Reise zu nehmen?*

**4** *Der Sheriff zeigt sich überrascht, die Frau spricht nur heimlich zu Moore. Erklärt das Verhalten der beiden Personen.*

**5** *Die letzte Strophe hebt sich von den anderen ab, geht in eurer Begründung auf die Überschrift „Last day" (Vers 50) und die beiden Schlussverse ein.*

**6** *Informiert euch im Lexikon und im Internet über das Leben von Martin Luther King. In welchem Zusammenhang steht es zu dieser Ballade?*

Martin Selber

## Hanna und Elisabeth

*Das folgende Geschehen spielt während der Zeit des Zweiten Weltkrieges in einer Wohnsiedlung in der Nähe von Berlin. Die 15-jährige Hanna hört heimlich mit an, wie ihr Vater, der auf Fronturlaub für einige Tage zu Hause weilt, ihrer Mutter davon berichtet, dass in Polen die aus Deutschland und den besetzten europäischen Ländern deportierten Juden in Konzentrationslagern ermordet werden. Daraufhin nimmt sie sich vor, bei nächster Gelegenheit jüdischen Mitbürgern zu helfen. Diese ergibt sich, als ihr ein jüdisches Mädchen auffällt, das sie schon des Öfteren am Bahnhof gesehen hat. Sie steckt diesem Mädchen, dem sie den Namen Lea gibt, im Vorübergehen einen Zettel mit ihrer Adresse zu. Eine Zeit lang sieht sie sie nicht mehr. Da klingelt es eines Abends am Gartentor.*

Hanna schloss die Haustür auf, zog den Schlüsselbund ab und ging auf dem Gartenweg nach vorn. Erst als sie dicht beim Tor war, erkannte sie, dass draußen drei Personen standen. „Ja, bitte?", fragte sie verwundert.

„Guten Abend", sagte zögernd ein Mann und nahm den Hut ab. „Mein Name ist Löwy. Sind Sie das Fräulein, das unserer Tochter den Zettel mit dieser Adresse gegeben hat?"

Lea, dachte Hanna. Sie brachte vor Schreck kein Wort heraus.

„Wir nahmen an, dies war ein Fingerzeig", fuhr der Mann fort. „Oder war es das etwa nicht?"

„Das schon", sagte Hanna. Ihre Stimme klang auf einmal kratzig. Mit fliegenden Fingern schloss sie das Tor auf. „Bitte, kommen Sie doch herein."

Ein Mann, eine Frau, ein junges Mädchen, registrierte sie, alle mit Koffern und Taschen.

„Wir – wir wollen unsere Tochter bringen", sagte der Mann stockend. „Heute Nachmittag kam Bescheid, wir müssen uns morgen früh stellen."

„Deportation!" Das erste Wort dieser fremden Frau, ihre Stimme bebte vor Angst. Hanna schloss ab.

Lea berührte ihren Arm. „Dies ist doch ein ehrliches Spiel?", hörte sie sie fragen. „Oder – eine Falle?"

„Aber nein", sagte Hanna. „So etwas kann man doch nicht machen."

„Mit uns kann man alles machen", entgegnete die Frau.

„Ich bin Hanna Karwig. Bitte entschuldigen Sie – ich bin nur so verwirrt, weil meine Mutter von gar nichts weiß."

„Ach so", der Mann setzte den Hut wieder auf. „Verstehe, wir sind ungelegen. Nun – so fahren wir wieder in die Stadt."

„Nein", sagte Hanna entschlossen. „Jetzt kommen Sie erst einmal mit herein. Nur, dass Sie sich drin nicht wundern. Ich muss es ihr behutsam beibringen. Lassen Sie mich vorangehen."

Ganz langsam tappte sie auf das Haus zu, wünschte, der Weg würde sich endlos dehnen, Worte würden ihr zufließen, ein Wunder geschehen. Es war, als lauerte etwas Drohendes über ihr, stürzte sich herab, riss sie mit sich fort, drehte sie um und um wie in einem Strudel, dem man nicht entkommt, so wild man sich auch dagegen wehrt.

Da war schon die Haustür, die Klinke ging schwer. Hanna öffnete, trat unschlüssig ein, die Gäste draußen zögerten immer noch. „Wer

1 Helden und Vorbilder – Informieren und Dokumentieren

war es denn?", rief die Mutter von der Küche her. Hanna winkte den Leuten zu, rasch hereinzukommen, sie stand im Licht, es blendete, tat weh; nun die Mutter mit ihrer Frage – was sollte Hanna antworten? Lea mit ihren Eltern? Freue dich, es kommt lieber Besuch?

„Warum antwortest du denn nicht?" Frau Karwig kam aus der Küche, sie erschrak über die Blässe im Gesicht der Tochter, schaute erstaunt auf die fremden Menschen, die so angstvoll in die Diele traten.

„Mutti, setz dich", sagte Hanna. „Diese Leute brauchen unsre Hilfe. Ich hab dem Mädchen meine Adresse gegeben, hab nicht gewusst, dass es so rasch sein würde, verstehst du? Du darfst mir jetzt nicht böse sein; aber wir müssen etwas für sie tun, wir müssen!"

„Ausgebombte?", fragte die Mutter.

„Nein, Juden", sagte Lea.

„Großer Gott, Mädchen!" Jetzt setzte sie sich doch, rang die Hände, schaute die Tochter fassungslos an. Hanna presste ihr die Hand auf die Schulter. „Morgen früh sollen sie deportiert werden", sagte sie. „Du weißt, was das bedeutet. Vati hat es dir erzählt, ich hab alles mit angehört damals. Das Mädchen kenne ich schon eine ganze Weile." In plötzlichem Entschluss ging sie auf Lea zu, nahm ihre Hand und sagte: „Ich bin Hanna, schönen guten Abend."

„Ich heiße Elisabeth."

Elisabeth? Nicht Lea oder Rachel oder Rebecka? Gut, dann Elisabeth. „Aber nun bleiben Sie nicht stehen", fuhr sie eilfertig fort. „Legen Sie ab, setzen Sie sich hin, ich brühe uns einen Tee auf."

„Wir wollen nur unsre Tochter bringen", sagte Herr Löwy. „Es ist ganz unmöglich, unterzutauchen, wenn man nicht gute Bekannte hat. Wir kennen niemanden, dem wir das zutrauen könnten. Also haben wir uns entschlossen, den dunklen Weg zu gehen, wenn er nur unserer Tochter erspart bleibt."

Die Frau streichelte Elisabeth die Wangen. „Sie ist so jung, so hübsch", sagte sie leise. „Wenn man ein Herz hat, kann man doch so ein Kind nicht zur Deportation bringen."

„Sie wird nicht deportiert", sagte Hanna.

Frau Karwig sah mit gequältem Blick zu ihrer Tochter auf. „Weißt du eigentlich, was du getan hast?", fragte sie bebend. „Was da über uns kommt, was sie mit uns machen, wenn das offenbar wird?"

„Ich kann's mir denken", sagte Hanna.

„Nein, das kannst du nicht! Dazu bist du noch zu jung, zu unerfahren. Diese Zeit ist grausam, wenn man sich gegen sie stemmt. Was zählt heute ein Menschenleben? Man wird uns fortschaffen, ins Konzentrationslager sperren. Das hier bleibt doch nicht geheim, wir haben Nachbarn, der Luftschutzwart kommt ins Haus; und wovon wollen wir jemanden, den wir verstecken, ernähren? Und wie lange wird das dauern? Doch mindestens bis zum Kriegsende. Kind, Kind, das ist eine Tortur!"

Herr Löwy drückte Hannas Hände. „Ihre Mutter hat Recht", sagte er. „So nehmen wir den guten Willen für die Tat. Danke, danke vielmals. Es hat wohlgetan, zu erfahren, dass jemand Anteil nimmt, der das eigentlich nicht brauchte. Entschuldigen Sie die Umstände, ich wünsche Ihnen und Ihrer Familie alles Gute." Er nahm die Koffer auf.

„Nein", sagte Hanna, „Sie werden nicht gehen. Meine Mutter hat nicht das Herz, jemanden auf die Straße zu schicken, der Hilfe suchend

26

bei uns anklopft. Mutti – wie oft hast du gesagt: Die vielen armen Leute! Das sagt sich leicht, wenn man nicht betroffen ist. Jetzt sind wir betroffen, jetzt werden wir uns stark machen, hörst du, ganz stark. Wir werden miteinander nachdenken, was zu tun ist."

Frau Karwig stand langsam auf, sie atmete tief. „Bitte legen Sie ab", sagte sie, „kommen Sie in die Wohnstube."

Zögernd zogen Löwys die Mäntel aus, erst jetzt bemerkte Hanna, dass keine gelben Sterne[1] mehr daran waren. Eine jüdische Familie in der Dunkelheit mit Koffern unterwegs, das wäre wohl auch zu auffällig gewesen. Sie setzten sich um den Wohnzimmertisch. Hanna nahm eine Flasche Obstwein aus dem Schrank und stellte Gläser auf den Tisch. Es war eine eigenartige Situation, sie tranken sich verlegen zu.

Herr Löwy wirkte wohltuend väterlich, hatte in seinem Wesen viel Beruhigendes, auch wenn die Sorgen manche Spur in sein Gesicht gegraben hatten. Die Frau war im Gegensatz dazu flatternde Angst. In ihren gewiss einst schön gewesenen Augen hockte das Entsetzen. Was mochte sie alles durchgemacht haben, wie viele Nächte ohne Schlaf, wie viel Demütigungen und Drohungen. Neben ihr saß still das Mädchen Lea, das schlicht Elisabeth Löwy hieß. Sie war Hanna ganz nah, nicht mehr durch Bahngleise und den gelben Stern getrennt. Hanna griff ihre Hand. „Wollen wir Freundinnen sein?", fragte sie. Elisabeth nickte.

Später legte sich die Beklemmung. Löwys begannen zu erzählen. Das waren entmutigende Jahre gewesen, schrittweise wurde man aus der Gesellschaft hinausgedrängt, aus der heimatlichen Umgebung. Immer mehr Bekannte zogen sich zurück. Nachbarn wagten nicht mehr zu grüßen. Dann beim Spazierengehen durch den Park am Gartenlokal zum ersten Mal das Schild: „Juden unerwünscht!" Kein Theater mehr, kein Konzert, keine Urlaubsreise.

„Aber Sie konnten doch nicht jahrelang nur zu Hause sitzen", sagte Frau Karwig.

„Nein", antwortete die Frau. „Immerhin blieben die Verwandten, außerdem gab es noch den jüdischen Kulturbund; aber das war etwas ganz Deprimierendes, lauter Kranke unter sich. Allmählich mussten wir selber glauben, dass wir keine Deutschen sind, sondern irgendwas Minderwertiges. Und nun seit vielen Monaten diese Deportationen."

„Haben Sie nie etwas von denen gehört, die weggeschafft wurden?"

„Wenige Lebenszeichen aus Theresienstadt", sagte die Frau. „Meine Eltern sind dort. Sie dürfen aber nicht offen schreiben, lediglich, dass sie zum Absendetermin noch nicht gestorben waren. Aber was sonst über die Lager geflüstert wird, ist niederschmetternd. Es ist ja auch noch nie jemand zurückgekommen."

„Und Sie haben nicht daran gedacht, wegzugehen, solange noch Zeit war?"

„Gute Frau", sagte Herr Löwy, „können Sie ermessen, was es heißt, mittellos ins Ausland zu flüchten? Man ist da so unerwünscht wie hier. Außerdem, ich bin Archivar, deutschsprachige Dokumente sind mein Betätigungsfeld, im Ausland wäre ich ein ungelernter Arbeiter, und davon hat die Welt draußen genug."

„Wir sind Kehricht", sagte die Frau. „Man hat uns dafür reif gemacht, wie man Sie für den Krieg reif gemacht hat."

Frau Karwig stand auf. „Ich mache Ihnen die Couch zurecht", sagte sie. „Ihre Tochter kann in Hannas Bett schlafen. Hoffentlich gibt es keinen Fliegeralarm, da kommt nämlich der Luftschutzwart ins Haus."

„Das heißt, Sie wollen uns alle drei hierbehalten?" Herr Löwy öffnete die Hände, es war eine Geste hilfloser Ergebenheit.

„Für heute bleiben Sie da, morgen sehen wir weiter."

„Das kann Ihnen niemand vergelten, gute Frau. Wir haben noch Lebensmittelkarten für zwei Wochen, unsere Ersparnisse und etwas Schmuck – aber dann?"

---

**1 gelbe Sterne:** Im nationalsozialistischen Deutschland mussten Juden einen gelben Davidstern mit der Aufschrift „Jude" an ihrer Kleidung tragen.

1 Helden und Vorbilder – Informieren und Dokumentieren

„Lassen Sie uns schlafen gehen. Zum Grübeln bleibt noch Zeit genug."

Viel Schlaf fand niemand in dieser Nacht. Frau Karwigs Gedanken kreisten unablässig um das Unmögliche der neuen Situation. Sie war von Natur aus eine vorsichtige Frau. Trotzdem wäre sie bedenkenlos hinzugesprungen, hätte sie ein fremdes Kind in eine Gefahr hineinlaufen sehen, ohne an sich zu denken. Seit sie die Erschütterung ihres Mannes über die Ungeheuerlichkeit planmäßiger Menschenvernichtung erlebt hatte, befand sie sich in tiefer Ratlosigkeit. Kann man so etwas für sich behalten? Darf man es schweigend geschehen lassen?
Vorsichtige Andeutungen gegenüber ihren Arbeitskolleginnen hatten Bestürzung ausgelöst: „Um Gottes willen, nur kein Wort über so etwas! Man bringt sich leicht um Kopf und Kragen." – Und nun wurde sie auf einmal von der eigenen Tochter zum Handeln gezwungen. Mit jugendlichem Eifer hatte das Mädchen das entsetzliche Schweigen durchbrochen. Aber daraus ergaben sich schwerwiegende Folgen, und der Ausgang der Sache blieb dazu ganz ungewiss.
Auch Hanna kam nicht zur Ruhe, doch Furcht fühlte sie zu ihrer eigenen Verwunderung nicht. Sie legte sich nur immer wieder die Schritte zurecht, die jetzt zu tun waren. Wie kann man drei Menschen inmitten der Welt vor der Welt verbergen? Wie sie ernähren, sie gesund erhalten? Ist die Neugier der Nachbarn glaubhaft zu stillen? Hat jemand Erfahrungen mit solchem Leben, und könnte man an diese Erfahrungen herankommen? Sie fiel von einem Traum in den anderen, in unruhigen Halbschlaf, der keine Entspannung brachte.
Löwys aber kosteten das seltsame Gefühl augenblicklicher Sicherheit aus. Niemand würde im Morgengrauen an die Tür schlagen, sie aus der Wohnung holen, auf Lastwagen zerren und wie Vieh zum Güterbahnhof verfrachten. Es war aber wirklich nur Sicherheit für den Augenblick; denn morgen früh würde man sie vermissen, damit begann der Weg offenen Ungehorsams, tätiger Auflehnung, und den musste man konsequent bis zum Ende gehen.

**1** *Beschreibt die schwierige (Gesprächs-)Situation, in die alle Personen an diesem Abend geraten, und erläutert die Beziehung zwischen Hanna, ihrer Mutter und den Löwys.*

**2** *Untersucht die Erzähltechniken, mit der der Autor die Geschichte gestaltet. Achtet darauf, wie die äußere Handlung und die Innensicht der Personen wiedergegeben werden und aus welcher Perspektive der Erzähler (▷ S. 207) jeweils das Geschehen kommentiert. Erklärt die Erzähltechnik an Beispielen.*

**3** *Gelingt es eurer Meinung nach dem Autor, die Atmosphäre einer solchen Ausnahmesituation dem Leser anschaulich und spürbar zu vermitteln? Belegt eure Meinung am Text.*

**4** *Der hohe Anteil an Dialogen lädt dazu ein, einzelne Passagen der Geschichte szenisch umzusetzen. Probiert es z. B. mit der Eingangsszene am Gartentor. Spielt die Reaktionen der Beteiligten bei ihrer überraschenden Begegnung.*

# 1.3 Appell gegen die Gleichgültigkeit – Plakate und Flyer gestalten

Mit diesem Plakat warb 2006 „die tageszeitung" (die taz) für den von ihr ausgeschriebenen „Panterpreis für HeldInnen des Alltags".

**1** *Beschreibt die Gestaltung des **Plakats**:*
  *a) Was fällt euch auf?*
  *b) Welche inhaltliche Aussage trifft das Plakat?*
  *c) Haltet ihr es für geeignet, das gesetzte Ziel zu erreichen?*

 **2** *Entwerft selbst ein Plakat, das zu einem Thema dieses Kapitels passt. Wählt eine vorbildhafte Organisation oder Aktion aus, die es verdient, dass man für sie Werbung macht.*

29

## ARBEITSTECHNIK

### Plakate gestalten

Arbeitet in Gruppen und entscheidet euch jeweils für ein Hilfsprojekt, eine entsprechende Organisation oder auch ein eigenes Projekt, z. B.: für einen Charity-Walk an eurer Schule oder ein Benefizkonzert des Schulorchesters.

☐ Legt die Aussageabsicht eures Plakats fest: Was wollt ihr erreichen?
☐ Wer sind die Adressaten: junge Leute, Erwachsene, alle?
☐ Wie könnt ihr euere Aussageabsicht in einen entsprechenden Appell umsetzen? Bedenkt dabei folgende Punkte:
  ■ Bild- und Textelemente müssen sich aufeinander beziehen.
  ■ Der Text muss kurz und einprägsam sein.
  ■ Oft haben Plakate eine Headline, eine große Textzeile im oberen Teil.

# Ein Flyer für die „Helden des Alltags"

## ARBEITSTECHNIK

Eine wichtige Ergänzung einer Plakataktion ist **der Flyer.** Darunter versteht man ein **Faltblatt,** auf dem man mehr Raum als auf einem Plakat zur Verfügung hat.

☐ Der Flyer hat die **Aufgabe,** den Appell, den das Plakat verbreitet, zu unterstützen, indem er den Adressaten **wichtige Informationen** an die Hand gibt (Termine, Spendenkonto, Unterschriftenlisten usw.); ihr kleines Format ist auch günstig für Briefkastenaktionen, für das öffentliche Verteilen usw.
☐ Für die **Gestaltung** der Titelseite des Flyers gilt daher dasselbe wie für das Plakat: sie soll die Aufmerksamkeit des zufälligen Betrachters erregen. Auf den folgenden Seiten, die ebenfalls grafisch zu gestalten sind, können dann aber größere Textteile erscheinen.
☐ Für kleine, kostengünstige Flyer reicht es aus, wenn ihr DIN-A4-Blätter im Querformat dreispaltig bedruckt. Bei Vorder- und Rückseite sind das sechs Seiten. Da bekommt man schon eine Menge Informationen, Bilder, Adressen etc. unter.

**1** *Gestaltet einen Flyer, der zugleich Interesse weckt und gut informiert.*

■ SPRECHEN · ZUHÖREN · SCHREIBEN

# 2 Ich esse, was ich will – Einen Standpunkt vertreten

## 2.1 Über Geschmack lässt sich nicht streiten, oder doch? – Meinungen begründen

### Jeder isst anders – Diskutieren und Protokollieren

**1** Welchem der vier Bilder würdet ihr euer persönliches Essverhalten am ehesten zuordnen? Warum?

**2** Tauscht euch in einem **Kugellagergespräch** (▷ S. 32) über eure Meinungen und Begründungen aus. Haltet eure Beiträge stichwortartig fest.

31

2 Ich esse, was ich will – Einen Standpunkt vertreten

**ARBEITSTECHNIK**

### Kugellagergespräch

Bildet einen Innenkreis und einen zugeordneten Außenkreis.
Jeder Teilnehmer des Außenkreises sitzt einem Gesprächspartner des Innenkreises gegenüber.

☐ Der Außenkreis beginnt damit, seinem Gegenüber seine
Vorlieben mit Begründungen vorzustellen.
Die Schülerinnen und Schüler des Innenkreises hören
ihren Gesprächspartnern aufmerksam zu, fragen nicht
nach und **notieren sich wichtige Stichworte** des Vortrags.

☐ Wenn alle fertig sind, rückt der Innenkreis zwei Stühle weiter nach rechts. Nun
trägt der Innenkreis seinem Gegenüber ebenfalls Vorlieben und Begründungen
vor, der Außenkreis schreibt Stichworte mit.

☐ Dann erfolgt ein erneutes Weiterrücken des Innenkreises um zwei Stühle nach
rechts, und der Außenkreis informiert über das, was man am wenigsten gern mag,
der Innenkreis notiert. Dritter Wechsel.

☐ Abschließend erhält jeder die Mitschriften seiner Aussagen und prüft, wie gut
sie notiert wurden. Verständigt euch in einem Abschlussgespräch darüber, ob
Missverständnisse durch die Darstellung oder durch das Mitschreiben entstanden
sind.

Gruppendiskussion:                          31.10.06
Essverhalten

Sophie (S.): Bild 2 ⟶      Hakan (H.): Bild 3
Begründung:                Begründung:
Schnelligkeit              Ausgewogenheit,
                           Vielfalt
S.: ... ⟵

Sophie isst nur Pizza,
weil alles schnell
gehen muss.
Hakan will ausgewo-
gene Ernährung und
nicht auf Fleisch ver-
zichten ...

**3** *Beschreibt und vergleicht die beiden Mitschriften aus einer Diskussion. Welches Vorgehen erscheint euch geeignet?*

**TIPP**

### Notizen anfertigen

Bei wichtigen Gesprächen und Diskussionen sind Mitschriften von großer Bedeutung. Die Grundlage aller Protokolle sind **Mitschriften** und **Notizen,** weil es oft
schwierig ist, sich im Nachhinein an alles zu erinnern. Um schnell mitschreiben zu
können, macht man sich am besten Abkürzungen zu Nutze.

**4** *Vergleicht nach Abschluss des Kugellagergesprächs in Gruppen die Mitschriften des
Außenkreises miteinander. Nehmt notwendige Ergänzungen und Korrekturen vor.*

**5** *Nutzt eure Notizen für ein **Protokoll** nach folgendem Muster:*

2.1 Über Geschmack lässt sich nicht streiten, oder doch? – Meinungen begründen

## ARBEITSTECHNIK

### Protokollieren

Protokollieren ist eine Art von Berichten. Die mitgeschriebenen Notizen werden nach einem bestimmten Schema geordnet. Zu einem Protokoll gehören:

**Protokollkopf mit Basisinformationen:**
- ☐ Art der Veranstaltung
- ☐ Zeit und Dauer
- ☐ Anwesende
- ☐ Themen/Tagesordnung

**Der Aufbau**
- ☐ ist sachlogisch oder chronologisch gegliedert
- ☐ hat als Tempus das Präsens
- ☐ zeigt einen sachlichen Stil
- ☐ enthält keine Wertungen
- ☐ bezieht Fragen in die Antwort ein
- ☐ gibt wörtliche Rede wieder

**Sonstiges**
- ☐ Datum am Ende und
- ☐ Unterschrift

> Klassendiskussion
> 13.01.2007, 4. Stunde
> Gruppe 3: Merle, David, Jakob, Esther
> Thema: Jeder isst anders
>
> 1. Zum Thema „Jeder isst anders" erwähnt Merle, dass es auf eine bewusste Einstellung zum Essen ankommt. Einfach nur zu essen, um satt zu werden, könne unangenehme Folgen haben.
> 2. Auf die Frage, ob man sich besser vegan oder vegetarisch ernähren sollte, meint Jakob …
>
> 13.01.2007    Esther Ziegler

**6** „Wenn Menschen mit sehr unterschiedlichen Essgewohnheiten zusammenleben, kann das sehr problematisch sein." Diskutiert diese These in Form eines **Kreisgesprächs**.

## ARBEITSTECHNIK

### Kreisgespräch

- ☐ Bildet dazu aus der Hälfte der Klasse einen Sitzkreis, die andere Hälfte sitzt in einem zweiten Kreis dahinter. Der **Innenkreis führt die Diskussion**, der **Außenkreis** beobachtet und **protokolliert**.
- ☐ Der **Innenkreis** bestimmt **einen Moderator und eine Moderatorin,** die gemeinsam auf die Einhaltung der Regeln und darauf achten, dass alle zu Wort kommen. Von Zeit zu Zeit können sie das Gespräch zusammenfassen oder eine Anregung zur weiteren Diskussion geben.
- ☐ Die Moderatoren beginnen die Diskussion, indem sie die These noch einmal vortragen und um Meldungen bitten.
- ☐ Diskutiert wird nach folgender **Grundregel:** Der jeweilige Sprecher oder die jeweilige Sprecherin trägt nur **ein** Argument für seine bzw. ihre Meinung vor und gibt dann das Wort weiter. Der nächste Teilnehmer **wiederholt** das Argument, nimmt kurz dazu Stellung (Zustimmung oder Ablehnung) und fügt ein weiteres Argument an. Dann wird das Wort wieder weitergegeben.
- ☐ Wenn alle sich mindestens einmal geäußert haben, fassen die Moderatoren die Positionen für und gegen die These zusammen.

## Essen mit gutem Gewissen – Thesen aufstellen und begründen

**Tom:** Ich lebe seit einem Jahr **vegan** und halte dies für die beste Art der Lebensführung. Tiere sind für mich Freunde, weil alle Lebewesen mit Respekt behandelt werden müssen. Dieser Gedanke findet sich schon in der indischen Philosophie. Daher lehne ich es ab, Tiere auszubeuten. Das bedeutet, dass ich keine Produkte esse, die von Tieren stammen. Also natürlich kein Fleisch und keinen Fisch, aber auch keine Milch, keine Eier oder Honig, weil auch dafür Tiere gehalten und gequält werden. Die Legebatterien sind dafür ein gutes Beispiel. Ich achte auch bei meiner Kleidung darauf: Statt Wolle tut es Baumwolle, und auch für Leder gibt es Ersatz. Seitdem ich so bewusst lebe und mich so ernähre, geht es mir besser. Natürlich muss ich darauf achten, dass ich die richtigen Lebensmittel bekomme, denn in vielen sind tierische Bestandteile versteckt. Für vieles gibt es tolle Ersatzprodukte, Soja zum Beispiel schmeckt fantastisch. Man muss sich also sehr gezielt ernähren. Aber eins ist wichtig: Es schmeckt mir wieder, ich fühl mich gut, und ich habe beim Essen ein gutes Gewissen.

**Ines:** Ich bin **Vegetarierin.** Fleisch mag ich einfach nicht, aber ich kann auch die Vorstellung, dass Tiere in Massenhaltung für den Verzehr regelrecht produziert werden, nicht ertragen. Ich kann meine Ernährung auch ohne Fleisch abwechslungsreich gestalten: viel frisches Gemüse, Obst und Getreide und natürlich Milchprodukte wie Joghurt oder Sahne. Milch und Eier finde ich problemlos, wenn sie aus guter Haltung stammen. Sonst wäre mir mein Speiseplan auch zu eintönig. Bei meiner Kleidung bin ich nicht konsequent und schaue nicht immer nach, woher sie kommt. Man findet bei Schuhen ja auch selten einen Hinweis auf den Lieferanten des Leders. Überhaupt: Leder, Wolle, Seide – das sind Geschenke, die die Natur uns macht – und Menschen haben diese schon immer angenommen und genutzt.

**Jens:** Ich esse für mein Leben gern **Pizza** und Pommes frites. Außerdem treffe ich mich oft mit meinen Freunden zu einem Hamburger in einem Fast-Food-Laden. Ich finde es auch gut, dass man da, egal, in welcher Stadt man ist, dasselbe bekommt. Da braucht man nicht lange zu überlegen. Zu teuer ist es mir nicht, ich habe genug Taschengeld, und manchmal bezahlt meine Mutter sogar, wenn sie nicht kochen konnte. Ich würde natürlich niemals nur dort essen, aber ein paar Mal im Monat wird es schon. Außerdem treibe ich Sport, also kann es meinem Gewicht auch nicht schaden. Zu Hause esse ich am liebsten Pizza, meistens aus der Tiefkühltruhe. Wie gesagt, es schmeckt und geht schnell – so muss das sein. Es gibt so viele andere Dinge, die mir wichtig sind, da will ich mich ums Essen nicht lange kümmern.

2.1 Über Geschmack lässt sich nicht streiten, oder doch? – Meinungen begründen

*Silke:* Also, ich esse eigentlich **alles** gern. Fleisch zu essen, ist für Menschen normal. Das hat es schon immer gegeben. Klar, wenn Nahrungsmittel „Lebensmittel" sein sollen, sollten sie auch gut hergestellt sein und einem nicht schaden. BSE und andere Skandale haben mich da schon aufgeschreckt. Aber wenn ich darauf achte, woher das Fleisch kommt, kann ich das doch umgehen. Wir Verbraucher müssen da natürlich auch Druck machen, sagt meine Mutter, nicht immer das Billigste nehmen. Ohne Wurst und Fleisch würde mir doch eine ganze Menge fehlen. So ein Grillfest zum Beispiel kann ich mir ohne Würstchen oder Steak nicht vorstellen. Wir Menschen halten doch seit Jahrtausenden Nutztiere, das ist doch eine Grundlage unserer Kultur. Man darf sie nicht quälen, wie zum Beispiel für manche Kosmetika, das ist selbstverständlich. Zugegeben, mein Kaninchen würde ich nicht essen, auch wenn mir Kaninchenfleisch gut schmeckt. Da fällt mir noch etwas ein: Ohne Fleisch soll uns ein Vitamin fehlen. Das heißt, wir brauchen Fleisch.

**1** Untersucht die Aussagen der vier Jugendlichen zu ihrer Ernährungsweise. Welche Position erscheint euch überzeugend, welche nicht? Begründet eure Einschätzung stichwortartig.

**2** Übertragt die Tabelle in euer Heft und ordnet die Aussagen zur Ernährungsweise entsprechend ein.

|  | vegan | ovo-lakto-vegetarisch | fleischhaltige, gemischte Nahrung | Fast-Food |
|---|---|---|---|---|
| Weltanschauung |  | Vorstellung der Tierproduktion kann ich nicht ertragen. |  |  |
| Gesundheit |  |  | Ohne Fleisch soll uns ein Vitamin fehlen. |  |
| Geschmack | Soja schmeckt fantastisch. |  |  |  |
| Zubereitung |  |  |  | Es geht schnell – so muss das sein. |

**3** Tom stellt die **These** auf, vegan zu leben, sei die beste Art der Lebensführung.
   a) Prüft, ob die auf der nächsten Seite abgebildete Pyramide alle seine Argumente aufgegriffen hat.
   b) Ergänzt Argumente und/oder Beispiele dort, wo sie fehlen.

35

2 Ich esse, was ich will – Einen Standpunkt vertreten

Eine **Argumentation** ist von ihrer Logik her oft wie eine Pyramide aufgebaut:
- An der Spitze steht die **These** (Behauptungen, Bewertungen, Forderungen), die durch **Argumente** begründet wird. Das können zum Beispiel allgemein anerkannte Tatsachen, Expertenmeinungen, (allgemeine) Erfahrungen oder persönliche Einstellungen sein.
- Die Argumente werden durch **Beispiele, Belege** oder **Zitate** gestützt.
- Nicht jedes Argument hat die gleiche Überzeugungskraft, deshalb ist es manchmal sinnvoll, **Argumente steigernd** anzuordnen.

**These**

Die vegane Lebensweise ist die beste Art der Lebensführung.
(Behauptung)

**Argumente**

weil Tiere für mich Freunde sind und nur der Verzicht auf Tierprodukte diese nicht ausbeutet.
(Wertvorstellung)

weil eine solche Ernährung zu einem sehr bewussten Leben führt.
(Erfahrung)

**Beispiele/Belege**

Dies sagt schon die indische Philosophie.
(Beleg)

Ich esse z. B. kein Fleisch, keine Eier, keinen Honig.
(Beispiel)

Ich trage keine Woll- oder Lederprodukte ...
(Beispiel)

Ich muss meine Nahrung sehr gezielt auswählen.
(Beispiel)

Allerdings erscheinen die einzelnen Elemente im Text nicht pyramidenartig angeordnet. Belege stehen zum Beispiel in der Regel bei ihrem Argument. Eine These kann auch unausgesprochen bleiben und „zwischen den Zeilen stehen".

**4** Untersucht die Meinungsäußerungen von Ines, Silke und Jens auf ihre Argumentation hin. Zeichnet dazu Argumentationspyramiden mit These, Argumenten und Beispielen/Belegen.

**5** Bewertet die Stichhaltigkeit der Argumentationen. Wo erscheinen sie euch besonders überzeugend, wo haltet ihr ein Argument oder ein Beispiel für wenig einleuchtend?

**6** Tom: „Natürlich muss ich darauf achten, dass ich die richtigen Lebensmittel bekomme ..." (S. 34, Z. 10). Erklärt, in welchem Verhältnis diese Äußerung zu den anderen steht. Sucht in den anderen Stellungnahmen ähnliche Konstruktionen.

**7** Stellt selbst eine These zur Ernährung auf. Findet überzeugende Argumente.

36

2.1 Über Geschmack lässt sich nicht streiten, oder doch? – Meinungen begründen

# Küchendienst im Streitgespräch – Äußerungen hinterfragen

*Die 8b fährt für acht Tage auf eine Skihütte. Damit es günstiger wird, hat sie beschlossen, sich selbst zu versorgen. Jeden Tag soll eine andere Gruppe den Koch- und Tischdienst übernehmen.*

JENS: Die Hütte hat eine Küche, in der vier Personen arbeiten können. Leider gibt es keinen Geschirrspüler. Aber sie hat einen großen Lagerraum.

TOM: Und da muss auf jeden Fall genug frisches Gemüse hinein. Das brauche ich. Und eins sage ich euch gleich: Wenn ihr Fleisch oder Wurst mitnehmen wollt – ohne mich. Für mich sind das Tierleichen.

SILKE: Du gehst ja gleich gut ran. Es zwingt dich doch keiner, Fleisch zu essen, aber was geht es dich an, wenn ich welches will, zumindest etwas Salami zum Abendessen?

TOM: Könnt ihr denn nicht einmal für ein paar Tage auf eure Rationen verzichten? Ich hab halt echte Probleme damit. Stellt euch vor, ihr müsstet mit ansehen, wie jemand das Fleisch von eurem Hund oder eurer Katze isst.

SILKE: Hör auf. Du bist eklig!

TOM: Nein, nicht ich! Ihr! So geht es mir, wenn ich andere Fleisch essen sehe.

INES: Was machst du eigentlich zu Hause? Essen bei euch alle vegan?

TOM: Meine Eltern akzeptieren das. Wenn wir gemeinsam essen, dann vegetarisch – viele Tofu-Gerichte.

SILKE: Du glaubst doch nicht, dass ich das Zeug anrühre? Nie im Leben ess ich Algen!

TOM: Silke, du hast doch keine Ahnung. Tofu ist aus Sojamilch hergestellt und in Asien ein Grundnahrungsmittel. Absolut hoch-

wertiges Eiweiß! Und übrigens sehr lecker. Aber vielleicht ja nichts für Tiermörder!

SILKE: Du Besserwisser und Heiliger! Ich lasse mir kein schlechtes Gewissen einreden, nur weil ich Salami will. Und schon gar nicht von dir, Tofu-Jünger.

TOM: Allesfresser!

INES: Jetzt seid mal still, ihr Streithähne. So kommen wir ja wohl nie weiter. Es ist kein guter Ansatz, einfach zu bestimmen, was jemand essen darf oder nicht. Das funktioniert noch nicht einmal im Kindergarten. Werdet mal vernünftig und sucht nach einem Kompromiss.

SILKE: Es tut mir leid, Tom. Aber deine Forderung hat mich sehr gereizt. Gibt es denn keine Möglichkeit, die uns alle zufriedenstellt?

JENS: Ich schlage vor, wir lagern fünfzig Tiefkühlpizzen ein. Wenn ich Küchendienst habe, gibt's die auf jeden Fall. Ich habe keine Lust, stundenlang in der Küche zu stehen, ich will in den Schnee.

**1** *Jens, Tom, Ines und Silke vertreten unterschiedliche Auffassungen, wie sie sich während ihrer Skifreizeit verköstigen wollen.*
   a) Welche Einstellungen stehen sich gegenüber?
   b) Ordnet diesen Einstellungen Argumente und Beispiele zu, die genannt werden.

**2** In dem Gespräch ist einiges misslungen.
  a) Listet dazu Äußerungen beispielhaft auf.
  b) Beschreibt sie und erläutert, was sie bei den Gesprächspartnern bewirken.

| Redeabsicht – Der Sprecher, die Sprecherin will in erster Linie … | über etwas informieren | etwas über sich selbst aussagen | andere zu etwas auffordern | Emotionen zeigen | das Gespräch steuern |
|---|---|---|---|---|---|
| Äußerung – Beispiele | – Die Hütte hat eine Küche … | – Ich hab halt echte Probleme damit. … | – Könnt ihr nicht ein paar Tage verzichten? (= Verzichtet ein paar Tage darauf!) … | – Du Besserwisser … … | – So kommen wir nicht weiter. … |

**3** Hinter Äußerungen von Gesprächspartnern vermuten wir immer eine Absicht. Je nachdem, wie wir sie verstehen, reagieren wir darauf. Ordnet die Äußerungen aus dem Gespräch entsprechend in die Tabelle ein. Beachtet dabei, dass eine Intention (Absicht) auch indirekt ausgedrückt sein kann.

**4** Wo gehen die Gesprächspartner sachlich-konstruktiv auf Äußerungen des Vorredners/der Vorrednerin ein? Welche Äußerungen sind emotional, d.h. gefühlsbetont und damit von persönlichen Interessen geleitet? Belegt eure Aussagen mit genauen Zeilenangaben.

**5** Welche gestischen und mimischen Mittel kann man anwenden, um eine Intention möglichst sicher umzusetzen?
  a) Entwerft „Regieanweisungen", die Betonung, Lautstärke, Gestik und Mimik beschreiben, so wie ihr sie euch vorstellt.

  b) Spielt im Rollenspiel verschiedene Möglichkeiten durch.

**6** Beschreibt, welche Gründe es haben kann, dass man jemanden im Gespräch unterbricht, und welche Folgen es hat. Was spricht dafür, jemanden ausreden zu lassen und ihm aufmerksam zuzuhören?

**7** Gestaltet ein Streitgespräch als Rollenspiel:
  a) Legt fest, wer welche Rolle übernimmt, und schreibt entsprechende Rollenkarten: beleidigen, zur Fairness ermahnen, sich entschuldigen, sich beschweren, einen Kompromiss vorschlagen.
  b) Bestimmt Beobachter und Beobachterinnen, die sich während des Spiels Notizen machen:
    ☐ Wer spielt welche Rolle?
    ☐ Wer argumentiert überzeugend?
    ☐ Welche sprachlichen Mittel werden eingesetzt?

**8** Führt das Gespräch über den Küchendienst fort. Findet einen Kompromiss.

## 2.2 Was haben Orangen mit Gerechtigkeit zu tun? – Schriftlich Stellung nehmen

Ihr habt den Antrag gestellt, dass im Schulkiosk fair gehandelte Produkte verkauft werden sollen. Die Schulleitung bittet euch, für die Schulkonferenz eine schriftliche Stellungnahme zur Vorbereitung der Diskussion zu verfassen.

### Schritt 1: Informationen sichten – Stichwortzettel anlegen

Text A
#### Kinderarbeit macht unser Leben süßer

Orangensaft ist eines der beliebtesten Fruchtsaftgetränke in Deutschland. Doch **wenn** man an die Bedingungen denkt, unter denen die Früchte geerntet werden, kann einem der Genuss schnell vergehen, **weil** auf den riesigen Orangenplantagen, von denen der Saft im Supermarkt stammt, Kinder schuften müssen.
In Brasilien, von wo Deutschland 90 Prozent des Orangensafts bezieht, sind inzwischen mehr als ein Viertel aller Orangenpflücker minderjährig, **weil** sie billiger und gefügiger sind. **Da** sie mit ihrem geringerem Körpergewicht leichter auf die Orangensträucher klettern können, werden sie gern eingestellt.
Im Allgemeinen arbeiten sie circa 14 Stunden am Tag, **denn** sie werden nach gepflückter Menge bezahlt, wobei ein schneller Pflücker an die 100 Kisten am Tag füllen kann. Doch **da** die Arbeit auf den Orangenplantagen Saisonarbeit ist, schuften sich die meisten besonders ab, **damit** das Geld für das gesamte Jahr reicht.
Die Arbeit in den Plantagen ist mit einem hohen Risiko für die Gesundheit der Kinder verbunden. Nicht wenige schädigen ihren Rücken dauerhaft, **weil** sie oft auch die bis zu 26 kg schweren Kisten schleppen und verladen müssen.
**Da** die Kinder meist auf hohen, wackligen Leitern stehen und dabei noch die schweren Säcke halten, **um** an die Früchte **zu** gelangen, sind Knochenbrüche nicht ausgeschlossen. **Weil** die Orangenbäume dornig sind, verletzen sich die Kinder häufig. Zudem werden Orangen vor der Ernte mehrmals mit Pestiziden behandelt, **sodass** die Kinder beim Pflücken mit diesen Giften in direkten Kontakt kommen. **Da** von den Plantagenbesitzern selten Vorkehrungen zum Händewaschen getroffen werden, gelangen die Pestizide beim Essen mit ungewaschenen Händen direkt in den Körper. Hautkrankheiten, Leber- oder Nierenprobleme und geistige Schäden sind häufig die Folge.

2 Ich esse, was ich will – Einen Standpunkt vertreten

45 Unsere Süßwaren, also Bonbons, Schokoriegel, aber auch Cornflakes sind ohne Zucker aus Zuckerrohr nicht denkbar. Doch auch auf den Zuckerrohrplantagen arbeiten viele Kinder. **Zwar** gilt die Arbeit auf den Plantagen als eine der gefährlichsten, **aber dennoch** müssen sie 50 Kinder ausüben. Die meisten verletzen sich regelmäßig mit den Macheten, mit denen sie das Zuckerrohr schneiden, an Händen, Armen und Beinen. Die Kinder schuften den ganzen Tag ohne Kopfbedeckung unter der gnadenlosen Sonne 55 und oft barfuß, **obwohl** die Gefahr von Schlangenbissen immer droht.

## Text B
# Fair feels good – Genießen mit gutem Gefühl

Mehr Fairness beim Einkauf – das will die Informationskampagne „Fair feels good" erreichen. Sie leistet Überzeugungsarbeit, **damit** alle, die für uns in Kenia Kaffee ernten, in Bra-
5 silien Orangen pflücken oder in Pakistan Fußbälle nähen, für ihre Arbeit fair bezahlt werden.
**Damit** wir direkt die Erzeuger im Entwicklungsland unterstützen, können wir fair gehan-
10 delte Ware kaufen. Wir müssen für das Glas Orangensaft nur wenig mehr bezahlen, **um** es mit einem besseren Gefühl genießen **zu** können.
Und so funktioniert es: Die Produzenten und Produzentinnen von fair gehandelten Erzeug- 15 nissen, oft Familien mit wenig Landbesitz, so genannte Kleinbauern, schließen sich zu Genossenschaften zusammen. Sie erhalten für ihre Produkte garantierte Mindestpreise, **damit** sie nicht nur ihre Kosten decken können, 20 sondern auch noch genug Geld für ihren täglichen Lebensunterhalt haben.

**1** *Die Texte enthalten Informationen, die für eure Stellungnahme genutzt werden können. Schreibt diese Informationen stichwortartig, möglichst als Nominalisierungen, auf Karteikarten.*

*Text: Kinderarbeit ...*
*- der Saft von Orangen von*
  *riesigen Plantagen*
*- Brasilien*
*- Kinderarbeit*
*- ...*

*Text: Fair feels good*
*- Ziel: faire Bezahlung*
*- Garantierter Preis*
*- ...*

**!** **Nominalisierung auf Stichwortkarten**
Stichworte halten das Wesentliche von Informationen fest. Nomen bringen Aussagen besonders gut auf den Punkt, daher ist es oft günstig, verbale Ausdrücke zu nominalisieren, z. B.: „weil auf den riesigen Orangenplantagen ... Kinder schuften müssen" → „Kinderarbeit auf Plantagen"
„damit alle für ihre Arbeit bezahlt werden" → „für faire Bezahlung"

40

2.2 Was haben Orangen mit Gerechtigkeit zu tun? – Schriftlich Stellung nehmen

| Einzelne Hauptsätze | Satzgefüge aus Hauptsatz und zwei Gliedsätzen |
|---|---|
| Die Arbeit auf den Orangenplantagen ist Saisonarbeit. Sie schuften sich besonders ab. Das Geld reicht für das ganze Jahr. | Doch **da** die Arbeit auf den Orangenplantagen Saisonarbeit ist, schuften sich die meisten besonders ab, **damit** das Geld für das gesamte Jahr reicht. |

**2** Wesentliche Informationen stecken oft im Detail, nämlich in der Verknüpfung von Sätzen.
  a) Beschreibt, welcher logische Zusammenhang durch die Verknüpfung der Sätze mit Hilfe der Konjunktionen „da" und „damit" entsteht.
  b) Untersucht die Satzgefüge in den Texten, indem ihr die fett gedruckten Konjunktionen ihren logischen Verknüpfungen zuordnet.

> **Gründe und Folgen benennen, Absichten angeben**
> Je nachdem, welche Blickrichtung wir auf einen Begründungszusammenhang haben, können wir mit einem Adverbialsatz den Grund oder die Ursache eines Sachverhalts angeben oder auf die Folge oder Konsequenz aufmerksam machen.
> - **Kausalsätze** nennen den Grund oder die Ursache eines Sachverhalts. Beispiel: „*Weil* die Orangenbäume dornig sind, verletzen sich die Kinder häufig."
>   - Ebenso kann eine Begründung mit Hilfe eines kausalen Adverbials mit „auf Grund" oder „wegen" eingeleitet werden. Beispiel: „*Auf Grund* des schlechten Stundenlohns müssen die Kinder den ganzen Tag arbeiten."
> - **Konsekutivsätze** nennen die Folge oder Konsequenz eines Sachverhalts. Beispiel: „Die Orangen werden mit Pestiziden behandelt, *sodass* die Kinder beim Pflücken mit diesen Giften in direkten Kontakt kommen."
>   - Ein Hauptsatz, der auf die Folge eines Sachverhalts verweist, kann auch mit einigen Adverbien eingeleitet werden, z. B. „darum", „deshalb", „daher", „folglich", „also", „demnach", „dadurch".
> - **Finalsätze** geben den Zweck oder die Absicht mit einem adverbialen Gliedsatz an. Beispiel: „Sie leistet Überzeugungsarbeit, *damit* alle fair bezahlt werden."
>   - Finalsätze werden oft durch Infinitivsätze mit „um ... zu" ersetzt: „Wir müssen für ein Glas Orangensaft nur wenig mehr bezahlen, *um* es mit einem besseren Gefühl genießen *zu* können."
>   - Auch **Adverbiale** wie „*zwecks* Änderung der Bedingungen" oder „sie ging *zum* Übermitteln der Informationen zum Minister" drücken eine Absicht aus.

**3** Stellt die Zusammenhänge von Grund und Folge, Aussage und Absicht einzelner Sätze grafisch dar.

Doch **da** die Arbeit auf den Orangenplantagen Saisonarbeit ist, → schuften sich die meisten besonders ab, → **damit** das Geld für das gesamte Jahr reicht.

**4** Sucht weitere Informationen zum Thema „fairer Handel".
  a) Recherchiert dazu zu den Stichworten „Trade", „Transfair e. V.", „Rugmark" oder „GEPA".
  b) Erstellt Stichwortzettel über die wichtigsten Informationen, die ihr findet.

2 Ich esse, was ich will – Einen Standpunkt vertreten

# Schritt 2: Informationen sinnvoll ordnen – Mind-Maps anlegen

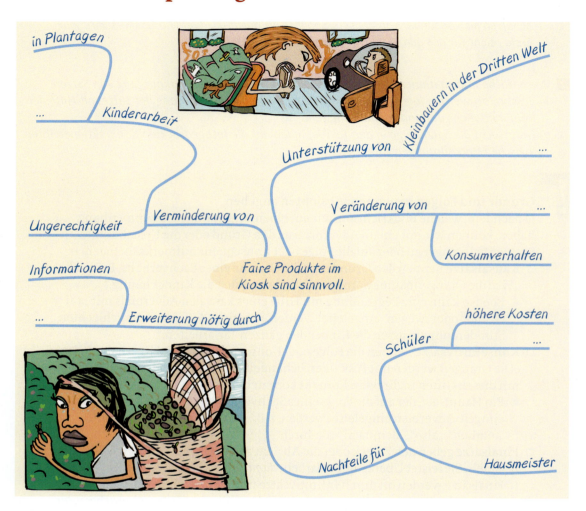

**1** Seht euch den Entwurf der Mind-Map kritisch an. Lest daraufhin noch einmal die Texte A und B auf S. 39/40. Wo würdet ihr etwas ändern?

**2** Erstellt eine eigene Mind-Map, in die ihr auch die durch eure Recherche zusätzlich gewonnenen Informationen einfügt.

### TIPP

**Informationen ordnen**
Informationen können einen überfluten. Darum ist es wichtig, sie zu ordnen und überschaubar zu machen. Ein gutes Instrument dazu ist die **Mind-Map.** Sie führt zur Übersicht, zeigt aber auch, wo noch Informationen fehlen.

## Schritt 3: Schwerpunkte setzen – Eine Gliederung erstellen

*Gliederung*

*Thema: Fair gehandelte Produkte im Schulkiosk?*

1. *Einleitung*
2. *These: Der Verkauf von „fairen Produkten" im Schulkiosk ist wünschenswert und sollte gefördert werden.*
   - 2.1 *Unterstützung von benachteiligten Gruppen*
      - 2.1.1 *Kleinbauern*
      - 2.1.2 *…*
   - 2.2 *Veränderung von Gewohnheiten*
      - 2.2.1 *Konsumverhalten*
      - 2.2.2 *…*
3. *Gegenargumente*
   - 3.1 *Schüler haben höhere Kosten*
   - 3.2 *Hausmeister …*
4. *Resümee*

**1** Vergleicht die angefangene Gliederung mit der Mind-Map auf Seite 42. Welche zusätzlichen Entscheidungen mussten getroffen werden?

**2** Übertragt die Gliederung in euer Heft und ergänzt dabei die fehlenden Punkte.

**3** Erstellt eine Gliederung auf der Grundlage eurer eigenen Mind-Map aus Aufgabe 2, Schritt 2. Achtet dabei besonders auf die Schwerpunktsetzung.

### ARBEITSTECHNIK

**Informationen gliedern**

Aus einer **Mind-Map** lässt sich recht schnell eine **Gliederung** des Hauptteils einer schriftlichen Stellungnahme erstellen. Das Zentrum der Mind-Map enthält meist die Hauptthese, die Nebenäste enthalten die Argumente oder Unterthesen, die weiteren Äste die Belege oder Beispiele. Es muss festgelegt werden, welche Argumente besonders überzeugend sind. Diese werden in der Regel als letzte angeführt.

2 Ich esse, was ich will – Einen Standpunkt vertreten

# Schritt 4: Aussagen in Zusammenhang bringen – Sätze logisch verknüpfen

Wenn ihr mit Hilfe von Mind-Map und Gliederung den Aufbau eurer Stellungnahme erarbeitet habt, müsst ihr euch überlegen, wie ihr eure Argumente richtig anordnet und miteinander in Beziehung setzt.

| Am schwersten wiegt jedoch | schließlich aber | daran anschließend |
| zum Zweiten | zu Beginn muss erwähnt werden | noch stärker gilt aber |
| im Übrigen gilt auch | letztendlich | die Schlussfolgerung muss also lauten |
| als Erstes ist zu bedenken | zunächst gilt es zu beachten | daraus folgt |

**1** Ordnet die oben genannten Formulierungen in die Tabelle ein, die die Stufen des Hauptteils einer Stellungnahme widerspiegelt.

**2** Erweitert jede Stufe um eigene Formulierungen.

| Beginn der Argumentation | Fortführung der Argumentation | Schluss der Argumentation |
|---|---|---|
| als Erstes ist zu bedenken | … | … |
| … | … | … |

**3** Ordnet die folgenden Konjunktionen in die Tabelle auf Seite 45 ein.

| und | sondern | weil | wenn | denn | dass | sondern |
| um … zu | falls | ob | vielmehr | oder | doch | bevor |
| entweder … oder | zwar … aber | sobald | aber | solange | da |
| obwohl | im Falle | nachdem | während |
| bis | während | obschon | indem |
| sodass | dennoch | obgleich |

44

2.2 Was haben Orangen mit Gerechtigkeit zu tun? – Schriftlich Stellung nehmen

| logische Bedeutung der Konjunktion | Art der Konjunktion | | |
|---|---|---|---|
| | nebenordnend: leitet einen Hauptsatz ein, Prädikat steht an zweiter Stelle | unterordnend: leitet einen Nebensatz ein, Prädikat steht an letzter Stelle | unterordnend: leitet einen Infinitivsatz ein |
| neutrale Verbindung | und | ob | |
| Alternative | | | |
| Gegensatz | | | |
| Begründung | | | |
| Bedingung | | | |
| Zweck | | | |
| Grund | | | |
| Gegengrund | | obschon | |
| Folge | | | |
| Zeit | | | |
| Art und Weise | | | |

Die Kinder schuften den ganzen Tag ohne Kopfbedeckung unter der gnadenlosen Sonne und oft barfuß, obwohl die Gefahr von Schlangenbissen immer droht.
(S. 40, Z. 54 ff.)

Zwar gilt die Arbeit auf den Plantagen als eine der gefährlichsten, aber dennoch müssen sie Kinder ausüben.
(S. 40, Z. 48 ff.)

**4** *Diese Sätze bringen Gegengründe zum Ausdruck, die eine Spannung in der Aussage erzeugen.*
*a) Schreibt die Teilsätze, die die Gegengründe nennen, heraus.*
*b) Unterstreicht die Konjunktionen.*

**5** *Formuliert für eure Stellungnahme Satzgefüge und Satzreihen, in denen folgende Konjunktionen vorkommen: obschon, obwohl, wenn ... auch, zwar ... aber*

**!**

### Gründe und Gegengründe abwägen

Für Argumentationen ist es wichtig zu erkennen, welche Gründe gegeneinander abgewogen werden müssen. Argumente des Diskussionsgegners kann man häufig durch Gegenargumente, denen man stärkeres Gewicht zuspricht, entkräften. Um dem Anderen zu vermitteln, dass man ihn und seine Gründe zwar ernst nimmt, aber die eigenen für überzeugender hält, verwendet man **Konzessivsätze,** die mit „obwohl", „obgleich", „wenngleich", „wenn ... auch" eingeleitet werden. Sie drücken einen unzureichenden Gegengrund aus. Dieser Zusammenhang kann auch durch eine Satzreihe (Verbindung von Hauptsätzen) gezeigt werden. Die Hauptsätze werden dann z. B. von „zwar ... aber" eingeleitet.

2 Ich esse, was ich will – Einen Standpunkt vertreten

# Schritt 5: Informationen richtig einrahmen – Einleitung und Schluss formulieren

 *Ordnet folgende Einleitungen (A, B, C) und Schlussabschnitte (1, 2, 3) zum Thema „Fair gehandelte Produkte im Schulkiosk" einander zu. Welche sprechen euch besonders an? Begründet eure Einschätzung.*
*Achtet dazu besonders auf*
- *Zielsetzung (Was will der Text erreichen?)*
- *Ansprache der Adressaten (direkte oder indirekte Ansprache?)*
- *Sachlichkeit (distanziert oder lebendig?)*
- *Art der Beispiele (allgemein oder speziell?)*
- *Satzbau (einfache Hauptsatzreihung oder komplexe Satzgefüge)*
- *Wortwahl (umgangssprachlich, hochsprachlich, Fach- oder Fremdwörter?)*

### Einleitung A
Wenn der Gong zur ersten großen Pause ertönt, bietet sich immer wieder dasselbe Bild: Lange Schlangen vor dem Büdchen von Herrn Brinken, unserem Hausmeister. Was da alles über die Theke geht! Kaum einer ahnt, was er mit dem Kauf unterstützt: Kinderarbeit.

### Einleitung B
Wird in den Nachrichten von Katastrophen berichtet, fragen sich viele von uns: „Was kann ich schon tun? Vielleicht etwas Geld spenden, aber das ist auch schon alles." Nein, das ist nicht alles. Im alltäglichen Bereich können wir etwas tun, damit diese Welt gerechter wird …

### Einleitung C:
In unserem Schulkiosk werden viele Süßwaren angeboten. Die meisten enthalten Zucker. Außerdem kann man Trinkpäckchen mit Orangensaft oder Limonade, in der Orangensaft enthalten ist, kaufen. Diese Produkte möchten wir gern durch fair gehandelte Produkte ersetzen: …

### Schluss 1
Fragt euch jetzt jemand, was er tun kann, wisst ihr sicher die Antwort: Faire Produkte kaufen.

### Schluss 3
Also: Kauft man bewusst „faire" Produkte, hilft man damit vielen Menschen und muss sich kein schlechtes Gewissen machen – höchstens dem Zahnarzt gegenüber, denn auch Zucker aus fairem Handel unterstützt leider Karies.

### Schluss 2
Wir stellen aus diesen Gründen folgenden Antrag: Die Warenpalette des Kiosks sollte um fair gehandelte Produkte erweitert werden und die Konkurrenzprodukte sollten nicht mehr angeboten werden.

*Schreibt einen eigenen Rahmen (Einleitung und Schluss) zum Thema „Fairer Handel in der Schule".*

## TIPP

**Einleitung und Schluss formulieren**

Wenn der Hauptteil gedanklich „steht", kann man an den **Rahmen** denken: Einleitung und Schluss eurer Stellungnahme.
- Die **Einleitung** hat die Funktion, das Thema vorzustellen und beim Leser Interesse für die Fragestellung zu wecken.
- Der **Schluss** soll die Argumente zusammenfassen („resümieren") und – am elegantesten im Rückgriff auf Gedanken der Einleitung – den Leser „entlassen", vielleicht noch mit einer Aufforderung, einem Appell.

# Jetzt geht's ums Ganze – Eine schriftliche Stellungnahme verfassen

**1** Schreibt eine Stellungnahme zum Thema „Fairer Handel in der Schule".
a) Nutzt dazu eure in den Schritten 1–5 angelegten Notizen.
b) Überarbeitet eure Niederschriften in einer Schreibkonferenz. Beachtet dabei die in der Arbeitstechnik genannten Kriterien.

**2** Verfasst eine schriftliche Stellungnahme zu einem der folgenden Themen:

*Trinken im Unterricht ist sinnvoll und gesund*

*Vegetarisch leben*

*Soziales Engagement auch schon von Jugendlichen?*

## ARBEITSTECHNIK

**Eine Stellungnahme/Argumentation überarbeiten**

**Aufbau einer Argumentation**
- Sind die Argumente sinnvoll geordnet (steigernd, stärkstes zum Schluss)?
- Sind Einleitung, Hauptteil und Schluss klar erkennbar?
- Beziehen sich Einleitung und Schluss aufeinander („Rahmen")?
- Wurden inhaltlich zutreffende und überzeugende Argumente gefunden?
- Sind die Argumente überzeugend belegt (Beispiele, Zitate)?

**Sprache**
- Werden die logischen Zusammenhänge der Gedanken angemessen wiedergegeben (Konjunktionen)?
- Finden sich Gliederungssignale („als Erstes", „schließlich", „darüber hinaus" ...)?
- Ist der Stil abwechslungsreich gestaltet (Haupt- und Nebensätze, treffende Verben)?
- Stimmen Grammatik, Rechtschreibung und Zeichensetzung?

## 2.3 Ist Kochen Kult? –
# In Leserbriefen öffentlich Stellung nehmen

### „Das riecht ja wieder wunderbar" – *Ein Interview mit dem Fernsehkoch Johann Lafer*

*Von Ullrich Fichtner*

**Herr Lafer, im Fernsehen wird gekocht auf allen Kanälen, Köche sind die Stars der Stunde. Was ist in die Deutschen gefahren?**

Ich denke, Kochen ist ein so großes Thema, weil viele Leute nicht mehr kochen. Das klingt verrückt, ist aber so. Früher war Kochen weder spannend noch unterhaltsam, es war selbstverständlich, alltäglich, das hat die Mutter gemacht, da musste man nicht viele Worte darüber verlieren.

**Kann man sagen, dass das Fernsehen die Gefühle ersetzt, die sich einst mit kochenden Müttern verbanden?**

Man kann gewiss Sehnsüchte wecken, man kann an Gefühle erinnern, aber es fehlen im Fernsehen natürlich zwei elementare Bestandteile für wirkliches Erleben, das sind der Geruch und der Geschmack. Deshalb muss ich ja auch so viel reden und so verrückte Sachen sagen wie: „Ah, liebe Zuschauer, das riecht ja wieder ganz wunderbar." Als kleiner Junge, wenn ich sonntags von der Kirche nach Hause kam, daheim in meinem Dorf in der Steiermark, und aus der Küche duftete ein Braten, von der Mutter oder der Großmutter zubereitet, dann habe ich die Vorfreude aufs Essen fast nicht ausgehalten. Das kann kein Fernsehen ersetzen.

**Die meisten Kinder heute verbinden mit Kochen das Geräusch des Aufreißens von Mikrowellenschalen. Die Esskultur, von der Sie sprechen, ist nicht mehr.**

Das ist eine Katastrophe. Wie muss denn ein Essen für Kinder sein? Ganz einfach: frisch, gesund, möglichst schonend und einfach zubereitet. Also machen wir für die ganz Kleinen ein Karottenpüree. Karotten schneiden, Hühnerbrühe dazu, aus einem ordentlichen Huhn gekocht, wenig salzen, garen, mit dem Zauberstab mixen, fertig.

**Darauf sagen berufstätige Eltern nur: Wann und wie soll ich denn die Hühnerbrühe kochen?**

Ja, aber wir müssen hier einmal einen Punkt machen: Von nix kommt nix. Ein bisschen Mühe muss schon sein. Wenn das Kind in den Kindergarten kommt, in die Schule, will es haben, was alle Kinder haben, Schokoriegel, Fast Food, was weiß ich. Aber später dann geschieht etwas Phänomenales. Wenn ich heute mit der Familie essen gehe, und das Kind lässt die Karotten auf dem Teller liegen, und ich sage: „Komm, jetzt iss doch die Karotten", dann sagt das Mädchen: „Papa, die schmecken nicht." Darauf bin ich stolz. Das Kind hat eine klare Vorstellung, wie Karotten schmecken sollen. Und damit ist alles gewonnen.

**Herr Lafer, die Deutschen heute verbringen im Durchschnitt nur 40 Minuten am Tag mit Essen. Warum sollten sie ihren Kindern etwas anderes beibringen?**

Ich hab mal gelesen, dass über die Hälfte aller Krankheiten eine Folge schlechter Ernährung ist. Da frage ich zurück: Was könnte denn wichtiger sein als besseres Essen? Und es geht ja in Wahrheit um viel mehr. Es geht um Genuss und Lebensqualität, um Glück. Ich kann für mich sagen: Die Sehnsucht nach dem Schnitzel meiner Mutter, meiner Großmutter treibt mich jeden Tag an. Ich möchte das, was ich als Kind fest gespeichert habe – in meinem Kopf, auf meiner Zunge, in meinem Herzen –, immer wieder erleben und natürlich auch anderen geben.

---

**1** *Sind die folgenden Aussagen zum Text zutreffend oder nicht? Begründet eure Einschätzung mit Textbelegen.*

*a) Kinder brauchen keine frischen Lebensmittel.*

*b) Kochsendungen im Fernsehen ersetzen das Kochen völlig.*

*c) Es ist ein wichtiges Ziel, seinen Kindern Geschmack zu vermitteln.*

*d) Schokoriegel hält J. Lafer grundsätzlich für schädlich.*

*e) Fichtner glaubt, dass die Deutschen keine Esskultur mehr haben.*

*f) Lafer stammt aus Österreich.*

*g) Kochen war früher selbstverständlicher als heute.*

*h) Gutes Essen ist nicht wichtig.*

2.3 Ist Kochen Kult? – In Leserbriefen öffentlich Stellung nehmen

## Reaktionen: Zwei Leserbriefe

Lieber Herr Lafer,
gleich vorneweg: Ich habe meinen Kindern verboten, Kochsendungen anzusehen. Was Sie und Ihresgleichen da veranstalten, macht mir als alleinerziehender, berufstätiger Mutter das Leben unnötig schwer. Ich kann nicht – auch wenn Sie meinen, dass man sich etwas Mühe geben muss – stundenlang am Herd stehen und Hühnerbrühe köcheln, ich kann auch keine Spezialrezepte nachkochen, wie meine Kinder es verlangen, und wenn diese es selbst versuchen, darf ich, trotz Aufräumansätzen meiner Söhne, zwei Stunden die Küche putzen. Sicher, ich koche frisch, sooft ich kann, aber es gibt bei uns auch Fertiggerichte und Hamburger. Und meinen Kindern geht es gut! Ich wehre mich gegen den Vorwurf der Unkultur ganz entschieden. Kultur ist ja wohl nicht nur Vier-Sterne-Essen, sondern auch Musik, Lesen und vieles andere mehr. Und das ist mir wichtiger als Kochen.

*Dr. Ursula Müller, Aachen*

**2** *Welcher der beiden Leserbriefe spricht euch mehr an? Nennt Gründe.*

**3** *Untersucht die beiden Briefe genauer.*
*a) Geht dabei die unten in der Checkliste aufgeführten Kriterien Punkt für Punkt durch.*
*b) Hat sich eure in Aufgabe 2 getroffene Einschätzung bestätigt?*

Liebe Redaktion,
hier meine Meinung zu Ihrem Interview mit Johann Lafer mit der Bitte um Abdruck als Leserbrief:
Johann Lafer spricht mir aus dem Herzen. Die Kochkultur in unserem Land liegt am Boden, und es gibt keine Aussicht auf Besserung, da vor allem die Familien diese Kulturtechnik nicht an die Kinder weitergeben. Daher plädiere ich für Geschmacks- und Genussunterricht in der Schule, ja bereits im Kindergarten. Jede Erzieherin, jeder Lehrer muss wissen, dass die Verantwortung für den Erhalt unserer Kultur auch auf ihren bzw. seinen Schultern ruht. Kinder in die Küchen! Lasst sie schmecken und riechen, was es außer Pommes frites und Tiefkühlpizza noch alles gibt: Lasst sie Hühnersuppe kochen, blanchieren und tranchieren, den Tisch decken und gemeinsam – ich betone: gemeinsam – essen und ein schönes Gespräch führen. Vielleicht kann dies ja auch in die Familien zurückwirken, sodass wir eines schönen Tages nicht mehr nur den Fernsehköchen über die Schulter schauen, sondern wieder selbst am Herd und an der Pfanne stehen und gemeinsam essen. Meine Tochter Sabrina (35) zum Beispiel hat schon Kindergeburtstage so gestaltet, dass sie nicht einfach etwas aufgetischt hat, sondern mit den Gästen ihres Sohnes einen kleinen Kochkurs durchgeführt hat. Und es hat allen große Freude gemacht.

*Elfriede Tanner, Düsseldorf*

| Leserbrief | positiv | negativ |
|---|---|---|
| **Thema** | geht genau auf das Thema des Artikels ein, auf den er sich bezieht | weicht vom Thema ab, Artikel dient nur als „Aufhänger" |
| **Aufbau** | der erste Satz weckt Interesse, klare Bestimmung des Themas, sinnvolle Reihenfolge der Argumente | Unklarheit des Themas, Argumente durcheinander, Aufbau nicht sinnvoll |
| **Adressat** | Öffentlichkeit, Leser der Zeitung | Einzelpersonen, Fachleute |
| **Umfang** | kurz, keine vertiefenden Einzelheiten (Details) | umfangreich, viele Details, Nebengedanken |
| **Stil** | sachlich, kurze Satzgefüge, keine Spezialwörter | unsachlich, beleidigend, zu komplexer Satzbau, Fach- und Fremdwörter nur für Eingeweihte |
| **Absender** | Name und Anschrift nennen | anonym |

2 Ich esse, was ich will – Einen Standpunkt vertreten

Der Bonner General-Anzeiger stellt für Leserbriefe folgende Bedingungen:

„Leserbriefe sind keine redaktionellen Meinungsäußerungen. Die Redaktion behält sich vor, Briefe zu kürzen. Schreiben Sie bitte selbst möglichst kurz. „In der Kürze liegt die Würze." Aus Platzgründen können nicht alle Zuschriften veröffentlicht werden. Es wird um Verständnis gebeten, dass Leserbriefe, deren Veröffentlichung nicht möglich ist, nicht zurückgeschickt werden. Anonyme Zuschriften werden nicht berücksichtigt. Veröffentlichte Leserbriefe müssen mit dem vollen Namen des Verfassers gezeichnet sein."

**4** Ihr seid als Praktikanten bei einer Zeitung und erhaltet den Auftrag, die beiden Briefe (▷ S. 49) zu kürzen. Macht Vorschläge dazu.

## „Die Küche ist für Kinder ein fantastischer Ort"

*Jamie Oliver bringt alle mit Büchern, TV-Shows und jetzt mit „Kitchen-Shops" ans Kochen. BRIGITTE-Mitarbeiterin Kristin Büsing hat ihn befragt.*

**Brigitte**: Was haben Sie als Kind am liebsten gegessen?
**Jamie Oliver:** Spaghetti bolognese von meiner Mutter. Für mich ist Essen auch eine nostalgische Sache – mir fallen besonders die Momente ein, wo ich mit meiner Familie oder auch guten Freunden zusammen gegessen habe.
**Brigitte:** Heute haben schon Kinder Probleme mit dem Essen.
**Jamie Oliver:** Klar, Kinder essen viel zu viel Junk-Food und Lebensmittel von schlechter Qualität: zu viele chemische Zusätze, Zucker und Fett. Früher haben sie noch auf dem Rasen Fußball gespielt, jetzt nur noch am Computer. Und dazu Eltern, die nicht kochen können, weil sie es nicht mehr gelernt haben.
**Brigitte:** Was steckt hinter Ihrem Projekt „School Dinners"?
**Jamie Oliver:** Damit wollte ich auch auf die Missstände der Verpflegung an englischen Schulen aufmerksam machen und praktisch beweisen, wie wichtig gutes, nahrhaftes Essen ist. Lehrern ist es wichtig, den Schülern Stoff in Physik oder Geografie einzupauken, aber beim Thema Ernährung versagen sie. Kinder wissen gar nicht, wie sie sich gesund ernähren können oder gar aus frischen Zutaten etwas kochen ... Das ist frustrierend, denn eine gesunde Ernährung ist so wichtig für Kinder im Wachstum.
**Brigitte:** „Keep it simple", einfach kochen – gilt auch für Kinder?
**Jamie Oliver:** Ja klar! Einfache und schnelle Rezepte bringen Menschen überhaupt erst dazu, mit dem Kochen anzufangen. Oft steht am Anfang die Angst, es nicht zu schaffen. Kocht man aber ein leichtes Rezept und es schmeckt dann allen, ist man stolz.
**Brigitte:** Wie sieht ein gutes Rezept für Kinder aus?
**Jamie Oliver:** Kinder wollen mitmachen. Nimm Kinder mit auf einen Bauernhof oder einen Markt. Zeig ihnen beim Einkaufen, ob ein Obst schon reif ist, lass sie es anfassen, daran riechen. Das ist wichtig und spannend. Auch die Küche ist ein interessanter Ort für Kinder. Ich liebe es, mit meinen beiden Töchtern Poppy und Daisy Brot zu backen. Aber wir backen nicht einfach nur ein Brot, nein, aus dem Teig formen wir Lippen, Augen und Ohren und backen daraus lustige Gesichter. Meine Töchter haben eine Menge Spaß, und wir backen gutes Brot!

**5** Die Küche als fantastischer Ort für Kinder.
  a) Welche These vertritt Jamie Oliver in diesem Interview? Welche Argumente führt er an?
  b) Könnt ihr diesen Argumenten zustimmen, oder vertretet ihr eine Gegenthese?
  c) Erörtert euren Standpunkt in einem kritischen Leserbrief.

## SPRECHEN · ZUHÖREN · SCHREIBEN

# 3 Lebensläufe – Beschreiben, Schildern und Erzählen

## 3.1 Ich in fünfzehn Jahren – Lebensentwürfe ausgestalten

### Bilder vom Ich – Sich selbst und andere beschreiben

Foto-AG Klasse 7/8
Theodor-Heuß-Schule, Hamburg

**1** *Seht euch die Bilder, die zum Thema „Meine Zukunft" entstanden sind, genau an. Überlegt, was sie ausdrücken, und bewertet sie.*

**2** *Setzt euch entspannt hin und schließt die Augen. Vielleicht stellt ihr Instrumentalmusik an. In einer **Fantasiereise** macht ihr euch auf den Weg in die Zukunft. Ihr tappt im Dunkeln. Langsam kommt ihr einige Jahre voran.*
   a) *Stellt euch die Umgebung, in der ihr in fünf, zehn und dann fünfzehn Jahren sein werdet, möglichst genau vor. Was ist zu sehen? Mit welchen Menschen seid ihr zusammen? Was geschieht um euch herum?*
   b) *Öffnet dann die Augen wieder, bleibt aber in Gedanken bei dem „Film", der vor eurem inneren Auge abläuft.*
   c) *Schreibt möglichst viel von dem, was ihr vor eurem inneren Auge seht, in einer Reihe von Stichworten auf. Verzichtet dabei auf Satzstrukturen, Punkte und Kommas, und schreibt eure Vorstellungen in einer Kette von Nomen, Verben, Adjektiven und Vergleichen auf.*
   d) *Lest euch anschließend diese Wortketten vor.*

3 Lebensläufe – Beschreiben, Schildern und Erzählen

## Fußspuren

**1** Zeichnet die Umrisse eurer Füße auf Papier und notiert in ihnen Ziele, die ihr in den kommenden fünfzehn Jahren erreichen wollt.

**2** Hängt eure „Fußspuren" an den Wänden des Klassenzimmers aus und betrachtet sie in einem Rundgang.

**3** Beschreibt kurz und sachlich einen euch bekannten Menschen, der eines oder mehrere eurer Ziele schon in überzeugender Weise erreicht hat. (Ihr müsst keinen Namen nennen.)
Wie lebt dieser Mensch?
Was sind seine Eigenheiten?

Denis Knauf (15)

## In 15 Jahren

8:00 Uhr. Ich wache auf. Ab 8:30 Uhr wartet mein Frühstück auf mich. Eier, Toast, Brötchen ... alles ganz frisch. Unverheiratet ist man frei.

5 9:00 Uhr. Jetzt wartet der Computer. Er denkt, handelt für mich und nimmt mir die Arbeit ab. So bin ich eigentlich überflüssig. Ich unterhalte mich mit dem Computer. Es ist für mich die einzige Möglichkeit, mich zu unter-
10 halten.

12:00 Uhr. Mittagessen. Vorsuppe und so weiter: 10-Gänge-Menü.

13:00 Uhr. Wieder am Computer.

15:00 Uhr. Ich trete auf den Balkon und schaue
15 aufs Meer. Abgeschieden von aller Zivilisation, wohne ich ganz allein. Keine Menschenseele. Die Städte sind reine Metallklötze, jede Stadt ohne Kontakt zu den anderen Städten. Seit sie alles dichtgemacht haben, war ich nicht mehr dort. Nur wenige Menschen leben 20 außerhalb dieser Klötze. Was sich darin abspielt, kann ich nicht sagen. Nicht einmal, ob überhaupt noch jemand dort lebt. Zum Teil sieht man diese „Städte" auch nicht mehr. Sie sind eingesunken, zugewuchert. Die Luft au- 25 ßerhalb blieb giftig – aber es geht allmählich zurück. Manchmal habe ich Sehnsucht nach „weiblichen Mitgliedern der Gesellschaft" (Mädchen, Frauen). Aber dort, wo ich wohne, gibt es sie nicht. Nicht einmal „männliche 30 Mitglieder". Einsamkeit ist gut, weil man sich so nicht gegenseitig umbringt. Allerdings sterben auch viele an Einsamkeit. Nicht durch Menschenhand, sondern durch Einsamkeit ...
18:00 Uhr. Büfett. Kaviar und so weiter ... 35
21:00 Uhr. Abendessen. Etwas mager ...
24:00 Uhr. Ich leg mich ins Bett und überleg, wie's weitergeht.

52

Juliane Grupa (17)

**In 15 Jahren**

Plan A: Ich bin stinkereich, besitze eine Villa am Meer, zwei Kinder – natürlich ganz liebe Jungs – und bin unverheiratet. Ich besitze eigene adoptierte Delfine, die selbstverständlich weiter in Freiheit leben. (Ich hasse Tierquälerei.) Meine Kinder besuchen keine Schule. Es ist zu gefährlich für sie, denn ich bin eine prominente Person.
Plan B: Ich übernachte an verschiedenen aufregenden Orten – in schmalen Gassen, unter Brücken oder in Mülltonne Nr. 13. Meine Mahlzeiten erbettele ich. Gut ist, dass ich nicht arbeiten muss.
Plan C: Ich führe ein normales, schmalziges Leben. Mit Mann, zwei Kindern usw. Ich arbeite als Friseurin, mein Mann, der faule Sack, ist natürlich wie alle anderen Männer arbeitslos. Ich warte auf den Tag, an dem ich endlich aus diesem Elend befreit werde und mir die Mohrrüben von unten angucke – das aber nur, wenn Löcher im Sarg sind.

Michael Kieschke (14)

**In 15 Jahren**

... in 15 Jahren bin ich glücklich mit Britney Spears verheiratet, die dann natürlich Britney Kieschke heißt. Wir haben zwei Kinder – Dave, zwei Jahre, und Lisa, fünf Jahre. Wir leben in Madrid, ich spiele bei Real und bin der bestbezahlte Fußballer der Welt. Meine Werbeeinnahmen zählen nach Millionen.
Zweimal pro Monat fliege ich mit Britney nach L. A. zu ihren Eltern. Ich wurde gerade zum besten Fußballspieler der Welt gewählt.
Jedes Wochenende unternehmen wir etwas. Britney ist eine sehr aktive Frau. Bevor ich sie kennen lernte, war es viel ruhiger in meinem Leben. Ich gewann zwar einen Modelwettbewerb nach dem anderen, wurde schönster Mann der Welt usw., aber mit 22 begann ich, bei Bayern München Fußball zu spielen. Später wechselte ich zu Real und lernte Britney kennen. So fing alles an – wir wurden die besten Freunde.
Das ist die eine Möglichkeit.
Aber vielleicht werde ich, Michael Kieschke, auch ganz normal bleiben, wie viele andere einen ganz normalen Job ausführen, also Kfz-Mechaniker, Elektriker oder Bäcker. Einen richtigen Beruf außer Fußballspieler wüsste ich jetzt allerdings nicht. Ich habe keinen Berufswunsch, der realistisch ist.

**1** *Weist in den Texten von Denis, Juliane und Michael Merkmale eines Selbstporträts nach.*

**2** *Schreibt auf der Basis eurer Fußspuren (▷ S. 52) eigene Zukunftsporträts.*

**TIPP**

**Selbstporträt**
Sachbetont-nüchterne, im Präsens verfasste Beschreibung von sich selbst.
Dabei geht man neben dem äußeren Erscheinungsbild auch auf eigene Gedanken, Gefühle, Wünsche, Hobbys und Vorlieben, auf charakteristische Eigenschaften und familiäre Verhältnisse ein.

3 Lebensläufe – Beschreiben, Schildern und Erzählen

**3** *Beschreibt die äußere Erscheinung der auf dem großen Foto abgebildeten Person. Konzentriert euch dabei auf eine sachliche und genaue Darstellung.*

**4** *Stellt euch vor, wie ihr selbst in zehn Jahren aussehen könntet.*
   *a) Verkleidet euch entsprechend, nehmt mit einer Digitalkamera ein Foto auf und druckt es aus.*
   *b) Tauscht eure „Zukunftsfotos" untereinander aus und beschreibt die Mitschülerinnen und Mitschüler so, wie ihr sie auf dem Foto seht. Achtet darauf, dass ihr nur das wiedergebt, was jeder andere auf dem Foto ebenso sehen könnte (objektive Darstellung).*
   *c) Überarbeitet eure Beschreibung mit Hilfe einer Weglassprobe: Nehmt alle Aussagen heraus, die euch nicht ganz objektiv erscheinen und die zu sehr auf euren persönlichen Eindruck zurückgehen.*

3.1 Ich in fünfzehn Jahren – Lebensentwürfe ausgestalten

**Beschreiben**
Beschreiben bedeutet, über etwas **sachlich** zu informieren, etwas nach intensiver Betrachtung möglichst genau und objektiv darzustellen. Ausgehend von einem **Gesamteindruck,** können anschließend **Details** beschrieben werden. Tempus der Beschreibung ist das **Präsens**.

**5** Wer könnte in zehn Jahren in eurer Wohnung auf dem Sofa sitzen?
  a) Beschreibt zwei Personen, denen die Augenpaare zugeordnet werden könnten, möglichst sachlich und anschaulich.
  b) Prüft anschließend, ob es sich tatsächlich um genaue Beschreibungen handelt. Verbessert euren Text mit Hilfe verschiedener Proben.

| | |
|---|---|
| *Erweiterungsprobe:* | *Adjektive einfügen, um die Person noch genauer zu beschreiben.* |
| *Ersatzprobe:* | *Eine ungenaue Bezeichnung durch eine präzisere ersetzen.* |
| *Umstellprobe:* | *Die Reihenfolge der beschreibenden Sätze ändern, um die logische Abfolge der Teilaussagen zu verbessern.* |

  c) Entwickelt einen Dialog, in dem die beschriebenen Personen miteinander ins Gespräch kommen. Fügt in euren Text geeignete Teile eurer Personenbeschreibung als Regieanweisungen ein.

55

# Eintreten – Stimmungen im Raum schildern

David Chotjewitz

## Einsteins Zimmer

Sein Zimmer im ersten Stock war nur eine längliche Kammer, aber er hatte sie ganz nach seinem Geschmack einrichten dürfen. Die Klassenkameraden, deren Zimmer meist eher
5 wie Antiquitätenläden aussahen, beneideten ihn darum.
Neben seinem alten Kinderbett, das nun wirklich zu kurz wurde, stand ein Bücherschrank, in dem sich Werke über Physik, Geometrie
10 und Chemie stapelten, alle zerlesen und voller Anmerkungen. Rechts, neben dem großen Fenster, das auf den parkähnlichen Garten hinausblickte, war die Musik-Ecke. Hier stand seine Geige, die er sorgsam pflegte, der Gei-
15 genbogen und das Bogenfett, daneben die Notenblätter. In einer Ecke lagen samtbezogene Kissen, sodass man sich gemütlich auf den Boden setzen konnte. Auf dem Schreibtisch hatte er allerhand nützliche und unnütze Gegen-
20 stände gesammelt: Messinstrumente von Onkel Jakob, stehengebliebene Uhren, teilweise bei dem erfolglosen Versuch, sie zu reparieren, aufgeschraubt, Lineale und rechte Winkel, größere und kleine Zirkel, Bleistifte,
25 von denen einige nur noch wenige Zentimeter lang waren. Hinten auf dem Tisch, etwas an den Rand gerückt, stand ein kleiner Globus, fast die Hälfte aller Landfläche darauf war weiß: Dorthin war noch kein Kartograf vorge-
30 drungen.

Albert ließ den Ranzen von seinem Rücken gleiten und beförderte ihn mit der Ferse unters Bett. Dann ließ er sich in die Ecke mit den Kissen fallen, streckte die Füße von sich und
35 holte die Stoppuhr aus der Hosentasche. Das war allerdings etwas. Mit diesem Instrument konnte man ja ganz minimale Geschwindigkeitsunterschiede feststellen. Damit ließe sich messen, ob die Lichtwellen tatsächlich
40 mit 300.000 Sekundenkilometern durch den Äther rasten. Man bräuchte nur zwei Spiegel und einen sehr großen, vollständig abgedunkelten Raum. Die große Aula in der Schule wäre dafür geeignet. Auch Mayas Idee, mit der
45 Uhr die Reaktionsgeschwindigkeit zu messen, war gar nicht so übel. Man konnte zum Beispiel messen, wie lange Opa Julius brauchte, um zu bemerken, dass er mit dem Suppenlöffel aus der Soßenschüssel aß. Man konnte
50 auch messen, wie lange es dauerte, bis Onkel Jakob und Vater niesten, nachdem sie eine Prise Schnupftabak genommen hatten. Neulich hatte der Onkel gleich nach dem Essen, sehr zur Empörung der Mutter, eine Prise ge-
55 schnupft. Darauf musste er so dringend niesen, dass er die Hände nicht rechtzeitig vor die Nase bekam und den braunen Tabak über die ganze Tischdecke trompetete.

**1** *Der Erzähler stellt in den beiden ersten Absätzen (Z. 1–30) dar, was Albert Einstein wahrnimmt, als er sein Jugendzimmer betritt.*
*a) Beschreibt das Vorgehen des Erzählers.*
*b) Welchen Stellenwert haben Uhren in dieser Wahrnehmung?*

**2** *Erstellt eine Liste der Vorlieben des späteren Wissenschaftlers, die ihr in den Gedanken des jungen Einstein erkennen könnt.*
*Bezieht euch genau auf den Text.*

**3** *Indem der Erzähler aus der Innensicht Alberts Zimmer beschreibt, vermittelt er auch ein Bild von dessen Bewohner. Dazu trägt auch die Wahl der sprachlichen Mittel und der Stilmittel bei.*
a) Untersucht den Text auf diese Mittel.
b) Übertragt die Tabelle in euer Heft und füllt die Leerstellen.

| Darstellungsmittel | Zitate (Beispiele) | Eindrücke/Schlussfolgerungen |
|---|---|---|
| Adjektive | „zerlesen und voller Anmerkungen" (Z. 10) „nützliche und unnütze" (Z. 19) | Bücher werden immer wieder gelesen  |
| prädikative Attribute |  |  |
|  | „eher wie Antiquitätenläden" (Z. 5) „parkähnlichen" (Z. 12) |  |
| Aufzählungen |  |  |
| Verben/Modus |  | Fantasie und Pläne |
|  |  |  |

> **! Schildern**
> Im Gegensatz zu einer Beschreibung, die genau und mit nüchternen Worten informieren soll, kommt es bei einer **Schilderung** darauf an, auch die Gefühle der Leserinnen und Leser anzusprechen. Der Verfasser einer Schilderung will ein stimmungshaltiges Bild entwerfen, das sich die Leserinnen und Leser gut vorstellen können. Eine Schilderung **zeigt** also eine ganz **persönliche Sicht auf einen Ort oder eine Situation**.
> Adjektive, ausdrucksstarke Verben, Metaphern und Vergleiche lassen die Schilderung besonders anschaulich werden.

**4** *Schildert nun selbst eine ähnliche Situation: Ihr betretet euer eigenes Zimmer oder das Zimmer eines Mitschülers/einer Mitschülerin. Schreibt auf, was in den ersten Minuten eure Augen und Ohren und eure Gedanken beschäftigt.*
a) Konzentriert euch zunächst auf Teile des Zimmers, die ihr besonders intensiv wahrnehmt. Hebt diese Bereiche durch eine Aufzählung von Einzelheiten hervor.
b) Stellt dann für einige markante Gegenstände charakterisierende Adjektive zusammen.
c) Entwickelt für dieselben Gegenstände Vergleiche und/oder Metaphern.
d) Gestaltet aus eurer Materialsammlung schließlich einen schildernden Text, der aus euren Eindrücken ein Stimmungsbild entstehen lässt.

**5** *Überarbeitet eure Schilderungen mit Hilfe von Erweiterungs-, Ersatz- und Umstellproben (▷ S. 55).*

## 3.2 „Aus dem Leben eines Taugenichts" – Eine Novelle untersuchen

### „Das Rad an meines Vaters Mühle brauste und rauschte ..." – Ein stimmungsvoller Erzählanfang

*Joseph von Eichendorff wurde 1788 in Oberschlesien geboren. Er besuchte das Gymnasium in Breslau und ging zum Jura-Studium nach Halle. 1807 wechselte er nach Heidelberg, wo er die Dichter Arnim, Brentano und Görres kennen lernte. Eichendorff verfasste zahlreiche Gedichte, die zum Teil von Robert Schumann oder Felix Mendelssohn Bartholdy vertont wurden. 1826 erschien die Novelle „Aus dem Leben eines Taugenichts", eines der am meisten gelesenen Werke der Romantik. Neben Novalis und E. T. A. Hoffmann gehört Eichendorff zu den bekanntesten Dichtern der deutschen Romantik. Er starb 1857.*

Das Rad an meines Vaters Mühle brauste und rauschte schon wieder recht lustig, der Schnee tröpfelte emsig vom Dache, die Sperlinge zwitscherten und tummelten sich dazwischen; ich saß auf der Türschwelle und wischte mir den Schlaf aus den Augen, mir war so recht wohl in dem warmen Sonnenscheine. Da trat der Vater aus dem Hause; er hatte schon seit Tagesanbruch in der Mühle rumort und die Schlafmütze schief auf dem Kopfe, der sagte zu mir: „Du Taugenichts! da sonnst du dich schon wieder und dehnst und reckst dir die Knochen müde, und lässt mich alle Arbeit allein tun. Ich kann dich hier nicht länger füttern. Der Frühling ist vor der Türe, geh auch einmal hinaus in die Welt und erwirb dir selber dein Brot." – „Nun", sagte ich, „wenn ich ein Taugenichts bin, so ist's gut, so will ich in die Welt gehen und mein Glück machen." Und eigentlich war mir das recht lieb, denn es war mir kurz vorher selber eingefallen, auf Reisen zu gehn, da ich die Goldammer, welche im Herbst und Winter immer betrübt an unserem Fenster sang: „Bauer, miet' mich, Bauer miet' mich!" nun in der schönen Frühlingszeit wieder ganz stolz und lustig vom Baume rufen hörte: „Bauer, behalt deinen Dienst!" – Ich ging also in das Haus hinein und holte meine Geige, die ich recht artig spielte, von der Wand, mein Vater gab mir noch einige Groschen Geld mit auf den Weg, und so schlenderte ich durch das lange Dorf hinaus. Ich hatte recht meine heimliche Freud', als ich da alle meine alten Bekannten und Kameraden rechts und links, wie gestern und vorgestern und immerdar, zur Arbeit hinausziehen, graben und pflügen sah, während ich so in die freie Welt hinausstrich. Ich rief den armen Leuten nach allen Seiten recht stolz und zufrieden Adjes[1] zu, aber es kümmerte sich eben keiner sehr darum. Mir war es wie ein ewiger Sonntag im Gemüte. Und als ich endlich ins freie Feld hinauskam, da nahm ich meine liebe Geige vor und spielte und sang, auf der Landstraße fortgehend:

> Wem Gott will rechte Gunst erweisen,
> Den schickt er in die weite Welt,
> Dem will er seine Wunder weisen
> In Berg und Wald und Strom und Feld.

1 **Adjes:** veraltet für „Adieu" (frz.); Abschiedsgruß „leb wohl!"

## 3.2 „Aus dem Leben eines Taugenichts" – eine Novelle untersuchen

Die Trägen, die zu Hause liegen,
Erquicket nicht das Morgenrot,
Sie wissen nur vom Kinderwiegen
Von Sorgen, Last und Not um Brot.

Die Bächlein von den Bergen springen,
Die Lerchen schwirren hoch vor Lust,
Was sollt' ich nicht mit ihnen singen
Aus voller Kehl' und frischer Brust?

Den lieben Gott lass ich nur walten;
Der Bächlein, Lerchen, Wald und Feld
und Erd' und Himmel will erhalten,
Hat auch mein' Sach aufs Best' bestellt.

**1** Lest den Anfang der Erzählung laut vor.
 a) Wer erzählt?
 b) Welchen Eindruck gewinnt ihr von der Hauptfigur und deren Situation?

**2** Notiert euch in Stichworten die wichtigsten Informationen, die ihr durch den Anfang der Erzählung erhaltet.

| Ort | (Tages-/Jahres-)Zeit | Figuren | Situation | Erzähler |
|---|---|---|---|---|
| ... | ... | Taugenichts | ... | ... |

**3** „Das Rad an meines Vaters Mühle brauste und rauschte schon wieder recht lustig, der Schnee tröpfelte emsig vom Dache, die Sperlinge zwitscherten und tummelten sich dazwischen; ich saß auf der Türschwelle und wischte mir den Schlaf aus den Augen, mir war so recht wohl in dem warmen Sonnenscheine." (Z. 1–7)
 a) Untersucht Wortwahl und Satzbau dieses ersten Satzes der Novelle. Welches Bild entsteht beim Lesen?
 b) Auch an anderen Stellen wird die Stimmung, in der sich der Ich-Erzähler befindet, geschildert. Führt weitere Textstellen an, in denen durch die Darstellung der Außenwelt Gedanken und Gefühle des Taugenichts gespiegelt werden.
 c) Welches Bild findet der Ich-Erzähler für seine Stimmung? Gebt die genaue Textzeile an.

**4** Der Ich-Erzähler wird von seinem Vater als „Taugenichts" bezeichnet (Z. 11).
 a) Was drückt der Name aus Sicht des Vaters aus?
 b) Wie fasst der Ich-Erzähler die Namenszuweisung auf? Nennt die entsprechende Textstelle.

> **Novelle**
> Eine **Novelle** (it. novella = Neuigkeit) ist eine Erzählung geringeren Umfangs, die über ein ungewöhnliches, „neues" Ereignis berichtet. Oft bedeutet dieses Ereignis einen **Wendepunkt** im Leben der Figur. In der Novelle von Eichendorff weist schon der Beginn (die Exposition) der Erzählung auf diese Umbruchsituation hin:
> „... ich saß auf der Türschwelle [...]. Da trat der Vater aus dem Hause." (Z. 4–8)

**5** *Der Taugenichts nimmt seine Geige und singt ein Lied.*
a) Fasst den Inhalt des Liedtextes in wenigen Sätzen zusammen.
b) In welchem Zusammenhang stehen Lied und Situation des Taugenichts?

**6** *Wie könnte die Geschichte des Taugenichts weitergehen? Skizziert in einem Flussdiagramm den weiteren Reiseweg (Ort/Landschaft – Situation/Erlebnisse – Zeit).*

**7** *Lasst das Gemälde des Malers Caspar David Friedrich auf euch wirken. Stellt euch vor, das Bild zeige eine Station auf dem Reiseweg des Taugenichts. Schildert dann aus der Ich-Perspektive ein besonderes Erlebnis sowie die Stimmung, in der sich die Hauptfigur befindet. Beziehet dabei die verschiedenen Sinneswahrnehmungen (Hören, Sehen, Spüren/Fühlen, Riechen) mit ein.*

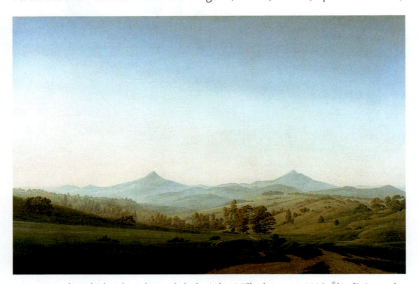

Caspar David Friedrich: Böhmische Landschaft mit dem Milleschauer, um 1810. Öl auf Leinwand

## „Der Schlafrock stand mir schön zu Gesichte" – Gefühle schildern

*Der Taugenichts begegnet auf seiner Reise zwei vornehmen Damen, die ihn in ihrer Kutsche zu einem Schloss mitnehmen. Dort arbeitet er zunächst als Gärtner, und von ferne kann er die jüngere Dame verehren. Als eines Tages der alte Zolleinnehmer stirbt, werden ihm dessen Tätigkeit und Wohnhaus angeboten.*

Und so war ich denn wirklich Zolleinnehmer, ehe ich mich's versah. Ich bezog nun sogleich meine neue Wohnung und war in kurzer Zeit eingerichtet. Ich hatte noch mehrere Gerätschaften gefunden, die der selige Einnehmer seinem Nachfolger hinterlassen, unter andern einen prächtigen roten Schlafrock mit gelben Punkten, grüne Pantoffeln, eine Schlafmütze und einige Pfeifen mit langen Röhren. [...] Den ganzen Tag, (zu tun hatte ich weiter nichts) saß ich daher auf dem Bänkchen vor meinem Hause in Schlafrock und Schlafmütze, rauchte Tabak aus dem längsten Rohre, das ich nach dem seligen Einnehmer gefunden hatte, und sah zu, wie die Leute auf der Landstraße hin und her gingen, fuhren und ritten. Ich wünschte nur immer, dass auch einmal ein paar Leute aus meinem Dorfe, die immer sagten, aus mir würde mein Lebtage nichts, hier vorüberkommen und mich so sehen möchten. – Der Schlafrock stand mir schön zu Gesichte, und überhaupt das alles behagte mir sehr gut. So saß ich denn da und dachte mir mancherlei hin und her, wie aller Anfang schwer ist, wie das vornehmere Leben doch eigentlich recht kommode[1] sei, und fasste heimlich den Entschluss, nunmehr alles Reisen zu lassen, auch Geld zu sparen wie die andern, und es mit der Zeit gewiss zu etwas Großem in der Welt zu bringen. Inzwischen vergaß ich über meinen Entschlüssen, Sorgen und Geschäften die allerschönste Frau keineswegs. Die Kartoffeln und anderes Gemüse, das ich in meinem kleinen Gärtchen fand, warf ich hinaus und bebaute es ganz mit den auserlesensten Blumen, worüber mich der Portier[2] vom Schlosse mit der großen kurfürstlichen Nase, der, seitdem ich hier wohnte, oft zu mir kam und mein intimer Freund geworden war, bedenklich von der Seite ansah und mich für einen hielt, den sein plötzliches Glück verrückt gemacht hätte. Ich aber ließ mich das nicht anfechten. Denn nicht weit von mir im herrschaftlichen Garten hörte ich feine Stimmen sprechen, unter denen ich die meiner schönen Frau zu erkennen meinte, obgleich ich wegen des dichten Gebüsches niemand sehen konnte. Da band ich denn alle Tage einen Strauß von den schönsten Blumen, die ich hatte, stieg jeden Abend, wenn es dunkel wurde, über die Mauer und legte ihn auf einen steinernen Tisch hin, der dort inmitten einer Laube stand, und jeden Abend, wenn ich den neuen Strauß brachte, war der alte von dem Tische fort. Eines Abends war die Herrschaft auf die Jagd geritten; die Sonne ging eben unter und bedeckte das ganze Land mit Glanz und Schimmer, die Donau schlängelte sich

prächtig wie von lauter Gold und Feuer in die weite Ferne, von allen Bergen bis tief ins Land hinein sangen und jauchzten die Winzer. [...] Ich sprang auch heute schnell über die Mauer und ging eben auf das steinerne Tischchen los, als ich in einiger Entfernung Pferdetritte vernahm. Entspringen konnt' ich nicht mehr, denn schon kam meine schöne gnädige Frau selber, in einem grünen Jagdhabit[3] und mit nickenden Federn auf dem Hute, langsam und wie es schien in tiefen Gedanken die Allee herabgeritten. Es war mir nicht anders zumute, als da ich sonst in den alten Büchern bei meinem Vater von der schönen Magelone[4] gelesen, wie sie so zwischen den immer näher schallenden Waldhornsklängen und wechselnden Abendlichtern unter den hohen Bäumen hervorkam, – ich konnte nicht vom Fleck. Sie aber erschrak heftig, als sie mich auf einmal gewahr wurde, und hielt fast unwillkürlich still. Ich war wie betrunken vor Angst, Herzklopfen und großer Freude, und da ich bemerkte, dass sie wirklich meinen Blumenstrauß von gestern an der Brust hatte, konnte ich mich nicht länger halten, sondern sagte ganz verwirrt: „Schönste gnädige Frau, nehmt auch noch diesen Blumenstrauß von mir, und alle Blumen aus meinem Garten und alles, was ich habe. Ach könnt' ich nur für Euch ins Feuer springen!" – Sie hatte mich gleich anfangs so ernsthaft und fast böse angeblickt, dass es mir durch Mark und Bein ging, dann aber hielt sie, solange ich redete, die Augen tief niedergeschlagen. Soeben ließen sich einige Reiter und Stimmen im Gebüsch hören. Da ergriff sie schnell den Strauß aus meiner Hand und war bald, ohne ein Wort zu sagen, am andern Ende des Bogenganges verschwunden.
Seit diesem Abend hatte ich weder Ruh' noch Rast mehr. Es war mir beständig zumute wie sonst immer, wenn der Frühling anfangen sollte, so unruhig und fröhlich, ohne dass ich wusste warum, als stünde mir ein großes Glück oder sonst etwas Außerordentliches be-

---

1  **kommode:** bequem, angenehm
2  **Portier:** Pförtner

3  **Jagdhabit:** Jagdkostüm
4  **schöne Magelone:** Märchen

vor. Besonders das fatale Rechnen wollte mir nun erst gar nicht mehr von der Hand, und ich hatte, wenn der Sonnenschein durch den Kastanienbaum vor dem Fenster grüngolden auf die Ziffern fiel, und so fix vom Transport[5] bis zum Latus[6] und wieder hinauf und hinab addierte, gar seltsame Gedanken dabei, sodass ich manchmal ganz verwirrt wurde, und wahrhaftig nicht bis drei zählen konnte. Denn die Acht kam mir immer vor wie meine dicke enggeschnürte Dame mit dem breiten Kopfputz, die böse Sieben war gar wie ein ewig rückwärts zeigender Wegweiser oder Galgen. – Am meisten Spaß machte mir noch die Neun, die sich mir so oft, eh' ich mich's versah, lustig als Sechs auf den Kopf stellte, während die Zwei wie ein Fragezeichen so pfiffig dreinsah, als wollte sie mich fragen: Wo soll das am Ende noch hinaus mit dir, du arme Null? Ohne *sie*, diese schlanke Eins und Alles, bleibst du doch ewig nichts! Auch das Sitzen draußen vor der Tür wollte mir nicht mehr behagen. Ich nahm mir, um es kommoder zu haben, einen Schemel mit heraus und streckte die Füße

darauf, ich flickte ein altes Parasol[7] vom Einnehmer, und steckte es gegen die Sonne wie ein chinesisches Lusthaus über mich. Aber es half nichts. Es schien mir, wie ich so saß und rauchte und spekulierte, als würden mir allmählich die Beine immer länger vor Langeweile, und die Nase wüchse mir vom Nichtstun, wenn ich so stundenlang an ihr heruntersah. – Und wenn denn manchmal noch vor Tagesanbruch eine Extrapost vorbeikam, und ich trat halb verschlafen in die kühle Luft hinaus, und ein niedliches Gesichtchen, von dem man in der Dämmerung nur die funkelnden Augen sah, bog sich neugierig zum Wagen hervor und bot mir freundlich einen guten Morgen, in den Dörfern aber ringsumher krähten die Hähne so frisch über die leise wogenden Kornfelder herüber, und zwischen den Morgenstreifen hoch am Himmel schweiften schon einzelne zu früh erwachte Lerchen, und der Postillion[8] nahm dann sein Posthorn und fuhr weiter und blies und blies – da stand ich lange und sah dem Wagen nach, und es war mir nicht anders, als müsst' ich nur sogleich mit fort, weit, weit in die Welt.

**5 Transport:** Übertrag; Summe, die von der vorausgehenden Seite übernommen wird
**6 Latus:** Seitenendsumme

**7 Parasol:** (frz.) Sonnenschirm
**8 Postillion:** (frz.) Postkutscher

**1** *Der Ich-Erzähler beschreibt sich selbst und seinen Tagesablauf.*
 *a) Wie würdet ihr seinen Alltag charakterisieren?*
 *b) Benennt die sprachlichen Gestaltungsmittel, die in der Selbstbeschreibung verwendet werden. Erklärt ihre Wirkung.*

**2** *Der Einnehmer und der Taugenichts leben in zwei verschiedenen Welten.*
 *a) In welchem Verhältnis stehen „Kartoffeln und anderes Gemüse" und „auserlesenste[n] Blumen" zueinander? Beschreibt dieses mit Hilfe von Oberbegriffen.*
 *b) Untersucht den Zusammenhang zwischen der Gestaltung der Gärten und der Lebensauffassung ihrer Besitzer.*

**3** *Wiederholt schildert der Taugenichts seine Gemütsverfassung.*
 *a) Sucht in der Erzählung Signalwörter, die diese Schilderung einleiten.*
 *b) Führt Textstellen an, die seine Befindlichkeit ausdrücken, und klärt, welches die jeweiligen Auslöser für diese sind.*

**4** *Wie erklärt ihr euch, dass der Taugenichts seinen „Entschluss, nunmehr alles Reisen zu lassen" (Z. 27), wieder ändert?*

62

# Sehnsucht nach der Ferne und nach der Heimat – Romantische Grundstimmung

*Johann Georg von Dillis: Blick auf St. Peter in Rom, 1818, Öl auf Leinwand*

Ich war Tag und Nacht eilig fortgegangen, denn es sauste mir lange in den Ohren, als kämen die vom Berge mit ihrem Rufen, mit Fackeln und langen Messern noch immer hinter mir drein. Unterwegs erfuhr ich, dass ich nur noch ein paar Meilen von Rom wäre. Da erschrak ich ordentlich vor Freude. Denn von dem prächtigen Rom hatte ich schon zu Hause als Kind viele wunderbare Geschichten gehört, und wenn ich dann an Sonntagsnachmittagen vor der Mühle im Grase lag und alles ringsum so still war, da dachte ich mir Rom wie die ziehenden Wolken über mir, mit wundersamen Bergen und Abgründen am blauen Meer und goldnen Toren und hohen glänzenden Türmen, von denen Engel in goldnen Gewändern sangen. – Die Nacht war schon wieder lange hereingebrochen, und der Mond schien prächtig, als ich endlich auf einem Hügel aus dem Walde heraustrat und auf einmal die Stadt in der Ferne vor mir sah.
– Das Meer leuchtete von weitem, der Himmel blitzte und funkelte unübersehbar mit unzähligen Sternen, darunter lag die heilige Stadt, von der man nur einen langen Nebelstreif erkennen konnte, wie ein eingeschlafener Löwe auf der stillen Erde, und Berge standen daneben, wie dunkle Riesen, die ihn bewachten.
Ich kam nun zuerst auf eine große, einsame Heide, auf der es so grau und still war wie im Grabe. Nur hin und her stand ein altes verfallenes Gemäuer oder ein trockener wunderbar gewundener Strauch, manchmal schwirrten Nachtvögel durch die Luft, und mein eigener Schatten strich immerfort lang und dunkel in der Einsamkeit neben mir her. Sie sagen, dass hier eine uralte Stadt und die Frau Venus begraben liegt und die alten Heiden zuweilen noch aus ihren Gräbern heraufsteigen und bei stiller Nacht über die Heide gehen und die Wanderer verwirren. Aber ich ging immer gerade fort und ließ mich nichts anfechten. Denn die Stadt stieg immer deutlicher und prächtiger vor mir herauf und die hohen Burgen und Tore und goldenen Kuppeln glänzten so herrlich im hellen Mondenschein, als ständen wirklich die Engel in goldnen Gewändern auf den Zinnen und sängen durch die stille Nacht herüber.
So zog ich denn endlich erst an kleinen Häusern vorbei, dann durch ein prächtiges Tor in die berühmte Stadt Rom hinein. [...]

**1** *Vergleicht die Vorstellungen, die der Taugenichts von Rom hat, mit seinen Eindrücken und Empfindungen, als er in der Stadt ankommt.*
   *a) Untersucht zunächst die Zeilen 7–17. Achtet besonders auf Adjektive und Farbsymbolik.*
   *b) Seht euch dann die Zeilen 17–41 genauer an. Welche Bilder und Vergleiche findet ihr?*
   *c) Welches Rombild setzt sich schließlich durch (Z. 41–52)? Wie wird dies sprachlich deutlich?*

**2** Die Stadt Rom ist auch ein beliebtes Motiv in der Malerei der Romantik.
  a) Beschreibt das Rom-Bild von Johann Georg von Dillis (▷ S. 63). Beachtet den Standpunkt des Betrachters, die Unterteilung in Vorder-, Mittel- und Hintergrund, die Farbgebung und die Lichtverhältnisse.
  b) Notiert Gemeinsamkeiten und Unterschiede in der Darstellung Roms zwischen von Dillis' Gemälde und der Erzählung des Taugenichts.
  c) Erklärt die Unterschiede in der Wahrnehmung der Stadt.

**3** Vielleicht haben euch Reisebeschreibungen auch schon einmal neugierig auf eine Stadt oder ein Land gemacht. Erzählt, was ihr dort gern erleben wollt.

*Nach vielen Erlebnissen im fernen Rom bekommt der Taugenichts Heimweh und reist wieder nach Hause zurück.*

Mein Zollhaus, an dem ich vorbei musste, stand noch auf der alten Stelle, die hohen Bäume aus dem herrschaftlichen Garten rauschten noch immer darüber hin, eine Goldammer, die damals auf dem Kastanienbaume vor dem Fenster jedes Mal bei Sonnenuntergang ihr Abendlied gesungen hatte, sang auch wieder, als wäre seitdem gar nichts in der Welt vorgegangen. Das Fenster im Zollhause stand offen, ich lief voller Freuden hin und steckte den Kopf in die Stube hinein. Es war niemand darin, aber die Wanduhr tickte noch immer ruhig fort, der Schreibtisch stand am Fenster und die lange Pfeife in einem Winkel, wie damals. Ich konnte nicht widerstehen, ich sprang durch das Fenster hinein und setzte mich an den Schreibtisch vor das große Rechenbuch hin. Da fiel der Sonnenschein durch den Kastanienbaum vor dem Fenster wieder grüngolden auf die Ziffern in dem aufgeschlagenen Buche, die Bienen summten wieder an dem offnen Fenster hin und her, die Goldammer draußen auf dem Baume sang fröhlich immerzu. – Auf einmal aber ging die Türe aus der Stube auf, und ein alter, langer Einnehmer in meinem punktierten Schlafrock trat herein! Er blieb in der Türe stehen, wie er mich so unversehens erblickte, nahm schnell die Brille von der Nase und sah mich grimmig an. Ich aber erschrak nicht wenig darüber, sprang, ohne ein Wort zu sagen, auf und lief aus der Haustür durch den kleinen Garten fort, wo ich mich noch bald mit den Füßen in dem fatalen Kartoffelkraut verwickelt hätte, das der alte Einnehmer nunmehr, wie ich sah, nach des Portiers Rat statt meiner Blumen angepflanzt hatte. Ich hörte noch, wie er vor die Tür herausfuhr und hinter mir dreinschimpfte, aber ich saß schon oben auf der hohen Gartenmauer, und schaute mit klopfendem Herzen in den Schlossgarten hinein.

Da war ein Duften und Schimmern und Jubilieren von allen Vöglein; die Plätze und Gänge waren leer, aber die vergoldeten Wipfel neigten sich im Abendwinde vor mir, als wollten sie mich bewillkommnen, und seitwärts aus dem tiefen Grunde blitzte zuweilen die Donau zwischen den Bäumen nach mir herauf. Auf einmal hörte ich in einiger Entfernung im Garten singen:

> Schweigt der Menschen laute Lust:
> Rauscht die Erde wie in Träumen
> Wunderbar mit allen Bäumen,
> Was dem Herzen kaum bewusst,
> Alte Zeiten, linde Trauer,
> Und es schweifen leise Schauer
> Wetterleuchtend durch die Brust.

**4** „Mein Zollhaus, an dem ich vorbei musste, stand noch auf der alten Stelle ..." (Z. 1–2).
  a) Was findet der Taugenichts bei seiner Heimkehr vor?
  b) Wie werden seine Empfindungen dabei sprachlich verdichtet?

**5** Der Taugenichts nimmt die Natur ganzheitlich mit fast allen Sinnen wahr.
 a) An welchen Textstellen wird dies besonders deutlich?
 b) Durch welche Elemente der Natur entsteht ein stimmungsvolles Bild?
 c) Ordnet bei dem folgenden Satz den Satzgliedern Raum, Tiefe, Weite und Lichteinfall zu: „und seitwärts aus dem tiefen Grunde blitzte zuweilen die Donau zwischen den Bäumen nach mir herauf" (Z. 46–49).
 d) Untersucht in Gruppen weitere Landschaftsschilderungen in allen Textausschnitten. Achtet dabei auf die Wahrnehmung von Raum, Licht und Klang.

**6** Das Fenster symbolisiert – nicht nur in der Romantik – den Übergang zwischen drinnen und draußen, Innenwelt und Außenwelt.
 a) Untersucht den Text genau: Was befindet sich vor, was hinter dem Fenster?
 b) Welche Position nimmt der Taugenichts ein?

> **Leitmotiv**
> Die Novelle ist von **Leitmotiven** durchzogen. Das sind Motive (Bilder oder Wortfolgen), die sich wiederholen und dadurch Zusammenhänge herstellen. Diese erlauben u. a. Rückschlüsse auf den Charakter einer Figur. Beim Taugenichts sind das dessen Geige (▷ Erzählanfang, S. 58), die Sehnsucht nach der Ferne, das Reisen in die weite Welt (▷ Lied, S. 58–59).

**7** a) Übertragt die genannten Leitmotive in euer Heft und ergänzt sie durch weitere.
 b) Erklärt die Bedeutung der Motive für die Novelle.

**8** Welche Kernaussage verdichtet sich in der Liedstrophe (▷ Z. 51–57)?

**9** Skizziert kurz den Lebensweg des Taugenichts vom Aufbruch bis zur Heimkehr. Wie finden sich eure Entwürfe aus den Aufgaben 6 und 7 auf Seite 60 darin wieder?

**10** Am Schluss der Novelle heiratet der Taugenichts, und der letzte Satz lautet: „... und es war alles, alles gut". Es ist also ein Happy End. Wie beurteilt ihr diesen Schluss?

> **Romantik**
> **Romantik** (romantisch = romanhaft, fantastisch, abenteuerlich) war zunächst die Bezeichnung für eine neue Kunst-, Welt- und Lebensanschauung und meint heute die literarische Epoche zwischen 1798 und 1830 in Deutschland.
> Die Künstler der Zeit suchen eine Verschmelzung von Kunst und Leben, eine Vereinigung von Geist und Natur. Zentraler Ausdruck dafür ist die **romantische Sehnsucht,** der Blick in die Ferne, die Unendlichkeit.
> Der Taugenichts ist ein Beispiel für die literarischen Figuren der Romantik, die Freude am Leben und unerschütterliches Urvertrauen in Gott auszeichnet. Dem Freiheitsliebenden gegenüber stehen Figuren wie der alte Einnehmer und der Vater, die mit ihrer engen Lebensauffassung zu Hause „vor dem Ofen bleiben".

3 Lebensläufe – Beschreiben, Schildern und Erzählen

## 3.3 Gespräche führen – Zuhören und Nachfragen

### „Dialog der Generationen" – Hypertexte

**1** Esther aus der 8a hat sich im Rahmen des Klassen-Projektes „Dialog der Generationen" für ihre Nachbarin interessiert, die seit Jahrzehnten als Journalistin arbeitet. Ihre Arbeit hat sie als Hypertext auf die Homepage der Schule setzen lassen. Untersucht, was auf der Startseite alles zu sehen ist.

> **Hypertexte** sind Dokumente bzw. Bildschirmseiten, die Querverweise (Hyperlinks) zu anderen Stellen im Text oder anderen Bildschirmseiten enthalten.
> Der Wechsel (Sprung) zu diesen Seiten erfolgt durch Mausklick auf einen im Dokument markierten Begriff oder Satz, ein Symbol oder Bild. Computerunterstützte Informationssysteme (z. B. MS-Word oder Staroffice) machen das möglich.
> Man **„navigiert"** (klickt) sich so von Dokument zu Dokument, die Reihenfolge der aufgerufenen Bildschirmseiten kann immer eine etwas andere sein.

 **2** Sammelt ähnlich wie Esther Materialien zu einer älteren, euch bekannten Person. Überlegt, was ihr zusammenstellen wollt, z. B.: Interviews (▷ S. 15), Fotos, Briefe, Dokumente.
   a) Erarbeitet euch einen Fragenkatalog (▷ S. 15) für ein Interview, in dem ihr z. B. auf Kindheit, Lebensentwürfe und Schicksalsschläge eingeht.
   b) Macht euch bei den Antworten Notizen, die ihr hinterher ausarbeiten könnt (▷ S. 32–33).

66

3.3 Gespräche führen – Zuhören und Nachfragen

**TIPP**

**Zuhören und gleichzeitig mitschreiben** muss man üben.

☐ Kürzt Wörter und Wortverbindungen am besten ab, z. B.: „Rhl" für „Rheinland".
Denkt euch eigene Kurzformen aus, wichtig ist nur, dass ihr diese bei der Rein-
schrift auch wieder entschlüsseln könnt.

☐ Versucht nie, vollständige Sätze mitzuschreiben, sondern macht euch kurze Notizen im Nominalstil, z. B.: „Irmgard Wolf wollte schon als Kind Redakteurin werden, obwohl Journalismus 1920/1930 als reiner Männerberuf galt." **Stichworte:**
„als Kind" → „Berufswunsch: Redakteurin"; „aber: 1920/1930 Männerberuf"

**3** Wertet die Materialien aus und gestaltet einen Hypertext zu einer Person. Orientiert euch dabei
an den folgenden Schritten.

### Schritt 1: Die Startseite einrichten

Sichtet euer Material daraufhin, was thematisch im Vordergrund stehen soll. Dort müssen
zunächst jene Sachverhalte angesprochen werden, zu denen ihr dann weitere Informationen habt. Hier hilft ein Ordnungs- und Begriffssystem von Ober- und Unterbegriffen,
z. B.:

*Dialog der Generationen*

*Irmgard Wolf, 90-jährige Journalistin*

*Frau Müller, 83, Senioren-heimbewohnerin*

### Schritt 2: Weiterführende Informationen und Materialien

Legt in einem zweiten Schritt die Seiten an, die ihr – von der Startseite ausgehend – verknüpfen wollt. Welche untergeordneten Themen und Begriffe wollt ihr aufrufen?

| *Irmgard Wolf* | | |
|---|---|---|
| *Foto* | *Biografie* | *Publikationen* |
| | | *„Kein Wort zu viel"; Autobiografie; „Rheinisches Winter- und Weihnachtsbuch"; ...* |

### Schritt 3: Verknüpfungen herstellen

Nun müsst ihr die Texte und Materialien nur noch sinnvoll miteinander verlinken, z. B. mit
Hilfe von MS-Word.

**TIPP**

Bei Materialien/Texten, die nicht von euch stammen, müsst ihr immer die **Quelle
mit angeben!** Beispiel: Wolf, Irmgard: Kein Wort zu viel. Autobiografie. Köln 2001.

3 Lebensläufe – Beschreiben, Schildern und Erzählen

# Sich in einem Bewerbungsgespräch vorstellen

Bei einem Vorstellungsgespräch möchte euch der Arbeitgeber näher kennen lernen. Ihr aber könnt ihn für euch gewinnen, deshalb ist eine gute Vorbereitung notwendig. Wie ihr eure Bewerbungsmappe optimal zusammenstellt, erfahrt ihr auf den Seiten 158–161.

**1** a) Überlegt euch, was den Arbeitgeber hinsichtlich eurer Bewerbung oder eurer Person interessieren könnte, z. B. *Gründe für das Interesse an speziell dieser Firma, Freizeitvorlieben.*
b) Formuliert auf dieser Grundlage Fragen, wie sie euch im Gespräch gestellt werden könnten, z. B. *Was wissen Sie über unsere Firma? Warum interessieren Sie sich für unsere Firma?*
c) Spielt in einem Rollenspiel das Bewerbungsgespräch und tauscht eure Beobachtungen aus.

**2** a) Beschreibt die Körperhaltungen auf den Fotos. Wie wirken sie auf euch? Welche ist eurer Ansicht nach einem Vorstellungsgespräch angemessen?
b) Erprobt selbst verschiedene Haltungen. Mit der Digitalkamera könnt ihr die Ergebnisse festhalten.

> **TIPP**
>
> ### Ein Bewerbungsgespräch vorbereiten und führen
>
> Ein Bewerbungsgespräch solltet ihr selbstsicher und überzeugend mitgestalten und nicht nur einsilbige Antworten geben. Bereitet euch deshalb gut auf Fragen vor. Vielleicht werdet ihr auch aufgefordert, frei von euch zu sprechen. Legt euch also für einen solchen Fall einen kurzen Text zurecht, in dem ihr vermittelt, dass ihr eine realistische Einschätzung eurer Fähigkeiten und klare Ziele vor Augen habt.
> Man sollte zu einem Bewerbungsgespräch in jedem Fall
> ☐ pünktlich und ausgeruht ankommen,
> ☐ Kopien der Bewerbungsunterlagen mitnehmen,
> ☐ Kleidung tragen, die ansprechend aussieht, in der man sich aber trotzdem wohlfühlt,
> ☐ freundlich sein und einen ruhigen und entspannten Eindruck machen,
> ☐ nachfragen, wenn man etwas nicht verstanden hat, und auch eigene, vorbereitete Fragen stellen und somit Initiative zeigen.

■ SPRECHEN · ZUHÖREN · SCHREIBEN

# 4 Die Tageszeitung – Lesen, Verstehen und Gestalten

## 4.1 Vorfälle rund um uns – Für die Zeitung recherchieren und schreiben

Düsseldorf rüstet zum Japan-Tag

Jugendarbeitslosigkeit im Rhein-Sieg-Kreis

Handy-Klau in der Umkleidekabine

Neue Freizeitangebote für Jugendliche

Champions League verpasst

Tausende auf Wiesbadener Trödelmarkt

Bundesweit 500 000 bei Mai-Kundgebungen auf der Straße

**1** Was verbindet ihr mit diesen Schlagzeilen? Welchen Artikel würdet ihr als ersten lesen?

**2** Welche Ereignisse sind im Augenblick an eurer Schule oder an eurem Wohnort aktuell?
a) Notiert solche in sachlichem als auch reißerischem Stil.
b) Diskutiert das Für und Wider der verschiedenen Stile.

69

4 Die Tageszeitung – Lesen, Verstehen und Gestalten

# Wie kommt die Zeitung an Informationen? – Der Weg einer Nachricht

**1** *Greift aus den Schlagzeilen von S. 69, zu denen euch wenig einfällt, Stichwörter heraus und sucht Informationen über die Sachverhalte, die in ihnen angesprochen werden.*
  ☐ *Tragt in der Klasse diese Informationen vor und*
  ☐ *beschreibt eurer Vorgehen bei der Suche.*

**2** *Überlegt, wie eine **Zeitung** an Informationen zu solchen Themen kommen kann. Was könnte an Stelle des Fragezeichens stehen?*

**3** *Beschreibt und erläutert die Grafik.*
  a) *Die Informationsquellen einer Zeitung sind in drei Gruppen aufgegliedert. Erklärt, was diese Gruppen jeweils verbindet bzw. voneinander unterscheidet.*
  b) *Worin unterscheiden sich die Aufgaben und Tätigkeiten eines Reporters von denen einer Redakteurin? Was macht ein Korrespondent? Informiert euch über die jeweiligen Berufsbilder.*
  c) *Welche Nachrichtenagenturen kennt ihr? Wofür stehen die Kürzel dpa, AP, AFP?*
  d) *Ergänzt die Grafik: Wie kommt die Zeitung zum Leser?*

4.1 Vorfälle rund um uns – Für die Zeitung recherchieren und schreiben

# Selbst recherchieren und schreiben

**1** Wählt ein Ereignis aus und überlegt, wie ihr an Informationen dazu kommen könnt. Verwendet die Übersicht rechts als Grundlage für eure Planung: Übertragt sie in euer Heft und ergänzt sie.

**2** Haltet eure Rechercheergebnisse in Stichworten fest. Anschließend sichtet ihr die Stichworte, d. h.:
- ☐ gegebenenfalls ergänzt ihr sie oder
- ☐ streicht etwas weg und
- ☐ bringt sie zuletzt in eine sinnvolle Reihenfolge.

*Fragen stellen an:*
- *...*
- *...*

*Nachlesen in:*
- *...*
- *...*

*Abbildungen:*
- *...*
- *...*

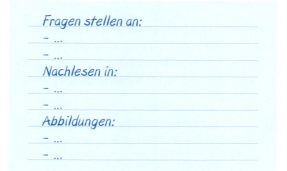

**Die Liebe ist ein Kartenhaus**

*Die Klasse 10c der Günther-Eckerland-Realschule gewinnt den Architekturwettbewerb zum Thema „Der Liebe ein Zuhause"*

Bei dem Wettbewerb bastelten Jugendliche der Klassen 8 bis 10 ein Liebeshaus, das ihren Gefühlen und ihren Idealen über die Liebe entspricht. Sie überlegten, was eine Beziehung ermöglicht und wie sie gestaltet werden kann. Diese Vorstellungen wurden dann auf ein Haus übertragen. Die Schüler einigten sich hierbei darauf, wo die einzelnen Elemente ins Haus eingesetzt werden. Die Begriffe bekamen symbolischen Charakter.
Als Materialien durften nur Papier, Packpapier, Fotokarton und ähnliches verwendet werden.

**3** Schreibt auf der Grundlage eurer Stichworte einen kurzen Zeitungsbericht.

> **Zeitungsbericht**
>
> ☐ **Eigenart und Ziel:**
> Der Zeitungsbericht soll über Ereignisse und Vorgänge **sachlich informieren.** Er soll die W-Fragen beantworten (Wer? Was? Wann? Wo? Wie? Welche Folgen?), aber keine Beurteilung und Bewertung abgeben.
>
> ☐ **Aufbau:**
> Der Aufbau folgt dem Grundsatz: das Wichtigste zuerst (sog. **Lead-Stil**).
> Zuoberst steht die fett gedruckte **Schlagzeile,** die Überschrift des Zeitungsartikels.
> Dieser folgt der erste, alle wichtigen Informationen enthaltende Satz, der **Lead-Satz.**
> Darauf folgt die genauere Darstellung. Am Ende können ergänzende Hintergrundinformationen stehen, die das Ereignis in einen größeren Zusammenhang stellen.
>
> ☐ **Schreibstil:**
> Der Zeitungsbericht ist **sachlich** und meistens im **Präteritum** geschrieben. Für Ereignisse, die vor dem hauptsächlich dargestellten Ereignis lagen, wird das **Plusquamperfekt** verwendet.

**4** Tauscht eure Zeitungsberichte aus und prüft: Habt ihr
- ☐ alle W-Fragen beantwortet?
- ☐ im Lead-Stil geschrieben?
- ☐ ...

Ergänzt die Checkliste um weitere Fragen und überarbeitet gegebenenfalls eure Zeitungsberichte.

71

## Die eigene Meinung kundtun – Kommentare verfassen

Ereignisse lösen oft Diskussionen aus: Ob in der Schule ein Getränkeautomat aufgestellt werden soll, ob in der Gemeinde ein öffentlicher Platz neu gestaltet oder eine Fußgängerzone eingerichtet werden soll – meist gibt es dazu ganz verschiedene Meinungen. Auch die kann man in der Zeitung finden: als **Kommentar** eines Redakteurs oder als **Leserbrief** von Betroffenen.

**1** Wählt ein Ereignis aus eurer Umgebung und formuliert dazu einen **Kommentar**.
Für einen Kommentar gibt es keine verbindlichen Vorgaben. Dennoch ist es sinnvoll, sich einige Punkte bewusst zu machen. Stellt dazu folgende Fragen:
- ☐ Ist die Meinung der Verfasserin oder des Verfassers klar erkennbar?
- ☐ Ist diese Meinung überzeugend begründet? (▷ S. 36)
- ☐ Werden Probleme aufgezeigt und kritische Fragen gestellt?
- ☐ Werden Alternativen entworfen und die Leser zum Handeln aufgefordert?

**2** Arbeitet in kleinen Gruppen und lest eure Kommentare einander vor.
a) Diskutiert die in Aufgabe 1 genannten Fragen.
b) Überarbeitet anschließend eure Texte.

> **Kranksparen**
> Kommentar aus der „Rheinischen Post"
>
> Das Hallenbad in Neustadt soll aus Kostengründen geschlossen werden, gleichzeitig fordern Krankenkassen und Volksgesundheit, dass mehr Sport getrieben werden muss. Könnte da nicht auch die Stadtverwaltung in größeren Zusammenhängen denken?
> Liest man die Berichte über zunehmende Fettleibigkeit schon bei Kindern und die Zunahme von Herz-Kreislauf-Erkrankungen, muss man doch wohl klipp und klar sagen: Ein Hallenbad ist für eine Stadt kein Luxus, sondern eine gesundheitspolitische Notwendigkeit.

## Eine Zeitung für uns

Manche Tageszeitungen veröffentlichen in regelmäßigen Abständen eine Seite für Jugendliche.

**1** Informiert euch darüber, ob eure Lokalzeitung so eine Seite hat.
a) Stellt sie gegebenenfalls in der Klasse vor: Welche Themen findet ihr und wie ist die Seite aufgebaut?
b) Wie gefällt euch die Seite für Jugendliche in eurer Zeitung?

**2** Wie sollte eine Zeitung aussehen, damit sie für euch interessant ist?
a) Sammelt in Gruppen Vorschläge zu Inhalt und Gestaltung.
b) Wählt in der Klasse die wichtigsten Vorschläge aus und schreibt sie auf ein Plakat, das ihr in der Klasse aufhängt, solange ihr an dem Thema „Zeitung" arbeitet. Schreibt in Form von Forderungen oder Empfehlungen: „Bei der Auswahl der Themen sollte …"

# 4.2 Aktuelle Ereignisse – Zeitungstexte untersuchen

## Ordnung im Blätterwald – Ressorts unterscheiden

**1** Seht euch die abgebildeten Zeitungen und Zeitschriften an.
  a) Welche davon kennt ihr?
  b) Worin besteht der Unterschied zwischen einer Zeitung und einer Zeitschrift?

**2** Bringt selbst eine Zeitung mit und stellt sie der Klasse vor.
  a) Nennt den Titel und beschreibt grob die Aufmachung. Achtet dabei auf Bild- und Textanteile, Schriftgröße und Farbgebung.
  b) Klärt die Frage, ob die Zeitung täglich oder wöchentlich erscheint.
  c) Formuliert euren Gesamteindruck: Spricht euch das Erscheinungsbild der Zeitung an oder eher nicht? Begründet eure Meinung.

 **3** Untersucht den Aufbau der gesamten Zeitung in Partnerarbeit:
  a) Beschreibt, was ihr auf der ersten Seite findet.
  b) Kommentiert das **Lay-out** einer ausgewählten Seite:
      ☐ Raumaufteilung,
      ☐ Verhältnis Text zu Bild,
      ☐ Schriftgröße.
  c) Welche Angaben findet ihr jeweils ganz oben auf einer Seite, in der so genannten „Kolumnenzeile"? Erklärt die Funktion dieser Zeile.
  d) Untersucht, wie die Zeitung insgesamt aufgebaut und gegliedert ist. Welche Teile könnt ihr unterscheiden?

4 Die Tageszeitung – Lesen, Verstehen und Gestalten

**Aufbau und Grundelemente einer Zeitung**

- Damit die Leser sich in einer Zeitung zurechtfinden, ist diese in verschiedene **Ressorts** gegliedert (Singular: das Ressort, frz. Geschäfts- oder Amtsbereich):
  - Politik
  - Wirtschaft
  - Kultur/Feuilleton (von frz. feuilleton entlehnt = Blättchen)
  - Sport
  - Lokalteil (Stadt, Region/Kreis)
  - „Aus aller Welt", „Panorama" oder ähnlich
- Auch die Ressorts sind wiederum unterteilt; so kann es z. B. im Ressort Politik eine Seite geben, die mit **„Meinung"** oder **„Kommentar"** überschrieben ist; oder es gibt eine Seite mit einem besonderen Tagesthema.
- Man unterscheidet auch zwischen dem „redaktionellen" und dem „nicht-redaktionellen" Teil einer Zeitung. Letzterer enthält die **Werbung** (▷ S. 263 ff.), über die sich eine Zeitung im Wesentlichen finanziert.
- Das **Impressum** enthält Informationen über den Verlag, in dem eine Zeitung erscheint, über Herausgeber, Chefredakteur usw. Ihr findet es in der Regel auf einer der ersten Seiten ganz klein gedruckt.
- Die Gestaltung einer Zeitungsseite – Aufteilung insgesamt, Schriftgröße, Verhältnis Text/Bild – nennt man **Lay-out.**

**4** Arbeitet in Gruppen ein **Zeitungsquiz** füreinander aus (▷ S. 287):
- Schreibt aus jedem Ressort eine aussagekräftige Überschrift heraus und lasst diese von einer anderen Gruppe dem richtigen Ressort zuordnen.
- Nennt ein Ressort und lasst für jedes drei Überschriften suchen.
- Stellt Fragen zum Impressum; z.B. könnt ihr Antworten vorgeben, die als „richtig" oder „falsch" ausgewiesen werden sollen.
  Beispiel: Im Impressum einer Zeitung sind folgende Mitarbeiter aufgeführt:
  - *Ressortleiter/in*        ■ *Maskenbildner/in*
  - *Sponsoren*               ■ *Artdirektor/in*
  - *Herausgeber/in*          ■ *Anzeigenleiter/in*
- Lasst euch Angaben nennen zur Erscheinungsweise (monatlich, wöchentlich, täglich …), zum Preis und zum Erscheinungsort.
- Gebt eine bestimmte Schlagzeile oder Bildunterschrift an. Das andere Team muss die Seiten, auf der diese steht, suchen.

**5** Nach ihrer so genannten „Erscheinungsweise" unterscheidet man Tages- und Wochenzeitungen.

a) Versucht, einige Namen von Wochenzeitungen herauszufinden. Erkundigt euch an einem Kiosk oder in einem Zeitungsladen oder gebt im Internet das Stichwort „Wochenzeitung" in eine Suchmaschine ein.

b) Worin könnte der Unterschied zwischen einer Tages- und einer Wochenzeitung bestehen? Überlegt, was ihr von einer Tageszeitung erwartet. Kann eine Wochenzeitung dasselbe bieten?

# Alles auf einen Blick –
# Das Gestaltungskonzept des Textdesigns

## ■ TAGESTHEMA
**Untergang des Tankers „Ievoli Sun": Wie viel Chemie schwimmt im Meer und wie gefährlich ist sie?**

# Noch kein Gift an der Oberfläche
## Wasserproben der Marine sollen die Küstenbewohner beruhigen

Von Lutz Herrmann

**Cherbourg** – Französische Chemiker und Ingenieure haben gestern eine Reihe von Wasserproben aus dem Meer 35 Kilometer vor Cherbourg entnommen, wo der Chemie-Tanker „Ievoli Sun" am Dienstag gesunken war. Auch die Dämpfe und die Luft über den drei gesichteten Ölteppichen nahe dem Unglücksort werden überprüft. In einem Kommuniqué wurde jedoch lediglich erklärt, die Teppiche bestünden möglicherweise aus einem „Gemisch von Leichtöl und Styrol." Das Ergebnis des Meereswassertests gut 19 Kilometer vor der normannischen Kanalinsel Alderney sollte eigentlich zur Beruhigung der Küstenbewohner beitragen: An der Wasseroberfläche wurden keine reinen Giftreste der Che-

mikalie Styrol gefunden, hieß es von offizieller Seite. Sind die Normandie und die Bretagne noch einmal haarscharf an einer neuen Öl- und Chemie-Katastrophe vorbeigeschrammt? Die Bevölkerung bleibt skeptisch. Ein zuverlässiges Bild ergibt die Marine-Erklärung nicht. Tags zuvor hatte sich ein Minensuchboot vom Untergangsort entfernen müssen, weil sich angeblich giftige Dämpfe übel riechend ausgebreitet hatten. Die Schifffahrt im Ärmelkanal war angewiesen worden, in einem Umkreis von sechs Kilometern die Unglücksstelle zu umfahren. Die Bootsbesatzung hatte sogar Schutzkleidung tragen müssen. Marine-, Tauch- und Abpumpfachleute, die bei der Bergung des Schweröls der „Erika" aktiv waren, sitzen jetzt in einem neuen Krisenstab in Cherbourg zu-

sammen und überlegen, wie mit den 6000 Tonnen Chemikalien, darunter 4000 Tonnen des leicht entflammbaren und giftigen Styrols, umgegangen werden soll. Zum ersten Mal lässt sich die Marine von Mitgliedern der Umweltorganisation Greenpeace beraten, die jüngst Bilder lieferte von nuklearem und chemisch verseuchtem Schrott, der an dieser Stelle auf dem Meeresgrund liegt, in einem 160 Meter

tiefen Graben, drei Kilometer vom gesunkenen Chemiefrachter entfernt.
Um die gefährliche Fracht des Tankers „Ievoli Sun" zu bergen, überlegen Experten folgende Möglichkeiten: Roboter können Löcher in den Tankerrumpf bohren, der 70 Meter tief in Schieflage liegt, und durch die Eingangslöcher die sechs Container mit den giftigen Chemikalien bergen.

## ■ SICHERHEIT

**Jacques Chirac**, Frankreichs Staatschef, hatte bereits nach dem Untergang des Öltankers „Erika" im Dezember des vergangenen Jahres der Brüsseler EU-Kommission mehrere Vorschläge zur Sicherheit der Schifffahrt und zum Schutz der Meere unterbreitet. Angeregt hat die Regierung unter anderem:
**Alle Schiffe**, die älter als 15 Jahre sind, sollten in den europäischen Häfen auf ihre Seetüchtigkeit hin untersucht werden.
**Marineinspekteure**, deren Zahl erheblich vergrößert werden müsste, sollen in den Seehäfen „verdächtige Tanker" und andere Schiffe überprüfen dürfen.

**Kontrollunternehmen** wie die Rina sollten geprüft werden.
**Gründung** einer „Europäischen Agentur für Marine-Sicherheit".
**Informationen** in der Europäischen Union über gefährliche Frachten müssten intensiver ausgetauscht werden. Die französische Marine war zum Beispiel im Falle des Tankers „Ievoli Sun" nicht in der Lage, Herkunft und Beschaffenheit der Ladung zu erfahren.
**Die EU-Kommission** nahm einige der französischen Vorschläge auf (siehe „Erhebliche Mängel"). Sie wurden dem Europäischen Parlament in Straßburg zur Beschlussfassung zugeleitet.
*(LH)*

**Die geplante Route**

Am Montag havarierte ein italienischer Chemie-Frachter vor der bretonischen Küste. Ein Abschleppen des Frachters scheitert kurz vor dem Zielhafen.

Die „Ievoli Sun" bricht auseinander und sinkt.

Die 14-köpfige Besatzung wird von Bord geflogen.

Naturpark des Marais du Cotentin et du Bessin

Naturpark d'Armorique

Bretagne

Naturpark

### Erhebliche Mängel

Vor seiner Reise wurde der Frachter „Ievoli Sun" durch die italienische Klassifikationsgesellschaft Rina (Registro Italiano Navale) kontrolliert – er musste also eine Art Schiffs-TÜV passieren, der allerdings schon in der Vergangenheit Anlass zu skeptischen Fragen gab.
Die Klassifikationsgesell-

schaft gehört zu einem Verbund solcher Institutionen, die im Auftrag von EU-Mitgliedsstaaten den Zustand von Schiffen überprüfen. Richtschnur bei der Beurteilung der Fahrtüchtigkeit ist ein Kriterienkatalog der EU, der offenbar zu allgemein abgefasst ist.

*Frank Olbert*

## Interview
# Styropor auf dem Wasser

**Thomas Krämer (48) ist promovierter Chemiker. Er arbeitet bei der Gefahrstoffschnellauskunft des Umweltbundesamts (UBA) in Berlin.**

*Herr Krämer, welche Stoffe bedeuten bei der Havarie des italienischen Tankers „Ievoli Sun" eine Gefahr für die Umwelt?*
**Thomas Krämer:** Drei Stoffe hat der verunglückte Tanker geladen – der gefährlichste unter ihnen ist das Styrol. Darüber hinaus gehören auch die Stoffe Isopropanol, das sich etwa als Frostschutzmittel in den Scheibenwaschanlagen von Automobilen findet, sowie Ethyl-Methylketon (Butanon-2) vermutlich zur Fracht der „Ievoli Sun".
*Was macht Styrol so gefährlich?*
**Krämer:** Diese Substanz verunreinigt das Meerwasser. Für Krebse und Fische ist sie giftig, sodass es zum Fischsterben kommt, wenn Styrol aus dem Schiffskörper austritt. Zudem verändert die Substanz den Geschmack von Fischen und Meeresfrüchten.
*Von deren Genuss ist also dringend abzuraten ...*
**Krämer:** So ist es. Durch Styrol verseuchte Meereslebewesen schmecken schlecht.
*Welche Gefahren gehen von den anderen Substanzen aus, die Sie erwähnt haben?*
**Krämer:** Isopropanol zum Beispiel ist brennbar. Wenn es sich jedoch mit Wasser vermischt, ist es ebenso wie das Ethyl-Methylketon löslich. Das ist beim Styrol nicht der Fall. Wenn es austritt, schwimmt es auf der Wasseroberfläche, ohne sich mit dem Meereswasser zu vermischen oder darin aufzulösen.

*Interview: Frank Olbert*

---

**1** Zeitungsmacher nennen das Konzept, nach dem diese Zeitungsseite gestaltet ist, **Textdesign**.
  a) Habt ihr eine Idee, worin dieses Konzept besteht?
    **HINWEIS:** Vergleicht die abgebildete Seite mit der ersten Seite eurer mitgebrachten Zeitung, nehmt dabei die ganze Seite in den Blick.
  b) Die Informationen dieser Seite könnten auch alle in einem großen, zusammenhängenden Text stehen. Erörtert die Frage, worin demgegenüber der Vorteil des Textdesigns besteht.

4 Die Tageszeitung – Lesen, Verstehen und Gestalten

> **Textdesign**
> Der Begriff **Textdesign** bezeichnet ein Gestaltungskonzept, nach dem ein komplexes Thema in verschiedenen Modulen aufbereitet wird:
> - Im Zentrum steht meist ein **darstellender Text** (Bericht oder Reportage), der die grundlegenden und wichtigsten Gesichtspunkte des Themas behandelt.
> - **Einzelne Aspekte** werden **in verschiedenen Bausteinen** dargestellt, die klare Aufgaben haben. So kann man z. B.
>   - **Meinungen** von Fachleuten in Form von Statements oder in einem Interview wiedergeben,
>   - **Begriffe** wie in einem Lexikon kurz erklären („Glossar") und
>   - **Entwicklungen** in einer stichwortartigen Chronik darstellen.
>   - Vieles kann man auch in grafischer Form aufbereiten – als **Torten**- oder **Säulendiagramm** (▷ S. 81), **Erklärgrafik** (▷ S. 75) oder als **topografische Grafik** („Topografik") wie in dem Beispiel auf S. 75.
> - Der entscheidende **Unterschied** des Textdesigns **zum Lay-out** besteht darin, dass die Elemente des Textdesigns sich auf ein einziges Thema beziehen. Der Begriff Lay-out bezeichnet dagegen die grafische Gestaltung einer Zeitungsseite (Buchstabengröße, Schriftform) oder einer ganzen Zeitung, unabhängig von einem Thema.

**2** Seht euch das Beispiel zum Textdesign noch einmal genauer an (▷ S. 75).
 a) Wie lautet das übergreifende Thema?
 b) Listet die einzelnen Bestandteile der Seite auf. Welche Funktionen haben sie jeweils?

## Wie Journalisten schreiben – Meldung, Bericht, Reportage, Kommentar

*Archäologische Entdeckung im Internet*

Archäologie am heimischen Computer: Ein italienischer Internetsurfer hat jetzt dank des neuen Satelliten-Programms „Google Earth" von seinem Schreibtisch aus eine antike römische Villa entdeckt. Eigentlich habe der junge Mann nur via[1] PC die Gegend rund um seine Heimatstadt Parma „aus der Luft" erkunden wollen und dazu das Programm verwendet. Dies berichtet die Zeitung „La Repubblica".
Plötzlich sei ihm aber in der Nähe des Dörfchens Sorbolo eine seltsame Form im Boden aufgefallen. Er informierte Archäologen eines Museums in Parma, die dann bei Grabungen das antike Bauwerk entdeckten.

1 **via:** über, mit Hilfe von

4.2 Aktuelle Ereignisse – Zeitungstexte untersuchen

**1** Lest zunächst nur die Überschrift der Meldung und tauscht euch darüber aus, welche Erwartungen sie in euch auslöst. Wovon könnte der Text handeln?

**2** Lest nun den ganzen Text und zitiert den Satz, der am deutlichsten die kleine Sensation enthält, von der die Meldung handelt.

# FREI REDEN, ÜBERZEUGEND ARGUMENTIEREN

**Wer beim Wettbewerb in Quadrath-Ichendorf etwas erreichen wollte, musste klare Gedanken klar formulieren.**

*von Joachim Röhrig*

BERGHEIM – QUADRATH-ICHENDORF – Während Tobias noch mal kurz die Toilettenräume aufsucht, hastet Anna in heller Aufregung über den Flur: „Habe meine Notizen irgendwo liegen lassen", klagt die 15-Jährige im Vorbeieilen und ist schon wieder verschwunden.

Derweil tigert Daria nervös im Vorbereitungsraum auf und ab. Nur Laura wirkt zumindest äußerlich ganz ruhig: Hoch konzentriert arbeitet die Schülerin im Kopf noch einmal ihre Stichwortliste durch. Denn in wenigen Augenblicken ist es so weit: Alle vier jungen Leute müssen gleich gemeinsam aufs Podium, um vor den Augen und Ohren der versammelten Lehrer-, Eltern- und Schülerschaft – also quasi in aller Öffentlichkeit – Reden zu halten und Argumente auszutauschen: Auf dem Stundenplan steht die regionale Finalrunde im Wettbewerb „Jugend debattiert". Schauplatz ist die Bibliothek der Gesamtschule in Quadrath-Ichendorf.

Vor Publikum frei sprechen zu müssen – das bleibt für nicht wenige Erwachsene ein Leben lang die reinste Horrorvorstellung. Umso größer ist die Hochachtung, die den Jugendlichen gezollt wird. „Also, ich könnte das nicht. Da würde ich bestimmt einen knallroten Kopf kriegen", raunt eine Mutter im Auditorium ihrer Nachbarin zu, während Daria Schulz vom Gutenberg-Gymnasium vorn am Mikro gerade die Diskussion eröffnet.

Zwei Minuten lang muss die Schülerin möglichst überzeugend darlegen, dass kommerzielle Werbung an Schulen gestattet werden sollte. Das Thema war von der Wettbewerbsleitung vorgegeben worden, der Standpunkt, den die einzelnen Teilnehmerinnen und Teilnehmer zu vertreten hatten, ebenfalls.

Nachdem Daria die Werbung mit gewissen Einschränkungen befürwortet hat, hält ihre Schulkameradin Anna Claus eine ebenfalls zweiminütige Gegenrede. Laura Wagenbach und Tobias Büngener wiederholen das Pro- und Contra-Spiel. Anschließend wird ohne Gesprächsleiter frei debattiert, am Ende hält jeder Teilnehmer ein einminütiges Schluss-Statement.

Dann tagt die Jury, um Sachkenntnis, Ausdrucksvermögen, Gesprächsfähigkeit und Überzeugungskraft der einzelnen Debattanten zu bewerten.

Dieses Procedere wurde x-fach durchexerziert: Die Gesamtschule, das Gutenberg-Gymnasium, die Geschwister-Scholl-Realschule und das städtische Gymnasium Köln-Nippes hatten, den Richtlinien von „Jugend debattiert" folgend, für den Wettbewerb einen regionalen „Schulverbund" gebildet und schickten insgesamt fast 50 Schüler der Mittel- und Oberstufe ins Diskussionsrennen. In Vierergruppen redeten sich die jungen Leute bei den Vorrundendebatten den ganzen Nachmittag lang die Köpfe über ganz unterschiedliche Fragen heiß: Soll es bereits im Kindergarten Schreibunterricht geben? Sollen nicht ausbildende Betriebe eine Abgabe zahlen? Soll der Fingerabdruck Bestandteil des Personalausweises werden? Soll

77

im Radio eine Quote für deutschsprachige Musik eingeführt werden? „Das Niveau, auf dem debattiert wurde, war erstaunlich hoch. Besonders toll finde ich aber, dass so viele Schüler überhaupt den Mut aufgebracht haben, sich der Herausforderung zu stellen", erklärte die Kölner Lehramtsreferendarin Dörte Parensen zu guter Letzt und sprach damit vielen ihrer Jury-Kollegen aus dem Herzen.

Laura Wagenbach: „So ein Wettbewerb ist schon stressig. Aber gut reden zu können und das auch früh zu üben, kann einem später im Studium und im Beruf doch nur nützen."

## Schüler diskutierten wie Profis

*Der Wettbewerb „Jugend debattiert" findet zum dritten Mal statt. 40 000 Schüler nehmen teil. Unter den Finalisten für den Bundeswettbewerb ist erstmals auch eine Kölner Schülerin.*

**Köln** – Debattieren wie die (Polit-)Profis, aber mit dem unverbrauchten Engagement der Jugend – diese Mischung macht den Charme des Wettbewerbs „Jugend debattiert" aus. Gestern wurden in Köln die Landessieger für NRW ermittelt. Die acht Finalisten hatten sich in 26 regionalen Ausscheidungen unter 9 000 Teilnehmern durchgesetzt. Vor 600 Zuhörern diskutierten vier Schüler der Klassen 8 bis 10 (Sekundarstufe I) im WDR-Funkhaus über das Thema „Soll Religionsunterricht nur außerhalb der Schule erteilt werden?". Die Jury – besetzt von der Hertie-Stiftung als Veranstalterin, von WDR und „Kölner Stadt-Anzeiger" sowie den Vorjahressiegern – setzte die 15 Jahre alte Gesamtschülerin Kathrin Niederschmidt aus Essen auf Platz eins. Die Schülerin der neunten Klasse bestach durch Sachkenntnis und Überzeugungskraft. Im Finale der Sekundarstufe II (Stufen 11 bis 13) erstritt sich der Gymnasiast Jens Brandenburg (19) aus Monschau mit durchdachten und geschliffen vorgetragenen Debattenbeiträgen zur Frage „Soll die Anzahl der Bundesländer verringert werden?" den Titel des Landessiegers. Die 16 Jahre alte Kölnerin Larissa Mühlenbeck (Kaiserin-Augusta-Schule) erreichte einen vierten Platz. Wegen der großen Teilnehmerzahl aus NRW sind alle acht Finalisten für den Bundeswettbewerb qualifiziert, der am 12. Juni in Berlin ausgetragen wird. Der von der Hertie-Stiftung und der Stiftung Mercator getragene und von der Kultusministerkonferenz unterstützte Wettbewerb „Jugend debattiert" wurde zum dritten Mal im gesamten Bundesgebiet ausgetragen. Insgesamt nahmen 40 000 Schüler von 400 Schulen daran teil. Ziel ist es, die Kultur politischer Debatten zu fördern und zu einer streitbaren, aber fairen Meinungsbildung junger Menschen beizutragen.

**3** Beschreibt die Gestaltung der Texte „Frei reden, überzeugend argumentieren" und „Schüler diskutierten wie Profis". Ordnet die Begriffe im Merkkasten unten den einzelnen Bestandteilen zu.

**Gestaltungselemente von Zeitungsartikeln**
- Die Überschrift eines Zeitungsartikels nennt man **Schlagzeile.** Sie erstreckt sich über alle Spalten und ist in größeren Typen gesetzt als der Text, außerdem meist fett gedruckt.
- Zwischen Schlagzeile und Text steht oft ein so genannter **Vorspann,** der ebenfalls meist fett gedruckt ist. Er hat die Aufgabe, den Inhalt kurz zusammenzufassen. Darüber hinaus soll er häufig auch einen Leseanreiz bieten.

4.2 Aktuelle Ereignisse – Zeitungstexte untersuchen

**4** *Schreibt arbeitsteilig zu einem der beiden Texte eine **Zusammenfassung**.*
*Geht dabei folgendermaßen vor:*
- ☐ *Fertigt eine Kopie des jeweiligen Artikels an, damit ihr besser damit arbeiten könnt.*
- ☐ *Lest den Text „aktiv"; dabei gehen die beiden folgenden Vorgänge Hand in Hand:*
   - ■ *Gliedert den Text in Sinnabschnitte.*
   - ■ *Fasst die Sinnabschnitte in knappen Sätzen zusammen.*
   - ■ *Markiert mit verschiedenen Farben Schlüsselwörter und wichtige Passagen.*
- ☐ *Notiert in eurem Heft Stichworte zu dem Text; sie sind das Gerüst eurer Zusammenfassung.*
- ☐ *Arbeitet auf dieser Grundlage eure Zusammenfassung aus.*
- ☐ *Korrigiert gegenseitig eure Zusammenfassungen. Achtet dabei sowohl auf den Inhalt als auch auf Rechtschreibung, Zeichensetzung und Satzbau.*

### Textzusammenfassung

- ☐ Die Funktion einer Textzusammenfassung ist es, den Inhalt eines Textes möglichst knapp und genau wiederzugeben – so wie eine Inhaltsangabe das bei einem literarischen Text macht.
- ☐ Die Zusammenfassung beschränkt sich auf das Wesentliche; Zitate werden nicht verwendet.
- ☐ Die Darstellung ist sachlich und neutral; sie enthält keine Bewertung.

**5** *Vergleicht die beiden Texte „Frei reden, überzeugend argumentieren" und „Schüler diskutierten wie Profis" miteinander. Unterscheidet dabei zwischen Inhalt und Form.*
a) *Legt das folgende Schema in eurem Heft an und füllt es aus.*
b) *Vergleicht die sprachliche Form und die Art der Darstellung (z.B: Vorkommen von wörtlicher Rede …). Belegt eure Aussagen mit Textstellen.*

| Thema: Frei reden, überzeugend argumentieren Inhalte, die nur in diesem Text vorkommen (in Stichworten) | Inhalte, die in beiden Texten vorkommen (in Stichworten) | Schüler diskutieren wie Profis Inhalte, die nur in diesem Text vorkommen (in Stichworten) |
|---|---|---|
| … | … | … |
| … | … | … |

**6** *In Aufgabe 5 habt ihr nicht nur zwei unterschiedliche Texte miteinander verglichen, sondern euch zugleich mit zwei verschiedenen journalistischen Textsorten befasst.*
*Arbeitet mit Hilfe des Merkkastens (▷ S. 80) die Besonderheiten eines Zeitungsberichts und einer Reportage an den beiden Texten heraus.*

79

4 Die Tageszeitung – Lesen, Verstehen und Gestalten

**Nachricht und Reportage: Informieren und darstellen**
- **Die Nachricht** beantwortet die W-Fragen. Man unterscheidet zwei Formen:
  - **Die Meldung** ist kurz und bezieht sich immer auf ein aktuelles Ereignis („Tagesaktualität").
  - **Der Bericht** ist ausführlicher als die Meldung. Er kann sich auf ein aktuelles Ereignis beziehen, aber auch auf längerfristige oder generelle Vorgänge (z. B. Bericht über die Entwicklung der Unfallzahlen in den letzten sechs Monaten, über die Tricks von Casting-Agenturen usw.).
- **Die Reportage**
  Die Reportage ist ein berichtender Text, der subjektiv gefärbt ist; daher wird er mitunter „Erlebnisbericht" genannt. Die Reporterin bzw. der Reporter stellt einen Vorgang oder Sachverhalt so dar, wie sie bzw. er ihn erlebt hat. Durch die Beschreibung konkreter Situationen und kurze Zitate von Aussagen der Beteiligten wird die Darstellung anschaulich und versetzt die Leser unmittelbar in das Geschehen hinein. Die subjektive Darstellung dient aber der sachlichen Information: Die anschauliche Schilderung einer Szene ist der „Aufhänger" für die Vermittlung von Informationen. Dabei erfährt man auch einiges über den Hintergrund des konkreten Ereignisses und über größere Zusammenhänge, in denen es steht.

**7** Sucht in eurer Zeitung nach Reportagen.
   a) Formuliert sie in eine Meldung oder in einen Bericht um.
   b) Vergleicht eure Fassungen mit dem ursprünglichen Text und diskutiert die Wirkung der beiden Textsorten.

**8** „Von der Schule nach Berlin". Stellt auf der Grundlage der entsprechenden Informationen aus beiden Texten die Stationen des Projekts „Jugend debattiert" zusammen.
   a) Stellt den Ablauf in einem Flussdiagramm dar.
   b) Erörtert die Frage, ob ihr an einem solchen Wettbewerb teilnehmen wollt.
      Berücksichtigt dabei neben eigenen Überlegungen auch die, welche ihr in den Texten über Reden in der Öffentlichkeit findet.

### Lizenz zum Schuldenmachen
**Jugendtarife für Handys lösen die Probleme nicht**

Verbraucherministerin Renate Künast fordert Handytarife für Jugendliche, weil die sich viel zu oft verschulden würden. Teure Dienste wie „Premium SMS" könnten in Zukunft für junge Nutzer gesperrt sein. Verbieten, verhindern, vergattern – das ist offenbar alles, was der Politik zu dem Problem einfällt. Ich finde, die erste Frage müsste den tieferen Gründen gelten, warum Jugendliche so in die Miesen geraten: Zwölf Prozent aller 13- bis 24-Jährigen stehen derzeit mit 1.800 Euro in der Kreide. Dieser Betrag ist, wie Marion Kremel, Sprecherin des „Bundesverbandes Deutscher Inkasso-Unternehmen" (BDIU), richtig erkannt hat, für jemanden ohne Einkommen kaum abzubezahlen.
Bei den heute üblichen Taschengeldern wundert es mich eigentlich kaum, dass Jugendliche nicht mit Geld umgehen können: Meine Schulkameraden bekamen in der Jahrgangsstufe 13 bis zu 120 Euro im Monat zugesteckt – zum Verjubeln.

80

Für mich liegt die Ursache des Problems also klar bei den Eltern. Wer seinen Kindern einen Hunderter in die Hand drückt und sagt: „Mach damit, was du willst", muss sich nicht wundern, wenn in Windeseile alles weg ist.

Wer seinem Kind ein Handy ohne Ausgabenbegrenzung kauft, liefert die Lizenz zum Schuldenmachen gleich mit: Die Unterschrift unter den Vertrag setzen die Eltern. Und die haften dann auch – zu Recht. Wenn die Super-Erzieher die teuren Rechnungen nicht zahlen wollen, müssen sie sich das vorher überlegen.

Möglich ist das längst: mit der Prepaid Card. Da kann nur der Betrag abtelefoniert werden, der vorher draufgeladen worden ist. Sperren à la Künast sind völlig überflüssig. Soll doch jeder quatschen, simsen, spielen, was er will – innerhalb seines Budgets.

[…] Ein Großteil der Kosten kommt von Schnickschnack wie Handylogos, Klingeltönen und Spielen. Die Deutschen haben 2003 für Klingeltöne 164 Millionen Euro ausgegeben. Klar ist es cool, den Mega-Hit als Klingelton zu besitzen, aber jede Woche einen neuen? […]

Durch „Jugendtarife" jedenfalls wird das Schuldenproblem nicht gelöst, sondern nur weggesperrt.

**Unser Autor** [Benjamin Hofmann] (20) gehört zum „Junge Zeiten"-Team der Redaktion Bergisch Gladbach. Die Mitarbeiter gestalten in ihrer Freizeit die Jugendseite des „Kölner Stadt-Anzeigers" an jedem Donnerstag.

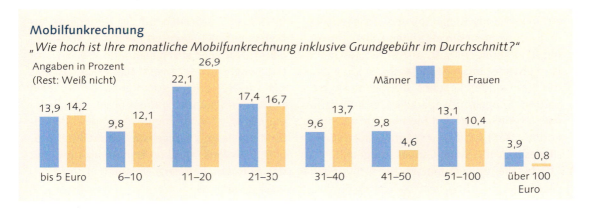

**9** Worin unterscheidet sich dieser Text – vom Thema einmal abgesehen – von den vorangehenden Zeitungstexten?

**10** Der Verfasser dieses Textes vertritt eine klare Meinung zu der Frage, wie man das Problem der Verschuldung durch Handyrechnungen bekämpfen kann.
a) Fasst kurz zusammen, worin Benjamin Hofmann die Lösung sieht und welche Lösung er für ungeeignet hält.
b) Diskutiert die Auffassung Hofmanns.
c) Verfasst einen Leserbrief an die Zeitung, in dem ihr Hofmann begründet zustimmt oder begründet widerspricht.

**11** Das Diagramm „Mobilfunkrechnung" stammt aus einem anderen Artikel, und dennoch passt es zu dem Text „Lizenz zum Schuldenmachen".
a) Erläutert die Grafik und sucht in dem Artikel die Stelle, zu der sie passt.
Erklärt den grundsätzlichen Unterschied zwischen den Angaben im Text und den Zahlenangaben im Diagramm.
b) Zeigt auf, welche zusätzlichen Informationen das Diagramm gegenüber dem Text enthält.

**Kommentar: Meinungen äußern**

Die „klassische" journalistische Textsorte der Meinungsäußerung ist der **Kommentar.** Im Kommentar äußert die Verfasserin bzw. der Verfasser ihre bzw. seine Meinung in sachlicher und begründeter Form. In der Regel (und meist mit Verweis) bezieht sich der Kommentar auf eine Nachricht, die in derselben Ausgabe der Zeitung steht. Oft enthält ein Kommentar selbst kurze informierende Passagen, damit die Leserin bzw. der Leser weiß, worauf genau sich die Meinungsäußerung bezieht. Häufig ist der Kommentar schon äußerlich durch einen Rahmen kenntlich gemacht.

## Die Charts des bimmelnden Grauens

*Claudia Freytag*

Jetzt steht fest: Furchtbares lässt sich jederzeit steigern. Nicht nur, dass kaum ein Titel der aktuellen Musikcharts dem Schicksal entkommt, zu einem Handy-Klingelton verwurstet zu werden – obwohl dies in einzelnen Fällen mit verblüffend geringem Substanzverlust geschieht. Nun erwartet uns im April auch die Stufe zwei des bimmelnden Grauens: die eigene Wurst-, pardon, Klingelton-Hitparade. Der Internationale Interessenverband Mobile Entertainment Forum (MEF) hat dies am Montag auf der Musikmesse MIDEM in Cannes mitgeteilt. Die Charts sollen zunächst im wöchentlichen Fachmagazin „Musikwoche" veröffentlicht werden. Kein Wunder: Im vergangenen Jahr, so der MEF, wurden allein in Deutschland Klingeltöne im Wert von 183 Millionen Euro verkauft. Ein kurzer Testbesuch auf der Seite eines Anbieters enthüllt: Die dort gerade als Top-Klingelton Nummer eins gehandelte Weise „Jamba! Sweety – tweet tweet" hält exakt das, was der Titel verspricht. Kommentar der Kollegin nach drei Sekunden Probehören: „Mach das weg. Sofort!" Wir lernen: Hitparaden-Klingeltöne erfüllen die ureigenste Funktion des mobilen Telefons, direkte Kommunikation mit den Mitmenschen herzustellen. […]

**12** Arbeitet anhand des Textes „Die Charts des bimmelnden Grauens" das Besondere der journalistischen Textsorte **Glosse** heraus. Achtet insbesondere auf die Sprache, in der sie geschrieben ist.

**13** Vergleicht die Texte auf den Seiten 76–82 unter dem Aspekt der journalistischen Textsorten miteinander und haltet die Ergebnisse in einer Tabelle fest.
   a) Überlegt euch, wie ihr die Tabelle anlegen könnt: Was schreibt ihr am besten in die linke Spalte, was in die oberste Zeile?
   b) Zieht auch die Merkkästen über journalistische Textsorten heran und verwendet die Informationen, die ihr dort erhaltet, für eure Tabelle.

**Glosse**

Eine weitere journalistische Textsorte der Meinungsäußerung stellt die **Glosse** (von griechisch glossa = Zunge, Sprache) dar. Glossen sind eine besondere, meist humorvolle, ironische oder satirische Art von Kommentar.

# 4.3 Projekt: Eine Klassenzeitung im Team gestalten

Ihr habt die wichtigsten journalistischen Textsorten kennen gelernt und einiges über Gestaltungsmöglichkeiten der Zeitung erfahren. Wendet eure Kenntnisse nun in einem Projekt „Klassenzeitung" an.

### Schritt 1: Themen sammeln

Setzt euch in kleinen Gruppen zusammen und überlegt, welche Themen für euch interessant sind. Vielleicht habt ihr ja schon Vorarbeit geleistet, indem ihr Themen gesammelt und zu ihnen recherchiert habt ( ▷ S. 13). Notiert die Themen möglichst knapp und in großer Schrift auf einem DIN-A 5-Blatt.
Mögliche Themen:
— *Einrichtung eines Selbstlernzentrums in der Schule*
— *Die Verkehrssituation vor der Schule („Gefährliches Verkehrschaos")*
— *Wer macht was in seiner Freizeit?*
— *Die Ausstattung der Biologieräume*
— *...*

### Schritt 2: Ressorts bilden

Heftet die DIN-A 5-Blätter mit euren Themen an die Tafel und ordnet sie nach ihrer thematischen Zusammengehörigkeit. Auf diese Weise bildet ihr Ressorts in eurer Klassenzeitung.
Denkbare Ressorts:
— *Rund um die Schule*
— *Ereignisse in unserer Stadt*
— *Neues aus der Musikszene*
— *...*

### Schritt 3: Die Themen bearbeiten

Verteilt die Themen in der Klasse. Überlegt, ob ihr jeweils zu zweit oder zu dritt ein Thema bearbeiten wollt. Zu jedem Thema müsst ihr:
☐ Recherchieren: Interviews vorbereiten und durchführen, in Archiven (z. B. dem Schularchiv) stöbern, die lokale Tageszeitung studieren, im Internet suchen etc.
☐ Fotos, Grafiken und Tabellen erstellen.
☐ Texte schreiben.
☐ Aussagekräftige Schlagzeilen überlegen.
☐ Macht euch dabei noch einmal bewusst, dass Zeitungsberichte aktuelle Ereignisse, aber auch längerfristige oder allgemeingültige Vorgänge behandeln können.
☐ Bedenkt insgesamt die verschiedenen journalistischen Textsorten. Überlegt, welche Textsorte für euer Thema und eure Absicht besonders geeignet ist.

Schreibt nach Möglichkeit gleich auf dem PC. Nutzt gegebenenfalls den Computerraum eurer Schule.

## Schritt 4: Texte überarbeiten, Seiten gestalten

Bildet zu den einzelnen Ressorts Redaktionsteams: Diesen gehören alle an, die in dem entsprechenden Ressort gearbeitet haben.

Folgendes ist zu tun:

- **Die Texte, einschließlich der Bilder, Grafiken und Tabellen, kritisch sichten.** Führt dazu eine **Schreibkonferenz** durch: Tauscht eure Texte untereinander aus und lest sie sorgfältig. Macht Notizen oder Zeichen am Rand (z. B. ein Ausrufezeichen für Zustimmung oder ein Fragezeichen an Stellen, die nicht ganz klar sind) oder notiert dort konkrete Änderungsvorschläge. Streicht Stellen an, über die ihr in der Gruppe sprechen möchtet. Seid kritisch, aber fair, und behaltet das Ziel im Auge, eine gemeinsame Zeitung zu machen. Anschließend setzt sich jeder mit den Anmerkungen der anderen an seinem Text auseinander. Offene Fragen klärt ihr im Gespräch.
- **Die einzelnen Seiten gestalten**
  - Entwerft ein **Lay-out** und plant gemeinsam den Aufbau eurer Seiten: Überdenkt die Anordnung und Verteilung der Texte auf einer Seite, ordnet diesen Fotos, Tabellen oder Grafiken zu. Entscheidet euch für die Schriftgrößen von Schlagzeilen und Texten.
  - **Textdesign:** Wenn ihr ausreichend Material zu einem Thema habt, könnt ihr auch eine ganze Seite nach dem Konzept des Textdesigns gestalten. Überlegt, welche Teilthemen ihr als Bericht oder Reportage, in Form von stichwortartigen Chroniken, als knappe Worterklärungen, als Interview, Tabelle oder Grafik anlegen könnt.

Versucht nach Möglichkeit, die Gestaltung gleich auf dem PC umzusetzen. Holt euch eventuell professionelle Hilfe, z. B. von der Computer-AG eurer Schule oder vom Team eurer Schülerzeitung.

## Schritt 5: Endredaktion

Bildet ein gesondertes Redaktionsteam für die Endredaktion, das aus je einer Vertreterin oder einem Vertreter der verschiedenen Ressortteams besteht. Dieses Gremium hat die Aufgabe, die Klassenzeitung fertigzustellen.

NACHDENKEN ÜBER SPRACHE

# 5 Anstand und Würde – Vom Umgang mit Wertbegriffen

## 5.1 Die Sache mit dem Anstand – Begriffe klären

### Sehen und Verstehen – Begriffe schaffen Ordnung

**1** Beschreibt, was ihr auf den Fotos seht.

**2** a) Wählt ein Foto aus und formuliert (jeder für sich) eine Bildunterschrift, die das Geschehen auf den Punkt bringt. Schreibt eure Bildunterschriften auf Karten.
b) Hängt die Karten auf und sortiert sie folgendermaßen: Überlegt, wo das, was zu sehen ist, konkret benannt wird (z. B. „Stürzender Radfahrer") und wo eher abstrakte Formulierungen gewählt wurden (z. B. „Unachtsamkeit").

**3** *Erfindet eine Szene, die zu dem von euch gewählten Bild passen könnte.*

**4** *Welche **Begriffe**, die in eurer Geschichte vorkommen, könnten als Überschrift verwendet werden? Entscheidet euch gemeinsam für einen Begriff und begründet die Entscheidung durch Einzelheiten auf dem Bild.*

> **Begriffe**
> Wir „ordnen" unsere Erlebnisse und Sinneseindrücke durch Sprache, besonders durch **Begriffe** („Ich sehe, jemand hat *Angst*, ist *wütend*"). Sie verbinden Sinneseindrücke (ein Junge streckt den Arm aus und schreit) mit Bedeutungen, die uns vertraut sind (er gibt ein Zeichen). Mit Hilfe der Begriffe können wir Handlungszusammenhänge benennen.
> Durch **Oberbegriffe** lassen sich unsere Beobachtungen zusammenfassen oder verallgemeinern (der Junge droht, er ist wütend). Dieser Prozess der „Umsetzung" kann ein **Werturteil** einschließen (der Junge benimmt sich unerzogen/unanständig/ungehörig).

## Was heißt hier Anstand? – Passende Begriffe für verschiedene Situationen

### Anmerkungen zur Straßenlage der Nation

*Was macht es Autofahrern eigentlich so schwer, sich anständig zu benehmen?*
Sind wir eigentlich noch normal? Kaum sitzen wir im Auto, geben wir unsere Manieren dem kollektiven[1] Vergessen anheim. Hinter uns die Drängler flackern wie irr mit den Schweinwerfern, vor uns machen sich sture Linksfahrer breit. Sind eigentlich die Typen noch normal, die sich wie Kamikazepiloten[2] von den Einfädelspuren der Schnellstraßen blindlings in den fließenden Verkehr werfen? Selbst wenn der Verkehr noch so dicht ist und obwohl sie es sind, die die Vorfahrt achten müssen. Es ist den Rüpeln offenbar egal. Sollen die anderen bremsen, wer sich durchsetzt, hat Recht.
Jochen Fischer

1 **kollektiven:** gemeinsamen
2 **Kamikazepilot:** Flugzeugpilot im II. Weltkrieg, der sich mit Flugzeug und Bombenladung auf ein feindliches Objekt stürzte.

**1** *Worüber regt sich der Verfasser des Artikels auf? Kennt ihr weitere Verhaltensweisen von Autofahrern, die ihr als Verstöße gegen die Regeln des Anstands im Straßenverkehr bezeichnen würdet?*

**2** *„Wer sich durchsetzt, hat Recht" – diskutiert diese „Verhaltensregel".*

5.1 Die Sache mit dem Anstand – Begriffe klären

## Du solltest die Tour verlassen

*Seit einigen Jahren müht sich der Radsport, der Dopingplage[1] Herr zu werden, aber die Einstellung mancher Berufsradler scheint dies nicht zu treffen: Das mussten die Profis Filippo Simeoni und Chris-*
5  *tophe Bassons erleben, die Anstand zeigten und sich öffentlich gegen Doping aussprachen. Dafür wurden sie gemobbt – auch von Chef Armstrong höchstpersönlich.*

Der 23. Juli 2004: Die Tour de France ist sportlich
10  so gut wie entschieden. Lance Armstrong trägt das Gelbe Trikot[2]. Schon nach dem Start preschen vier Profis davon. Das Feld bleibt ruhig, bis Radio Tour die Namen der Ausreißer bekannt gibt. Lance Armstrong persönlich stemmt sich mit
15  ganzer Kraft in die Pedale und jagt der Gruppe hinterher. „Ich wollte nicht, dass Simeoni die Chance bekommt, die Etappe zu gewinnen!" Nur Insider wussten, dass der Meister zu einer Straf-

aktion ausgeholt hatte. Armstrong kann Simeoni nicht leiden, weil der es gewagt hatte, einen   20
Mann aus Armstrongs Entourage[3] des Dopings zu bezichtigen. Radprofi Simeoni ist selbst kein Heiliger. Jahrelang hat er sich alles gespritzt, was der Schwarzmarkt hergab. 1999 plagte ihn aber das Gewissen. Er packte aus und wurde in Italien zum   25
Kronzeugen gegen den Sportarzt Michele Ferrari. Ferrari war auch Armstrongs Arzt. Und solchen Nestbeschmutzern lässt der Chef dann keine Luft mehr zum Leben. „Hör zu", sagte Armstrong zu ihm, „was du tust, ist nicht gut für den Radsport.   30
Du solltest die Tour verlassen."          *Jürgen Löhle*

1  **Doping:** unerlaubte Anwendung von Anregungsmitteln
2  **Gelbes Trikot:** Trikot des in der Gesamtwertung führenden Fahrers bei der Tour de France
3  **Entourage:** Umfeld

**3** *Von dem Radprofi Simeoni wird zuerst gesagt, dass er „Anstand gezeigt" habe, später, dass ihn „das Gewissen geplagt" habe. Schließlich wird er „Nestbeschmutzer" genannt. Klärt, wie die drei Begriffe zusammenhängen.*

## Invasion der Fernsehgaukler

*Muss Fernsehen anständig sein? Stefan Raab und Konsorten sind nicht schlimmer als Jahrmarktsgaukler alter Zeiten. Früher kamen die zweimal im Jahr. Heute zoten[1] Fernsehkasper pausenlos. Nur das ist*
5  *unanständig.*

Anfang des Monats waren anständige Menschen wieder einmal davon überzeugt, dass das Niveau im Fernsehen endgültig den Abgrund erreicht hat. […] Gegen vergleichsweise wenig Honorar
10  machen sich zehn Möchtegernstars 16 Tage zum Narren. Beleidigungen vor Millionenpublikum sind zu einem festen Bestandteil der Unterhaltung geworden. Die Grenze zum Geschmacklosen

ist niedergetrampelt. „TV-total"-Moderator Stefan Raab verbog den Bombenangriff auf Dresden   15
zu einem peinlichen Kalauer. […] Was ist anständiges Fernsehen? Im 18. Jahrhundert schrieb Voltaire: „Der Mensch ist so sehr ein gaffendes Wesen, dass ihm in der Neugier sogar die Sorge um sich selbst vergeht." Was Neugierde befrie-   20
digt, unterliegt einem wachsenden Wertverlust. Um diesen Verlust wettzumachen, müssen Fernsehunterhalter auf eine Pointe noch eine weitere draufsetzen, um gleich wieder Aufmerksamkeit zu bekommen. Da nicht nur Raab um   25
Aufmerksamkeit buhlt, sondern mindestens ein Dutzend, wird der Anstand immer lauter verletzt.
*Uwe Roth*

1  **zoten:** anzügliche Witze reißen; Wortneuschöpfung zu „die Zote"

**4** *Ist Geschmacklosigkeit unanständig? Gibt es Regeln und Grenzen, die ein TV-Moderator einhalten muss, wenn er sein Publikum nicht beleidigen will? Klärt die Fragen, indem ihr Beispiele nennt.*

**5** *Sucht Fälle, in denen das Publikum sich eurer Meinung nach als „gaffendes Wesen" unwürdig benommen hat. Welche Maßnahmen würdet ihr begrüßen, um solchem Fehlverhalten vorzubeugen?*

87

5 Anstand und Würde – Vom Umgang mit Wertbegriffen

# MIT ANSTAND UNTERRICHTEN

*Allerorten werden Benimm-Programme für deutsche Schüler gefordert. Eine Schule in Jena zeigt, dass es auch anders geht.* **von Nadja Kirsten**

Jetzt reicht's! So geht es nicht weiter! Deutsche Schüler sind das Letzte. Sie haben weder Anstand noch Benimm und lassen jede noch so penibel vorbereitete Unterrichtsstunde im Chaos enden. Doch jetzt werden andere Saiten aufgezogen. Schluss mit dem Schlendrian im Klassenzimmer. Die Schule wird zur Besserungsanstalt. Nach einer Umfrage des Meinungsforschungsinstituts Infratest dimap befürworten 77 Prozent der Deutschen ein eigenes Unterrichtsfach für Benehmen, Höflichkeit und Ordnung in der Schule. Die Anstandsoffensive erinnert ein wenig an Eltern, die es lange im Guten mit ihren nervenden Kindern versucht haben, verständnisvoll und tolerant – bis ihnen am Ende der Kragen platzt. Dann brüllen sie los oder ziehen das Handy ein. Egal ob solche Maßnahmen nun sinnvoll sind oder nicht, egal was die moderne Erziehungslehre dazu sagt: Hauptsache, man lässt sich das nicht länger gefallen.

Doch sind eigens ersonnene Benimm-Programme wie im Saarland dazu geeignet, den Sittenverfall umzukehren? Vieles spricht dafür, dass ein diktierter Anstandskanon in den Schulen so viel bewirkt wie das Toben eines genervten Vaters am Abendbrottisch – bestenfalls gar nichts, schlimmstenfalls Trotz. Kinder werden ja auch nicht plötzlich deshalb zu rücksichtsvollen Wesen, weil ihre Eltern mit ihnen eine halbe Stunde am Tag Benimm üben. Viele Pädagogen halten daher wenig von Benimmunterricht. „Das darf nichts Aufgesetztes haben, es muss so natürlich wie möglich sein", sagt zum Beispiel die Schuldirektorin Barbara Wrede aus Jena. „Miteinander leben", verkündet ein Plakat das Motto ihrer Schule im Eingang. Es herrscht ein eher gelassener, freundlicher Umgangston. An den Wänden hängen sorgfältig gerahmte Schülerbilder. Man spürt, dass die Schüler hier das Gefühl bekommen, ernst genommen zu werden. Die Türen stehen zum Teil offen, man sieht Schüler, die konzentriert arbeiten – auch ohne Aufsicht. Von einem solchen Miteinander können viele Schulen nur träumen …

**6** *Der Titel dieses Internet-Artikels lautet nicht „Anstand unterrichten", sondern* **„Mit** *Anstand unterrichten".*
*a) Was bedeutet eurer Meinung nach dieser „kleine Unterschied" in der Formulierung? Schreibt eure Antwort auf ein Kärtchen.*
*b) Mischt die Kärtchen, zieht eins heraus und kommentiert („Kommentieren" heißt referieren, was auf der Karte steht, und begründet Stellung dazu beziehen).*

5.1 Die Sache mit dem Anstand – Begriffe klären

## Rücksichtnahme oder Verantwortungsbewusstsein? – Synonyme und Antonyme bei abstrakten Begriffen

**1** Was bedeutet denn nun „Anstand"?
   a) Schreibt alle Stellen aus den Zeitungsartikeln auf den Seiten 86–88 heraus, in denen das Wort „Anstand" vorkommt.
   b) Sucht „Übersetzungen" durch andere Begriffe, die genauer bezeichnen, was jeweils gemeint ist.

**2** Fügt die **Synonyme**, die ihr für „Anstand" in den unterschiedlichsten Bereichen gefunden habt, zu einem Schaubild zusammen.

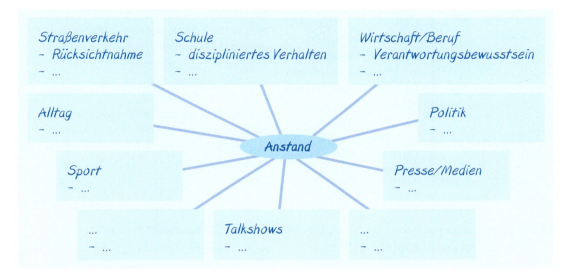

> **Synonyme, Antonyme**
> Für das Wort „Anstand" werden in den unterschiedlichen Artikeln sehr unterschiedliche andere Wörter eingesetzt, die in diesem speziellen Zusammenhang nahezu das Gleiche meinen. „Rücksichtnahme" kann das im Straßenverkehr sein, „faires Verhalten" oder „Fair Play" im Sport, „gutes Benehmen" in der Öffentlichkeit. Man nennt Wörter mit ähnlicher oder fast gleicher Bedeutung **Synonyme**, Gegenbegriffe wie „Rücksichtslosigkeit", „unfaires Verhalten", „schlechtes Benehmen" hingegen **Antonyme**.

**3** Ist „Miteinander leben" ein Synonym für „Anstand"? Ist „Benimmunterricht" ein Unterricht, in dem man „Anstand" lernt?
   a) Entscheidet euch für ein Thema.
   b) Schreibt eure Meinung in Form eines offenen Briefs an die Redaktion der Schülerzeitung der Schule in Jena.

## Die Sache mit dem Anstand

*Anstand – ein zwiespältiges, widersprüchliches, vieldeutiges Wort. Betrifft er nur die äußere Form, also beispielsweise die Tischmanieren? Oder sind auch ethische[1] Fragen berührt? Vor allem aber: Was hat es mit dem Anstand in unserer heutigen Zeit auf sich, hat er überhaupt noch eine Chance?*

Anständige Menschen gelten als gut und rechtschaffen. Man hält sie für ehrlich und redlich. Sie täten vermutlich keiner Fliege etwas zu Leide.

Aber sind sie eigentlich noch zeitgemäß? Kommt man mit Anstand etwa noch weit? In einer Umwelt, wo vielmehr Ellenbogen und Durchsetzungsvermögen gefordert sind, wo Konkurrenz und Karrieredruck regieren, wo jeder im Zweifel des anderen Gegner ist?

Auffällig ist, dass das Wort Anstand in jüngster Zeit häufigeren Gebrauch auch jenseits der

rein äußeren Form findet, die uns in erster Linie davon erzählt, was schicklich ist, was sich gehört und als höflich gilt.

Beinahe könnte man meinen, der Anstand rühre an die Grundfesten unserer Gesellschaft. Die Rede ist von ihm in Fragen von Moral und Ethik, von Menschlichkeit und Rücksichtnahme. Anstand – ein sittlicher Überbau, nach dem wir alle streben und doch kläglich versagen?

*Andreas Braun*

[1] **ethisch:** das sittliche Verhalten betreffend

---

**4** Lest die Absätze aus dem Zeitungsartikel mit dem Titel „Die Sache mit dem Anstand".
 a) Formuliert Zwischenüberschriften.
 b) Überlegt, ob einzelne Sätze oder Absätze überflüssig sind.

**5** Formuliert einen Infokasten zu dem Zeitungsartikel, in dem das Wissenswerte zu dem Begriff „Anstand" knapp und prägnant zusammengefasst ist.

> **! Abstrakte Begriffe**
> Abstrakte Begriffe sind, was ihren Inhalt angeht, deutlich schwerer festzulegen als konkrete Begriffe. Was „Freiheit", „Liebe", oder „Anstand" ist (ein Gefühl, ein Recht, ein Zustand), kann man oft nur schwer beschreiben.
> Begriffe „besitzen" ihre Bedeutungen also nicht ein für alle Mal, sondern sie erhalten sie im Gebrauch in konkreten Situationen. Der mit einem Begriff in einer gegebenen Gesprächssituation gemeinte Inhalt (seine „Bedeutung") muss oft aus dem **Kontext**, dem Zusammenhang, erschlossen werden.

**6** Verfasst selbst einen Artikel zum Thema „Ist Anstand noch zeitgemäß?" und geht dabei auf die Gesichtspunkte ein, die in den verschiedenen Artikeln zur Sprache gekommen sind.

5.1 Die Sache mit dem Anstand – Begriffe klären

# Anständig anstehen –
# Begriffsklärung mit dem Wörterbuch

Definitionen und Bedeutungen der Wörter kann man in **Wörterbüchern** nachschlagen. Es gibt unterschiedliche Wörterbücher.
Im Folgenden ist der Artikel „Anstand" aus einem **Bedeutungswörterbuch** und einem **Herkunftswörterbuch** (etymologisches Wörterbuch) abgedruckt.

**An|stand** [ˈanʃtant] der; -[e]s: *gutes Benehmen, gute Sitten;* sie hat keinen Anstand, kein Gefühl für Anstand. Syn.: Erziehung, Höflichkeit, Kinderstube, Kultur, Schliff, Takt, Taktgefühl, Zartgefühl; gutes Benehmen, gute Sitten.

**an|stän|dig** [ˈanʃtɛndɪç] (Adj.):
1. *dem Anstand, der Sitte, einem guten und fairen Verhalten entsprechend:* sie ist ein anständiger Mensch; sich anständig benehmen; das war sehr anständig *(anerkennenswert)* von dir. Syn: ehrlich, fair, korrekt, loyal (bildungsspr.), moralisch, rechtschaffen (veraltend), reell, sittlich (veraltend), sittsam (veraltend), 2. (ugs.) *durchaus genügend:* sie spricht ein anständiges Englisch. Syn: ordentlich (ugs.), tüchtig, zufriedenstellend. 3. (ugs.) *ziemlich groß,* viel; sie haben eine ganz anständige Summe verdient; sie muss anständig draufzahlen; ich werde jetzt erst mal anständig essen *(mich richtig satt essen).* Syn: ausgiebig, ausreichend, beachtlich, beträchtlich, gebührend, gehörig, gewaltig (emotional), massenhaft (oft emotional), ordentlich (ugs.), reichlich, schön (ugs.) tüchtig (ugs.), viel; in Massen, in rauen Mengen, nicht zu knapp.

**Anstand** m. in verschiedenen Verwendungsweisen dem Präfixverb *anstehen* (s. *stehen*) folgend. Anfangs (mhd. *anstant*) „das Anstehen-Lassen", insbes. „Aufschub der Kampfhandlungen, Waffenstillstand, Friede", in dem allgemeinen Sinne „Aufschub. Einwand" noch im 19. Jh.: dazu die Wendung *(keinen) Anstand nehmen* „(keine) Bedenken tragen": „das Anstehen", um zum Schuss zu kommen (18. Jh.), daraus „An-, Hochsitz" des Jägers, „was wohl ansteht, der guten Sitte entsprechendes Benehmen" (Ende 17. Jh.) – **anstandslos** Adj. „ohne Einwände, ohne weiteres" (19. Jh.). **beanstanden** Vb. nur vereinzelt „anstehen lassen, aufschieben", sonst „Einwände erheben, rügen" (19. Jh.), **anständig** Adj. „zuständig, geziemend" (Ende 15. Jh.), „schicklich, höflich" (12. Jh.); **unanständig** Adj. „anstößig" (17. Jh.).

**1** *Lest die Lexikonartikel laut vor.*
 a) *Löst die Abkürzungen auf.*
 b) *Welche Abkürzungen müsst ihr nachschlagen und wo findet ihr die Auflösungen?*

**2** *Welche Bedeutung des Wortes „Anstand" könnt ihr ausmachen?*
 a) *Was erfahrt ihr über die* **Wortfamilie,** *die sich aus dem Nomen gebildet hat?*
 b) *Was erfahrt ihr über das* **Wortfeld,** *in welchem das Wort seinen Platz hat?*

## 5 Anstand und Würde – Vom Umgang mit Wertbegriffen

> **Wörterbücher**
> Neben dem persönlichen „Erfahrungsnetz", in das ein Wort durch seinen Gebrauch im Gehirn eines Menschen eingeflochten ist, stellt auch die Sprache selbst Verbindungen zur Verfügung, welche die Bedeutung eines Wortes durch Abgrenzung von anderen bestimmen.
> - **Herkunftswörterbücher (etymologische Lexika)** informieren über **Wortfamilien**. Das sind Verbindungsnetze, in denen sich die Bedeutung eines Wortes im Laufe der Sprachentwicklung herausgebildet hat. Aus relativ wenigen Wurzeln der indoeuropäischen Sprachfamilie haben sich die unterschiedlichen Wortschätze der heutigen Sprachen herausgebildet.
> - **Bedeutungswörterbücher (Synonymenlexika)** ordnen den Wortschatz nach Wortfeldern (Bedeutungsfeldern). Dabei bleibt bei der Aufstellung von Wortfeldern die Wortart die gleiche, z. B.: gehen – laufen – springen; groß – riesig, klein – winzig. Man kann angeben, durch welche besonderen Bedeutungsmerkmale sich ein Wort von dem benachbarten unterscheidet.

**3** Versucht alle Informationen, die die beiden Lexikonartikel über den Begriff „Anstand" enthalten, in einem Schaubild zusammenfassend darzustellen. Achtet dabei auf die Verwendung des Begriffs, die Ableitungen, die aus dem Wort geläufig sind, die Redewendungen, die mit ihm gebildet sind, sowie auf die Herkunft und die Bedeutungsentwicklung des Begriffs.

**4** Nehmt bewertend Stellung zu dem nachstehenden Versuch, ein Schaubild zu dem Begriff „Anstand" zu erstellen.
a) Wo unterscheidet er sich von der Visualisierung (Veranschaulichung), die euch selbst eingefallen ist?
b) Wo ist er besser, wo würdet ihr euren Vorschlag bevorzugen?

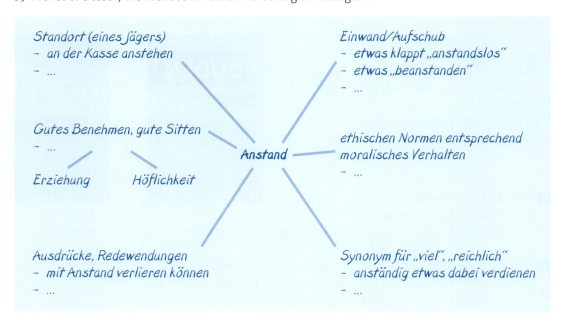

5.1 Die Sache mit dem Anstand – Begriffe klären

> **Formen der Visualisierung**
> Aufgrund der Fülle der erklärten Begriffe können Lexikonartikel für den Leser schwer überschaubar sein. Viele Menschen haben ein eher visuelles Gedächtnis, d. h., sie können sich ein Bild, eine Grafik besser merken als einen Lexikonartikel. Durch **Visualisierungen** entstehen „diskontinuierliche Texte", d. h. unterbrochene, nicht fortlaufende Texte. Eine Zeichnung lenkt die Augen und damit die Aufmerksamkeit der Leser. Die Visualisierung zeigt, dass Begriffe (Vorstellungen) miteinander vernetzt sind und durch unterschiedliche Wörter (Synonyme) bezeichnet werden können.

**5** Ein Lexikonartikel erfasst in der Regel nur die allgemein gebräuchlichen Bedeutungen eines Wortes. Bei der Verwendung von Begriffen spielen aber auch persönliche Erinnerungen und Erlebnisse eine Rolle. Beim Begriff „Anstand" können einem bestimmte Gesten (z. B. Winken) oder Erfahrungen (z. B. Vordrängeln) in den Sinn kommen.
a) Entwickelt zu folgenden Begriffen Cluster, die subjektive Bedeutungen einbeziehen: *Glück, Zeit, Liebe.*
b) Vergleicht eure Darstellungen und erklärt euch gegenseitig die Bereiche, die nicht eindeutig sind.

> **Denotation, Konnotation**
> ☐ Die im Wörterbuch aufgeführten Inhalte eines Begriffs sind dessen **denotative Bedeutung**.
> ☐ Die mit den Begriffen zugleich erinnerten Erfahrungen, Empfindungen, Vorstellungen sind die Mitbedeutungen oder die **konnotative Bedeutungen**.
>
> Beispiel: *Frühling*
>
>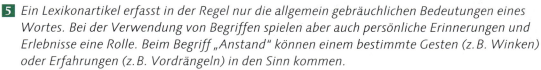
>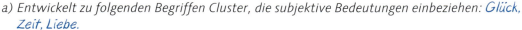
>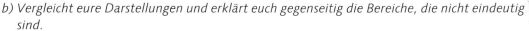

**6** Schreibt in Form eines Clusters alle konnotativen Bedeutungen der konkreten Begriffe „Mond" und „Sonne" auf, die euch einfallen.

**7** Entwerft eine Mind-Map, in der ihr alle Konnotationen, die ihr nun mit dem Begriff „Anstand" verbindet, zusammenstellt.

# Anstand und Würde – Begriffe voneinander abgrenzen

Das Stelenfeld des Holocaust-Mahnmals in Berlin ist vollendet. Die Gedenkstätte entfalte eine große emotionale und sinnliche Kraft, sagte Bundestagspräsident Wolfgang Thierse. Architekt Peter Eisenmann sprach von einem „denkwürdigen Tag".

Unbefangenheit oder unwürdiges Benehmen? Ein Besucher des Berliner Holocaust-Mahnmals springt von einer der 2 711 Betonstelen zur anderen.

**1** Betrachtet die beiden Fotos und lest die kurzen Erläuterungen dazu. Wäre der Begriff „Anstand" als Maßstab angemessen?

**2** Schlagt in einem Bedeutungs- und Herkunftswörterbuch den Begriff „Würde" nach.
a) Visualisiert die Einträge, die ihr dort findet, in einem Begriffsnetz.
b) Ergänzt die Grafik durch eigene Erfahrungen bzw. durch eigene Erinnerungen.

**3** Probiert eine andere grafische Darstellung für eure Konnotationen aus: Ordnet die Konnotationen wie Planeten, die den Stern des Hauptbegriffs umkreisen, an. Auf den „inneren Bahnen" tragt ihr diejenigen Konnotationen ein, die allen oder fast allen von euch geläufig sind, auf den Außenbahnen werden diejenigen platziert, die nur wenigen oder nur einem Einzelnen in den Sinn kommen. Vergleicht eure „Sonnensysteme".

5.1 Die Sache mit dem Anstand – Begriffe klären

| | Freitag | Samstag | Sonntag |
| --- | --- | --- | --- |
| | Archiv | Konzept | Kontakt |
| | Chat | Forum | Links |

**Forum**

Würdelos by Marion – Mar 29, 2005, 16:30

Für mich hat es wenig mit Jagd zu tun, wenn Tiere an lauschigen Plätzen mit Bergen von Brot und Mais angefüttert werden, um dann hinterhältig abgeknallt zu werden. Der Jäger nennt das dann „auf die Pirsch gehen" und weiß wahrscheinlich nicht einmal mehr, was „pirschen" heißt.
An anderer Stelle in diesem Forum wurde viel über die Würde des Menschen geschrieben. Ich finde, dass die Würde des Menschen sich vor allem darin zeigt, wie er mit anderen Lebewesen (auch seinesgleichen) umgeht – und das ist alles in allem ziemlich würdelos. Würde ist nichts, was man einfach mal so per Gesetz verliehen bekommt. Und wenn man doch das gesetzlich Festgeschriebene für sich in Anspruch nimmt, sollte man sich auch dementsprechend verhalten, nämlich würdevoll.

**Forum**

Re: Würdelos by oli – Mar 29, 2005, 21:51

Tiere sind keine Menschen – also können wir sie töten. Aber es sind Lebewesen? Egal, es sind keine Menschen. Wenn ihr Leben uns etwas „wert" wäre – dann würden wir sie nicht so behandeln. Was kostet ein Schnitzel im Supermarkt? Wie bemisst man den Preis für dieses Stück Fleisch – für das Leben, das man ganz gewisslich auslöschte, um Geld damit zu verdienen?

**Forum**

Re: Würdelos by Marion – Mar 31, 2005, 15:59

Ich sehe das alles genauso wie Du, aber es ist schwer, Menschen, die nicht so denken, auf einen anderen Weg zu bringen oder wenigstens zum Nachdenken anzuregen. Letzten Endes erweist sich immer der Mensch als Wurzel des Übels.

**4** *Setzt diese Chat-Runde zum Thema „Würde" und „Anstand" im Umgang mit Tieren fort. Überlegt dabei, wann ihr von „Würde/würdelos" sprechen wollt, wann von „Anstand/anständig/unanständig", wann von „Verantwortung/verantwortungsvoll", wann von „vernünftig/wirtschaftlich", wann von „gut und böse".*

95

## 5.2 Würdiges oder unwürdiges Verhalten? – Wertbegriffe in literarischen Erzählungen

Erich Fried
### Ritterlichkeit

Leopold B., genannt Poldi, war kein besonders guter Schüler, aber ein guter Sportler und ein verlässlicher Kamerad. Er war vor einigen Jahren nicht versetzt worden und war dadurch in unsere Klasse gekommen, obwohl er ein Jahr älter war. In den Jahren von 1934 bis zum Einmarsch Hitlers im März 1938 war die Hitlerjugend, der er angehörte, verboten, und ich erinnere mich noch der langen, keineswegs feindseligen Gespräche mit ihm, in denen ich mich vergeblich bemühte, ihn von den Naziideen abzubringen.

Poldi sprach oft und gern von Ritterlichkeit. Für ihn war das ein Teil seiner künftigen Standesehre, denn er wollte Offizier werden. Berufssoldat wie sein Vater, der es freilich zu keinem hohen Rang gebracht hatte und mit Frau und Kindern bescheiden in der Roßauerkaserne wohnte. Ritterlichkeit, Verteidigung derer, die sich nicht wehren konnten, Schutz der Schwächeren waren für Poldi wichtige Begriffe, nach denen er sich auch tatsächlich im Schulalltag richtete, seit ich ihn kannte. Das machte ihn, wie gesagt, zu einem beliebten Kameraden, auf den man sich verlassen konnte, und daran hatte ich auch angeknüpft, wenn ich zu erklären versuchte, dass weder die Wirklichkeit des Soldatenberufes noch die des Nationalsozialismus im Wesentlichen aus Schutz für Schwächere und aus Ritterlichkeit bestehe. Aber solange die Nazis in Österreich, ebenso wie alle politischen Richtungen außer der alleinherrschenden Regierungsorganisation, der „Vaterländischen Front", verboten waren, war es immerhin verständlich, dass sich der „illegale" Hitlerjunge Poldi als eine Art Freiheitskämpfer und Vertreter der Sache der Unterdrückten gefühlt hatte.

Nun aber war Hitlers Armee in Österreich einmarschiert, Poldi trug stolz vor aller Welt die äußeren Zeichen seiner Zugehörigkeit zur Hitlerjugend, in der er zu irgendeinem nicht allzu hohen Führungsrang aufgerückt war, ich weiß nicht mehr, zu welchem. In dieser Eigenschaft erhielt er an einem schönen Frühlingstag des Jahres 1938 den Auftrag, mit einer

Gruppe von Hitlerjungen eine Schulklasse des jüdischen Chajes-Gymnasiums zu überfallen und zu verprügeln. Zwei der Jungen aus dieser Klasse waren noch am selben Abend bei mir zu Besuch gewesen und hatten von der abscheulichen Erfahrung berichtet.

Das Ärgste war anscheinend, dass sie natürlich gar nicht versuchen durften, sich wirklich energisch zu wehren. Dass Nazis Juden prügelten, war gut und in Ordnung, das Gegenteil wäre sofort ein Staatsverbrechen gewesen. Derlei ist weiter nicht verwunderlich, nicht einmal in so genannten Demokratien. [...]

Um wie viel mehr die Unumkehrbarkeit des Prügelns unter Hitler galt, das muss man gar nicht erst sagen.

Nun, tags drauf traf ich Poldi in unserem Gymnasium, das damals noch jüdische und so genannte arische Schüler gemeinsam beherbergte, in der Zehn-Uhr-Pause auf dem Korridor. „Na, Poldi, wie war es gestern Nachmittag mit der Ritterlichkeit?", wollte ich wissen.

Poldi wurde blass: „Komm mit." Er führte mich in einen stilleren Winkel. Dort sagte er: „Du, ob du es mir glaubst oder nicht: Das war gestern das Ärgste, was mir je im Leben passiert ist."

„Warum hast du dich dann nicht geweigert? Für die vom Chajes-Gymnasium war es sicher noch ärger als für dich."

„Weißt du", sagte Poldi, „ich hab mir gedacht, wenn nicht ich es mach, dann machts einer, der wirklich mit Leib und Seele dafür ist, und dann wird es noch viel ärger. Und ich kann, wenn ich so einen Befehl verweigere, nicht nur über meine Hitlerjugendlaufbahn ein Kreuz machen, sondern auch mit meinen Aussichten auf den Berufsoffizier ist es dann Essig! Verstehst du das nicht?"

Er sah mich fast flehend an. Irgendwie tat er mir auch wirklich leid. „Poldi", sagte ich, „ich hab zufällig gestern noch zwei von den Verprügelten gesprochen. Die Prügel waren wirklich nicht besonders arg. Dass sie sich nicht wehren durften, war viel ärger für sie. Dass ein anderer Hitlerjugendführer mehr Unheil ausgerichtet hätte als du, das glaub ich dir auch. Nur, Poldi, das ist doch erst der Anfang, verstehst du das nicht? Welche Befehle wirst du noch ausführen müssen, bloß wegen deiner Offizierslaufbahn?"

Poldi ließ den Kopf hängen. Kurz darauf, am 6. Mai 1938, verließ ich die Schule. Ich habe ihn nie wiedergesehen. Er ist im Krieg gefallen.

---

**1** „Poldi sprach oft und gern von Ritterlichkeit" (Z. 13). Was meinte er damit? Beschreibt Poldis Einstellung, verwendet dabei die Wörter „Anstand" und „Würde", so wie ihr sie kennen gelernt habt.

**2** Der „beliebte Kamerad, auf den man sich verlassen konnte" (Z. 24–26), gerät in einen Gewissenskonflikt.
a) Schildert in eigenen Worten, worin dieser Konflikt besteht und wie Poldi sich entscheidet.
b) Stellt euch vor, Poldi muss sich vor einem höheren Führer der Hitlerjugend rechtfertigen. Man ist unzufrieden mit der von ihm geleiteten „Aktion". Welche Argumente bringt er vor?

**3** „Er sah mich fast flehend an. Irgendwie tat er mir auch wirklich leid" (Z. 87–88). In einer Diskussion über den Text äußert ein Schüler: „Ich finde, der Erzähler zeigt falsches Mitleid. Er hätte den Freund konsequenter auf das Unrecht seiner Handlungsweise aufmerksam machen sollen." Nehmt Stellung zu der Äußerung.

**4** Es ist erstaunlich, dass Poldi gerade den Mitschüler Erich Fried zum Freund hat. Erich ist ein Jude und Poldi ist ein Hitlerjunge. Wie passt das zusammen?
Kommentiert den Satz „Kurz darauf, am 6. Mai 1938, verließ ich die Schule. Ich habe ihn nie wiedergesehen" (Z. 99–101).

Bertolt Brecht

## Die unwürdige Greisin

Meine Großmutter war zweiundsiebzig Jahre alt, als mein Großvater starb. Er hatte eine kleine Lithographenanstalt[1] in einem badischen Städtchen und arbeitete darin mit zwei,
5 drei Gehilfen bis zu seinem Tod. Meine Großmutter besorgte ohne Magd den Haushalt, betreute das alte, wacklige Haus und kochte für die Mannsleute und Kinder.

Sie war eine kleine magere Frau mit lebhaften
10 Eidechsenaugen, aber langsamer Sprechweise. Mit recht kärglichen Mitteln hatte sie fünf Kinder großgezogen – von den sieben, die sie geboren hatte. Davon war sie mit den Jahren kleiner geworden.

15 Von den Kindern gingen die zwei Mädchen nach Amerika, und zwei Söhne zogen ebenfalls weg. Nur der Jüngste, der eine schwache Gesundheit hatte, blieb im Städtchen. Er wurde Buchdrucker und legte sich eine viel zu
20 große Familie zu.

So war sie allein im Haus, als mein Großvater gestorben war. Die Kinder schrieben sich Briefe über das Problem, was mit ihr zu geschehen hätte. Einer konnte ihr bei sich ein
25 Heim anbieten, und der Buchdrucker wollte mit den Seinen zu ihr ins Haus ziehen. Aber die Greisin verhielt sich abweisend zu den Vorschlägen und wollte nur von jedem ihrer Kinder, das dazu imstande war, eine kleine
30 geldliche Unterstützung annehmen. Die Lithographenanstalt, längst veraltet, brachte fast nichts beim Verkauf, und es waren auch Schulden da.

Die Kinder schrieben ihr, sie könne doch nicht
35 ganz allein leben, aber als sie darauf überhaupt nicht einging, gaben sie nach und schickten ihr monatlich ein bißchen Geld. Schließlich, dachten sie, war ja der Buchdrucker im Städtchen geblieben.
40 Der Buchdrucker übernahm es auch, seinen Geschwistern mitunter über die Mutter zu be-

---

**1 Lithografenanstalt:** Druckerei, die nach dem Steindruckverfahren arbeitet

---

richten. Seine Briefe an meinen Vater, und was dieser bei einem Besuch und nach dem Begräbnis meiner Großmutter zwei Jahre später erfuhr, geben mir ein Bild von dem, was in die- 45 sen zwei Jahren geschah.

Es scheint, daß der Buchdrucker von Anfang an enttäuscht war, daß meine Großmutter sich weigerte, ihn in das ziemlich große und nun leerstehende Haus aufzunehmen. Er 50 wohnte mit vier Kindern in drei Zimmern. Aber die Greisin hielt überhaupt nur eine sehr lose Verbindung mit ihm aufrecht. Sie lud die Kinder jeden Sonntagnachmittag zum Kaffee, das war eigentlich alles. 55

Sie besuchte ihren Sohn ein- oder zweimal in einem Vierteljahr und half der Schwiegertochter beim Beereneinkochen. Die junge Frau entnahm einigen ihrer Äußerungen, daß es ihr in der kleinen Wohnung des Buchdruckers 60 zu eng war. Dieser konnte sich nicht enthalten, in seinem Bericht darüber ein Ausrufezeichen anzubringen.

Auf eine schriftliche Anfrage meines Vaters, was die alte Frau denn jetzt so mache, antwor- 65 tete er ziemlich kurz, sie besuche das Kino.

Man muß verstehen, daß das nichts Gewöhnliches war, jedenfalls nicht in den Augen ihrer Kinder. Das Kino war vor dreißig Jahren noch nicht, was es heute ist. Es handelte sich um 70 elende, schlechtgelüftete Lokale, oft in alten Kegelbahnen eingerichtet, mit schreienden Plakaten vor dem Eingang, auf denen Morde und Tragödien der Leidenschaft angezeigt waren. Eigentlich gingen nur Halbwüchsige hin 75 oder, des Dunkels wegen, Liebespaare. Eine einzelne alte Frau mußte dort sicher auffallen.

Und so war noch eine andere Seite dieses Kinobesuchs zu bedenken. Der Eintritt war gewiß 80 billig, da aber das Vergnügen ungefähr unter den Schleckereien rangierte, bedeutete es „hinausgeworfenes Geld". Und Geld hinauszuwerfen, war nicht respektabel.

85 Dazu kam, daß meine Großmutter nicht nur mit ihrem Sohn am Ort keinen regelmäßigen Verkehr pflegte, sondern auch sonst niemanden von ihren Bekannten besuchte oder einlud. Sie ging niemals zu den Kaffeegesellschaften des Städtchens. Dafür besuchte sie häufig die Werkstatt eines Flickschusters in einem armen und sogar etwas verrufenen Gäßchen, in der, besonders nachmittags, allerlei nicht besonders respektable Existenzen herumsaßen, stellungslose Kellnerinnen und Handwerksburschen. Der Flickschuster war ein Mann in mittleren Jahren, der in der ganzen Welt herumgekommen war, ohne es zu etwas gebracht zu haben. Es hieß auch, daß
100 er trank. Er war jedenfalls kein Verkehr für meine Großmutter.
Der Buchdrucker deutete in einem Brief an, daß er seine Mutter darauf hingewiesen, aber einen recht kühlen Bescheid bekommen habe. „Er hat etwas gesehen", war ihre Antwort, und das Gespräch war damit zu Ende. Es war nicht leicht, mit meiner Großmutter über Dinge zu reden, die sie nicht bereden wollte.
Etwa ein halbes Jahr nach dem Tod des Großvaters schrieb der Buchdrucker meinem Vater, daß die Mutter jetzt jeden zweiten Tag im Gasthof esse.
Was für eine Nachricht!
Großmutter, die zeit ihres Lebens für ein Dutzend Menschen gekocht und immer nur die Reste aufgegessen hatte, aß jetzt im Gasthof! Was war in sie gefahren?
Bald darauf führte meinen Vater eine Geschäftsreise in die Nähe, und er besuchte seine
120 Mutter.
Er traf sie im Begriffe, auszugehen. Sie nahm den Hut wieder ab und setzte ihm ein Glas Rotwein mit Zwieback vor. Sie schien ganz ausgeglichener Stimmung zu sein, weder besonders aufgekratzt noch besonders schweigsam. Sie erkundigte sich nach uns, allerdings nicht sehr eingehend, und wollte hauptsächlich wissen, ob es für die Kinder auch Kirschen gäbe. Da war sie ganz wie immer. Die Stube
130 war natürlich peinlich sauber, und sie sah gesund aus.

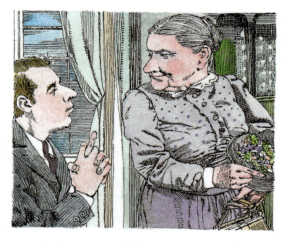

Das einzige, was auf ihr neues Leben hindeutete, war, daß sie nicht mit meinem Vater auf den Gottesacker gehen wollte, das Grab ihres Mannes zu besuchen. „Du kannst allein hingehen", sagte sie beiläufig, „es ist das dritte von links in der elften Reihe. Ich muß noch wohin."
Der Buchdrucker erklärte nachher, daß sie wahrscheinlich zu ihrem Flickschuster mußte. Er klagte sehr.
„Ich sitze hier in diesen Löchern mit den Meinen und habe nur noch fünf Stunden Arbeit und schlechtbezahlte, dazu macht mir mein Asthma wieder zu schaffen, und das Haus in der Hauptstraße steht leer."
Mein Vater hatte im Gasthof ein Zimmer genommen, aber erwartet, daß er zum Wohnen doch von seiner Mutter eingeladen werden würde, wenigstens pro forma, aber sie sprach nicht davon. Und sogar als das Haus voll gewesen war, hatte sie immer etwas dagegen gehabt, daß er nicht bei ihnen wohnte und dazu das Geld für das Hotel ausgab!
Aber sie schien mit ihrem Familienleben abgeschlossen zu haben und neue Wege zu gehen, jetzt, wo ihr Leben sich neigte. Mein Vater, der eine gute Portion Humor besaß, fand sie „ganz munter" und sagte meinem Onkel, er solle die alte Frau machen lassen, was sie wolle.
Aber was wollte sie?
Das nächste, was berichtet wurde, war, daß sie eine Bregg bestellt hatte und nach einem Aus-

flugsort gefahren war, an einem gewöhnlichen Donnerstag. Eine Bregg war ein großes, hochrädriges Pferdegefährt mit Plätzen für ganze Familien. Einige wenige Male, wenn wir Enkelkinder zu Besuch gekommen waren, hatte Großvater die Bregg gemietet. Großmutter war immer zu Hause geblieben. Sie hatte es mit einer wegwerfenden Handbewegung abgelehnt, mitzukommen.

Und nach der Bregg kam die Reise nach K., einer größeren Stadt, etwa zwei Eisenbahnstunden entfernt. Dort war ein Pferderennen, und zu dem Pferderennen fuhr meine Großmutter.

Der Buchdrucker war jetzt durch und durch alarmiert. Er wollte einen Arzt hinzugezogen haben. Mein Vater schüttelte den Kopf, als er den Brief las, lehnte aber die Hinzuziehung eines Arztes ab. Nach K. war meine Großmutter nicht allein gefahren. Sie hatte ein junges Mädchen mitgenommen, eine halb Schwachsinnige, wie der Buchdrucker schrieb, das Küchenmädchen des Gasthofs, in dem die Greisin jeden zweiten Tag speiste.

Dieser „Krüppel" spielte von jetzt an eine Rolle.

Meine Großmutter schien einen Narren an ihr gefressen zu haben. Sie nahm sie mit ins Kino und zum Flickschuster, der sich übrigens als Sozialdemokrat herausgestellt hatte, und es ging das Gerücht, daß die beiden Frauen bei einem Glas Rotwein in der Küche Karten spielten.

„Sie hat dem Krüppel jetzt einen Hut gekauft mit Rosen drauf", schrieb der Buchdrucker verzweifelt. „Und unsere Anna hat kein Kommunionskleid!"

Die Briefe meines Onkels wurden ganz hysterisch, handelten nur von der „unwürdigen Aufführung unserer lieben Mutter" und gaben sonst nichts mehr her. Das Weitere habe ich von meinem Vater.

Der Gastwirt hatte ihm mit Augenzwinkern zugeraunt: „Frau B. amüsiert sich ja jetzt, wie man hört."

In Wirklichkeit lebte meine Großmutter auch diese letzten Jahre keinesfalls üppig. Wenn sie nicht im Gasthof aß, nahm sie meist nur ein wenig Eierspeise zu sich, etwas Kaffee und vor allem ihren geliebten Zwieback. Dafür leistete sie sich einen billigen Rotwein, von dem sie zu allen Mahlzeiten ein kleines Glas trank. Das Haus hielt sie sehr rein, und nicht nur die Schlafstube und die Küche, die sie benutzte. Jedoch nahm sie darauf ohne Wissen ihrer Kinder eine Hypothek auf. Es kam niemals heraus, was sie mit dem Geld machte: Sie scheint es dem Flickschuster gegeben zu haben. Er zog nach ihrem Tod in eine andere Stadt und soll dort ein größeres Geschäft für Maßschuhe eröffnet haben.

Genau betrachtet lebte sie hintereinander zwei Leben. Das eine, erste, als Tochter, als Frau und als Mutter, und das zweite einfach als Frau B., eine alleinstehende Person ohne Verpflichtungen und mit bescheidenen, aber ausreichenden Mitteln. Das erste Leben dauerte etwa sechs Jahrzehnte, das zweite nicht mehr als zwei Jahre.

Mein Vater brachte in Erfahrung, daß sie im letzten halben Jahr sich gewisse Freiheiten gestattete, die normale Leute gar nicht kennen. So konnte sie im Sommer früh um drei Uhr aufstehen und durch die leeren Straßen des Städtchens spazieren, das sie so für sich ganz allein hatte. Und den Pfarrer, der sie besuchen kam, um der alten Frau in ihrer Vereinsamung Gesellschaft zu leisten, lud sie, wie allgemein behauptet wurde, ins Kino ein!

Sie war keineswegs vereinsamt. Bei dem Flickschuster verkehrten anscheinend lauter lustige Leute, und es wurde viel erzählt. Sie hatte dort immer eine Flasche ihres eigenen Rotweins stehen, und daraus trank sie ihr Gläschen, während die anderen erzählten und über die würdigen Autoritäten der Stadt loszogen. Dieser Rotwein blieb für sie reserviert, jedoch brachte sie mitunter der Gesellschaft stärkere Getränke mit.

Sie starb ganz unvermittelt an einem Herbstnachmittag in ihrem Schlafzimmer, aber nicht im Bett, sondern auf dem Holzstuhl am Fenster. Sie hatte den „Krüppel" für den Abend ins Kino eingeladen, und so war das Mädchen bei ihr, als sie starb. Sie war vierundsiebzig Jahre alt.

Ich habe eine Photographie von ihr gesehen, die sie auf dem Totenbett zeigt und die für die Kinder angefertigt worden war.

Man sieht ein winziges Gesichtchen mit vielen Falten und einen schmallippigen, aber breiten Mund. Viel Kleines, aber nichts Kleinliches. Sie hatte die langen Jahre der Knechtschaft und die kurzen Jahre der Freiheit ausgekostet und das Brot des Lebens aufgezehrt bis auf den letzten Brosamen. Ⓡ

**1** *Untersucht die folgende Frage: Warum hat Bertolt Brecht diese Geschichte über diese Großmutter geschrieben?*

☐ *War es der Wunsch, eine Satire über seine Familie in Augsburg zu schreiben?*

☐ *War es Entrüstung über das Verhalten der alten Frau?*

☐ *War es heimliche Sympathie mit einem Menschen, der ein zweites Leben lebt?*

*Sucht jeweils Belege für euer Textverständnis in der Erzählung selbst.*

**2** *Beobachtet, wie erzählt wird.*

☐ *Welche Textstellen sind vom Erzähler selbst formuliert (z.B. die Beschreibung der alten Frau „Sie war eine kleine magere Frau ..."; Z. 9–10)?*

☐ *Wo wird die Sicht der Leute wiedergegeben, von denen erzählt wird (z.B. „Und so war noch eine andere Seite dieses Kinobesuchs zu bedenken"; Z. 79–80; „Was war in sie gefahren?"; Z. 117)?*

☐ *In welchen Erzählteilen stecken die direkten und indirekten Bewertungen der „unwürdigen Aufführung unserer lieben Mutter"; Z. 203–204?*

**3** *Geht von dem Satz aus „Genau betrachtet lebte sie hintereinander zwei Leben" und prüft, welche Bedeutung die Überschrift hat. Hält der Erzähler seine Großmutter für eine „unwürdige Greisin"?*

**4** *Untersucht den Schlussabschnitt der Erzählung (über das Sterben der Großmutter) und formuliert einen Nachruf, in dem ihr das, was ihr aus der Geschichte über die Großmutter erfahren habt, einbezieht.*

## ARBEITSTECHNIK

**Texte interpretieren, auf Kernstellen achten**

Für die Interpretation einer Erzählung sind nicht alle Sätze gleich wichtig. Passagen, in denen Widersprüche und unverständliches Verhalten der Figuren deutlich werden, sind die **Kernstellen für das Verständnis.** Wertvorstellungen oder Entscheidungen der Figuren werden hier verankert.

**Kernsätze**

☐ verankern den Text in der Wirklichkeit (bei Brecht die Angaben zur Familie);

☐ irritieren das Vorverständnis, das ein Leser von dem Erzählten haben kann (bei Brecht die Tatsache, dass die Großmutter sich anders verhält, als es ihre Kinder erwarten);

☐ beinhalten Urteile und verwenden Wertbegriffe (im Brecht-Text Sätze, aus denen hervorgeht, dass der Erzähler das Verhalten anders bewertet als der Sohn der Greisin). Hier stellt sich die Frage, wer die Aussage zu verantworten hat: der Erzähler oder eine der Figuren.

## 5.3 Sprachmanipulation – Begriffe des öffentlichen Sprachgebrauchs kritisch hinterfragen

### „Alles überzuckert mit Müll" – Beschönigungen

Benjamin von Stuckrad-Barre

**Entsorgung**

Berlin atmet auf, die Parade ist vorüber. Es ist Sonntag früh, der Himmel so sauber wie einige Stunden später auch die Straßen wieder, wahrscheinlich, die Erfahrung spricht dafür, nur der Anblick gerade dagegen: überall Dosen, Plastik, Papier, als hätte ein Orkan eine Müllkippe aufgewirbelt und die endgelagerten, schwer verdaulichen Zivilisationsspaltprodukte über die Stadt verteilt. Die Straße, das Randgebüsch, der angrenzende Tiergarten – alles überzuckert mit Müll, mit leeren Versprechungen aus dem Werbefernsehen, Verpackungen. In dieser Menge hat der Müll nichts Schmutziges, die flächendeckende Verwüstung wirkt in sich absolut geordnet. Verstreut liegt dort das Möglichkeitenmosaik einer Industrienation, alles, was man kaufen kann, verbrauchen konnte und dann nicht mehr gebrauchen.

Umweltorganisationen haben immer wieder Marktplätze des Landes anklagend mit über Wochen gesammeltem Abfall dekoriert, um auf die Vermüllung unserer Erde hinzuweisen. Dosenberge wurden in Fußgängerzonen aufgetürmt, Rathauseingänge mit Müllpyramiden versperrt, doch Gier ist durch Vernunft und symbolische Warnung nicht zu besiegen, erst der Kollaps kann Einsicht bewirken. Dazu allerdings müsste der Müll ein bisschen liegen bleiben, Ratten anlocken und zu stinken beginnen.

Doch vor allgemeiner Wahrnehmbarkeit wird das Problem verlagert, der Kehricht zusammengeschoben und in die vorläufige Unsichtbarkeit abtransportiert. Der Schneepflug treibt Verpackungen zur zentralen Kippstelle, die Froschmauldüse des Spülwagens legt die Straßendecke wieder frei. Denkt man sich Berlin an diesem Morgen als verkaterten Menschen, so ist die Stadtreinigung die elektrische Zahnbürste, die er sich mit halb geschlossenen Augen reflexartig in den zerschossenen Kopf steckt.

Die Kritik, bei der Parade handle es sich, wenn überhaupt, um eine Demonstration, dann um die allgemeiner Infantilisierung[1], bewahrheitet sich insofern, als dass die Menschen faktisch dazu ermuntert werden, vorübergehend das Handlungsfolgebewusstsein eines gewickelten Babys anzunehmen und ihren Müll einfach dort fallen zu lassen, wo er passiert.

[1] **Infantilisierung:** Zurückführung auf eine kindliche Entwicklungsstufe

---

**1** *Beschreibt mit eigenen Worten, welcher Vorgang mit dem Titel „Entsorgung" gemeint ist.*
   *a) Entscheidet: Steht die Überschrift zu Recht über dem Artikel?*
   *b) Sucht in Bedeutungswörterbüchern und im Internet, was ihr über das Wort „Entsorgung" in Erfahrung bringen könnt.*

**2** *Zum Text gehört das Foto der Berliner Siegessäule. Warum hat der Autor Benjamin von Stuckrad-Barre sich wohl für dieses Monument entschieden?*

5.3 Sprachmanipulation – Begriffe des öffentlichen Sprachgebrauchs kritisch hinterfragen

**3** *Der Text arbeitet mit einem feingliedrigen Begriffssystem.*
 *a) Schreibt alle Begriffe heraus, die dem Wortfeld „Abfall" angehören.*
 *b) Systematisiert die von euch herausgeschriebenen Begriffe, indem ihr sie als Begriffspyramiden in* **Ober-** *und* **Unterbegriffe** *einteilt.*
 *c) Welche Begriffe können als Synonyme, welche als Antonyme gelten?*

> **Ober- und Unterbegriffe**
> Ein Begriff fasst viele einzelne Gegenstände oder Sachverhalte zusammen. Er benennt das Typische an ihnen.
> ☐ Dinge kann man nach Gebrauchszusammenhängen oder aber mit Begriffen ordnen. „Werkzeug" ist ein **Oberbegriff** und fasst von Menschen hergestellte Dinge zusammen, die dieser benutzt, um etwas zu bearbeiten.
> ☐ „Bohrer", „Hammer" und „Zange" gehören als spezielle **Unterbegriffe** zum Oberbegriff „Werkzeug". Die Unterbegriffe unterscheiden sich voneinander durch ihre **Merkmale,** z. B. Werkzeuge „zum Herstellen von Löchern".

**4** *Lest den Text nun noch einmal auf seine Wortneuschöpfungen hin. Wie wirken diese auf euch?*
 *a) Schreibt die neu kreierten Wörter (Neologismen) heraus.*
 *b) Zerlegt sie in ihre einzelnen Bestandteile. Was stellt ihr fest?*

**5** *„… als hätte ein Orkan eine Müllkippe aufgewirbelt und die endgelagerten, schwer verdaulichen Zivilisationsspaltprodukte über die Stadt verteilt." Kommentiert nun Sätze wie diesen, die Bewertungen des geschilderten Sachverhaltes enthalten.*

Das Wort „Entsorgung" für die Beseitigung von (manchmal gefährlichem) Müll ist eine bewusst eingeführte Sprachregelung zur Beruhigung der Bevölkerung. Es finden sich im Umkreis dieses Wortes weitere beschönigende Wortschöpfungen.

**6** *Übertragt den Cluster in euer Heft und sucht weitere beschönigende Sprachregelungen aus dem Bereich der Abfallentsorgung.*

> **Euphemismen**
> Unangenehme Wahrheiten, die man verhüllen möchte, werden oft sprachlich beschönigt, indem Wörter aus Bereichen, mit denen man allgemein positive Erfahrungen verbindet, verwendet werden. Eine sprachliche Beschönigung nennt man **Euphemismus.** In vielen Fällen halten wir derartige Sprachmanipulationen für harmlos oder gar nützlich, z. B. „Wertstoffbehälter" für „Mülleimer".
> Manchmal dienen Euphemismen aber auch dazu, eine kritische Sicht der Dinge zu verdrängen, z. B. „Umstrukturierung" für „Mitarbeiter entlassen".

## „Wohlstandsmüll" – Unwörter erkennen

Im Jahre 1997 wurde das Wort „Wohlstandsmüll" von einer unabhängigen Jury zum „Unwort des Jahres" gewählt. Bei den „Unwörtern" handelt es sich um „Wörter und Formulierungen aus der öffentlichen Sprache, die sachlich grob unangemessen sind und möglicherweise sogar die Menschenwürde verletzen" (so in der Satzung der Jury).

**1** *Recherchiert, wie das Wort „Wohlstandsmüll" als „Unwort" verwendet wurde und was es ursprünglich bedeutet hat.*

**2** *Wird mit Wörtern wie „Entsorgung" oder „Wohlstandsmüll" der „sprachliche Anstand" verletzt?*

Im Internet findet ihr z. B. unter www.unwortdesjahres.org/unwort_g.htm weitere Beispiele und eine detaillierte Begründung für die jeweiligen Unwörter des Jahres.

> „Menschenmaterial"
> wird 1999 als „Unwort des 20. Jahrhunderts" genannt. Seine Bestandteile sind nicht „gedankenlos" und „menschenverachtend", wohl aber die Zusammensetzung, welche Menschen mit Material (das man beliebig verbrauchen kann) gleichsetzt.
> Es wurde gebraucht
> – zur Bezeichnung von Soldaten, die in den Weltkriegen „verbraucht" wurden,
> – in der Verwendung „Schülermaterial, Spielermaterial" zur Bezeichnung der zur Verfügung stehenden Schüler oder Spieler.
> – Ein süddeutscher Klinikchef sprach sogar von den Todkranken seines Krankenhauses als „morbidem Patientenmaterial".
> Ähnliche Bildungen sind „Patientengut, Geburtengut" für die Gruppe der Patienten oder den Geburtenjahrgang.

**3** *Bildet Tandems: Zwei von euch erledigen die anfallenden Aufgaben gemeinsam und präsentieren auch gemeinsam die Ergebnisse.*
   *a) Sucht im Internet nach Beispielen, in denen das Wort „Menschenmaterial" oder ähnliche Begriffsbildungen Verwendung finden.*
   *b) Prüft dann von Fall zu Fall, ob die Verwendung aus Gedankenlosigkeit und eher beiläufig erfolgte oder ob wirklich „die Menschenwürde verletzt" wurde.*

> **Unwörter**
> Die Verantwortung für sprachliche Fehlgriffe trägt derjenige, der sich der Sprache bedient. Beschönigende Begriffe sind auf genau festgelegte Bereiche beschränkt, z. B. „entschlafen" auf den Bereich des Menschen. Wird ein solcher Begriff außerhalb seines Bereichs verwendet, so wirkt das provozierend. Verwendet jemand den Begriff „Entsorgung" nicht mehr für Sachen (Abfall, Müll, Schadstoffe), sondern für Menschen, z. B. für Asylbewerber, die abgeschoben werden, für Menschen, die in Altersheime, in die Psychiatrie oder ins Gefängnis eingewiesen werden, so entsteht ein „Unwort", ein Begriff, der Menschen als Abfall entwertet.

NACHDENKEN ÜBER SPRACHE

# 6 Wunschwelten – Modalität

## 6.1 Gedankenspiele in Lied, Pop, Rock und Rap – Konjunktiv II

### König müsste man sein – Bedingungsgefüge

**1** Songs, Lieder, Musik: Wie viel Zeit habt ihr für sie? Wo hört ihr sie?

**2** Es gibt viele Richtungen aktueller populärer Musik. Erstellt eine Übersicht, z.B. nach aktuellen Hitlisten.

**3** Entwickelt einen Cluster zu den verschiedenen Themen und Gefühlen, die in der populären Musik im Vordergrund stehen. Erörtert, welche davon euch besonders ansprechen.

**4** „Wenn ich …" – „If I …". Erklärt, in welche Richtung die Gedanken nach einem solchen Textanfang schweifen. Recherchiert weitere Titel, die so formuliert sind.

105

6 Wunschwelten – Modalität

Rio Reiser

**König von Deutschland** (1986)

Jede Nacht um halb eins, wenn das Fernsehen rauscht,
leg ich mich aufs Bett und mal mir aus,
wie das wäre, wenn ich nicht der wäre, der ich bin,
sondern Kanzler, Kaiser, König oder Königin.
5 Ich denk mir, was der Kohl da kann, das kann ich auch,
ich würd Vivaldi hör'n tagein, tagaus.
Ich käme viel 'rum, würd' nach USA reisen,
Ronnie mal wie Waldi in die Waden beißen.

    Refrain: Das alles und noch viel mehr
10          würd' ich machen,
         wenn ich König von Deutschland wär!

Ich würd' die Krone täglich wechseln, würde zweimal baden,
würd' die Lottozahlen eine Woche vorher sagen.
Bei der Bundeswehr gäb' es nur noch Hitparaden,
15 ich würd' jeden Tag im Jahr Geburtstag haben.
Im Fernsehen gäb' es nur noch ein Programm:
Robert Lemke 24 Stunden lang.
Ich hätte 200 Schlösser und wär' nie mehr pleite,
ich wär' Rio der Erste, Sissi die Zweite.

20     Refrain: Das alles und noch viel mehr ...

Die Socken und die Autos dürften nicht mehr stinken.
Ich würd' jeden Morgen erstmal ein Glas Schampus trinken.
Ich wär' schicker als der Schmidt und dicker als der Strauß,
und meine Platten kämen ganz groß raus.
25 Reinhard Mey wäre des Königs Barde,
Paola und Kurt Felix wären Schweizer Garde.
Vorher würd' ich gern wissen, ob sie Spaß versteh'n,
sie müssten 48 Stunden ihre Show anseh'n.

    Refrain: Das alles und noch viel mehr ...

Er schrieb deutsche Popgeschichte, ohne seine Ideale zu verleugnen, wurde als Sänger der legendären Polit-Band „Ton Steine Scherben" bekannt und enterte Mitte der 80er Jahre als Solointerpret die Charts: Reisers wohl bekanntester Hit „König von Deutschland".

**1** *Träume und Realität: Verfolgt im Text diese zwei Ebenen, belegt und erläutert sie.*

**2** *Im Info-Kasten ist von „Polit-Band" die Rede.*
   *a) Belegt mit Textstellen, wo Rio Reisers Song eher politisch oder eher privat wirkt.*
   *b) Entwickelt ein CD-Cover, das die verschiedenen Intentionen des Liedes bildlich darstellt.*

**3** *Untersucht die sprachlichen Signale: Woran kann man erkennen, dass es sich im Song um **Gedankenspiele** handelt?*
   *Erstellt eine Übersicht mit typischen grammatischen Formen sowie mit entsprechenden Begriffen und Bildern.*

6.1 Gedankenspiele in Lied, Pop, Rock und Rap – Konjunktiv II

**Modus der Verben**
**Indikativ** und **Konjunktiv** sind zwei Aussageweisen in Sätzen, die anzeigen, wie wirklich und sicher eine Aussage ist.

**Indikativ**
Es wird etwas eindeutig festgestellt; der Sachverhalt, über den dies ausgesagt wird, ist real: „Um halb eins *lege* ich mich aufs Bett"

Den **Konjunktiv II** verwendet man, um das Ausgesagte als **unwirklich,** nur erdacht, zweifelhaft etc. zu kennzeichnen: „Ich *hätte* dann 200 Schlösser."

| Infinitiv | Indikativ Präsens | Indikativ Präteritum | Konjunktiv II |
|---|---|---|---|
| haben | ich habe | ich hatte | ich hätte |
| sein | sie ist | sie war | sie wäre |
| singen | er singt | er sang | er sänge |

**4** *Erklärt an diesen Beispielen, wie der Konjunktiv II gebildet wird.*

**5** *„Wär ich ein Tier …" sang 1983 Marius Müller-Westernhagen. – „Könntest du zaubern …" sang 1990 Hermann van Veen. „Wär ich du …" sang 2000 Blümchen. Schreibt zu einem der Titel einen passenden Text: … dann könnte ich …, wäre …, dürfte … Oder einen Text: „Ich wäre ganz gern auf einer Insel …"*

**Konjunktiv II**
In Fantasien, Träumen und Wünschen kommt **Vorgestelltes** häufig vor:
z. B.: „Es war, als *hätt'* der Himmel die Erde still *geküsst*…"; „Wir spielen: Ich *wäre* jetzt ein Polizist, und du *müsstest*…"; „*Gäbe* es den dreizehnten Monat, …"
- ☐ Der **Konjunktiv II** wird **vom Präteritum abgeleitet:** Ein -e- wird angefügt:
  → Indikativ Präteritum: „es ging" → Konjunktiv II: „es *ginge*"
  „ich ginge"/„du gingest"/„er, sie, es ginge"/„wir gingen"/„ihr ginget"/„sie gingen"
- ☐ Verben mit Stammvokal a, o oder u werden **umgelautet:**
  „kam" → „käme", „sang" → „sänge".
- ☐ Sind Konjunktiv II und Indikativ Präteritum auch im Textzusammenhang nicht zu unterscheiden, dann wird meist die **würde-Ersatzform** gewählt:
  „wir gingen" → „wir *würden* gehen"; „ich zeigte" → „ich *würde* zeigen"
- ☐ Diese Form wird oft auch in der **Umgangssprache** für den normalen Konjunktiv II verwendet: „wir *würden* uns Mühe geben", statt eigentlich „wir *gäben* uns Mühe".
- ☐ Auch altertümlich klingende Formen werden durch die würde-Form ersetzt:
  „ich *empfähle*" → „*würde* empfehlen"

**6** *Ermittelt in Reisers Song, wo die würde-Ersatzform notwendig ist und wo sie eher umgangssprachlich oder wegen des Reimens oder des Metrums verwendet wird.*

107

## 6 Wunschwelten – Modalität

Kathinka Zitz-Halein

**Wenn ich ein König wäre** (um 1850)

*Kathinka Zitz-Halein (1801–1877) gründete 1849 in Mainz den Frauenverein „Humania", der die Märzrevolution unterstützte.*

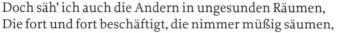

Wenn ich ein König wäre, säh' ich des Volkes Schmerzen,
Und tiefe Trauer trüg' ich alsdann in meinem Herzen,
Ich wäre nicht erblindet für seine große Noth,
Nicht taub für seine Klagen, wenn ihm Verderben droht.

5 Ich säh' die Einen schwelgen in ihren Prunkgemächern,
Sie edle Weine schlürfen aus Gold- und Silberbechern,
In Duhnenbetten¹ ruhen, mit Seide zugedeckt,
Bis sie die hohe Sonne aus süßem Schlummer weckt.

Ich säh', wie sie den Lüsten, den eitlen, Opfer zollen.
10 Von Rossen stolz gezogen, vom Fest zur Oper rollen,
Wie sie dann sorglos schlafen in sichrer Gegenwart,
Vertrauend auf die Zukunft, die ihrer Tage harrt.

    Doch säh' ich auch die Andern in ungesunden Räumen,
    Die fort und fort beschäftigt, die nimmer müßig säumen,
15   Die unterm Dache wohnend, gebettet sind auf Stroh,
    Von Lumpen kaum bedecket, die nie des Lebens froh,

    Durch Fleiß und saure Mühe nicht so viel sich erwerben,
    Zu sättigen die Kinder, die fast vor Hunger sterben,
    Zu wärmen nur die Kleinen, die's friert bei Nacht und Tag,
20   Und die doch leben müssen, weil sie der Tod nicht mag.

    Ihr Leben voll Entbehrung, voll Kummer und voll Sorgen,
    Bekrönt als Schmerzensstachel, die Furcht vorm andern Morgen,
    Da sie nicht wissen können, ob er das dürft'ge Brod
    Den Armen wird bescheren, ob größer wird die Noth.

25   Und säh' ich so die Reichen, und säh' ich so die Armen,
    So würd' ich mich der Letztern mit mildem Sinn erbarmen;
    Mit jenen, die da leiden, mit jenen litt auch ich,
    Ihr Schicksal zu verbessern, das nähm' ich stolz auf mich. [...]

1 **Duhnen:** Daunen, weiche Federn

**1** *Veranschaulicht in einer Grafik, einem Bild oder in einem kurzen Text die Lage der „Einen" und „der Anderen", wie sie in diesem Text dargestellt wird.*

6.1 Gedankenspiele in Lied, Pop, Rock und Rap – Konjunktiv II

**2** *In zwei Strophen findet man die zentralen, aber irrealen Vorstellungen von der Rolle eines „neuen Königs".*
a) *Ermittelt sie, indem ihr die Häufung des Konjunktivs II beobachtet.*
b) *Stellt aus ihnen die Prädikatsgruppen in einer Tabelle wie im Beispiel zusammen und schreibt die Indikativ-Formen daneben.*

| Konjunktiv II | Indikativ Präteritum | Indikativ Präsens |
|---|---|---|
| Ich *gäbe* allen Menschen Brot. | Ich *gab* allen Menschen Brot. | Ich *gebe* allen Menschen Brot. |
| Ich *ginge* in die Elendsviertel. | Ich *ging* in die Elendsviertel. | Ich *gehe* in die Elendsviertel. |
| ... | ... | ... |

> Der **Form** nach hängt der Konjunktiv II vom Indikativ Präteritum ab: „gäbe" aus „gab".
> Der **Idee** nach aber hängt er mit dem Präsens oder Futur zusammen: Hier stellt sich jemand ein Handeln vor, für jetzt oder später, aber leider ist es (noch) **nicht möglich**.
> Die **Aber-Probe** macht das deutlich: „Ich gebe, wenn es einmal möglich ist" – „Ich gäbe, wenn es möglich wäre, *aber* es ist nicht so."

**3** *Was erhofft der „neue König" im Gedicht für die Zukunft? Was haltet ihr von seinen Handlungsabsichten?*

**4** *Recherchiert die Lebensumstände in der Epoche der Märzrevolution 1848 und stellt aus diesen Informationen sowie aus dem Text Gründe zusammen, die Kathinka Zitz-Halein bewogen haben könnten, einen Frauenverein „Humania" zu gründen und dieses Gedicht zu schreiben.*
*www.cordula.ws/p-koenig.html*
*www.wortblume.de/dichterinnen/zitz_i.htm*

109

Jerry Bock

## Wenn ich einmal reich wär' ... (1968)

*Im Musical „Anatevka" singt der Milchmann Tevje, ein frommer Jude in einem kleinen russischen Dorf.*

Wenn ich einmal reich wär',
oje widi widi widi widi widi widi bum,
alle Tage wär' ich widi bam
wäre ich ein reicher Mann!
5 Brauchte nicht zur Arbeit,
oje widi widi widi widi widi widi bum,
wäre ich ein reicher widi bam
eidel deidel eidel deidel Mann.

Ich baut' den Leuten dann ein Haus vor die Nase
10 hier in die Mitte unsrer Stadt
mit festem Dach und Türen aus geschnitztem Holz.
Da führt 'ne lange breite Treppe hinauf
und noch eine läng're führt hinab,
so ein Haus, das wär' mein ganzer Stolz,
15 Mein Hof wär' voll von Hühnern
Gänsen und Enten
und was da sonst noch kräht und schreit.
Alles quakt und schnattert so laut es kann.
Das ist ein Quak und Quiek und Tüt
20 Kikeriki,
ja, ein Spektakel weit und breit!
Und jeder hört: Hier wohnt ein reicher Mann ...

*Schüleraufführung des Musicals, Liebfrauenschule Köln 2004*

**1** *Erschließt aus dem Lied, wie es dem Milchmann Tevje tatsächlich geht.*

**2** *Was macht der erste Vers deutlich? Stellt in einer kleinen Grafik dar, wie der Wenn-Satz mit dem Folgenden zusammenhängt.*

**3** *„Geld ist die Bedingung für ein angenehmes Leben, für Luxus, Macht, Ansehen, Glück und Zufriedenheit. Oder?" Erörtert diese Frage (▷ S. 47; 284).*

---

### Reale und irreale Bedingungsgefüge

- In einem Satzgefüge stellt der **konditionale Gliedsatz** eine Bedingung dar: „*Wenn ich Geld habe,* (dann) kann ich etwas kaufen."
  Ist diese Bedingung möglich oder sogar wahrscheinlich, handelt es sich um **ein reales Bedingungsgefüge.** Konditionalsätze werden eingeleitet mit den Konjunktionen „wenn", „falls", „sofern".
- In **Konditionalsatzgefügen** mit Bedingungen, deren Erfüllung sehr unwahrscheinlich (irreal) ist, wird der **Konjunktiv II** (auch: Irrealis) im Hauptsatz und im Gliedsatz gebraucht: „Wenn ich Millionär *wär', würde* ich mir einen Wald kaufen."
  „*Wäre* ich Abgeordneter, *plante* ich ein Gesetz gegen den Lärm." (Konditionalsätze ohne Konjunktion mit finitem Verb am Anfang.)
- Außerdem lässt sich mit dem Konjunktiv II Folgendes ausdrücken:
  - Ein **erfüllbarer Wunsch:** „Ich *wollte*, morgen *wäre* hitzefrei!"
  - Ein **unerfüllbarer Wunsch** im Konjunktiv II: „*Hätte* ich das bloß nicht *gesagt!*"
  - Eine **höfliche Aufforderung:** „*Würden* Sie bitte Platz machen?"
  - Ein **Zweifel:** „*Hättest* du das auch *getan?*"

**4** Sammelt aus den bisherigen Texten einzelne Satzgefüge mit Konditionalsätzen.
a) Schreibt diese in euer Heft.
b) Bestimmt jeweils, ob es sich dabei um reale oder irreale Bedingungsgefüge handelt.

**5** „Die Prinzen" sangen 2000 in ihrem Song „Ich wär' so gerne Millionär" von dieser Lösung:
„Was soll ich tun? Was soll ich machen? / Bin vor Kummer schon halb krank, / hab' mir schon ein paar Mal überlegt, / vielleicht knackst du eine Bank.
Entwickelt eine Idee: *So kann/könnte ich reich werden. – Wenn ich …* Entscheidet euch beim Schreiben für den Indikativ (ein realisierbarer Plan) oder den Konjunktiv II (eine Fantasie).

Gwen Stefani

## Rich Girl (2004)

If I was a Rich Girl
See, I'd have all the money in the world, if I was a wealthy girl
No man could test me, impress me, my cash flow would never ever end
Cause I'd have all the money in the world, if I was a wealthy girl

5  Think what that money could bring
   I'd buy everything
   Clean out Vivienne Westwood[1]
   In my Galliano[2] gown
   No, wouldn't just have one hood
10 A Hollywood mansion if I could
   Please book me first class to my fancy house;
       in London town

   All the riches baby, won't mean anything
   All the riches baby, don't bring what your
       love can bring
   All the riches baby, won't mean anything
15 Don't need no other baby
   Your lovin' is better than gold and I know

   1 **Vivienne Westwood:** engl. Modemacherin
   2 **Galliano:** engl. Modemacher

 **1** Übersetzt den Song und erläutert die Vorstellungen vom Reichsein.

 **2** Wie zeigt die englische Sprache an, dass es sich nur um Vorstellungen handelt. Erklärt, wie hier der Konditionalsatz funktioniert.

 **3** Vergleicht den grammatischen Umgang mit irrealen Vorstellungen im Deutschen und im Englischen. Bezieht dabei die folgenden Informationen und Regeln ein:
*Wenn ich ein Tier wäre, wäre ich ein Pferd.*     *If I was an animal I would be a horse.*
*Wenn ich ein Baum wäre, wäre ich eine Eiche.*     *If I was a tree I would be an oak tree.*

> **If-Sätze**
> ☐ **First conditional:** Wenn etwas ist, dann wird … – Struktur: If+present simple, will/won't+infinitive → „Wenn ich sie sehe, sage ich es ihr." – "If I see her, I will tell her."
> ☐ **Second conditional:** Wenn etwas wäre, würde … – Struktur: If+past simple, would/wouldn't + infinitive → „Wenn ich viel Geld hätte, würde ich mir ein Haus kaufen." – "If I had a lot of money, I would buy a house."

## Nur eine Traumfabrik? – Popmusik in der Diskussion

**(A) Im Chat:**
Pop ist meiner Meinung nach nur Illusion, mit eingängigen Melodien und Rhythmen wird dem Hörer vorgegaukelt, es ist ja doch alles nicht so schlimm, nein, alles ist schön, es gibt keine Probleme. In dieser Zeit hat das vielleicht als Ablenkung durchaus seine Berechtigung, es ist ja populäre Musik, sie soll das Wohlbefinden steigern. Aber Illusionen sind Schall und Rauch, sobald der Hörer die Musik abstellt und seine Träume so verliert. Aber darum geht es ja in Pop(ulärer) Musik, der Hörer soll mal die Probleme der Welt vergessen und abschalten, sich von der Musik in eine Art Traumwelt begleiten lassen. Und in dieser Traumwelt haben Probleme keinen Platz. Und deswegen ist Pop nur Illusion, denn eine Welt ohne Probleme gibt es nicht.
MarCus 04.01.2005 (Marcus Mitc)

**(B) Chat: „Was wäre, wenn … es die Musik nicht mehr geben würde?"** – 05.05.2004 > 09:55 –
Anne Geese, 15 Jahre: Tja, dann würde man sich bis zum Gehtnichtmehr langweilen, da man in der Freizeit entweder Musik selbst spielt oder doch wenigstens hört. Wenn es sein muss, auch mehrere Stunden lang. Wenn es keine Musik geben würde, dann würde man nicht in Konzerte gehen können. Und man könnte sich nicht von Musik zudröhnen lassen, egal ob Klassik oder modernere Musik. [...]
Wenn es keine Musik geben würde, dann könnte man sich nicht mehr mit Freunden treffen, wenn man ins Orchester geht. Auch könnte man sich nicht mehr mit Freunden treffen, um einfach nur Musik zu hören und die neuesten Chartplatzierungen zu diskutieren. Musik ist eigentlich auch eine Art Verbindung zwischen Menschen, Freunden und verschiedenen Gruppen. Mit Musik kann man seine Gefühle ausdrücken, egal ob Wut, Freude, Hass oder Liebe.
Die Liebe wird oft in Balladen oder ruhigeren Stücken ausgedrückt. Wenn es die nicht geben würde, wären ein paar meiner Freundinnen bestimmt nicht so schnell über ihren Liebeskummer hinweggekommen. Tja, und die anderen nicht unbedingt balladesken und ruhigen Lieder sind halt mehr für die wilden Zeiten, in denen man sich austoben möchte. Auch würde die Musik keine Menschen mehr heilen können, wie etwa autistische Kinder oder gehemmte Kinder, die Angst vor Begegnungen haben.
Wenn es keine Musik mehr geben würde, dann würde es auch unsere Schule nicht mehr geben, da sie sich der Musik verschrieben hat. Und dann müsste ich auf eine andere Schule gehen mit Mathe und Naturwissenschaften als Schwerpunkt, was noch schlimmer wäre. Und dann würde es …

**1** Schreibt aus den Chatbeiträgen A und B nur jeweils zwei, drei Thesen heraus und vergleicht die zwei Positionen.

**2** Überarbeitet B:
a) Schreibt einzelne Sätze mit würde-Formen im Konjunktiv II.
b) Vergleicht mit dem vorliegenden Text: Welche Formulierung klingt besser?

**3** „Was wäre, wenn es keine Popstars und Rockstars gäbe?" Schreibt euren eigenen Chat-Beitrag als Gedankenspiel.

## 6.2 Rekordwelten in Medien – Konjunktiv I und Modalverben

### ... wurde behauptet – Indirekte Rede

**Abenteurer Fossett weiter auf Rekordkurs**

NEWSTICKER *Mittwoch, 02. März 2005, 11.40*
**Washington/Hamburg** – Der amerikanische Abenteurer Steve Fossett hat die Hälfte seiner Weltumrundung geschafft und fliegt weiter auf Rekordkurs. Der Solopilot erreichte am frühen Mittwochmorgen (MEZ) den Luftraum Pakistans, wie auf der Webseite Fossetts gemeldet wurde. – Der Flug liege voll im Zeitplan. In 30 Stunden und 15 Minuten habe Fossett 18 226 Kilometer zurückgelegt. Die größte Flughöhe sei bislang bei etwa 15 000 Metern erreicht worden. „Er ist bemerkenswert guter Laune für jemanden, der bereits seit mehr als 24 Stunden wach ist", sagte Projektmanager Paul Moore. Bis jetzt laufe alles sehr gut, wurde Fossett am Mittwoch auf seiner Web-Site zitiert. Er sei sehr glücklich mit der Situation und denke, er habe eine gute Chance. Berechnungen von Fossetts Team haben ergeben, dass er, wenn alles wie bisher verläuft, seinen Flug am Donnerstag beenden wird. Zuvor wird er über China und den Pazifik zurück Richtung USA fliegen. Es hieß, alle Teammitglieder würden sich schon auf die Landung freuen.

Moore sagte, die angepeilte Flughöhe von 13 500 Metern sei bereits über dem Atlantik und nicht, wie ursprünglich erwartet, erst über Saudi-Arabien erreicht worden. Er meinte, dass Fossetts Kleinflugzeug mit seiner Durchschnittsgeschwindigkeit von etwa 460 Stundenkilometern eben leistungsstärker ist als angenommen.

**1** Gebt knapp die Informationen zum Rekordversuch aus Bild und Text wieder und erklärt, warum der Flug für aufsehenerregend gehalten wird.

**2** Erläutert, wie die Informationen in diesem Fall verbreitet werden; nennt alle Quellen und Beteiligten (▷ S. 70).

**3** Tatsachendarstellung – Wiedergabe von Äußerungen: Unterscheidet an Beispielen diese zwei journalistischen Schreibhandlungen.

**4** Nennt Textbeispiele, die deutlich machen, dass es sich bei diesen Sätzen um die Wiedergabe fremder Äußerungen handelt.

## Indirekte Rede

Wenn man wiedergeben möchte, was jemand gesagt hat, verwendet man die **indirekte Rede.** Das Verb steht im **Konjunktiv I.**

### Redewiedergabe

Das Flugteam erklärt: „Der Treibstoff *wird* knapp." ← wörtliche Rede im Indikativ
Das Flugteam erklärt, der Treibstoff *werde* knapp. ← **indirekte Rede im Konjunktiv I**
Der Konjunktiv I „er werde" ist abgeleitet vom Infinitiv des Verbs „werden"; dabei wird an den Wortstamm „werd-" ein -e- als Zeichen für den Konjunktiv I eingefügt: werd-e.

Wenn der Konjunktiv I sich nicht vom Indikativ Präsens unterscheidet, wird der Konjunktiv II oder die würde-Ersatzform verwendet. Ist der Konjunktiv II auch im Textzusammenhang nicht vom Indikativ Präteritum zu unterscheiden, wählt man die Umschreibung mit *würde*.
„Beobachter meinen, viele Besucher *kommen* zur Landung." – Hier ist, vor allem beim Sprechen und Hören, nicht zu erkennen, ob es sich um Redewiedergabe handelt; daher:
„Beobachter meinen, viele Besucher *kämen* zur Landung." Oder: „... viele Besucher *würden* zur Landung *kommen*."

| Indikativ Präsens | Konjunktiv I | Konjunktiv II oder würde-Ersatzform |
|---|---|---|
| ich gehe | ich geh-e | → ich ginge/würde gehen |
| du gehst | du geh-est | |
| er/sie/es geht | er/sie/es geh-e | |
| wir gehen | wir geh-en | → wir würden gehen (Konj. II kein Signal) |
| ihr geht | ihr geh-et | |
| sie gehen | sie geh-en | → sie würden gehen (Konj. II kein Signal) |

**5** *Formt an einzelnen Stellen aus der Meldung die indirekte Rede in wörtliche Rede um sowie an einer Stelle die wörtliche Rede in indirekte Rede. Vergleicht eure Ergebnisse.*

**6** *Im letzten Satz heißt es: „Er meinte, dass Fossetts Kleinflugzeug eben leistungsstärker ist als angenommen."*
   *a) Könnte oder müsste nicht im Nebensatz der Konjunktiv I von „sein" gebraucht werden? Formuliert den Satz entsprechend um.*
   *b) Erörtert, wie jedoch auch ohne Konjunktiv I sprachlich deutlich wird, dass es sich im Nebensatz um eine Redewiedergabe und nicht um wörtliche Rede handelt.*

6.2 Rekordwelten in Medien – Konjunktiv I und Modalverben

## Abenteurer Fossett hat schon die Hälfte der Weltumrundung geschafft

AGENTURMELDUNG – Mittwoch, 2. März 2005, 11:07 CET

**Salina/Berlin** (Reuters) – Der US-Milliardär und Abenteurer Steve Fossett hat bei seinem geplanten Alleinflug rund um die Welt trotz eines technischen Problems die Hälfte des Weges geschafft. Fossett will die Welt in drei Tagen allein in einem einmotorigen Flugzeug umrunden, ohne aufzutanken.

Der 60-Jährige habe um 8.01 Uhr (MEZ) nach einer Flugdauer von 30 Stunden und 15 Minuten und einer zurückgelegten Wegstrecke von 9.841 nautischen Meilen (rund 15.838 Kilometer) über Bangladesch die Hälfte der Weltumrundung geschafft, teilte die Bodenkontrolle des Teams am Mittwoch auf der Internetseite des Abenteurers mit. Zuvor habe Fossett Probleme mit dem Satelliten-Navigationsgerät gemeldet. Beim Überflug von den USA nach Kanada habe Fossett immer wieder „blindfliegen" müssen, weshalb die Mission auf dem Spiel gestanden habe, teilte Projektmanager Paul Moore mit. Das Problem sei aber immer seltener geworden. Am Montagabend war Fossett in Salina im US-Bundesstaat Kansas gestartet. Er muss ohne Zwischenlandung 37.010 Kilometer bewältigen.

Seine Mitarbeiter erinnern daran, dass der Abenteurer vor drei Jahren bereits als erster Mensch in einem Ballon um die Welt geflogen ist. Außerdem habe er mehrere Weltrekorde im Hochseesegeln aufgestellt. Unter anderem hält er den Rekord für die schnellste Atlantiküberquerung (4 Tage, 17:28,06 Stunden) und hielt bis Februar 2005 den für die schnellste Weltumrundung (58 Tage, 9:32,45 Stunden).

**7** Stellt die neuen Informationen im Vergleich zur Newsticker-Meldung zusammen.
Vergleicht auch die Zahlenangaben im Text.
Welches Bild von Fossett entsteht nun?

**8** Untersucht an diesem Text die Stellen mit Redewiedergabe.
a) Ermittelt: Wer hat jeweils die dahintersteckende wörtliche Rede gesprochen?
b) Formt einzelne Stellen in wörtliche Rede um.

---

**!** **Formen der Wiedergabe fremder Äußerungen**
Einfache Aussagen, z. B. eigene Tatsachenfeststellungen oder Meinungsäußerungen werden im **Indikativ** verfasst. Zum Beispiel kann der Pilot geäußert haben:

*Der Treibstoff wird überraschend knapp!*

Diese Äußerung kann nun in Formen der Redewiedergabe in späteren Medienberichten Eingang finden.

(Im Newsticker:) Fosset erklärte, der Treibstoff werde überraschend knapp.

115

6 Wunschwelten – Modalität

A Die **direkte Rede** einer anderen Person kann durch die Form der **wörtlichen Rede** wiedergegeben werden, z. B.: Fossett erklärte: „Der Treibstoff wird überraschend knapp."
Mit den Verben des Sprechens (sagen, behaupten ...) oder der sinnlichen und geistigen Wahrnehmung (hören, vermuten, hoffen ...) leitet man die wörtliche Rede ein. Man erkennt sie in schriftlichen Texten an den Anführungszeichen oder im Gespräch an einem Wechsel in der Tonlage.

B Bei der **indirekten Rede** baut man die Aussagen oder Gedanken einer anderen Person in seinen eigenen Text ein. Dabei macht man deutlich, dass die Äußerung nicht vom Sprecher selbst stammt. In einem einleitenden Hauptsatz wird gesagt, wessen Äußerung wiedergegeben wird, z. B.: Fossett erklärte ...
Die Äußerung kann dann in einem **dass-Satz mit oder ohne Konjunktiv** folgen, z. B.: Fossett erklärte, *dass* der Treibstoff überraschend knapp wird (oder: werde).
Die Äußerung kann auch in einem uneingeleiteten zweiten Nebensatz im **Konjunktiv** folgen, z. B.: Fossett erklärte, der Treibstoff *werde* überraschend knapp.

C Bei einem wörtlichen **Zitat** wird ein Teil der fremden Äußerung mit Anführungszeichen in den eigenen Satz eingebaut, z. B.: Über Pakistan wurde dann das Kerosin in den Tanks „überraschend knapp". So Fossett.
Der zitierte Teil muss dabei mit dem Originalsatz übereinstimmen.

D In der **Paraphrase** fremder Rede, d. h. der freien, nicht wörtlichen Wiedergabe einer fremden Äußerung, macht man durch einen Zusatz wie „nach ihrer Meinung, nach seiner Auffassung, ..." die Redewiedergabe deutlich, z. B.: Nach Fossetts Einschätzung gibt es einen Mangel an Treibstoff.

## Rekordjäger Fossett hat es wieder geschafft

*MELDUNG 03. 03. 05. 21:00h*

Der US-Abenteurer Steve Fossett hat seinen Rekordflug um die Welt erfolgreich beendet. Nach 67 Stunden, zwei Minuten und 38 Sekunden Solo-Weltumrundung landete der 60-Jährige mit seinem Leichtflugzeug „Global Flyer" unversehrt in Salinas im US-Bundesstaat Kansas. Noch wackelig auf den Beinen, aber von seinem Rekord beflügelt, kletterte der Börsenmillionär aus dem Flugzeug und schloss seine freudestrahlende Frau Peggy in die Arme: „Was für ein Tag! Ich bin wirklich ein glücklicher Kerl", sagte Fossett. „Ich habe ein lang ersehntes Ziel erreicht." Tausende Schaulustige verfolgten seine Landung.

9 Erprobt alle Möglichkeiten A – D zur Wiedergabe der wörtlichen Rede in dieser Erfolgsmeldung.

10 Beobachtet dabei
a) wie man sinnvollerweise kürzt,
b) was mit dem Personalpronomen geschieht.

11 Setzt den Text als Bericht über Fossetts Empfang mit eigenen Ideen fort und baut dabei sowohl wörtliche Rede als auch indirekte Rede ein.

## Umjubelter Empfang von Weltrekordseglerin MacArthur

BERICHT – Presseagentur Reuters – Dienstag 8. Februar 2005 19:06 – James Kilner

**Falmouth** (Reuters) – Die Britin Ellen Mac-Arthur ist nach ihrem Weltrekord im Einhandsegeln am Dienstag von begeisterten Fans im Hafen von Falmouth im Südwesten Englands empfangen worden.

„Es ist überwältigend", sagte die 28-jährige MacArthur nach ihrer Ankunft und feierte ihren Erfolg vor Tausenden von jubelnden Anhängern mit Fackeln und spritzendem Champagner. Aus ganz Großbritannien waren Fans angereist, die während der Weltumsegelung mit der zierlichen Britin gebangt und gehofft hatten. In der Rekordzeit von etwas mehr als 71 Tagen und 14 Stunden hatte MacArthur mit ihrem Trimaran den Globus umrundet. Sie brach damit den Weltrekord des Franzosen Francis Joyon vom vergangenen Jahr um mehr als 32 Stunden. Während der gesamten Reise über 42 000 Kilometer hatte MacArthurs Team von der britischen Isle of Wight Kontakt mit der jungen Alleinseglerin gehalten.

Königin Elizabeth II. und Premierminister Tony Blair gratulierten ihr zu der Leistung. „Das ganze Land ist stolz auf Ellen MacArthur", sagte Blair. Die Königin verlieh ihr den Titel „Dame Ellen". Sichtlich erschöpft, aber ebenso glücklich nahm die Britin die Glückwünsche aus aller Welt entgegen. Immerhin hatte sie sich erstmals seit langem wieder den Luxus von fünfeinhalb Stunden Schlaf gegönnt, nachdem sie in der Nacht zum Dienstag die Ziellinie vor Nordwest-Frankreich überfahren und ihr Team das Boot übernommen hatte. „Es war eine völlig unglaubliche Reise, physisch und psychisch. Es wird eine Weile dauern, bis ich mich erholt habe", sagte die Seglerin. [...]

Während der Rekord-Weltumsegelung berieten Wetterdienste aus Deutschland und den USA MacArthur, damit sie ihr mehrere Millionen Pfund teueres Unternehmen verwirklichen konnte. Die Seglerin erreichte Kap Hoorn fünf Tage vor Plan, ein schwerer Sturm warf sie jedoch zurück. Obwohl sie durch eine rasante Fahrt über den Atlantik Zeit gutmachte, gefährdete eine Flaute um die Azoren noch ganz zum Schluss ihren Rekordversuch.

**1** Formt den Bericht über die Weltrekordseglerin in eine knappe Meldung um (▷ S. 80). In dieser soll jedoch eine Redewiedergabe im Konjunktiv I vorkommen.

**2** Gibt es einen besonderen Grund, warum der Journalist drei wörtliche Reden in seinem Bericht beibehält?
a) Schreibt diese Stellen in Zitate um, die korrekt in die Berichterstattung eingebaut werden.
b) Formuliert daraus Paraphrasen und vergleicht die Wirkung.

### Internet-Chat zu Rekordjagd

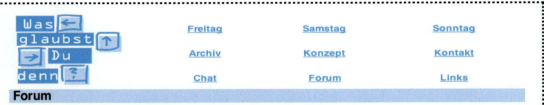

**Forum**

Chris 1.03.2005, 08:49

Er ist kein Held. Er ist meiner Meinung nach ein Mensch, der sich die Bestätigung mit solchen Aktionen erkauft. Diese anscheinend so gefährlichen Aktionen sind meiner Meinung nach sehr kalkulierbare Risiken. Und außerdem, welche Spritverschwendung!!! Chris

**Forum**

Anonymus 01.03.2005; 12:23

Mutig, Mutig!! Ich bewundere den Mut dieses Mannes. Ist 60 Jahre alt und könnte ein lockeres Leben führen. Stattdessen will er es sich noch einmal beweisen. Sollte er diese Umrundung schaffen, dann kann man ihn durchaus als Helden bezeichnen, und das mit 60 Jahren!!

**1** *Schreibt eigene mögliche Beiträge zum Chat über die Rekordjagden.*

**2** *Ein „handschriftlicher Chat" im Klassenraum: Entwickelt im Vergleich mit Fossett einen eigenen Standpunkt zur Leistung der Weltrekordseglerin MacArthur. Bezieht euch dabei auf die beiden Beiträge und nutzt Formen der Redewiedergabe.*

## Journalistische Sorgfalt – Regelungen mit Hilfe von Modalverben

Der Journalist hat eine hohe Verantwortung:
– Eine Nachricht sollte möglichst vollständig/möglichst wahrheitsgetreu sein.
– Der Journalist sollte stets die Folgen seines Artikels beachten. Um einer Information einen so genannten „objektiven Anschein" zu geben, muss sie als Meldung, Nachricht, Bericht streng von jeglicher Meinungsäußerung getrennt werden.   *Redaktion www.junge-medien.de*

**1** *Erklärt mögliche Ursachen, warum die Redakteure der Homepage www.junge-medien.de auf diese zwei Punkte verweisen?*

**2** *Nennt die Absicht, mit der die Redaktion diesen kurzen Text wohl verfasst hat.*

## 6.2 Rekordwelten in Medien – Konjunktiv I und Modalverben

> **! Funktionen der Modalverben**
> Mit der Sprache kann man vermitteln, ob etwas als **Möglichkeit, Erlaubnis, Empfehlung, Forderung** oder **Verpflichtung/Zwang** verstanden werden soll.
>
> | können | sollen | müssen | dürfen | wollen | mögen |
> |---|---|---|---|---|---|
> | Möglichkeit Fähigkeit | Regelung Auflage | Gebot Zwang | Erlaubnis Möglichkeit | Absicht Bereitschaft | Wunsch Möglichkeit |

**3** Untersucht den kurzen Text auf S. 118 daraufhin, welche Absicht die Modalverben anzeigen.

### (A) Allgemeine Schulordnung NRW 2003 – § 37

Schülerzeitungen

(2) Die Schülerzeitung dient dem Gedankenaustausch und der Auseinandersetzung mit schulischen, kulturellen, wissenschaftlichen, gesellschaftlichen und politischen Problemen.
5  Sie ist nicht nur ein Mitteilungsblatt, sondern auch ein Diskussionsforum. Die Schülerzeitung soll sich um wahrheitsgetreuen Bericht und sachliche Kritik bemühen. Sie soll die Wertvorstellungen und Überzeugungen anderer ach-
10 ten und bereit sein, den eigenen Standpunkt kritisch zu überprüfen. Auf die jeweiligen Altersstufen der Schülerinnen und Schüler soll Rücksicht genommen werden.

(3) Die Herausgabe und der Vertrieb der Schü-
15 lerzeitung bedürfen keiner Genehmigung. Eine Zensur findet nicht statt. Für alle Veröffentlichungen in der Schülerzeitung tragen Herausgeber und Redaktion die rechtliche Verantwortung.

20 (4) Die Schülerinnen und Schüler können sich bei ihrer redaktionellen Tätigkeit durch eine Lehrerin oder einen Lehrer ihres Vertrauens beraten lassen. Die Redaktion soll davon insbesondere Gebrauch machen, wenn sie Zwei-

fel hat, ob ein Beitrag die Grenzen der Pressefreiheit überschreitet oder den Bildungs- und Erziehungsauftrag der Schule beeinträchtigt. Führt die Beratung nicht zu einem einvernehmlichen Ergebnis, so soll ein Vermittlungsausschuss angerufen werden. Dieser besteht aus der oder dem Vorsitzenden der Schulpflegschaft, der Schülersprecherin oder dem Schülersprecher und der Schulleiterin oder dem Schulleiter. Nach der Beratung im Vermittlungsausschuss entscheidet die Redaktion über die Veröffentlichung.

## (B) Allgemeine Schulordnung Saarland 1997 – § 13

(3)
1 Die Schülerzeitung darf nur Beiträge enthalten, die von Schülern oder Lehrern einer Schule verantwortlich bearbeitet sind.
2 Die Verantwortung für Inhalt und Form einer Schülerzeitung tragen allein die Herausgeber und Redakteure.
3 Die Schülerzeitung darf ohne vorherige Zustimmung des Schulleiters auf dem Schulgelände vertrieben werden, sofern Herausgeber und Redakteure sich zur Einhaltung der entsprechenden Bestimmungen der Allgemeinen Schulordnung über die Schülerzeitungen verpflichtet haben.

(4)
1 In der Schülerzeitung machen die Schüler im Rahmen des verfassungsmäßigen Erziehungsauftrages der Schule vom Grundrecht der freien Meinungsäußerung Gebrauch.
2 Dieses Grundrecht findet seine Schranke dann, wenn eine Äußerung, die in der Schülerzeitung veröffentlicht werden soll, gegen das Grundgesetz, gegen die Verfassung des Saarlandes oder gegen die allgemeinen Gesetze, insbesondere gegen die Pflicht der Schule zur parteipolitischen Neutralität oder gegen das Recht auf Achtung der persönlichen Ehre, verstößt.
3 Die Herausgeber und Redakteure haben deshalb insbesondere darauf zu achten, dass die Veröffentlichungen nicht Vorurteile gegen Einzelne oder Gruppen wegen ihrer Rasse, ihres Volkstums, ihrer Religion oder

Weltanschauung verursachen oder zu deren Herabsetzung Anlass geben können oder sittliche oder religiöse Gefühle verletzen.
4 Eine weitergehende Beschränkung findet nicht statt.
5 Sie haben ferner sicherzustellen, dass in der Schülerzeitung die Grundsätze einer fairen Berichterstattung gewahrt bleiben.
6 Sie müssen sich dabei auch ihrer Verantwortung gegenüber den jüngeren Schülern bewusst sein.

**1** Vergleicht die beiden Schulordnungen inhaltlich und sprachlich.
  a) Wozu dienen sie?
  b) Worin bestehen Unterschiede?

**2** Erklärt, woran deutlich wird, dass es sich bei den Texten um gesetzliche Regelungen handelt.

**3** Berichtet über Erfahrungen, die Schüler mit solchen Regelungen gemacht haben.

**4** Untersucht Teile der Schulordnungen genauer auf die Verbindlichkeit oder Offenheit der Regelungen.
  a) Nutzt dazu die Informationen in der Übersicht und legt eine Tabelle mit Stellen aus den Texten an.
  b) Nicht nur an Modalverben erkennt man, wenn etwas erlaubt, verboten oder empfohlen wird. Sucht andere Arten der Formulierung in den Texten, die ebenfalls Regelungen bewirken.

---

**!**

**Modalverben**
In **öffentlichen Ordnungen** oder **Regelungen** und **privaten Verträgen** fügt man mit **Modalverben** den Vollverben einen bestimmten Aspekt hinzu:
Man sagt, ob man etwas kann, darf oder muss ...:
„Redakteure *müssen* Vorschriften *beachten*."

Die Modalverben kommen vor allem in folgenden Textsorten vor:
- ☐ **Anweisungen** und **Vorschriften**:
  „Besucher *sollen* auf Parkplatz C parken."
- ☐ **Gesetze, Gebote** und **Verbote**:
  „Fahrzeuge *müssen* die Fahrbahnen benutzen."
- ☐ **Regeln** und **Regelungen**:
  „Benutzer der Bibliothek *müssen* ihre Taschen hier ablegen."
- ☐ **Erlaubnisse**:
  „Gäste *dürfen* auch hier parken."
  „Sie *können* nebenan parken."
- ☐ **Empfehlungen** und **Tipps** (oft mit Konjunktiv verbunden):
  „Sie *sollten* das Obst schälen."
- ☐ **Petitionen**:
  „Wir *möchten* Sie bitten ..."
  „Wir *wollen* Sie bitten ..."

---

**5** Entwickelt eine Ordnung für die Einrichtung einer Klassenzeitung in eurer Klasse.

**6** Stellt Regeln zur journalistischen Sorgfaltspflicht zusammen, die auch für die Schülerzeitung gelten.

**7** Gebt Tipps für den Umgang mit fremden Äußerungen und den Einsatz der Redewiedergabe.

6 Wunschwelten – Modalität

# 6.3 Nicht wirklich, aber möglich ... – Denkbares produzieren

## Pop, Rock, Rap – Texte für die Schülerzeitung

*Wenn ich sprechen könnt, hätt' ich dir schon längst gesagt ...*
*Skagen 3000 Neofolk 2003*

*Neuer Deutscher Schlager*

**1** Junge Leute stellen ihre eigenen musikalischen Produkte ins mp3-Netz. Schreibt die Anfänge weiter oder entwickelt eigene Songtexte mit dem Zeilenanfang „Wenn ..."

**2** Vergleicht eure Produkte und entscheidet, ob sie eher für die Kategorien Pop, Rock, Lied oder Rap geeignet sind.

## Was wäre geschehen, wenn ... – Geschichten aus der Zeitmaschine

Heinrich Heine

### Deutschland. Ein Wintermärchen (1844)

Das ist der Teutoburger Wald,
Den Tacitus[1] beschrieben,
Das ist der klassische Morast,
Wo Varus[2] stecken geblieben.

5 Hier schlug ihn der Cheruskerfürst[3],
Der Hermann[4], der edle Recke;
Die deutsche Nationalität,
Die siegte in diesem Drecke.

Wenn Hermann nicht die Schlacht gewann,
10 Mit seinen blonden Horden,
So gäb es deutsche Freiheit nicht mehr,
Wir wären römisch geworden!

In unserem Vaterland herrschten jetzt
Nur römische Sprache und Sitten,
15 Vestalen[5] gäb es in München sogar,
Die Schwaben hießen Quiriten[6]! [...]

[1] **Tacitus:** römischer Schriftsteller (ca. 55–120 n.Chr.)
[2] **Varus:** röm. General
[3] **Cherusker:** Stamm der Germanen
[4] **Hermann** oder lat. Arminus: ein Cheruskerfürst
[5] **Vestalin:** röm. Priesterin
[6] **Quiriten:** Bezeichnung für röm. Vollbürger

**1** *Was geschah bei der Varusschlacht?*
  a) *Berichtet. Wie wäre es nach Heines Idee weitergegangen?*
  b) *Was wäre bei uns anders geworden? Überlegt, welchen Einfluss das Römische Reich in den Ländern Italien, Frankreich und Spanien hatte.*

**2** *Entwickelt in Gruppen neue historische Linien fort. Recherchiert und stellt die neuen Perspektiven dar:*

> *Im historischen Irrealis:*
> *Mittelalter: Wenn fränkische Ritterheere unter Karl Martell nicht die Araber 732 bei Tours und Poitiers besiegt hätten ...*
> *16./17. Jahrhundert: Wenn keine Sklaven aus Afrika nach Amerika gebracht worden wären ...*

## Die Rolle wechseln – Gegentexte

Rita Pavone

### A  Wenn ich ein Junge wär[1]  (Schlager 1963)

Wenn ich ein Junge wär',
das wäre wunderschön,
dann könnt' ich jeden Tag
in langen Hosen gehn.
5 Und käm' ich abends spät nach Haus',
macht' Daddy nicht ein Drama daraus.
Es wäre halb so schwer,
wenn ich ein Junge wär'! – *Refrain*

Wenn ich ein Junge wär',
10 dann wüsste ich so gut,
was so ein junger boy
aus lauter Liebe tut.
Es gäbe keine mehr nebenbei,
wär' nur der einen immerzu treu.
15 Es wäre halb so schwer,
wenn ich ein Junge wär'! – *Refrain*

Wenn ich ein Junge wär'
mit einem Motorrad,
dann wäre ich bekannt
20 bald in der ganzen Stadt.
Ich trau' mir zu, im Fußballverein
ein guter Mittelstürmer zu sein.
So wär' es ungefähr,
wenn ich ein Junge wär'! – *Refrain*

*Refrain*
25 *Nur wenn Tino, Tino, Tino mich küsst,*
*und wenn Tino, Tino, Tino lieb zu mir ist,*
*wird bei Tino, Tino, Tino mir klar,*
*eine piccopiccolina carina bambina*
*si si signorina zu sein – ist wunderbar!*

[1] Von Nina Hagen 1980 mit etwas verändertem Text als Rocksong neu gesungen

**1** *Wenn ich ein Junge wär', könnte ich in langen Hosen gehen. – Wenn Tino lieb zu mir ist, wird mir etwas klar. Vergleicht diese beiden Sätze auf inhaltliche und sprachliche Unterschiede hin.*

**2** *Stellt aus dem Lied weitere Verbformen im Indikativ und im Konjunktiv zusammen.*

**B**
*Bildpostkarte, Fentzke. Berlin 1907*

F. Raimund, C. Kreutzer

**C  Das kriegerische Mädchen** (1834)

Ach, wenn ich nur kein Mädchen wär,
Das ist doch recht fatal!
So ging ich gleich zum Militär
Und würde General.
5 O ich wär gar ein tapfrer Mann,
Bedeckte mich mit Ruhm,
Doch ging die Kanonade an,
So machte ich rechtsum.

Nur wo ich schöne Augen säh,
10 Da schöss ich gleich drauf hin;
Darin trieb ich vorwärts die Armee
Mit wahrem Heldensinn.
Da flögen Blicke hin und her,
So feurig wie Granaten,
15 Ich sprengte vor die Fronte her,
Ermutigt' die Soldaten.

Ihr Krieger, schrie ich, gebt nicht nach,
Zum Sieg sind wir geboren!
Wird nur der Hinterflügel schwach,
20 So ist der Feind verloren! –
So würde durch Beharrlichkeit
Am End der Preis errungen,
Und Hymens Fahn in kurzer Zeit
Von Amors Hand geschwungen.

25 Dann zög ich ein mit Sang und Spiel,
Die Mannschaft paradierte;
Wär auch der Lorbeer nicht mein Ziel,
So schmückte mich die Myrte.
So nützte ich der Kriegskunst Gab,
30 Eroberte ein Täubchen,
Dann dankt ich der Armee schnell ab
Und blieb bei meinem Weibchen.

**3** *Vergleicht in A–C die Rollenerwartungen und Wünsche der Frauen.*

**4** *Untersucht die Konjunktiv-Formen und ihre jeweiligen Funktionen in A und C.*

**5** *Schreibt alle Verben im Konjunktiv II aus dem Text C untereinander:*
   *a) Stellt den Konjunktiv-Formen den Indikativ gegenüber.*
   *b) Bildet jeweils die würde-Ersatzform.*
   *c) Lest euch die beiden Versionen gegenseitig vor: einmal mit den korrekten Konjunktiv II-Formen, einmal mit den Ersatzformen. Was stellt ihr fest?*

**6** *Nutzt die Texte A + C und die Bildpostkarte als Schreibimpuls.*
   *a) Schreibt einen Begleittext zu B, in dem ihr die Wunschträume um 1907 kommentiert.*
   *b) Entwerft einen Erzähltext zu C aus der Außenperspektive, also über das Mädchen.*
   *c) Schreibt aktuelle Texte; nehmt dabei die Rolle des anderen Geschlechts ein: Wenn ich ... wäre ...*

NACHDENKEN ÜBER SPRACHE

# 7 Die eigene Sprache finden – Jugendsprache

## 7.1 „Ich glaub, Erwachsene würden das so nicht sagen" – Über die eigene Sprache nachdenken

1 Sicherlich habt ihr gleich erkannt, dass hier Ausschnitte aus Jugendzeitschriften abgedruckt sind: Zeigt an diesen Beispielen einige typische Merkmale solcher Magazine.

2 Untersucht genau die verwendete Sprache.
a) Listet alle Ausdrücke auf, die eine jugendliche Sprechweise darstellen sollen.
b) Fühlt ihr euch von dieser Ausdrucksweise angesprochen? Wie sprecht ihr untereinander?

7 Die eigene Sprache finden – Jugendsprache

# „Eine eigene Sprache haben" – Sprachvarianten unterscheiden

*Benni, 13 Jahre, 8. Klasse:*

*Ich denke schon, dass Jugendliche eine eigene Sprache haben. Weil ... denn sie benutzen so Wörter wie krass, fett oder cool, was Erwachsene glaub ich nicht so benutzen. Und Erwachsene formulieren auch besser. Also, wir haben ... bei uns in der Klasse wurde mal ... es wurde schon mal*

5 *so Spasti oder Bastard gesagt ... Da haben manche dann das Wort Spastard draus gemacht, also so en Mix draus gemacht. Das auf jeden Fall, wenn jemand so ganz toll formuliert und ganz toll redet und benutzt Wörter, die manche noch gar nicht kennen, dann wird der als Streber oder irgendwie als Lieblingskind genannt.*

10 *Ne Zeitlang wurde so en Junge aus der Klasse geärgert und dann haben wir auch en Schimpfwort für ihn erfunden ... also ... ein ... so'n paar Leute aus der Klasse haben den halt ... hm ... ⊚⊚⊚⊚⊚⊚ genannt. Daraufhin hat ... fast die Hälfte der Klasse hat daraufhin ne Klassenkonferenz gekriegt. Jeder musste einzeln mit der Mutter und mit den Lehrern und ihm reden. Und dann musste jeder noch so einen Streitschlichterver-*

15 *trag unterschreiben. Aber das is jetzt schon en Jahr her und der is jetzt wieder voll integriert. Ich glaube, dass Jugendliche einfach nur schnell und kurz versuchen den anderen was mitzuteilen und nicht lang drum herum reden. ... Vielleicht machen das die Jugendlichen, weil sie irgendwie keinen Bock mehr auf die Lehrer haben oder so oder vielleicht damit*

20 *provozieren wollen oder einfach nur rebellisch sein wollen oder weil se einfach keinen Bock mehr haben, irgendwie so da toll rumzuformulieren, sondern einfach schnell was sagen wollen. ... Ja, was mir noch einfällt, dass vielleicht die Schüler vielleicht so reden, weil, denen wird ja so viel verboten, dass die nicht so lange rausdürfen, nicht so viel machen können, dass die vielleicht mit der Sprache unter Freunden, dass sie so etwas*

25 *ausgleichen können, dass die ... zu Hause dürfen sie nicht so ne Sprache benutzen, und wenn man dann in der Clique steht, dann redet man auch irgendwie anders. Also ich hab das Gefühl, dass so fünfte, sechste Klasse, dass die Leute noch nicht so viele Wörter einfach kennen, sondern dass die noch mehr so von der Grundschule sind. In der Mittelstufe ist es glaub ich so am schlimmsten von den Wörtern her, da werden*

30 *so die schlimmsten Ausdrücke benutzt. Und dann in der Oberstufe, ich glaub, da geht es schon wieder runter, weil da werden die Leute schon erwachsener und dann ist das irgendwie kindisch. Also Erwachsene ... em ... das hab ich schon beschrieben ... dass die viel genauer formulieren und höflicher miteinander umgehen und dass Jugendliche eigentlich nicht*

35 *so darauf achten ... Also wenn jemand auch son Wort zu eim sagt, also wenn jemand zum Beispiel Spasti zu einem sagt, dann ist nicht gemeint, dass der so was hat, sondern dass der doof ist, aber das ist dann gar nicht so gemeint. ... Was ich noch sagen wollte ist, dass Schüler auch irgendwie direkter sind ... Wenn jemand irgendwie nicht so toll aussieht, ne blöde Hose oder so was, dann sagen wir Was ist das für ne Scheiß-Hose,*

40 *die sieht ja kacke aus, ich glaub, Erwachsene würden das nicht so sagen.*

7.1 „Ich glaub, Erwachsene würden das so nicht sagen" – Über die eigene Sprache nachdenken

**1** Lest Bennis Aussagen noch einmal genau auf den Aspekt „Jugendsprache" hin (▷S. 129).
a) Fasst die wichtigsten Aussagen, die Benni dazu macht, in kurzen Sätzen zusammen.
b) Das Schimpfwort, das sich die Klasse für den Mitschüler ausgedacht hat, wollte Benni in dem Interview nicht deutlich sagen (vgl. Z. 12). Stellt Vermutungen an, um was für ein Wort es sich handelt, und nennt Gründe, warum es Benni peinlich war, das Wort in der Interview-Situation auszusprechen.

**2** Dem Text liegt ein Interview zu Grunde.
a) Rekonstruiert die Fragen, die Benni in diesem Interview gestellt wurden.
b) Beantwortet diese Fragen für euch selbst und vergleicht eure Antworten mit denen von Benni und untereinander.

**3** Bennis mündlich gegebene Antworten sind genau so abgedruckt worden, wie er sie gesprochen hat.
a) Sucht Beispiele aus dem Text, an denen deutlich wird, dass es sich um gesprochene Sprache handelt. Haltet eure Beobachtungen in verallgemeinerter Form in einer Tabelle fest:

|  | Gesprochene Sprache | Geschriebene Sprache |
|---|---|---|
| Wortwahl | | |
| Satzbau | Abbruch von Satzanfängen (z.B.: Z. 4) | |
| Aussprache/Schreibweise | | |
| Sonstige Merkmale | | |

b) Wählt eine Passage aus dem Text, in der sich der mündliche Sprachgebrauch besonders deutlich erkennen lässt. Übertragt die Aussagen in eine Form, die den Regeln des schriftlichen Sprachgebrauchs entspricht. Beachtet dabei auch den Satzbau und die Rechtschreibung.
c) Welche zusätzlichen Ausdrucksmöglichkeiten der gesprochenen Sprache fallen beim Abdruck als Text weg? Ergänzt eure Tabelle aus Aufgabe a).

**4** Untersucht, ob Benni im Interview selbst auch eine Jugendsprache verwendet. Achtet dabei vor allem auf die Wortwahl und den Satzbau. Erklärt euren Befund, auch mit Hilfe des folgenden Merkkastens:

**Idiolekt – Soziolekt**
☐ Den Sprachgebrauch eines einzelnen Menschen mit seinen persönlichen Besonderheiten (z. B. Lieblingswörtern oder Satzkonstruktionen, die er sehr häufig verwendet) nennt man **Idiolekt.**
☐ Den Sprachgebrauch einer sozialen Gruppe, der sich von der **Standardsprache,** vom allgemeinen Sprachgebrauch in Wortwahl, Satzbau u. a. unterscheidet, nennt man **Soziolekt.** Z. B. benutzen Jugendgruppen oft eine besondere Gruppensprache („Jugendsprache").

127

**5** *Führt mit Jugendlichen anderer Klassenstufen und mit Erwachsenen eigene Interviews über das Thema Jugendsprache.*
   a) *Formuliert dazu vorher präzise die Fragen, die ihr stellen wollt (▷ S. 15).*
   b) *Wertet die Ergebnisse eurer Befragung aus, z. B. anhand folgender Leitfragen:*
      ☐ *Welche Positionen zur Jugendsprache lassen sich aus den Antworten ableiten?*
      ☐ *Welche Beispiele werden zur Stützung der jeweiligen Position angeführt?*
      ☐ *(Wie) Unterscheiden sich die Antworten der Jugendlichen und der Erwachsenen?*
      ☐ *Gibt es grundsätzliche Unterschiede zwischen den Antworten der männlichen und der weiblichen Befragten?*

In einer Jugendzeitschrift werden Jungen und Mädchen – „Boys" und „Girls" – in ihren angeblich typischen Eigenschaften einander gegenübergestellt. Unter anderem wird Jungen und Mädchen jeweils ein gruppenspezifischer Soziolekt zugeordnet:

| Jungs ... | Mädchen ... |
|---|---|
| ... reden untereinander nur über Fußball, Autos und Titten. Und das mit ziemlich wenig Worten. | ... quatschen einfach über alles und jeden. Sie gehen dabei viel mehr in die Tiefe. |

Dazu wird ein Kommentar in der Zeitschrift veröffentlicht:

**Fabian, 18:**

„**Mädchen reden untereinander nicht so derb wie wir.**"

Bestehen Boy-Talks echt nur daraus, dass sich Jungs gegenseitig mit fiesen Bemerkungen über Mädchen überbieten? Nein! Erstens wissen wir seit „Sex & the City", dass auch Mädels ganz schön ablästern. Und zweitens können Jungs sehr wohl auch offen und gefühlvoll miteinander sprechen – aber nur, wenn sie sich vertrauen. Vor Konkurrenten oder Fremden markieren sie laut ihre Stärke und ihr Revier. **Fazit:** Es gibt Unterschiede. Aber die verwischen sich immer mehr.

**6** *Bildet Gruppen, in denen sich jeweils nur Jungen oder Mädchen zusammenfinden.*
   a) *Schreibt in den Jungengruppen einen Dialog, den ihr für ein typisches Gespräch unter Mädchen haltet, und in Mädchengruppen einen Dialog, wie er eurer Meinung nach typisch für einen „Boy-Talk" ist.*
   b) *Tragt die Dialoge in der Klasse vor. Achtet dabei auf nonverbale (nichtsprachliche) Ausdrucksmöglichkeiten wie z. B. typische Gesten, Handbewegungen, Körperhaltungen.*
   c) *Diskutiert die Ergebnisse: Die Mädchen beurteilen, ob die Jungen die Mädchen-Sprache gut getroffen haben und umgekehrt.*
   d) *Kommentiert die Argumentation im Zeitschriftenbeitrag zu diesem Thema. Beschreibt und beurteilt die Wahl der Sprache und des Stils.*

# „Fast eine Geheimsprache" –
# Merkmale der Jugendsprache

Redaktion Pons Wörterbücher

## Die Merkmale der Jugendsprache

Hinter dem Bemühen der Jugendlichen um eine eigene Ausdrucksweise steht das Streben nach einer eigenen Identität. Um dieses Ziel zu erreichen, ist die Abgrenzung von der Welt und der Sprache der Erwachsenen ebenso wichtig wie der fast verschwörerisch enge Kontakt mit den Gleichaltrigen, wodurch die Jugendsprache fast eine Geheimsprache ist: Sie dient den Eingeweihten als Erkennungszeichen und Verständigungsmittel und festigt den Zusammenhalt der Gruppe. In erster Linie ist dieser Jargon also ein Mittel zur Abschottung gegen die Erwachsenenwelt, aber er enthält auch ein ausgeprägtes spielerisches Moment. Charakteristisch ist außerdem, dass die jugendsprachlichen Ausdrücke fast alle „markiert" sind (also der umgangssprachlichen oder saloppen Sprachebene angehören) und oft einen abwertenden Beiklang haben. Eine weitere Besonderheit ist schließlich die Schnelllebigkeit dieser Ausdrücke. Wie jeder Erwachsene oder ältere Mensch weiß, hat er als Jugendlicher im Umgang mit Gleichaltrigen Begriffe verwendet, an die er sich heute kaum noch erinnern kann, weil sie wieder verschwunden sind, sei es „steiler Zahn" (mit der Bedeutung attraktives Mädchen), sei es „schau" (mit der Bedeutung sehr gut, ausgezeichnet).

Bei der Analyse der Wettbewerbsbeiträge stießen wir immer wieder auf Ausdrücke, die eine große Freude an der Verfremdung zeigen. So haben zum Beispiel allgemein gebräuchliche Wörter (Auslaufmodell, Biotonne, Nagelstudio) oder Begriffe aus der Werbesprache (Doppel-Whopper, vierlagig) eine überraschende neue Bedeutung bekommen. Oder es werden allgemeinsprachliche Wörter abgewandelt, wodurch neue Begriffe kreiert (Aquaholiker) und Verfremdungseffekte geschaffen werden. Nicht zu vergessen die echten und vermeintlichen Anglizismen, die die Jugendsprache stark beeinflussen. Kein Wunder, dass die Metapher – eines der wichtigsten verfremdenden rhetorischen Mittel – in den jugendsprachlichen Ausdrücken sehr häufig vorkommt. Als eine Art verkürzter Vergleich („sieht aus wie ..., ist wie ...") ermöglicht sie es beispielsweise, einen Mann mit dichtem, struppigem Vollbart als „sprechende Hecke" oder einen Dackel als „behaarte Bifi" zu bezeichnen. Die dominierenden Themen sind naturgemäß Körper und Sexualität, besonders im Hinblick auf Körperfunktionen, Aussehen und Attraktivität; die Drastik, mit der sie behandelt werden, mutet wie der Versuch eines Gegenzaubers an.

**1** Der Text stellt eine Reihe von Behauptungen über die Funktionen von Jugendsprachen auf.
a) Formuliert diese Thesen mit eigenen Worten.
b) Nehmt Stellung zu jeder einzelnen These: Trifft sie eurer Erfahrung nach zu oder nicht? Tragt Argumente und Beispiele zusammen, mit denen ihr eure Meinung abstützen könnt (▷ S. 36).

**2** Lest den Text „Die Merkmale der Jugendsprache" noch einmal.
a) Listet die Verfahren auf, nach denen neue jugendsprachliche Begriffe gebildet werden.
b) Kennt ihr noch andere Möglichkeiten?
c) Sucht nach eigenen Beispielen für jedes Verfahren.

7 Die eigene Sprache finden – Jugendsprache

Folgende Ausdrücke – und deren Übersetzung – findet ihr unter anderen im „Wörterbuch der Jugendsprache 2005":

| | | | | | |
|---|---|---|---|---|---|
| auf keinsten | blümeln | cremig | Taschenrechner | | viel auf jmd. einreden |
| Duftgemüse | | Embryoschubsen | modern/neu/schick | | auf keinen Fall |
| Fressnarkose | | Gehirnprothese | Mittagsschlaf | downloaden | stehlen |
| Intelligenzallergiker | | käufen | Blumen | locker/cool | Kinderdisco |
| MOF | Naturwollsocken | Opfer | flirten | Dummkopf | Selbstbräuner |
| rummädeln | saugen | shiggish | starke Beinbehaarung | | Idiot/Trottel |
| Tubensonne | | zuföhnen | wehleidig sein | | Mensch ohne Freunde |

**3** Vergleicht die Wörter in der linken Spalte mit eurer eigenen Sprache.
Legt dazu eine Tabelle an.
a) Welche kennt ihr? Welche verwendet ihr aktiv? Welche versteht ihr nicht?
b) Übertragt die Wörter in Standarddeutsch. Wo ihr nicht weiterwisst, könnt ihr die passende Übersetzung aus dem rechten Kasten suchen.
c) Ordnet die Beispiele den Verfahren der Begriffsneubildung zu, die ihr in Aufgabe 2 herausgesucht habt.
Ergänzt die Liste um weitere Verfahren.

**4** Lest den kleinen Text aus einem Trendwörterbuch.
a) Prüft, ob es sich bei dem Begriff „Weltertränker" und seinen Synonymen um **Metaphern** handelt.
b) Welcher Begriff gefällt euch am besten?
Begründet eure Meinung.

**5** Sucht aus dem Wörterpool oben weitere Metaphern heraus und benennt den **Bildspender**, den Überlagerungsbereich und den **Bildempfänger**.

## Trendwörterbuch

**Weltertränker** (→ Nomen/Slangbegriff)
Bezeichnet eine Person (→ meist weiblichen Geschlechts), die schon bei der kleinsten Kritik oder bei traurigen Filmen sofort in Tränen ausbricht und sich nur sehr schwer wieder beruhigt (→ vergleiche auch: Wasserwerk, Cry-Baby, Heulsuse).

130

**Metapher**
Bei einer **Metapher** werden Vorstellungen aus einem Bereich – dem Bereich des Bildspenders – auf einen anderen Bereich – den Bereich des Bildempfängers – übertragen. Durch diese Übertragung bekommt der Bereich des Bildempfängers eine besondere Wirkung.

| **Bildspender** | | **Bildempfänger** |
|---|---|---|
| Technische Einrichtung | | Personencharakterisierung |
| | Überlagerung: | |
| *Wasserwerk* | → | *Mädchen, das schnell in Tränen* |
| | *viel Wasser* | *ausbricht, häufig weint* |

## „Umgangssprachlich!" – Jugendsprache im Unterricht

Johann Wolfgang Goethe

**Das Schreien**

Jüngst schlich ich meinem Mädchen nach,
Und ohne Hindernis
Umfasst' ich sie im Hain[1]; sie sprach:
„Lass mich, ich schrei gewiss!"

Da droht' ich trotzig. „Ha, ich will
Den töten, der uns stört!"
„Still", winkt sie lispelnd, „Liebster, still,
Damit dich niemand hört!"

1  **Hain:** kleiner Wald

*In dem Gedicht „Das Schreien" von Goethe geht es um ein typisches Zickenmanöver. Der Typ steigt seiner Alten hinterher, will ein bisschen abdrücken oder so. Die Tussi macht aber erst einmal einen auf zimperlich und will ihn nicht ranlassen, sagt, sie quiekt gleich. Der Typ macht dann gleich auf Rambo und dröhnt rum, von wegen soll mal einer kommen und so.*
*Da kommt's dann raus, dass die Puppe eigentlich auch knutschen will, weil sie säuselt auf einmal nur so rum und sorgt dafür, dass ihr Süßer schnell mal die Klappe hält, damit's keiner merkt.*

7 Die eigene Sprache finden – Jugendsprache

Kommentar der Lehrperson:

*Inhaltlich hast du das Gedicht ziemlich gepeilt, aber sprachlich kann dein Text echt nicht flashen. Richte bitte deiner Erzeugerfraktion aus, dass sie sich am Elli-Sprechtag mal zu mir beamen soll.*

**1** *Lasst die beiden Texte zunächst auf euch wirken.*
   a) *Kommentiert anschließend den Schüler- und den Lehrertext, indem ihr die Wirkung beschreibt, die diese auf euch haben.*
   b) *Übertragt die Texte in eine der Situation angemessene Sprache.*

**2** *Sicherlich würde keiner von euch einen Aufsatz so schreiben wie in dem Beispiel oben. Dennoch findet ihr möglicherweise manchmal den Kommentar „umgangssprachlich" oder „unangemessener Ausdruck" am Rand schriftlicher Arbeiten vermerkt. Sucht solche Beispiele heraus und untersucht, ob hier Jugendsprache eine Rolle spielt. Sucht angemessenere Formulierungen.*

**3** *In der im Unterricht gesprochenen Sprache spielt Jugendsprache eher eine Rolle als im schriftlichen Sprachgebrauch.*
   a) *Nehmt in einer anderen Klasse ein Unterrichtsgespräch (zum Beispiel eine Diskussion zu einem bestimmten Thema) auf. Fragt vorher die Lehrperson und die Klasse, ob sie mit einer Aufnahme einverstanden sind.*
   b) *Protokolliert die Stellen, an denen jugendsprachliche Begriffe oder Redewendungen vorkommen (▷ S. 33).*
   c) *Beschreibt, wie die Lehrperson und die Mitschüler/-innen mit diesen sprachlichen Äußerungen umgehen.*
   d) *Welche Wirkung haben jugendsprachliche Äußerungen auf das Unterrichtsgespräch? Bringt auch eure eigenen Erfahrungen mit ein.*

# 7.2 Jugendliche vor Gericht – Wie Jugendliche und Juristen im Fernsehen sprechen

## Mordanschlag nach Mobbing? – Sprachliche Ebenen unterscheiden

**Eröffnung des Verfahrens:
Der Staatsanwalt liest die Anklageschrift vor:**

„Die Angeklagte Anne Piehler, 17 Jahre, wurde seit Jahren von ihrer Mitschülerin Marie Kerner schikaniert und gedemütigt. Als diese dann noch veranlasste, dass die Angeklagte bei einem Rendezvous gefilmt und das Video anschließend in der Schule veröffentlicht wurde, beschloss die Angeklagte, sich an Marie Kerner zu rächen. Am Abend des 23. November 2005 lauerte sie ihr im Stadtpark von Köln auf. Um ihr eine Falle zu stellen, legte die Angeklagte einen Ast auf den Heimweg von Marie Kerner. Als diese von ihrem Moped abstieg, um den Ast zu entfernen, schlich sich die Angeklagte von hinten an sie heran. Die 17-Jährige legte ihr von hinten eine Drahtschlinge um den Hals und drückte fest zu. Nachdem Marie Kerner bewusstlos zu Boden fiel, ließ die Angeklagte von ihr ab und floh. Anne Piehler wird daher des versuchten Mordes in Tateinheit mit gefährlicher Körperverletzung angeklagt."

**1** *Mit welchem Ausgang des Verfahrens rechnet ihr? Formuliert ein vorläufiges Urteil auf der Basis eurer Informationen.*

**Der erste Teil der Verhandlung:**

RICHTERIN: Ja, Anne, du hast gehört, was der Staatsanwalt dir vorwirft. Das ist ja schon eine schlimme Tat. Ist es denn wirklich so gewesen, dass du deine Mitschülerin Marie erwürgen wolltest?

ANNE: Frau Richterin, ich bitte Sie, ich habe Marie niemals angefasst. Es ist zwar richtig, Marie und ich sind nie so gut miteinander klargekommen, aber deswegen bring ich doch nicht jemanden um! Ich hätte sowas echt niemals getan!

RICHTERIN: Wo warst du denn zur Tatzeit – das war der 23. November, 18 Uhr 30?

ANNE: Na ja, ich war auf dem Nachhauseweg von der Schule, zu Fuß, ich bin gar nicht am Park vorbeigekommen. Und außerdem, ich war genauso erschrocken wie die anderen, als ich von dem Anschlag auf Marie gehört habe. Ich habe sie nicht gehasst!

FRAU PIEHLER *(mischt sich ein)*: Sie können sich gar nicht vorstellen, was Anne jahrelang wegen dieser Göre durchgemacht hat! Sie wurde schikaniert und gepeinigt, das müssen Sie sich mal vorstellen. Zum Beispiel in der Dusche haben sie ihr die Sachen weggenommen und sie alleine gelassen. Sie haben sie in den Heizungskeller gesperrt und stundenlang da unten alleine gelassen. Sie

133

haben ihr in die Schultasche gepinkelt, sie
erpresst – soll ich noch weitererzählen? Es
ist unglaublich, was an dieser Schule meiner Tochter alles passiert ist!

ANNE: Mama, bitte, das brauchen die hier doch jetzt nicht alles zu wissen!

FRAU PIEHLER: O doch, mein Schatz, das ist ganz wichtig!

RICHTERIN: Frau Piehler, Sie sind die Mutter der Angeklagten, Sie begleiten sie heute. Das hört sich ja alles wirklich sehr schlimm an, verständlicherweise hat das Ihrer Tochter alles sehr zugesetzt …

VERTEIDIGERIN: Also, meine Mandantin hat eine ganze Menge durchgestanden, aber Fakt ist, dass sie ja nicht das einzige Opfer von Marie Kerner gewesen ist. Es gibt eine ganze Reihe anderer Leute, die Marie Kerner sich zum Feind gemacht haben könnte, die hier ebenfalls als Täter in Frage kommen.

RICHTERIN *(geht nicht auf die Verteidigerin ein)*: Also, Anne, du bleibst dabei, du hast mit diesem Anschlag auf Marie nichts zu tun?

ANNE: Nein.

RICHTERIN: Gut, dann habe ich im Moment keine weiteren Fragen. Gibt es noch weitere Fragen? – Gut, dann treten wir in die Beweisaufnahme ein. Anne, nimmst du bitte dort neben der Frau Anwältin Platz. – Dann hören wir als Nächstes die Marie Kerner. – *(In die Sprechanlage:)* Marie Kerner, bitte eintreten. – Frau Kerner, guten Tag! Nehmen Sie bitte Platz. Was ist das?

MARIE: Ein Sauerstoffgerät.

RICHTERIN: Ein Sauerstoffgerät, ach so, ja, okay. Wenn Sie das brauchen, dann kann das mit. Frau Kerner, Sie sind 17 Jahre – darf ich du sagen?

MARIE: Ja.

RICHTERIN: Du bist Schülerin von Beruf und du wohnst in Köln. Mit der Anne Piehler bist du nicht verwandt und nicht verschwägert. Du weißt, dass man vor Gericht die Wahrheit sagen muss. Man darf nichts Falsches sagen, sonst macht man sich strafbar. – Du weißt natürlich, worum es hier

heute geht. Schilder doch bitte mal, was an diesem 23. November passiert ist!

MARIE: Was passiert ist? Dieses Biest da hat mich in eine miese Falle gelockt! Tse! Sie hat mir aufgelauert und wollte mich umbringen! So was Hinterhältiges hätt ich nicht mal dir zugetraut! Was kann ich denn dafür, dass du so aussiehst, wie du aussiehst, guck dich doch mal an, und dass du keine Freunde hast! Ist doch krank, jemanden umbringen, nur weil man neidisch ist! Du hast sie nicht alle!

ANNE *(heftig)*: Neidisch? Ich auf dich …?

MARIE: Ja, aber hallo!

ANNE: Niemals, nein, garantiert nicht!

MARIE: Und das Geld, was dir deine Eltern immer in den Arsch schieben, ändert auch nix daran! Ich hab echt gedacht, ich muss sterben! Ja, ich hab 'nen Herzfehler und das weiß jeder. Ich hätt schon allein an dem Schock sterben können! *(Benutzt das Sauerstoffgerät)*.

ANNE: Was soll das denn jetzt schon wieder? Deine Show, dein großer Auftritt?

MARIE: Mein großer Auftritt? Du spinnst doch, du bist doch krank!

STAATSANWALT: Frau Kerner, auch wenn Ihnen da wirklich Schlimmes widerfahren ist: Seit Jahren schikanieren Sie die Angeklagte …

MARIE: Mein Gott, das war doch Spaß. Ja gut, wir haben Geld gesammelt, weil die Madame immer nur gemotzt hat: „Huu, ich krieg keine Typen ab, huhu … Ja, und dann haben wir das Geld gesammelt und den Gag gemacht, aber mehr war da nicht.

VERTEIDIGERIN: Was Sie unter Spaß verstehen, das hat ja wohl auch der Herr Breitkopf zu spüren bekommen. Sagen Sie mal, was haben Sie eigentlich für ein Verhältnis zu dem gehabt?

MARIE: Das ist jetzt echt nicht fair! Als ich eben hier durch die Tür gekommen bin, dachte ich, ich bin das Opfer. Ich hab eine Scheiß-Zeit durchgemacht und jetzt kommt hier diese Story mit dem Breitkopf!

[…]

7.2 Jugendliche vor Gericht – Wie Jugendliche und Juristen im Fernsehen sprechen

**2** *Kommentiert die Fernsehgerichtsszene.*
*a) Beurteilt das Verhalten der Personen und entscheidet, ob ihr den Fall für realistisch haltet.*
*b) Spielt die Szene mit verteilten Rollen nach. Entwickelt dazu für jede Rolle genauere Regieanweisungen: Wie sollen die Personen sprechen, wie sollen sie sich verhalten?*

**3** *Untersucht im Einzelnen die Sprachvarianten in den Äußerungen der Personen, die an der Fernsehgerichtsverhandlung teilnehmen.*
*a) An welchen Stellen verwenden die Richterin und die beiden Anwälte eine **juristische Fachsprache**? Wie sprechen sie zu den verschiedenen Personen? Wie sprechen die Jugendlichen – zur Richterin, untereinander?*
*b) Welche Funktionen erfüllen die sprachlichen Ebenen für die Sendung?*

> **Fachsprachen**
> **Fachsprachen** sind Sprachvarianten, die der Verständigung innerhalb eines bestimmten, meist wissenschaftlich-technischen, Sachgebiets dienen. Um die Eindeutigkeit von Aussagen zu garantieren, verwenden Fachleute einen besonderen Wortschatz, auf den sie sich geeinigt haben. Er besteht aus **Fachbegriffen** mit genau festgelegten Bedeutungen (Definitionen). Dies dient der Genauigkeit und vereinfacht die Verständigung über die jeweiligen Inhalte.

Bis das Urteil verkündet wird, kommen im Gerichtssaal noch verschiedene Zeugen zu Wort, die zum Teil verblüffende neue Informationen in das Verfahren einbringen:

*Frau Kerner, 36 Jahre, Maries Mutter*     *Herr Breitkopf, 32 Jahre, Maries und Annes ehemaliger Lehrer*     *Herr Piehler, 48 Jahre, Annes Vater*     *Frau Wolf, 41 Jahre, Hebamme, Frau Piehlers Freundin*

**4** *Wie könnte das Verfahren mit diesen Personen weitergehen? Schreibt eine kurze Handlungsskizze. Beachtet dabei auch die folgende Aussage aus einem Internet-Forum zu Gerichtsshows:*

> **mrlondon**
> Bei den Gerichtsshows im Fernsehen ist von Anfang an unklar, wie es am Ende ausgeht. Die Angeklagten werden freigesprochen, weil irgendwas ans Licht kommt, was plötzlich doch alles wieder anders aussehen lässt. Ich war schon einmal vor Gericht, echte Gerichtsverhandlungen sind LANGWEILIG!!!! Da sitzt ein Typ, der gesteht alles, dann kommt das Urteil und 'ne halbe Stunde später weiß er, wie viel Geld er zu zahlen hat oder wie lange er eingebuchtet wird.

135

7  Die eigene Sprache finden – Jugendsprache

**5** Formuliert euren eigenen Standpunkt zum Thema Gerichtsshows in einem kurzen Beitrag für ein Internet-Forum.

**6** Nehmt zu folgenden Thesen Stellung:

Die (Laien-)Schauspieler bekommen vor der Sendung genau gesagt, wie sie sich ausdrücken sollen.

Die jugendlichen Zuschauer sollen sich mit der Sprache der vor Gericht stehenden und aussagenden Personen identifizieren können.

# „Die Tätigkeit eines Juristen lebt von der Sprache" – Gespräch mit dem Juristen Aziz Sariyar

DEUBU[1]: Was halten Sie persönlich von Gerichtsshows im Fernsehen?

A. S.: Diese Sendungen sind als reine Unterhaltung zu qualifizieren. Als solche sind sie nicht besser oder schlechter als andere Nachmittagssendungen. Positiv an diesen Sendungen ist, dass den Zuschauern die Scheu und Distanz zu den Gerichten und ihrer Arbeit (Rechtsprechung) genommen werden kann. Negativ ist wiederum, dass den Zuschauern ein falsches Bild von realen Gerichtsverhandlungen und davon, wie Recht zustande kommt, vermittelt wird.

DEUBU: Worin sehen Sie die wichtigsten Unterschiede zwischen der Realität und der Darstellung im Fernsehen?

A. S.: Bei den Strafgerichten wird das Bild vermittelt, der Anwalt als Verteidiger des Angeklagten und der Staatsanwalt als Ankläger seien Gegner, so wie in den USA. Dies ist in Deutschland nicht der Fall und wird vom Gesetz auch nicht so vorgegeben. Der Staatsanwalt ist nicht Partei des Strafverfahrens in dem Sinne, dass er nur einseitig das Belastungsmaterial zusammenstellt, um unter allen Umständen die Verurteilung des Angeklagten zu erreichen. Viel-

mehr muss die Staatsanwaltschaft auch die entlastenden Umstände ermitteln und kann sogar Entscheidungen zugunsten des Angeklagten treffen. Das Ziel der Staatsanwaltschaft ist nicht die Verurteilung des Angeklagten, sondern die Wahrheitsfindung. Die behandelten Sachverhalte und der Ablauf vieler Sendungen (überraschend auftauchende Zeugen oder Beweismittel, ein Zeuge, der als wahrer Täter entlarvt wird, heimlich gedrehte Videos, die zur Auflösung des Falles führen) sind nicht realitätsnah. Natürlich bedarf es dieser dramatischen Überraschungsmomente, um die Folge interessanter und unterhaltsamer zu gestalten. Daher dürfen diese Sendungen nur als Unterhaltung und nicht als „Reality-Show" angesehen werden. Schließlich ist das Verhalten der Beteiligten in diesen Sendungen größtenteils inakzeptabel. In der Realität schreien sich die Beteiligten einer Gerichtsverhandlung nicht an, und wenn, dann nur in Einzelfällen und in Ausnahmesituationen. Die Sendungen erwecken jedoch den Eindruck, dass Geschrei und Pöbelei fester Bestandteil einer Gerichtsverhandlung sind.

DEUBU: Wie verhalten sich die Jugendlichen sprachlich vor Gericht? Kommt es häufig zu verbalen Entgleisungen?

1  DEUBU: steht für „Deutschbuch"

A.S.: Verschieden. Zum einen gibt es die Ver-
schreckten, die bereits die Verhandlung als
Strafe empfinden. Dabei handelt es sich
meist um Ersttäter, die bis dahin keine
Erfahrung mit Gerichten gemacht haben.
Diese neigen selten zu Entgleisungen. Auf
der anderen Seite gibt es die „coolen"
Jugendlichen, die aufgrund ihrer Einstellung oder aus Gruppenzwang oder aus
Unsicherheit vorgeben, keine Angst vor
den Konsequenzen eines Strafverfahrens
zu haben. Um diesen „coolen" Eindruck
nach außen zu vermitteln, kommt es auch
zu sprachlichen Entgleisungen.

DeuBu: Passen Sie sich selbst sprachlich den
Jugendlichen an? Vereinfachen Sie für Ihr
junges „Publikum" die juristische Fachsprache?

A.S.: Die sprachliche Anpassung ist nicht nur
bei Jugendlichen notwendig. Denn der Man-
dant soll den juristischen Vorgang und die
juristische Sprache („Juristendeutsch")
verstehen. Dafür müssen dieser Vorgang
und die daraus resultierenden juristischen
Konsequenzen dem altersbedingten, intel-
lektuellen und sprachlichen Niveau angepasst bzw. übersetzt werden. Andernfalls
wird der Vorgang von dem Jugendlichen
nicht angenommen und das Ziel des Verfahrens – auf den Jugendlichen positiv und
präventiv[2] einzuwirken – verfehlt.

DeuBu: Haben Sie den Eindruck, dass Ihre Be-
rufstätigkeit Ihren Sprachgebrauch auch
im Alltag beeinflusst?

A.S.: Ja. Die Tätigkeit eines Juristen lebt von
der Rhetorik und der Sprache. Daher lässt
es sich nicht vermeiden, dass berufstypi-
sche Wörter, Beschreibungen auch in den
alltäglichen Sprachgebrauch übernommen werden.

2  **präventiv:** vorbeugend

**1** Stellt tabellarisch gegenüber, wie sich nach Aussage des Juristen Gerichtsshows von tatsäch-
lichen Gerichtsverhandlungen unterscheiden.

**2** Sucht aus dem Interview alle Aussagen heraus, die Herr Sariyar über die juristische Sprache und
über die Sprache Jugendlicher vor Gericht macht.
a) Vergleicht diese Aussagen mit dem Sprachverhalten der Beteiligten in der Gerichtsshow
(S. 133–134).
b) Kommentiert die Sprache von Herrn Sariyar im Interview: Kann man an seiner Ausdrucksweise erkennen, dass er Jurist ist?

**3** Vergleicht Soziolekt (Gruppensprache) (▷ S. 127) und Fachsprache an den beiden Beispielen
Jugendsprache und Juristensprache miteinander.

| | Jugendsprache (= Soziolekt) | Juristensprache (= Fachsprache) |
|---|---|---|
| Wer spricht die Sprache? | ... | ... |
| Bei welchen Gelegenheiten wird die Sprache verwendet? | ... | ... |
| Welche Funktionen erfüllt die Sprache? | ... | ... |
| Was ist das Besondere der Sprache, z. B. beim Wortschatz? | ... | ... |
| Wie ist die Verständlichkeit der Sprache? | ... | ... |

7 Die eigene Sprache finden – Jugendsprache

## 7.3 SMS – Neues Medium, neue Sprache?

In einer deutschen Wochenzeitschrift wurde vor nicht allzu langer Zeit das Thema „SMS und Sprache" behandelt. Aufhänger war die SMS, in der eine 13-jährige schottische Schülerin über ihre Sommerferien schreibt:

> My summr hols wr CWOT. B4, we usd 2 go 2 NY 2C my bro, his GF thr 3:-@ kds FTF. ILNY, its gr8. Bt my Ps wr so {:-/ BC o 9/11 tht they dcdd 2 stay in SCO spnd 2wks up N

**1** Könnt ihr die Botschaft entziffern?
   a) Versucht eine Übertragung der SMS in „normales" Englisch.
   b) Übersetzt den Text dann ins Deutsche.

**2** Stellt eine Liste aller verwendeten Ausdrucks- und Kürzungsmöglichkeiten zusammen:

| Zeichen/Kürzel (1 Beispiel) | Beschreibung | Weitere Beispiele aus dem Text | Eigene Beispiele |
|---|---|---|---|
| summr | ein oder mehrere Vokale im Wort werden weggelassen | wr, usd ... | ... |
| B4 | ... | ... | ... |

**3** Vergleicht die SMS oben mit euren eigenen Handy-Botschaften: Legt eine weitere Spalte in eurer Tabelle an, in der ihr eigene Beispiele anführt. Erweitert die Liste, wenn ihr weitere, andere Zeichen oder Kürzel benutzt.

> **160 Zeichen Freiheit – SMS**
> Das Kürzel **SMS** steht für **S**hort **M**essage **S**ervice, auf Deutsch also **Kurznachrichtendienst.** Die Bezeichnung „Kurznachricht" ist durchaus wörtlich zu nehmen: Denn eine SMS-Mitteilung kann höchstens 160 Zeichen lang sein.

**4** a) Schreibt einen eigenen Ferienbericht mit 160 Zeichen (jeder Buchstabe, jedes Satzzeichen und jede Leerstelle ist ein Zeichen). Verzichtet gänzlich auf Abkürzungen und Sonderzeichen.
   b) Vergleicht die inhaltlichen und sprachlichen Ausdrucksmöglichkeiten, die ihr unter diesen Bedingungen habt, mit denen des SMS-Textes oben.

138

7.3 SMS – Neues Medium, neue Sprache?

 **5** Verwendet man beim SMS-Schreiben eine eigene Sprache (wie Deutsch oder Englisch) oder nur eine besondere Form unserer Sprache (z. B. einen Dialekt), ein eigenes Schriftsystem (wie Blindenschrift oder Kyrillisch) oder nur eine besondere Ausprägung unserer Schrift?
a) Untersucht die aufgeworfenen Fragen und diskutiert sie.
b) Tragt zum Vergleich möglichst viele Merkmale der genannten Zeichensysteme (d. h. hier: Sprachen und Schriften) zusammen.

**6** Welche verschiedenen Funktionen erfüllen diese SMS-Nachrichten jeweils?
a) Ordnet die unten stehenden Begriffe zu und erläutert sie genau.
b) Überlegt, ob das „Simsen" weitere Funktionen erfüllen kann, und belegt eure Vermutungen mit Beispielen.

*Gruß*   *Verabredung*   *praktische Unterstützung*   *Lagebericht*   *Medienwechsel*

**7** a) Schreibt aus den SMS alle Stellen mit Rechtschreib- und Zeichensetzungsfehlern heraus. Berichtigt die Stellen.
b) Untersucht auch einige von euren eigenen SMS auf solche Merkmale. Welche Abweichungen von der Orthografie erweisen sich dabei als typisch für SMS?
c) Sucht nach Erklärungen für diese Abweichungen.

139

**8** Vergleicht die Formulierungen in den SMS-Nachrichten mit dem mündlichen Sprachgebrauch.
a) An welchen Stellen wird so geschrieben, wie man spricht?
b) Erweitert eure Beobachtungen mit Hilfe einer Schnittmengengrafik:

**9** SMS an Freunde – SMS an Eltern: Unterscheiden sich eure Nachrichten sprachlich?
a) Vergleicht möglichst viele SMS-Mitteilungen unter diesem Gesichtspunkt. Zu welchem Ergebnis kommt ihr?
b) Schreiben eure Eltern SMS? Wie sehen diese aus?

## SMS Texte – Alarmsignale für die Standardsprache?

*von Peter Schlobinsky*

Die Meinung, dass Jugendliche den Sprach- und Sittenverfall befördern – dies hat Tradition. Zu Beginn des 21. Jahrhunderts nun gibt es eine neue Variante des durch Jugendliche bedingten Sprachverfalls: die neuen Kommunikationstechnologien in den Händen der Kids. Lehrer sehen hierin die Zeichen eines Bildungsverfalls, der dazu führe, dass Schüler die Schriftsprache und Grammatik nicht mehr beherrschten. SMS-Schreibweisen verderbten die sprachlichen Sitten. […]

**Peter Schlobinsky** ist Professor für Linguistik an der Universität Hannover. Er beschäftigt sich schon seit langem mit der Erforschung von Jugendsprache(n). Gegenüber den Vorwürfen gegen die SMS-Sprache, die er in seinem Artikel zitiert, nimmt er eine vorsichtige, eher ablehnende Haltung ein.

**10** Klärt die Bedeutung der Begriffe „Standardsprache" – „Bildungsverfall" – „sprachliche Sitten" im Zusammenhang des Textes.

**11** Überprüft eigene Texte, die ihr in der Schule oder als Hausaufgabe geschrieben habt: Macht ihr Fehler, die ihr auf häufiges SMS-Schreiben zurückführen könnt? Fragt auch eure Deutschlehrerin/euren Deutschlehrer nach ihrer/seiner Einschätzung.

**12** „Durch häufiges SMS-Schreiben verschlechtert sich die Schriftsprache von Jugendlichen." – „SMS-Schreiben hat auf das Schreiben anderer Texte in anderen Medien keinen negativen Einfluss." – „Das SMS-Schreiben fördert die Schreibfähigkeiten von Jugendlichen."
a) Sammelt Argumente und belegt diese durch Beispiele für die oben genannten Thesen (Behauptungen).
b) Gewichtet die Argumente nach ihrer Überzeugungskraft: *!!* = sehr überzeugend, *!* = überzeugend; *~* = mäßig überzeugend; *—* = kaum überzeugend.
c) Fasst eure Ergebnisse in einem Brief an den Jugendsprachforscher Peter Schlobinsky zusammen.

■ NACHDENKEN ÜBER SPRACHE

# 8 Aus Forschung und Technik – Richtig schreiben

## 8.1 Fachsprache im Alltag – Fremdwörter im Gebrauch

**1** *Wo begegnen euch im Alltag Gegenstände aus Edelstahl? Beschreibt, wann und wie ihr sie benutzt.*

**2** *Wählt einen Gegenstand aus.*
*a) Schreibt eine Gebrauchsanweisung.*
*b) Untersucht eure Texte auf ihre Verständlichkeit und ihre sprachliche Richtigkeit hin.*

## Newcomer Stahl – Fremdwörter nachschlagen

Rolf Froböse

### Stahl im Alltagsleben – Rostfrei

Für Erfinder scheint das Jahr 1912 ein ganz besonderes Jahr gewesen zu sein: Während dem deutschen Chemiker Fritz Klatte die erste technische Herstellung des Massenkunststoffs PVC gelang, legte der Amerikaner Walter Percy Chrysler den Grundstein für moderne Lackierstraßen. Sein Landsmann Elmer Ambrose Spery experimentierte wiederum mit der Steuervorrichtung für Flugzeuge; daraus ging der erste Autopilot hervor. Die Firma Fried. Krupp in Essen hingegen hatte sich die ehrgeizige Aufgabe gestellt, einem traditionsreichen Material wie Stahl völlig neue Tugenden zu verleihen und stellte 1912 den ersten rostbeständigen Stahl vor.

Die technische Neuerung galt als Sensation. Von der spiegelnden Oberfläche des veredelten Newcomers inspiriert, beauftragte Walter P. Chrysler [...] seinen Architekten, bei der Konstruktion des Chrysler Buildings in New York das Dach mit rostfreiem Stahl zu verkleiden. Der im Jahr 1930 fertiggestellte Bau wurde wegen des spektakulären Dachs weltberühmt. Seitdem ist der Siegeszug des rostfreien Edelstahls, der unter dem Namen Nirosta hergestellt wird, nicht mehr aufzuhalten. Im täglichen Leben entpuppt sich das Material als wahrer Tausendsassa, dessen Anwendungen sich von der modernen Architektur über glänzende Tafelbestecke und Designer-Möbel bis hin zu sterilen Operationsbestecken erstrecken. Weitere Qualitäten haben die Entwickler dem Werkstoff mit einer neuen Oberfläche namens Silver-Ice entlockt. Die nur wenige Mikrometer dünne, transparente Beschichtung verstärkt das edle Erscheinungsbild, verhindert Fingerabdrücke und erleichtert die Reinigung.

**1** Um Texte über technische Entwicklungen zu verstehen, muss man Fremdwörter beherrschen.
  a) Sucht die Fremdwörter aus dem Text heraus und versucht sie in einer Liste nach ihrer sprachlichen Herkunft zu ordnen. Hängt die Liste als Wandzeitung in der Klasse auf.

| aus dem Lateinischen | aus dem Griechischen | aus dem Englischen | aus dem Französischen |
|---|---|---|---|
| Tradition | technisch | Newcomer | Pilot |
| steril | Auto | ... | ... |
| ... | ... | ... | ... |

  b) Erklärt die Bedeutung der Wörter.
  c) Nirosta ist ein eingetragenes Warenzeichen. Was bedeutet das Wort? Gehört es auch in die Liste der Fremdwörter?

**2** a) An welchen Stellen des Artikels über Edelstahl könnte man – statt des Fremdworts – auch einen deutschen Begriff verwenden? Überarbeitet den Text daraufhin.
  b) Würdet ihr dem Redakteur die Originalfassung oder die von euch überarbeitete Version zur Veröffentlichung vorschlagen? Begründet eure Entscheidung für die Redaktionsleitung.

8.1 Fachsprache im Alltag – Fremdwörter im Gebrauch

> **TIPP**
>
> Zur Klärung kann euch ein **Rechtschreibwörterbuch,** ein **Fremdwörterbuch** oder ein **etymologisches Wörterbuch** helfen. In einem etymologischen Wörterbuch werden Herkunft, Geschichte und Bedeutung von Wörtern dargestellt (▷ S. 92).

### Rechtschreibwörterbuch

**Au|to 1.** [griech.] *n. 9, Kurzwort für* Automobil, Kraftwagen; Auto fahren, ich fahre Auto, bin Auto gefahren; das Autofahren **2.** *n. 9, Kurzwort für* Autotypie **3.** [lat.] *n. 9* relig. einaktiges span. und portug. Schauspiel

**au|to…, Au|to…** [griech.] *in Zus.:* selbst…, Selbst…

**De|sign** [dɪzaɪn, engl.] *n. 9* **1.** Plan, Entwurf **2.** Muster, Modell **3.** Formgebung, künstler. Gestaltung

**Do|se** *f. 11*

### Fremdwörterbuch

**au|to… Au|to…**
vor Vokalen meist aut…, Aut… (zu *gr.* autós „selbst, freiwillig, allein") Wortbildungselement mit der Bedeutung „selbst, eigen, persönlich; unmittelbar":
– autark
– Autoaggression
– autobiografisch
– Autofokus
– Automobil

**¹Au|to** *das;* -s, -s *(gr.):* Kurzform von ↑Automobil

**²Au|to** *das;* -s, -s *(lat.-span. u. port.:* „Handlung, Akt"): 1. feierliche religiöse od. gerichtliche Handlung in Spanien u. Portugal. 2. spätmittelalterliches geistliches Spiel des spanischen Theaters.

**De|sign** [di'zaɪn] *das;* -s, -s *(lat.-fr.-engl.):* formgerechte u. funktionale Gestaltgebung u. die so erzielte Form eines Gebrauchsgegenstandes; Entwurf[szeichnung]

kein Eintrag

### Herkunftswörterbuch

**Auto:** Die alltagssprachliche Bezeichnung für „Kraftfahrzeug" ist eine Kurzform des frühen 20. Jh.s für das Ende des 19. Jh.s aus gleichbed. frz. *automobile* entlehnte Substantiv **Automobil.** Es bedeutet wörtlich „Selbstbeweger" und gehört zu griech. *autós* „selbst" (vgl. *auto…, Auto…*)und lat. *mobilis* „beweglich" (vgl. *mobil* und das Kapitel zur Sprachgeschichte: *Die technische Entwicklung und ihr Wortschatz*).

**auto…, Auto…,** (vor Vokalen und vor h:) aut…, Aut…: Quelle für das Bestimmungswort von Zusammensetzungen mit der Bed. „selbst, eigen, persönlich, unmittelbar", in Fremdwörtern wie, ↑Autogramm, ↑autark ↑authentisch u. a., ist griech. *autós* „selbst; eigen; persönlich"

**Design** „Entwurf[szeichnung]; Muster, Modell (für Formgestaltung)": Das Fremdwort wurde in der 2. Hälfte des 20. Jh.s aus gleichbed. engl. *design* entlehnt, das aus älter frz. *dessein* (heute: *dessin*) „Zeichnung, Muster" stammt. Darauf geht auch unser Fremdwort **Dessin** (Ende 17. Jh.) zurück. – Das frz. Wort gehört zum Verb *dessiner* „zeichnen", das über it. *disegnare* auf lat. *designare* „bezeichnen" zurückgeht (vgl. Signum). – Abl.: **Designer** „Formgestalter" (20. Jh.).

**Dose** „Büchse, Schachtel": Das im 17. Jh. vom Niederrhein aus schriftsprachlich gewordene Substantiv geht zurück auf mnd. -mniederl. *dose* „Behälter zum Tragen, Lade, Koffer" (daraus entsprechend niederl. *doos*).

143

8 Aus Forschung und Technik – Richtig schreiben

| | | |
|---|---|---|
| **Lack** [ital.] *m. 1* Lösung aus Harzen und Farbstoffen (heute synthetisch) als Veredelungs- oder Schutzschicht für Oberflächen<br><br>... | kein Eintrag<br><br><br><br><br><br>**Ma\|gen\|ta** [auch ...dʒ...] *das; -s* (*it.;* nach einem Ort in Italien): Anilinrot | **Lack:** Das Substantiv wurde im 16. Jh. aus it. *lacca* entlehnt, das wie entsprechend span. *laca* und frz. *laque* aus arab. *lakk* übernommen ist. Dies geht über pers. *lāk* auf aind., *lākśā* „Lack" zurück.<br><br>... |

**3** *Vergleicht die Einträge zu den verschiedenen Stichwörtern.*
*a) Welche Hilfen erhaltet ihr in den einzelnen Wörterbüchern?*
*b) Welche inhaltlichen Schwerpunkte setzen die Nachschlagewerke?*

Rolf Froböse

## Stahl im Alltagsleben – ... kratzfest und sogar farbig

Auch beim Qualitätsstahl, dem älteren und größeren Bruder des Edelstahls, sind die Innovationspotenziale längst noch nicht ausgereizt. Vor allem mit innovativen Oberflächen
5 gelingt es Forschern immer wieder, ihn noch ein wenig anwendungsfreundlicher zu machen. Zum Beispiel durch einen „Schutzschild" gegen Graffiti. [...] Dabei handelt es sich um ein lackiertes Stahlband, an dem Graffiti
10 gar nicht erst permanent haften können. Verantwortlich für den Effekt ist eine Klarlackbeschichtung mit einem speziellen Anti-Graffiti-Zusatz. Das Additiv verhindert, dass der Lack aus der Sprühdose mit der Oberfläche re-
15 agiert und sich dauerhaft mit ihr verbindet. Der Clou: Der Graffitisprayer bemerkt den Effekt zunächst nicht. [...]

Eine andere Verbesserung sind kratzfeste Oberflächen: Bei Fassadenelementen beispielsweise sollen sie verhindern, dass Verlet-
20 zungen, die beim Verarbeiten oder bei der Montage entstehen, bis zum Grundmaterial vordringen und schließlich Rostschäden verursachen. Andererseits sollen sie die Ästhetik veredeln, wichtig vor allem bei Haushaltsarti-
25 keln. Dabei geht es um Widerstandsfähigkeit gegen Schrammen, die den Glanz beeinträchtigen könnten. Die Forscher griffen dazu tief in die chemische Trickkiste und testen zurzeit Lacke, die unter ultraviolettem Licht aushär-
30 ten. [...] Ein weiteres Highlight: Die Oberfläche wird es auch in eingefärbten Varianten geben, sodass sich den Anwendern ganz neue Design-Spielräume eröffnen. [...]

**4** *Ergänzt die tabellarische Übersicht über die sprachliche Herkunft der Fremdwörter (▷ S. 142)*
*mit dem neuen Wortmaterial (vielleicht müsst ihr noch Spalten hinzufügen, um alle Wörter*
*richtig einzuordnen).*
*a) Notiert bei schwierigen Fremdwörtern auch jeweils die Bedeutung.*
*b) Seid ihr euch bei allen Wörtern darüber einig, ob es sich um ein Fremdwort handelt?*
*Wie schätzt ihr z. B. Wörter wie Lack oder Dose ein?*
*c) Untersucht: Gibt es bei den verschiedenen Herkunftssprachen*
☐ *thematische Schwerpunkte?*
☐ *typische Buchstabenkombinationen?*

# Hart und trotzdem weich – Rechtschreibmerkmale bei Fremdwörtern

Rolf Froböse

## Titanische Potenziale – Von der Hüttensalami bis zum Hüftgelenk

In puncto Häufigkeit stellt es Metalle wie Nickel, Chrom oder Kupfer weit in den Schatten, dennoch gilt es als avantgardistisch: Titan ist ein Metall der Superlative mit geradezu fantastischen Einsatzmöglichkeiten.

Als der deutsche Chemiker Martin Klaproth [...] im Jahre 1795 das Mineral Rutil näher untersuchte und dabei auf das Oxid eines unbekannten Elementes stieß, half ihm die griechische Mythologie, einen passenden Namen zu finden. Er nannte das Element Titan, nach den ersten Kindern der Götter von Himmel und Erde, den Titanen.

[...] Titan ist [...] das vierthäufigste Metall der Erdrinde. Und nicht nur das: In Gestalt des Oxids finden wir es buchstäblich in jedem Haushalt. Und zwar als „Titanweiß" an der Decke, im Bad als „Weißmacher" in der Zahncreme und als Sonnenschutzmittel und sogar im Kühlschrank, wo das Oxid der „Hüttensalami" die weiße Hülle verleiht. [...]

Die Götter haben „ihr" Metall mit derart fantastischen Eigenschaften ausgestattet, dass eingefleischte Experten [...] vor Enthusiasmus ins Schwärmen geraten. Es erreicht mit halbem Gewicht die Festigkeit der besten Stähle, ist absolut korrosionsfest und temperaturbeständig, wird bei arktischer Kälte nicht spröde und ist zugleich sehr körperverträglich. [...]

Leichtigkeit und Stärke, das sind zunächst Trumpfkarten für die Luft- und Raumfahrt, denn jedes beim Bau eingesparte Kilogramm bedeutet ein Kilogramm mehr Nutzlast. So

finden sich Bauteile aus Titan in der Europarakete Ariane, in Satelliten und im [...] Airbus A 380, dessen verhältnismäßig geringes Gesamtgewicht von 560 Tonnen nur durch den verstärkten Einsatz des Metalls zu erreichen war. Auch die Automobilindustrie fährt immer stärker auf Titan ab. [...] Bislang wird das Metall vor allem im Motorbereich, im Fahrwerk und im Abgassystem verwendet.

Nicht nur Titanen, sondern auch die „Halbgötter in Weiß" wissen die Eigenschaften des Metalls längst zu schätzen: In der Medizin ist Titan bereits seit drei Jahrzehnten das Material der Wahl, weil der menschliche Körper es problemlos akzeptiert. Im Fachjargon spricht man daher auch von Biokompatibilität.

**1** *Warum sind Experten von Titan so begeistert?*
*a) Legt eine Liste mit Eigenschaften und Einsatzmöglichkeiten des Metalls an.*
*b) Erläutert die Fachbegriffe „Element" und „Oxid" einem Schüler, der noch keinen Chemieunterricht hat! Nutzt entsprechende Wörterbücher.*

8 Aus Forschung und Technik – Richtig schreiben

**2** *Übertragt alle Fremdwörter aus dem Text in eure Liste.*
*a) Klärt unbekannte Begriffe.*
*b) Entdeckt ihr beim Blick auf eure Gesamtliste neben typischen Buchstabenkombinationen*
*auch spezifische Formen der Wortbildung, z. B. bei Wortendungen?*
*c) Anhand eurer Beispielwörter könnt ihr die folgende Liste typischer Rechtschreibmerkmale*
*von Fremdwörtern aus verschiedenen Sprachen vervollständigen. Sucht weitere Beispiele.*

| | | | |
|---|---|---|---|
| aus dem **Griechischen** stammen Wörter mit | -th-<br>Thema<br>Theorie<br>Enthusiasmus<br>Athlet   ... | -ph-<br>Phänomen<br>Physik<br>euphorisch<br>Atmosphäre   ... | -y-<br>System<br>Hymne<br>Psychologie   ... |
| | -rh-<br>Rhythmus<br>Rhetorik<br>Rhabarber   ... | -ik<br>Ästhetik<br>Logik<br>Optik   ... | |
| aus dem **Lateinischen** stammen Wörter mit | -ieren<br>inspirieren<br>experimentieren<br>diskutieren   ... | -iv<br>additiv<br>kursiv<br>aktiv   ... | -ent<br>permanent<br>Element<br>Student   ... |
| | -ismus<br>Organismus<br>Realismus   ... | -(t)ion<br>Innovation<br>Operation<br>Reaktion   ... | |
| aus dem **Englischen** stammen Wörter mit | -ea-<br>Reader<br>Jeans<br>Freak   ... | -oo-<br>cool<br>Pool<br>Shampoo   ... | -ing<br>Stretching<br>Recycling<br>Mobbing   ... |
| | -ity<br>Publicity<br>Identity   ... | -y<br>Baby<br>Party   ... | |
| aus dem **Französischen** stammen Wörter mit | -oi-<br>Toilette<br>Mademoiselle   ... | -eur/-euse<br>Monteur<br>Amateur<br>Fritteuse   ... | -é(e)<br>Café   ... |
| | -age<br>Montage<br>Blamage   ... | -eau<br>Niveau<br>Plateau   ... | |
| aus dem **Italienischen** stammen Wörter mit | -gh-<br>Spaghetti<br>Ghetto   ... | -cch-<br>Zucchini<br>Pinocchio   ... | -zz-<br>Skizze<br>Pizza   ... |

146

**Fremdwörter**
Fremdwörter sind Wörter aus fremden Sprachen. Sie erweitern den Wortschatz einer Sprache. Häufig erkennt man sie an der **Aussprache** und der **Schreibung**, wenn sie den Regeln ihrer Herkunftssprache noch gehorchen, z. B.: „cool", „Blamage", „System".
Vielfach haben sich bei der Übernahme ins Deutsche gewisse Regelmäßigkeiten in der Wortbildung entwickelt, die uns ermöglichen, sowohl die Herkunft der Wörter zu bestimmen, als auch ihre Schreibung zu beherrschen. So wird z. B. der **ü**-Laut im Wortinnern von Wörtern, die aus dem Griechischen stammen, mit dem Buchstaben **y** wiedergegeben, z. B.: „H**y**mne", „Rh**y**thmus".

## Short Cuts aus Forschung und Technologie – Ableitungen und Zusammensetzungen bei Fremdwörtern

**Umwelt-Check per Gen-Chip:** Ein Schnell-Test soll künftig zeigen, ob ein kontaminierter Standort Hilfe von außen braucht, oder ob die vorhandenen Bakterien die Schadstoffe selbst abbauen können. Mikroorganismen sind generell sehr anpassungsfähig. Siedeln sie auf belasteten Böden, bilden sie spezifische Proteine, mit denen sie die Umweltgifte zersetzen. Normalerweise sichert diese Fähigkeit ihr Überleben in der Natur auch unter widrigen Bedingungen. Man macht sich dies im Rahmen des Projekts Biotool zunutze. Die beteiligten Öko-Forscher wollen einen Chip entwickeln, der die Aktivität der beteiligten Gene misst und damit zuverlässig Auskunft über die Selbstreinigungskräfte des Erdreichs gibt.

**Aus Tomatenschalen** lassen sich biologisch abbaubare Plastiktüten herstellen. Das haben Forscher vom nationalen Forschungsinstitut für biomolekulare Chemie im unweit von Neapel gelegenen Pozzuoli herausgefunden. Die Forscher haben Polysaccharide aus Tomatenresten isoliert und in Kunststofffolien verwandelt, die multifunktional einsetzbar sind und sich auf dem Komposthaufen zersetzen. So könnte sich der Müll aus der Verarbeitung von jährlich mehr als 6 Millionen Tonnen italienischer Tomaten zu einer neuen Einnahmequelle entwickeln.

**1** *Welchen Nutzen für die Umwelt seht ihr in den beiden oben dargestellten Forschungsvorhaben?*
   *a) Formuliert eure Erklärungen schriftlich. Achtet dabei speziell auf die markierten Vorsilben und ersetzt sie, wenn möglich, durch deutsche Wörter.*
   *b) Sucht weitere Beispiele für solche „sprechenden" Präfixe, z.B. bei Angaben von Größenverhältnissen.*

| Ex-/ex- | | | |
|---|---|---|---|
| -trakt<br>-zerpt<br>-klusiv<br>-kurs<br>-plodieren<br>-tern | -gatte<br>-könig<br>-minister | Exempel<br>exotisch<br>exakt<br>extra | Extrawurst<br>Exportschlager<br>Exklusivinterview |

| Re-/re- | | | |
|---|---|---|---|
| -produktion<br>-konstruktion<br>-aktion | -vival<br>-vue<br>-vanche | Referat<br>Religion<br>Register<br>Revier | Revuestar<br>Reaktionszeit<br>Bildreproduktion<br>Religionslehrer |

**2** a) *Bildet die Ableitungen für die Wörter der jeweils ersten beiden Spalten und formuliert Sätze, in denen ihr die Begriffe im richtigen Sinnzusammenhang verwendet.*
b) *Vergleicht die Wortbildung, achtet dabei besonders auf die* **Präfixe.**
c) *Beschreibt die Unterschiede zwischen den vier Wortgruppen möglichst genau. Nutzt dazu grammatische Fachbegriffe, z. B.* **Ableitung** *oder* **Zusammensetzung.**

### TIPP

Unter den **Präfixen von Fremdwörtern** gibt es einige, die gut verständliche Hinweise auf ihre Bedeutung enthalten, ohne im Deutschen eigenständige Wörter zu sein, z. B.: „bio" in „**bio**dynamisch" oder „**Bio**gas", „multi" in „**Multi**vitaminsaft" oder „**multi**plizieren", „öko" in „**Öko**laden" oder „**öko**logisch", „inter" in „**Inter**esse", „auto" in „**Auto**mobil".

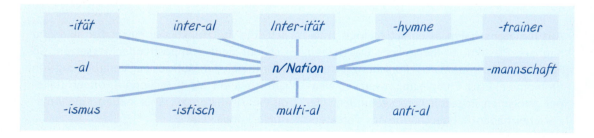

**3** a) *Bildet alle* **Ableitungen** *und* **Zusammensetzungen,** *die mit dem Wortmaterial zu nation-/ Nation möglich sind.*
b) *Ordnet die Wörter nach Wortarten in eine Tabelle. Markiert die Wortbestandteile, die über die Zugehörigkeit zu einer Wortart entscheidend sind.*
c) *Beim Finale der Internationalen Physik-Olympiade treffen jährlich Schülerinnen und Schüler aus aller Welt aufeinander. Wie stellt ihr euch so eine Veranstaltung vor? Nutzt bei der Beschreibung das Wortmaterial. Nähere Informationen über diesen Wettbewerb findet ihr unter www.ipn.uni-kiel.de/aktuell/wettbewerbe.html*

8.1 Fachsprache im Alltag – Fremdwörter im Gebrauch

| Explosion | funktionieren | montieren | Demonstrant | informieren | blamieren |

**4** Bildet zu den Wörtern weitere Ableitungen und Zusammensetzungen. Schreibt die Neubildungen mit den passenden Suffixen auf:
- für Verben: -ieren
- für Nomen: -(t)ion, -eur, -age, -ismus, -är, -ive, -er/in, -ant/-ent ...
- für Adjektive: -iv, -al, -(i)ell, -(a)bel, ...

| Person | persönlich | Persönlichkeit | Natur | natürlich | Natürlichkeit |

**5** a) Wodurch unterscheiden sich diese Ableitungen von den Wörtern, die ihr bisher bei Fremdwörtern gebildet habt?
b) Wie erklärt ihr euch die Abweichung bei der Wortbildung?
c) Sucht vergleichbare Beispiele.

## Phonstarke Musik in der Disko – Doppelschreibungen bei Fremdwörtern

# Schwerhörig
Freizeitlärm als Feind der Kinder
BZgA: Bereits jeder vierte
Heranwachsende hört schlecht

**Köln** – Piepsende Gameboys, schrill tönende Kinder-E-Gitarren, krachende Spielzeugpistolen und bis zum Anschlag aufgedrehte Walkmen und CD-Spieler: Kinder und Jugendliche
5 quälen sich mit Freizeitlärm. „Jeder vierte Jugendliche bundesweit hat inzwischen Hörschäden", warnt die Bundeszentrale für gesundheitliche Aufklärung (BZgA) in Köln im Vorfeld des internationalen „Tags gegen den
10 Lärm" am 28. April. Viele Teenager hören bereits so schlecht wie Senioren. Ein Drittel der heutigen Jugendlichen wird Schätzungen zufolge mit spätestens 50 Jahren ein Hörgerät benötigen.
15 Auch die Bundesärztekammer (BÄK) fordert seit Jahren mehr Gehör für die Schwerhörig-

keit der Kinder. Eine verbindliche Begrenzung für Freizeitlärm etwa in der *Disko*, in *Clubs* oder bei Spielzeugen sei dringend notwendig, betont ein BÄK-Sprecher in Köln. Während in der Arbeitswelt Lärmschutzbestimmungen gelten, gibt es beim „persönlichen Konsum" von Lärm in der Freizeit keine festgelegten Grenzen. Von einem Pegel von *circa* 85 Dezibel an muss laut BÄK mit einer Gehörschädigung gerechnet werden, das ist nur wenig lauter als mittlerer Straßenverkehrslärm. In der *Disko* geht es aber oft erst bei 105 Dezibel los.
Ein „brachiales, aber wirkungsvolles Mittel" haben sich Karst zufolge dabei *fantasievolle* Schweizer ausgedacht: „Ab einer bestimmten Dezibel-Zahl fliegt in der *Disko* die Sicherung raus, ein kluger Gedanke." Neben dem häufigen *Disko*-Besuch und der Dauerbeschallung mit *phonstarker* Musik ist auch das „Knalltrauma" häufige Ursache für irreparable Hörschädigungen bei Kindern. „Es wird leider immer wieder unterschätzt, aber: Knaller an Silvester, das Platzenlassen von Luftballons oder aufgeblasenen Tüten können zu einer lebenslangen Hörschädigung führen", betont der Kölner Experte.
Wer schlecht hört, spricht auch schlecht und kann in die Isolation geraten. „Die Kinder sollten wissen, dass sie ohne ein funktionierendes Gehör von vielen Bereichen des Lebens ausgeschlossen sein werden", sagt Karst. Das gilt auch für so manchen Beruf, der ein funktionierendes Gehör voraussetzt.

**1** a) Holt Informationen über den „Tag gegen Lärm" ein.
b) Gestaltet auf Grundlage des Artikels ein Plakat zum Thema „Warum Lärmschutz wichtig ist".

**2** Sucht aus dem Text alle Fremdwörter heraus und ordnet sie, mit Ausnahme der kursiv gesetzten, in die Herkunftslisten auf der Wandzeitung ein.

**3** Prüft die Schreibung der kursiv gesetzten Wörter im Rechtschreibwörterbuch. Ihr findet jeweils den Hinweis auf eine weitere Schreibung.
Notiert beide Schreibweisen in eurem Heft:

*Club – Klub*
*…*

**Doppelschreibungen bei Fremdwörtern**
☐ Manche **Fremdwörter aus dem Allgemeinwortschatz** werden eingedeutscht, d. h. in ihrer Schreibweise dem Deutschen angepasst. Die fremdsprachige Schreibung bleibt oft neben der eingedeutschten bestehen. Durch die Doppelschreibungen sollen die Fremdwörter ins Deutsche einbezogen und die Schreibung insgesamt erleichtert werden. Die Entscheidung, welche Variante gewählt wird, ist den Schreibenden überlassen.
Weil es keine eindeutige Regelung gibt, für welche Fremdwörter eine eingedeutschte Schreibweise möglich ist, hilft in Zweifelsfällen nur der Blick ins Rechtschreibwörterbuch.
☐ **Fremdwörter aus Fachsprachen** werden dagegen nicht eingedeutscht und behalten die typisch fremdsprachlichen Buchstabengruppen bei, z. B.: „Chip".

Bei einer Gruppe von Wörtern ist der „Wettkampf" zwischen der herkömmlichen und der eingedeutschten Schreibung ziemlich deutlich entschieden: Viele Begriffe aus dem Griechischen, die ursprünglich **ph** enthielten, werden jetzt meist mit **f** geschrieben. Dies gilt z. B. für: *Grafik, Fotografie, Mikrofon, Fantasie, Biografie, Telefon …*

**4** a) Sucht weitere Beispiele aus den Wortfamilien dieser Begriffe.
b) Verfasst einen kurzen Text mit möglichst vielen eurer Beispielwörter.
c) Welche Variante der folgenden Wörter wird nach eurer Einschätzung häufiger verwendet? Die „klassische" Schreibung lautet: *Geographie, Delphin, Orthographie, Stereophonie, Diktaphon.*

**5** Die folgenden Wörter werden bislang nicht der deutschen Schreibung angepasst: *Atmosphäre, Metapher, Philosophie, Philharmonie, Euphorie, Strophe.*
a) Ordnet die einzelnen Begriffe einem wissenschaftlichen Fachgebiet zu.
b) Sucht unter den Fachbegriffen, die ihr aus euren Schulfächern kennt, nach weiteren Wortbeispielen.

**6** a) Auch bei Wörtern mit **th** sind Doppelschreibungen möglich, z. B. *Panter, Tunfisch …*
b) Diskutiert über die Vor- und Nachteile von Doppelschreibungen.

**7** In einem großen Wörterbuch findet man unter dem Stichwort „Fenster" folgende Eintragung:
**Fenster**, das (mhd. venster, ahd. fenstar, lat. fenestra).
a) Gebt die Entwicklung des Wortes „Fenster" mit eigenen Worten wieder.
b) Schreibt die folgenden Wörter ab und notiert dazu die entsprechenden etymologischen Angaben aus einem Herkunftswörterbuch:

| *Mauer* | *Puder* | *Perücke* | *Dame* | *Panne* |

> **! Lehnwörter**
> Manche Begriffe, die wir heute für „deutsche Wörter" halten, stammen ursprünglich aus anderen Sprachen. Sie wurden allerdings in Aussprache und Schreibung dem Deutschen angepasst, sodass man ihre fremde Herkunft nicht mehr erkennt. Sie sind feste Bestandteile unseres Wortschatzes. Solche Wörter bezeichnet man als **Lehnwörter**, z. B.: „falsch" (von lat. falsus).

**8** Erkennt ihr die zugehörigen Lehnwörter?

| *scholé (griech.)* | *cakes (engl.)* | *strike (engl.)* | *kahve (türk)* |
| *cappuccio (ital.)* | *loadsman (engl.)* | *fructus (lat.)* | *tegula (lat.)* |

151

## 8.2 Wie funktioniert das? – Zeichen setzen

### Geniale Erfindungen – Satzwertige Partizipien und satzwertige Infinitive

**Der Strom aus dem Rucksack**
Energiewende am Körper: Ein Laufgenerator erzeugt sieben Watt

Körperlich aktive Menschen könnten schon bald in der Lage sein, Kleingeräte wie Handys und Taschenlampen mit selbst erzeugtem Strom zu speisen […] Amerikanische Biologen um Lawrence Rome von der Universität in Philadelphia (Pennsylvania) haben einen „intelligenten" Rucksack entwickelt, der auf elegante Weise mechanische in elektrische Energie zu verwandeln vermag.

Das Prinzip des neuen Stromspenders ist genial und doch so einfach. Man fragt sich, weshalb die an günstigen Energiequellen interessierten Techniker und Wissenschaftler nicht schon viel früher darauf gekommen sind. Zu den wesentlichen Bestandteilen des innovativen Gepäckstücks zählt ein festes Gestell, in das ein an Sprungfedern aufgehängter Sack eingespannt ist. Beim Gehen bewegt sich der Ranzen auf und ab und betreibt damit einen Generator, der die Bewegungsenergie in elektrische Energie umsetzt. Bei dem Prototyp der amerikanischen Forscher kann man diese entweder sofort abzapfen oder aber in einem Akku speichern und zu einem späteren Zeitpunkt nutzen.

Wie die amerikanischen Erfinder des energiewandelnden Rucksacks berichten, ist der Huckepack-Motor in der Lage, eine elektrische Leistung von bis zu sieben Watt zu erzeugen – mehr als genug, um etwa ein Handy oder ein GPS-Empfangsgerät in Gang zu halten. Je schwerer zudem das mitgeführte Gepäck und je schneller der Schritt, desto mehr elektrische Energie liefert der Generator.
[…]
Mit dem Tragekomfort des stromerzeugenden Rucksacks scheinen die Testpersonen […] noch nicht sonderlich zufrieden gewesen zu sein. Jedenfalls soll das Design des Prototyps nun verbessert werden. Denkbar sei auch, so die Forscher, mit der überschüssigen Energie einen Ventilator oder eine Mini-Kühlanlage zu betreiben. Solche Apparate können den von der Last Geplagten das Schleppen schwerer Gepäckstücke gewaltig erleichtern und vor allem in heißen Klimazonen eine wahre Wohltat darstellen.

*Nicola von Lutterotti*

**1** Beschreibt mit Hilfe der Skizze des Rucksack-Modells, wie der Laufgenerator Energie erzeugt.

**2** Überlegt, warum der Gedanke, die beim Laufen erzeugte Energie nutzen zu können, schon Generationen von Forschern fasziniert hat.

*Eingespannt in ein festes Gestell(,) bewegt sich der Ranzen beim Gehen auf und ab.*
Man kann diesen Satz im Stufenmodell für Satzgefüge darstellen:

|  | bewegt sich der Ranzen beim Gehen auf und ab. |
|---|---|
| *Eingespannt in ein festes Gestell(,)* | Hauptsatz |
| Partizipgruppe |  |

**3** An der Stelle der Partizipgruppe könnte auch ein Gliedsatz stehen. Formuliert das Satzgefüge um.

**4** Zeichnet Stufenmodelle für die folgenden Satzgefüge.
*So, eingespannt in ein festes Gestell, bewegt sich der Ranzen beim Gehen auf und ab.*
*Der Ranzen bewegt sich(,) eingespannt in ein festes Gestell(,) beim Gehen auf und ab.*
*Der Ranzen bewegt sich beim Gehen auf und ab, eingespannt in ein festes Gestell.*

**5** a) Prüft durch die Umstellprobe, an welchen Stellen im Satzgefüge die Partizipgruppe stehen kann:
*Geplagt von der Last des Rucksacks(,) würden sich Wanderer über einen Ventilator freuen.*
b) Sind alle Versionen sprachlich gelungen?

**Partizipgruppen**
Obwohl Partizipgruppen kein Verb in der Personalform enthalten, können sie im Satz die Funktion von Gliedsätzen übernehmen. Man nennt sie darum auch **satzwertige Partizipien.** Partizipien müssen normalerweise nicht durch Kommas abgetrennt werden.

**Kommas stehen allerdings,**
☐ wenn durch hinweisende Wörter auf die Partizipgruppe Bezug genommen wird, z. B.:
„So, *eingespannt in ein festes Gestell*, bewegt sich der Ranzen beim Gehen auf und ab."
☐ wenn die Partizipgruppe am Satzende steht, z. B.:
„Der Ranzen bewegt sich beim Gehen auf und ab, *eingespannt in ein festes Gestell*."

Partizipgruppen können durch Komma abgetrennt werden, wenn man die Gliederung des Satzes verdeutlichen will.

**6** Übertragt die folgenden Sätze in euer Heft und setzt die Kommas ein. Wo bleibt die Zeichensetzung dem Schreibenden überlassen?
*Techniker an günstigen Energiequellen interessiert nutzen die menschliche Fortbewegung aus.*
*Bis zu sieben Watt steht dem Wanderer zur Verfügung durch sein eigenes Laufen erzeugt.*
*So auf einem Akku gespeichert kann die Energie auch später noch verbraucht werden.*
*Ein Handy mit „erwandertem" Strom betrieben funktioniert ohne weitere Aufladung.*

153

## 8 Aus Forschung und Technik – Richtig schreiben

### Das Tatterometer

Der Erfinder Heinrich Grossmann aus Magdeburg hat sie bereits im September 1896 zum Patent angemeldet, nämlich eine „Vorrichtung, um den Grad des Zitterns der Hand zu messen" (Kaiserliches Patentamt Nr. 92128). Das Gerät, „Tatterometer" genannt, besteht aus einem bogenförmigen Halter (Figur 1 und 2, a), an dem eine bewegliche Nadel (d) befestigt ist, die auf eine runde Zielscheibe weist (Figur 3, b). Der Kandidat greift den dazugehörigen Taster (Figur 4) und berührt damit den Kopf der Nadel, die nun je nach seinem Gemütszustand mehr oder weniger stark um den Mittelpunkt der Zielscheibe herum zu zittern beginnt.

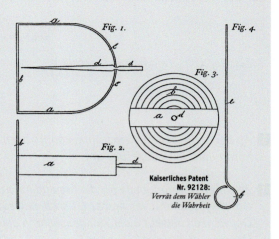

Jörg Albrecht

**7** a) Erklärt euch gegenseitig die Funktionsweise des Tatterometers.
b) In welchen Situationen könnte ein Tatterometer zum Einsatz kommen?

**8** Der Text enthält mehrere Beispiele für **Relativsätze**. Schreibt sie in Form von Stufenmodellen heraus. Achtet auf korrekte Zeichensetzung.

**9** Auch eine **Partizipgruppe** kommt im Text vor. Prüft, ob die Kommas in dem entsprechenden Satz gesetzt werden können oder müssen.

**10** *Das Tatterometer ist eine Vorrichtung,* **um** *den Grad des Zitterns der Hand zu messen.* Der **Infinitivsatz** enthält ein Attribut. Welches?

---

**Infinitivsätze**

Ein Infinitivsatz besteht aus einem Infinitiv mit „zu" und mindestens einem weiteren Wort, z.B.: „Grossmann hoffte, *mit einfachen Mitteln die Nervosität eines Menschen sichtbar* **zu machen**."

Infinitivsätze werden mit **Komma** vom Hauptsatz abgetrennt,
- wenn der Infinitivsatz durch „um", „ohne", „statt", „anstatt", „außer", „als" eingeleitet wird, z. B.: **„Um ein Tatterometer zu bauen,** braucht man Halter, Nadel und eine runde Scheibe." – „Welcher Politiker lässt sich an das Tatterometer anschließen, **ohne dabei zu zögern?**";
- wenn der Infinitivsatz von einem Nomen oder einem hinweisenden Wort abhängt, wie z. B.: „darauf", „daran" oder „es": „Er hatte **die Absicht**, *den Grad des Zitterns der Hand zu messen.*" – „Er wagte sich nicht **daran**, *einen öffentlichen Test mit dem Tatterometer durchzuführen.*"

154

**11** a) Beschreibt die Figuren in der Skizze zum Tatterometer und verwendet dabei Infinitivsätze.
   b) Verfasst eine Bauanleitung zum Tatterometer. Verwendet dazu Satzgefüge mit Relativsätzen,
   Infinitivsätzen oder Partizipgruppen. Kontrolliert wechselseitig eure Zeichensetzung.

**12** Ist die Anmeldung der beiden Patente (▷S. 152 und S. 154) Tatsache oder frei erfunden?
   Sucht nach Anhaltspunkten für eure Position und formuliert eure Überlegungen.

# Punkt, Punkt, Komma, Strich –
# Schreiben zu Experimenten

Die Mädchen und Jungen der 8. Jahrgangsstufe beschäftigen sich im Rahmen einer Projektwoche unter dem Motto „Aus Forschung und Technik – Wir wollen den Alltag durchschauen" mit ganz unterschiedlichen Themen. Einige Gruppen experimentieren selber; andere lesen Fachliteratur, um die Funktionsweise von Gegenständen zu verstehen. Um am Ende alle Mitschülerinnen und Mitschüler über die Arbeitschritte und Ergebnisse informieren zu können, müssen die einzelnen Aktivitäten ebenso schriftlich dokumentiert werden wie die Abschlussberichte. Eine Schülergruppe ging der Frage nach:
„Warum fliegt man beim Fahren mit dem Kettenkarussell auf seinem Sitz weit außen um das Karussell herum?"
In einem Physik-Artikel für Jugendliche haben sie die einschlägige Erklärung gefunden: Ursache ist die Trägheit von Bewegungen.
Man kann das an folgenden Versuchen veranschaulichen:

## Karussell-Versuch

**Für den ersten Versuch** benötigen wir ein Einweckglas und einen Tischtennisball. Das Glas wird kopfüber über den Ball gestellt. Mit einer schleudernden Bewegung des Glases gelingt es, den Ball so im Glas rotieren zu lassen, dass er nicht nach unten herausfallen kann. Diese Rotation kann man unter fortgesetztem Schleudern aufrechterhalten, sodass man den Ball im Glas frei herumtragen kann.
**Beim zweiten Versuch** füllen wir eine Henkelkanne halb voll mit Wasser und schleudern sie in einer großen Kreisbewegung durch die Luft. Dieser Kreis kann sogar vertikal stehen – kurzzeitig kann also die Kanne auf dem Kopf stehen, ohne dass Wasser herausläuft.
Die Gesetze der Schwerkraft scheinen hier aufgehoben: Weder der Ball noch das Wasser fallen nach unten. Beide Körper werden durch kreisförmige Bewegung gehalten, die es ihnen nicht erlaubt, die einmal eingeschlagene Richtung beizubehalten, sondern sie in jedem Augenblick zwingt, ihre Richtung zu ändern. Das heißt, dass in jedem Augenblick der Trägheit der Körper entgegengewirkt wird, sie jedoch versuchen, der erzwungenen Bahn zu entfliehen, was ihnen aber aufgrund der Versuchssituation nicht gelingt. Die Körper selbst scheinen eine „Fliehkraft" zu spüren, die zu versuchen scheint, sie aus ihrer erzwungenen Bahn hinauszutreiben. Das empfinden auch Karussellfahrer: Die Fliehkraft scheint sie gegen den äußeren Rand des Karussells zu drücken – wie beim Kettenkarussell. *Kay Spreckelsen*

**1** Probiert beide Versuche aus.

8 Aus Forschung und Technik – Richtig schreiben

**2** *Macht aus dem Text eine Versuchsbeschreibung, wie ihr sie aus dem naturwissenschaftlichen Unterricht kennt. Schreibt den Text um und gliedert ihn:*
- ☐ *Versuchsfrage,*
- ☐ *Versuchsaufbau,*
- ☐ *Durchführung des Versuchs und Beobachtung,*
- ☐ *Erklärung des Versuchs.*

Andere Schülerinnen und Schüler beschäftigen sich mit der Frage: „Wie kann man prüfen, ob ein Ei noch roh oder bereits gekocht ist?"
Nach dem Versuch notiert Niels:

**VORSICHT FEHLER!**

## Frischetests

Wir legen das Ei auf einen Teller und versetzen es in eine schnelle Drehung. Das gekochte Ei lässt sich gut wie ein Kreisel drehen das rohe Ei hingegen torkelt um die Drehachse und behindert damit die schnelle Drehung. Das gekochte Ei lässt sich gut abbremsen und bleibt dann ruhig liegen das rohe Ei dreht sich nach einem Abbremsversuch noch ein wenig weiter nachdem man es wieder losgelassen hat.

Dieses unterschiedliche Verhalten hat seinen Grund: Es liegt daran dass der flüssige Inhalt des rohen Eis noch nicht völlig zum Stillstand gekommen ist während das gekochte Ei zu einer kompakten Masse geworden ist.

**3** *Nabil findet die Darstellung verständlich, kritisiert aber, dass Niels offensichtlich alle Kommas vergessen hat.*
*a) Schreibt den Text ab und setzt die fehlenden Kommas ein.*
*b) Bestimmt jeweils die Art des Satzes genauer.*

Eine dritte Gruppe hat getestet: „Wie man Spiegel dazu überlisten kann, rechts und links nicht zu vertauschen."
Anschließend notieren die Jugendlichen zum Versuchsaufbau:

## Spiegelwelten

Benötigt werden zwei Spiegel – wie man sie im Haushalt findet –; sie sollten gleich groß sein. Die Spiegel klebt man mit Klebstreifen so aneinander, dass man einen Klappspiegel erhält, den man vor sich auf dem Tisch aufstellt. Außerdem braucht man: mehrere kleine Figuren, z.B. aus dem Halmaspiel.
Damit haben wir mehrere Versuche gemacht:

- ☐ eine Figur in die Mitte vor den Klappspiegel gestellt und den Öffnungswinkel des Spiegels verändert
- ☐ den Spiegel so platziert, dass die Figur genau viermal zu sehen war (einschließlich der eigentlichen Spielfigur)
- ☐ in dieser Spiegelposition die Figur verschoben
- ☐ in derselben Spiegelposition die eigene rechte bzw. linke Hand gehoben

 **4** a) Führt die einzelnen Schritte – wie angegeben – durch und registriert genau, was zu sehen ist. Beschreibt anschließend exakt, welche Spiegelbilder ihr wahrnehmt.
b) Wie erklärt ihr euch, dass man den Spiegel tatsächlich überlisten kann? Formuliert die Begründung so präzise wie möglich.
c) Überarbeitet gemeinsam eure Texte. Achtet dabei auf sachliche Richtigkeit, sprachliche Genauigkeit und Korrektheit in Rechtschreibung (Fremdwörter!) und Zeichensetzung.

**5** Doppelpunkt – Gedankenstrich – Semikolon. In den Texten dieses Kapitels findet ihr diese Satzzeichen an mehreren Stellen.
a) Schreibt die entsprechenden Sätze – nach Gruppen geordnet – heraus. Achtet auf die Groß- und Kleinschreibung nach diesen Satzzeichen.
b) Überlegt gemeinsam, welche Aufgaben die Zeichen im Satz übernehmen. Seht ihr Unterschiede zur Verwendung von Punkt bzw. Komma?

**Doppelpunkt, Semikolon, Gedankenstrich**
- Mit dem **Doppelpunkt** kündigt man an, dass etwas Weiterführendes folgt:
  - **wörtliche Rede,** z. B.: Er sagte: „Dreh bitte den Spiegel zur Seite."
  - **Aufzählen** und **Erklärungen,** z. B.: „Bitte beachtet den folgenden Hinweis: Bei dem Karussell-Versuch mit Wasser kann man nass werden."
  - **Zusammenfassungen** oder **Schlussfolgerungen,** z. B.: „Das empfinden auch Karussellfahrer: Die Fliehkraft scheint sie gegen den äußeren Rand des Karussells zu drücken."
  
  Wenn nach dem Doppelpunkt wörtliche Rede oder ganze Sätze folgen, wird das nächste Wort großgeschrieben.
- Das **Semikolon** (der Strichpunkt) steht im Inneren von Sätzen, z. B.: „Es zählt nicht als Satz-Schlusszeichen; entsprechend wird das folgende Wort kleingeschrieben." Im Grad der Abgrenzung nimmt das Semikolon eine Mittelstellung zwischen Komma und Punkt ein.
- Der **Gedankenstrich** ist ein starkes Grenzsignal.
  - Als **einfacher Gedankenstrich** drückt er einen Gedankenwechsel, z. B. Überraschung aus. Er kann innerhalb von Sätzen oder zwischen Ganzsätzen stehen, z. B.: „Auch wenn das Wasser über Kopf geschleudert wird, bleibt es – im Gefäß." „Der Versuch mit den Spiegeln ist gelungen. – Jetzt geht es um die Versuchsbeschreibung."
  - Mit dem **paarigen Gedankenstrich** schließt man Zusätze oder Nachträge ein, die eingeschoben sind, z. B.: „Für den Versuch braucht man – wie gesagt – ein rohes und ein gekochtes Ei."

## 8.3 Die Bewerbungsmappe – Fehler vermeiden

### „Ich würde mich daher sehr freuen, ..." – Bewerbungsschreiben, Lebenslauf

Eine Bewerbungsmappe enthält alle Unterlagen, die dem Arbeitgeber helfen, sich ein Bild von euren Qualitäten und Fähigkeiten zu machen. Gleichzeitig soll euer Gegenüber auch ein bisschen neugierig auf euch werden.

Schon bei der Suche nach einem Praktikum während eurer Schulzeit erhöht eine gut gemachte Bewerbung eure Chancen auf einen attraktiven Arbeitsplatz.

Seid ihr dann eingeladen, euch in einem Gespräch vorzustellen, erfahrt ihr auf Seite 68, wie ihr euch darauf vorbereiten könnt.

Nina Meier
Tel. 0201/20 00 01

Essen, den 28.12.2006

Buchhandlung Leselust
Frau K. Fischer
Mayerstr. 47
5    45138 Essen

Bewerbung um einen Praktikumsplatz

Sehr geehrte Frau Fischer,

Ihr Praktikumsangebot im Süd-Kurier interessiert mich sehr. Ich bewerbe mich
10   hiermit um einen Praktikumspatz in ihrer Buchhandlung.

Zur Zeit besuche ich die 8. Klasse des Heine-Gymnasiums. Der Umgang mit Büchern und lesen haben mir schon immer Freude gemacht. Meine Zeugnisnoten in Deutsch sind regelmäßig „gut". Um auf dem Computer sicher zu werden habe ich einen PC-Kurs besucht. Jetzt kann ich mit Word- und Excel-
15   Programmen ziemlich gut umgehen.

Unser Praktikum soll zu Beginn der neunten Klasse in der Zeit vom 08.–22. September 2006 stattfinden.

Ich würde mich sehr freuen wenn Sie mich zu einem Gespräch einladen würden um mich kennen zu lernen.

20   Mit freundlichen Grüßen

*Nina Meier*

8.3 Die Bewerbungsmappe – Fehler vermeiden

Max Becker
Gärtnergasse 33
44787 Ratingen

19.12.06

Freilichtspiele am Blauen See
Am blauen Ufer 32
40788 Ratingen

Bewerbung

Sehr geehrte Damen und Herren.

es ist schon lange mein größter Wunsch, durch ein Praktikum die Arbeit des Veranstaltungstechnikers und auch den Festspielbetrieb live zu erleben. Momentan gehe ich in die 8. Klasse des Heine-Gymnasiums.

Mit großem Interesse habe ich letzten Sommer die öffentlichen Proben der Spiele besucht. Daher weiß ich, wie vielfältig dieser Beruf ist. Außerdem habe ich an einem Tag der offenen Tür hinter die Kulissen des Essener Aalto-Theaters schauen können. Das bestätigte mich in meinem Wunsch, mein Praktikum in einem Theater zu absolvieren.
Unser Praktikum soll zu Beginn der neunten Klasse stattfinden.

Über eine Einladung zu einem Gespräch würde ich mich sehr freuen.

Mit freundlichen Grüßen

*Max Becker*

**1** Vergleicht Form und Inhalt der beiden Bewerbungsschreiben und beurteilt sie.

 **2** Schreibt beide Bewerbungsschreiben auf dem Computer ab.
a) Verbessert in einem ersten Durchgang alle Rechtschreib- und Zeichensetzungsfehler.
b) Geht nun genauer auf sprachliche Ausdrücke und den Satzbau ein. Korrigiert dort, wo ihr es für notwendig haltet.

159

☐ 8 Aus Forschung und Technik – Richtig schreiben

1 Angelika Koch
Roncallistraße 66
53842 Rungsheim
(0228) 62 69 70

2 Bonn, 10.01.2006

3 Verlag Sulzbacher GmbH
Personalabteilung
Frau Müller
Weststraße 17–23
52344 Salzstetten

4 Bewerbung um einen Praktikumsplatz

5 Sehr geehrte Frau Müller,

6 beim Arbeitsamt in Köln habe ich erfahren, dass Ihre Firma auch in diesem Jahr Praktikanten einstellt. Ich möchte mich deshalb bei Ihnen um einen Praktikumsplatz in Ihrem Verlag bewerben.

7 Zurzeit besuche ich die 8. Klasse der Heinrich-Böll-Schule in Rungsheim, die ich voraussichtlich im Juni 2010 mit dem Abitur verlassen werde.

8 Ich interessiere mich für einen kaufmännischen Beruf und arbeite deshalb auch ab und zu in der Buchhandlung meiner Eltern mit. Mein großes Interesse gilt aber dem Lesen und der Frage, wie Bücher gemacht werden. Im Informationszentrum des Arbeitsamtes konnte ich Einblicke in die Aufgaben des von mir angestrebten Berufsfeldes erhalten.

9 Ich würde mich freuen, wenn Sie mich zu einem Vorstellungsgespräch einladen würden.

10 Mit freundlichen Grüßen

11 *Angelika Koch*

12 Anlagen: Lebenslauf, Passfoto, Zeugniskopie

**Textelemente:** A Betreff  B Anrede  C Grußformel  D Anschrift  E Unterschrift  F Ortsangabe/Datum  G Berufswunsch/Begründung  H Anliegen  I Bitte um Einladung  J derzeitige persönliche Situation  K Absender  L Anlagen

**3** a) Ordnet die Bestandteile des Bewerbungsschreibens und die Textelemente einander zu.
b) Überarbeitet die beiden Bewerbungsschreiben von S. 158/159 erneut und berücksichtigt dabei die Regeln zur Anordnung und zum Inhalt solcher Briefe. Vergleicht eure Texte.

**4** Schreibt ein eigenes Bewerbungsschreiben für einen Praktikumsplatz. Denkt daran: Eure Bewerbungsschreiben sind eure Visitenkarten!

In die Bewerbungsmappe gehört auf jeden Fall der Lebenslauf. Er muss fehlerfrei und sorgfältig erstellt sein. In der Regel wird er maschinenschriftlich (PC) erwartet, nur in ganz wenigen Fällen wird die handschriftliche Form ausdrücklich verlangt.

## Lebenslauf

**Persönliche Daten**

| | |
|---|---|
| Name | Armin Koch |
| geboren | 12.5.1991 |
| Eltern | Wilhelm Koch, Schlossermeister |
| | Ingeborg Koch, geb. Wenzel, |
| | kaufmännische Angestellte |

**Schulausbildung**

| | |
|---|---|
| Grundschule | 1996–2001 Lessing-Grundschule |
| Gymnasium | seit 2001 Eichendorff-Gymnasium |
| Voraussichtlicher Abschluss | Abitur |
| | |
| Sprachkenntnisse | Englisch (Schulkenntnisse und |
| | Sommersprachkurs London 2005) |
| | Französisch: Grundkenntnisse |

**Außerschulische Interessen**

| | |
|---|---|
| Tätigkeiten | – Betreuung der Lichttechnik der |
| | Theateraufführungen der Schule |
| | – SV-Arbeit, vor allem Bühnen- |
| | aufbauten bei Schulfesten |
| | |
| Hobbys | Mountainbike, Klettern, Saxofon |

Stuttgart, den 20. Juli 2007     *Armin Koch*

Hinweise zum Lebenslauf:
- Lichtbild vom Fotografen. Name und Anschrift auf die Rückseite, leicht ankleben.
- Angaben zur Person
- Welche Schulen hast du besucht? Welche Abschlüsse hast du erreicht, welche strebst du an?
- Über welche besonderen Kenntnisse verfügst du? Sprachkenntnisse? Soziales Engagement?
- Besitzt du Erfahrungen in dem angestrebten Berufsfeld?
- Welche persönlichen Interessen und Hobbys hast du?
- Wichtig: Ort, Datum, Unterschrift.

**5** *Erstellt euren Lebenslauf für einen Praktikumsplatz.*

Zu einer vollständigen Bewerbung gehören folgende Unterlagen:
☐ das Bewerbungsschreiben, das so genannte Anschreiben. Es liegt auf der Bewerbungsmappe;
☐ das Titelblatt der Bewerbungsmappe (mit Namen, Anschrift und Foto);
☐ euer Lebenslauf (das Foto kann auch hier platziert werden);
☐ Zeugnisse und andere Nachweise über Praktika, ehrenamtliche Tätigkeiten etc.;
☐ vielleicht eine Arbeitsprobe.

**6** *Überlegt, welche Tätigkeiten ihr ausübt, die für einen Arbeitgeber interessant sein könnten und für die ihr einen Nachweis oder ein Zeugnis erbitten könnt, z.B.* Aufgaben im Musik- oder Sportverein.

8  Aus Forschung und Technik – Richtig schreiben

# Sicher formulieren – Rechtschreibtipps

Bewerbungsschreiben müssen fehlerfrei sein. Darum folgen hier einige Übungen zu Fehlerschwerpunkten.
Fremdwörter folgen in der Schreibung oft den Regeln ihrer Herkunftssprache.
Im Folgenden findet ihr noch einige Tipps zur Rechtschreibung, vor allem bei solchen Wortgruppen, deren Schreibung zu den deutschen Rechtschreibregeln im Widerspruch steht. Ihr könnt für diese Übungen eure Rechtschreibkartei nutzen. Beschäftigt euch aber immer nur mit einem Rechtschreibtipp und den zugehörigen Aufgaben, damit ihr die Regelungen nicht miteinander verwechselt.

## Schreibung nach kurzen Vokalen

*Hannes und Steffen rennen um die Wette. Hannes ist schneller, das muss Steffen immer wieder anerkennen. Dafür kann Steffen besser schwimmen.*

**1** *Formuliert einen **Rechtschreibtipp** zur Schreibung der Konsonanten **nach kurzen betonten Vokalen** für deutsche Wörter.*

> **TIPP**
>
> In einer Reihe von Fremdwörtern, besonders aus dem Englischen, folgt nach einem **betonten kurzen Vokal** nur ein **einzelner Buchstabe** für den Konsonanten. Ableitungen zu diesen Wörtern schreibt man aber wieder mit doppelten Konsonantenbuchstaben!

| | | | |
|---|---|---|---|
| kleines Halbleiterplättchen | witziger Einfall | Job | Düsenflugzeug |
| (vorübergehende) Beschäftigung zum Geldverdienen | | Mob | top |
| (meist) unverzichtbares Kleidungsstück | | Gag | von höchster Güte |
| Chip | Jet | Slip | aufgewiegelte Volksmenge |

**2** *a) Ordnet die Wörter und die Erklärungen einander zu.*
*b) Ergänzt die Wortliste, indem ihr zu folgenden Begriffen selber Erklärungen formuliert:*

| fit | Grog | Kap | Klub | Pop | Twen | Ananas |
|---|---|---|---|---|---|---|
| City | Hotel | Kamera | Kapitel | Mini | Roboter | |

*c) Zu welchen Wörtern könnt ihr **Ableitungen** nennen? Denkt beim Schreiben an die notwendige Konsonantenverdopplung, z. B. Pop – poppig.*

162

**3** „Praktikum im Hotel" – Schreibt zu dieser Überschrift kurze Berichte, in denen möglichst viele der Beispielwörter aus Aufgabe 2 verwendet werden.

### Schreibweisen des langen „i" in Fremdwörtern

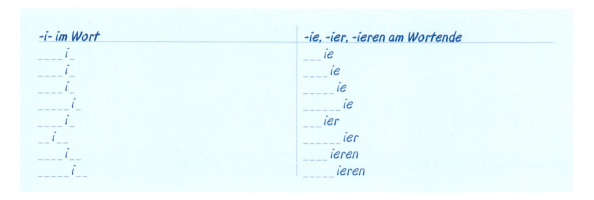

**4** a) Übertragt die Tabelle in euer Heft und setzt die folgenden Wörter ein. Jedem Strich entspricht ein Buchstabe:

| Maschine | Termin | Violine | Elite | Stativ | Reptil |
| Harmonie | Vitamin | Ventil | reparieren | Manier |
| Deponie | Chemie | Scharnier | Kopie | garnieren |

b) Bildet zu diesen Begriffen, wenn möglich, Ableitungen, z.B. *Termin – terminieren.*
c) Übertragt die Begriffe auf zwei getrennte Karten eurer Rechtschreibkartei und sucht weitere Beispielwörter.

*Fremdwörter mit lang gesprochenem -i- im Wort*

*Fremdwörter mit den Endungen -ie/-ier/-ieren*

> **TIPP**
>
> In Fremdwörtern wird das **lange i** im **Wortinneren** häufig durch den Buchstaben **i** und am **Wortende** durch **-ie, -ier, -ieren** wiedergegeben.

163

☐ 8 Aus Forschung und Technik – Richtig schreiben

 **5** *Schreibt die folgenden Sätze im Partnerdiktat. Unterstreicht jeweils die Stelle mit dem i-Laut.*

> Das Ventil an der Kopiermaschine konnte termingerecht repariert werden.
> Beim Fotografieren des seltenen Reptils funktionierte das Scharnier des Kamerastativs nicht.
> Chemieabfälle auf der Mülldeponie – der Skandal weitet sich aus.
> Ihre Manier, Violine zu spielen, harmoniert glänzend mit dem Symphonieorchester, bei dem sie gastiert.
> Forscher fordern: Reichlich Vitamine für Elitesportler!

## Infinitivsätze

| beabsichtigen | zögern | wagen | beschließen | üben |
| --- | --- | --- | --- | --- |
| auffordern | vermuten | glauben | wünschen | zweifeln |
| freuen | beeindrucken | ärgern | raten | erlauben |
| empfehlen | verbieten | überreden | ankündigen | versprechen |

**6** a) *Bildet mit einigen von diesen Verben Infinitivsätze rund um das Thema „Praktikum". Unterstreicht in euren Sätzen die Signalwörter, die ein Komma verpflichtend machen. Schlagt zur Absicherung noch einmal S. 154 nach.*
b) *Welches gemeinsame Merkmal verbindet diese Gruppe von Verben?*
c) *Tauscht eure Hefte untereinander aus. Achtet beim Lesen besonders auf die Zeichensetzung.*

### FSJ und FÖJ – schon gehört?

→ Das **F**reiwillige **S**oziale **J**ahr und das **F**reiwillige **Ö**kologische **J**ahr bieten eine gute Chance sich nach der Schule zu orientieren!
→ Hier ist es möglich seine eigenen Neigungen und Fähigkeiten für einen angestrebten Beruf herauszufinden.
→ Das FSJ gibt es seit mehr als 30 Jahren. Fast 11.000 Jugendliche verpflichten sich jährlich dazu vor allem in Krankenhäusern, Kinder- und Pflegeheimen und in Einrichtungen für Behinderte zu arbeiten.
→ Ende 1993 wurde die Möglichkeit eingeführt im Umweltbereich mitzuwirken (FÖJ). Heute nutzen etwa 1500 Freiwillige die Chance ein FÖJ an einer ökologischen Station, bei einer öffentlichen Einrichtung oder bei einem anerkannten Umweltverband zu absolvieren. Jugendliche finden sich bereit Biotope zu pflegen.
→ Um an diesen freiwilligen Diensten teilnehmen zu können muss man zwischen 16 und 27 Jahren alt sein und Interesse an sozialem Engagement bzw. konkreter Umweltarbeit mitbringen.
→ FSJ und FÖJ können sowohl in Deutschland als auch im europäischen Ausland geleistet werden.
→ Nähere Informationen unter www.bmfsfj.de/Politikbereiche/Freiwilliges-Engagement/fsj-foej.html

164

**7** a) Was haltet ihr von FSJ und FÖJ?
b) Der Text enthält zahlreiche Infinitivsätze. Schreibt sie mit richtiger Zeichensetzung ins Heft und begründet eure Entscheidungen.

### Der Ergänzungsstrich

**Organisation auf dem Papier: der Planungsblock**

Reiz und Erfolg dieses in den USA sehr verbreiteten Planungsblocks bestehen darin, dass er als „Werkzeug" eine systematische Arbeitsweise schon formal vorgibt. Dafür sorgt der durchdachte grafische Aufbau der Seiten mit einem Seitenkopf, der Einträge wie *Projektname und -zuordnung,* Kurztitel und Datum erwartet, sowie die Zweiteilung der eigentlichen Notizfläche: 28 nummerierten Spalten steht eine *Marginalien- und Kommentarspalte* gegenüber, die sich über ein Drittel des Blattes erstreckt und eine nachträgliche Zusammenfassung und Systematisierung des Notierten erleichtert.
Die *grün- und magentafarbene* Lineatur ist übrigens so markentypisch, wie sie für europäische Augen ungewöhnlich ist.

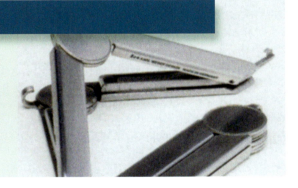

**Reisefaltlocher**

Zusammengeklappt kompakt wie ein Einwegfeuerzeug, bietet er im Arbeitszustand dennoch die Möglichkeit der normgerechten *Zwei- und Vierfachlochung* – und zwar für bis zu fünf Blätter auf einen Schlag. Die *Klapp- und Lochmechanismen* arbeiten absolut spielfrei.

**8** a) In diesen Artikeln aus dem Katalog eines Versandhauses bemüht sich der Verfasser, bei der Produktbeschreibung unnötige Wortwiederholungen zu vermeiden. Wie gelingt ihm das?
b) Formuliert als Zeichensetzungsregel: Wie kann man anzeigen, dass in Zusammensetzungen oder Ableitungen ein gleicher Wortbestandteil ausgelassen ist?

☐ 8 Aus Forschung und Technik – Richtig schreiben

**9** *Im Register des Katalogs findet man verschiedene Beispiele dafür, wie der **Ergänzungsstrich** verwendet wird. Setzt das Zeichen entsprechend bei den folgenden Stichwörtern:*

> **Schreiben:** Schreibetui/Schreibfedern/Schreibgeräte-Sets/Schreibmappen/Schreibmaschine/Schreibtische/Schreibtischleuchten/Schreibtischstühle
> **Stift:** Stiftclips/Stiftetuis/Stiftrolle/Stiftständer
> **Minen:** Bleistiftminen/Buntstiftminen/Kugelschreiberminen/Minenhalter/Minenschmirgelpapier

### Der Apostroph

Beim Aufenthalt in der Wartehalle eines Flughafens fällt der Blick auf verschiedene Firmenschilder und Werbetafeln:

> Happy Hours in Dü'dorf
>
> Gift's (zum Verschenken schön!)
>
> Neuwagen und gebrauchte Auto's
>
> Carlo's Bar (Inhaber Carlos Perreira)
>
> Mac Snack's (Burger, Steaks und mehr)
>
> **JÖRG'S BACKSTUBE**
>
> Auf'm Ku'damm – Hier gibt's Buletten und Berliner Weiße

**10** *Wie wird der Apostroph hier jeweils eingesetzt?*

> **Der Apostroph**
> **Auslassung von Buchstaben** in Wörtern kennzeichnet man mit dem **Apostroph**. Wenn Eigennamen, die im Nominativ mit dem s-Laut enden, im Genitiv stehen, lässt man beim Schreiben das Genitiv-s weg und setzt einen Apostroph, z. B.: „Jens' Geburtstag". Das gilt für Wörter, die am Ende mit **-s, -ss, -ß, -tz, -z, -x** oder **-ce** geschrieben werden.
> Ist der Genitiv durch einen beigefügten Artikel, ein Possessivpronomen oder Ähnliches erkennbar, entfällt der Apostroph, z. B.: „Zum Geburtstag unseres kleinen Jens."

**11** a) *Wie müssten die Firmenschilder bei korrekter Umsetzung der Zeichensetzungsregel aussehen?*
b) *Firmennamen mit einem Apostroph werden immer beliebter. Wie erklärt ihr euch das? Überlegt, welche Rolle dabei der Einfluss von Fremdsprachen spielen könnte.*

**12** *In einem Hotel findet der Gast vor dem Schlafengehen auf dem Kopfkissen ein Päckchen Bonbons mit dem Aufdruck: „With Compli'Mints".*
a) *Wie wird der Apostroph hier eingesetzt?*
b) *Wonach schmecken die Bonbons wohl?*

166

LESEN · UMGANG MIT TEXTEN UND MEDIEN

# 9 Freundschaft – Perspektiven in Texten und Bildern

## 9.1 Freundschaft hat viele Gesichter – Texte lesen und verstehen

### Wahre und falsche Freunde – Textaussagen veranschaulichen

*Paula Modersohn-Becker: Zwei Mädchen in weißem und blauem Kleid, 1906.*

1 Klärt, womit dieses Bild eine besondere Stimmung erzeugt.

2 Was deutet darauf hin, dass die beiden dargestellten Jugendlichen miteinander befreundet sein könnten?

A. M. Homes

# Jack und Max

*Jacks Eltern haben sich getrennt. Mit seinem Freund Max ist er zu dessen Verwandten gefahren.*

Max' Tante kam in die Küche, öffnete den Kühlschrank, nahm ein Glas Milch und wandte sich dann an uns: „Gute Nacht, Jungs!", sagte sie.
Ich schaute auf die Uhr. Es war erst fünf nach zehn.
„Denkt daran, das Licht auszuschalten, ehe ihr zu Bett geht!"
„Gute Nacht!", sagte ich. „Und vielen Dank, dass ich hier sein darf." Sie nickte und ging aus der Küche.
Max aß: ein Sandwich, Kartoffelchips, zwei Äpfel – und wir gingen wieder ins Wohnzimmer. Sein Onkel schaltete gerade den Fernseher und alle Lichter aus.
„Wollt ihr Jungs morgen was arbeiten?", fragte er.
„Ja, sicher", antwortete ich.
Ich konnte Max vom Gesicht ablesen, dass er etwas darüber sagen wollte, wie wenig ihm der Gedanke an Arbeit behagte, aber er brachte es fertig, sich rechtzeitig zu bremsen und hob stattdessen nur die Schultern.

„Dann sorgt für einen guten Nachtschlaf, sonst seid ihr morgen nicht die Bohne wert."
„Wir können ja auch raufgehen", sagte Max. „Falls du nicht lieber noch raus willst und dich ein bisschen umgucken."
Wie auf ein Stichwort gab plötzlich irgendein Tier dort draußen seltsame Geräusche von sich. „Wir können auch raufgehen", sagte ich.
„Angsthase", murmelte Max.
Als wir am Zimmer seiner Eltern vorbeikamen, hörten wir Mr. und Mrs. Burka miteinander streiten. Max ging schneller.
„Ich weiß nicht, warum sie das dauernd tun müssen!", sagte er.
„Jeder streitet sich mal. Das ist normal."
„Du hast keine Ahnung, wovon du redest", sagte Max und zog die Tür zu unserem Zimmer hinter sich zu. Ich öffnete das Kartenspiel, das ich gerade gekauft hatte, und mischte ungefähr zweihundertmal. „Ein Spielchen?", fragte ich.
Max winkte ab. Ich spielte allein. Seine Eltern stritten noch immer. Wir konnten zwar die Worte nicht verstehen, aber der Ton war laut und deutlich. Meistens schrie Mr. Burka seine Frau an, und hin und wieder versuchte sie ein Wort einzuwerfen.
Ich sah mich nach einem Radio oder einem Fernseher um, nach irgendetwas jedenfalls, was ich einschalten konnte. Aber es gab bloß einen kleinen Ventilator. Ich zog den Stuhl vom Tisch und stieg darauf, um an der kleinen Kette zu ziehen.
„Sollen wir uns eine Lungenentzündung holen, bloß damit wir sie nicht streiten hören?", fragte Max. Ich zuckte die Achseln und spielte weiter mit meinen Karten. „Du gibst!", sagte er.
Nach drei Spielen hörte Max auf. Er kroch mit den Comicheften, die ich gekauft hatte, in sein Bett und ließ mich allein weiterspielen.
Ich saß auf diesem verdammten braun-grünen Bettlaken und schaute mich im Zimmer

um. Es war ganz genau so eingerichtet wie das Roy-Rogers-Restaurant bei uns zu Hause.

„Weißt du noch, wie dein Dad und meiner uns mit zum Baseball genommen haben, und wir sind losgelaufen, um einen Hotdog zu kaufen, und wir haben uns total verlaufen und haben zu weinen angefangen und sie mussten unsere Namen an der Anzeigetafel bekanntgeben und wo unsere Dads uns abholen konnten?"

„Hm", machte ich.

„Das fand ich schön."

Und weiter sagte Max nichts. Ich erinnerte mich. Ich erinnerte mich, dass wir uns verlaufen hatten, weil Max noch einen Hotdog wollte und sein Vater hatte nein gesagt. Wir wollten ganz cool sein und sind weggeschlichen, aber wir haben nicht nach den Sitznummern geguckt, und als unsere Väter endlich zum Sicherheitsbüro kamen, um uns zu holen, war Mr. B. so aufgeregt, dass er uns beinahe beide umgebracht hätte, bloß dass mein Dad ihn zum Glück davon abhielt.

Max schlief ein und ich holte meine Comichefte und las jedes ungefähr viermal, bevor ich mich zusammenkringelte und einschlief wie ein satter Säugling.

**1** *Vergleicht, wie die Freundinnen in dem Bild auf S. 167 und die Freunde in dieser Erzählung miteinander umgehen. Notiert in einer Tabelle Gemeinsamkeiten und Unterschiede.*

**2** *Nennt Textstellen, an denen deutlich wird, dass Jack, der Erzähler, genau begreift, was in seinem Freund Max vorgeht.*

**3** *Jack will einen Ventilator anstellen (Z. 54f). Schreibt eine ausführliche Denkblase, in der Jacks Überlegungen in diesem Moment genau entfaltet werden.*

 **4** *Stellt in einem Cluster verschiedene Situationen zusammen, in denen man – ähnlich wie Max und Jack – froh ist, wenn man gute Freunde um sich hat.*

Franz Kafka

# Gemeinschaft

Wir sind fünf Freunde, wir sind einmal hintereinander aus einem Haus gekommen, zuerst kam der eine und stellte sich neben das Tor, dann kam oder vielmehr glitt, so leicht wie ein Quecksilberkügelchen gleitet, der zweite aus dem Tor und stellte sich unweit vom ersten auf, dann der dritte, dann der vierte, dann der fünfte. Schließlich standen wir alle in einer Reihe. Die Leute wurden auf uns aufmerksam, zeigten auf uns und sagten: „Die fünf sind jetzt aus diesem Haus gekommen." Seitdem leben wir zusammen, es wäre ein friedliches Leben, wenn sich nicht immerfort ein sechster einmischen würde. Er tut uns nichts, aber er ist uns lästig, das ist genug getan; warum drängt er sich ein, wo man ihn nicht haben will? Wir kennen ihn nicht und wollen ihn nicht bei uns aufnehmen. Wir fünf haben früher einander auch nicht gekannt, und wenn man will, kennen wir einander auch jetzt nicht, aber was bei uns fünf möglich ist und geduldet wird, ist bei einem sechsten nicht möglich und wird nicht geduldet. Außerdem sind wir fünf und wir wollen nicht sechs sein. Und was soll überhaupt dieses fortwährende Beisammensein für einen Sinn haben, auch bei uns fünf hat es keinen Sinn, aber nun sind wir schon beisammen und bleiben es, aber eine neue Vereinigung wollen wir nicht, eben auf Grund unserer Erfahrungen. Wie soll man aber das alles dem sechsten beibringen, lange Erklärungen würden schon fast eine Aufnahme in unsern Kreis bedeuten, wir erklären lieber nichts und nehmen ihn nicht auf. Mag er noch so sehr die Lippen aufwerfen, wir stoßen ihn mit dem Ellbogen weg, aber mögen wir ihn noch so sehr wegstoßen, er kommt wieder.

**1** Der erste Satz lautet: „Wir sind fünf Freunde …". Erklärt, was euch an der hier dargestellten Freundschaft irritiert.

**2** Findet alternative Überschriften für den Text, die eure Überlegungen zusammenfassen.

**3** In Interpretationen des Textes schreiben ein Schüler und eine Schülerin:

> Kafka zeigt, dass Freundschaften immer in Gefahr sind, weil sich andere immer wieder einmischen wollen.

> Kafka macht deutlich, dass zu enge Freundschaften negativ gesehen werden sollten, weil sie andere Menschen ausschließen.

 Haltet ihr diese Deutungen der Erzählung für richtig? Prüft arbeitsteilig jeweils eine der Positionen, indem ihr den Text noch einmal genau lest. Erörtert die Frage, ob die Erzählung eine solche Deutung (nicht) zulässt.

Hermann Hesse

## Freundespflicht

*Hans Giebenrath lebt in einem Internat. Seit einiger Zeit ist Hermann Heilner sein bester Freund.*

Heilner war ganz trübsinnig und liebte es neuerdings, statt bei Hans zu sitzen, allein in einem entlegenen Übungszimmer auf der Geige zu stürmen oder mit den Kameraden Händel anzufangen.
Eines Abends, da er jenes Zimmer aufsuchte, fand er den strebsamen Lucius dort vor einem Notenpult mit Üben beschäftigt. Ärgerlich ging er weg und kam nach einer halben Stunde wieder. Jener übte noch immer.
„Du könntest jetzt aufhören", schimpfte Heilner. „Es gibt auch noch andere Leute, die üben wollen. Deine Kratzerei ist ohnehin eine Landplage."
Lucius wollte nicht weichen, Heilner wurde grob, und als der andere sein Kratzen ruhig wiederaufnahm, stieß er ihm das Notengestell mit einem Fußtritt um, daß die Blätter ins Zimmer stoben und das Pult dem Geiger ins Gesicht schlug. Lucius bückte sich nach den Noten.
„Das sag' ich dem Herrn Ephorus[1]!", sagte er entschieden.

---

1 **Ephorus:** Schuldirektor; griech. für „gesteigertes Wohlbefinden"

170

"Gut", schrie Heilner wütend, „so sag ihm auch gleich, ich hätte dir einen Hundstritt gratis dreingegeben." Und er wollte sogleich zur Tat schreiten.

Lucius sprang fliehend beiseite und gewann die Tür. Sein Verfolger setzte ihm nach, und es entstand ein hitziges und geräuschvolles Jagen durch Gänge und Säle, über Treppen und Flure bis in den fernsten Flügel des Klosters, wo in stiller Vornehmheit die Ephoruswohnung lag. Heilner erreichte den Flüchtling erst knapp vor der Studierzimmertür des Ephorus, und als jener schon angeklopft hatte und in der offenen Türe stand, erhielt er im letzten Augenblick noch den versprochenen Fußtritt und fuhr, ohne mehr die Tür hinter sich schließen zu können, wie eine Bombe ins Allerheiligste des Herrschers.

Das war ein unerhörter Fall. Am nächsten Morgen hielt der Ephorus eine glänzende Rede über die Entartung der Jugend, Lucius hörte tiefsinnig und beifällig zu, und Heilner bekam eine schwere Karzerstrafe[2] diktiert.

„Seit mehreren Jahren", donnerte der Ephorus ihn an, „ist eine solche Strafe hier nicht mehr vorgekommen. Ich werde dafür sorgen, daß Sie noch in zehn Jahren daran denken sollen. Euch andern stelle ich diesen Heilner als abschreckendes Beispiel auf."

Die ganze Promotion[3] schielte scheu zu ihm hinüber, der blaß und trotzig dastand und dem Blick des Ephorus nicht auswich. Im Stillen bewunderten ihn viele, trotzdem blieb er am Ende der Lektion, als alles lärmend die Gänge erfüllte, allein und gemieden wie ein Aussätziger. Es gehörte Mut dazu, jetzt zu ihm zu stehen.

Auch Hans Giebenrath tat es nicht. Es wäre seine Pflicht gewesen, das fühlte er wohl, und er litt am Gefühl seiner Feigheit. Unglücklich und schamhaft drückte er sich in ein Fenster und wagte nicht aufzublicken. Es trieb ihn, den Freund aufzusuchen, und er hätte viel darum gegeben, es unbemerkt tun zu können. Aber ein mit schwerem Karzer Bestrafter ist im Kloster für längere Zeit so gut wie gebrandmarkt. Man weiß, dass er von nun an besonders beobachtet wird und es gefährlich ist und einen schlechten Ruf einträgt, mit ihm Verkehr zu haben. Den Wohltaten, welche der Staat seinen Zöglingen erweist, muss eine scharfe, strenge Zucht entsprechen, das war schon in der großen Rede beim Eintrittsfeste vorgekommen. Auch Hans wußte das. Und er unterlag im Kampf zwischen Freundespflicht und Ehrgeiz. Sein Ideal war nun einmal, vorwärtszukommen, berühmte Examina[4] zu machen und eine Rolle zu spielen, aber keine romantische und gefährliche. So verharrte er ängstlich in seinem Winkel. Noch konnte er hervortreten und tapfer sein, aber von Augenblick zu Augenblick wurde es schwerer, und eh er sich's versah, war sein Verrat zur Tat geworden.

Heilner bemerkte es wohl. Der leidenschaftliche Knabe fühlte, wie man ihm auswich, und begriff es, aber auf Hans hatte er sich verlassen. Neben dem Weh und der Empörung, die er jetzt empfand, kamen ihm seine bisherigen, inhaltlosen Jammergefühle leer und lächerlich vor. Einen Augenblick blieb er neben Giebenrath stehen. Er sah blaß und hochmütig aus und sagte leise: „Du bist ein gemeiner Feigling, Giebenrath – pfui Teufel!" Und damit ging er weg, halblaut pfeifend und die Hände in den Hosensäcken. ®

2 **Karzer:** früher in Schulen der Raum zum Absitzen von Strafen
3 **Promotion:** Schülerjahrgang
4 **Examina:** Prüfungen

**1** *Veranschaulicht in einem Schaubild das Dilemma, in welches Hans gerät. Zwischen welchen Entscheidungen hat er die unangenehme Wahl?*

171

**2** *In dem Text ist von einer „Pflicht" die Rede, die sich aus einer Freundschaft ergibt.*
  a) Stellt eine Liste von Grundsätzen zusammen, an die Freunde bzw. Freundinnen sich halten sollten.
  b) Bewertet anhand dieser Grundsätze das Verhalten von Hans und Hermann.

**3** *Erinnert euch an „falsche Freunde" aus Romanen und Filmen. Stellt in einer Tabelle zusammen, wie diese die Freundschaft verletzt und aufs Spiel gesetzt haben.*

| Titel des Buches/Films | Falscher Freund/ Falsche Freundin | Wie er/sie Freundschaft verletzt hat |
|---|---|---|
|  |  |  |
|  |  |  |

Friedrich Schiller

# Die Bürgschaft

Zu Dionys, dem Tyrannen[1], schlich
Damon, den Dolch im Gewande;
Ihn schlugen die Häscher[2] in Bande.
„Was wolltest du mit dem Dolche, sprich!",
5 Entgegnet ihm finster der Wüterich.
„Die Stadt vom Tyrannen befreien!"
„Das sollst du am Kreuze bereuen."

„Ich bin", spricht jener, „zu sterben bereit
Und bitte nicht um mein Leben;
10 Doch willst du Gnade mir geben,
Ich flehe dich um drei Tage Zeit,
Bis ich die Schwester dem Gatten gefreit[3],
Ich lasse den Freund dir als Bürgen,
Ihn magst du, entrinn ich, erwürgen."

15 Da lächelt der König mit arger List
Und spricht nach kurzem Bedenken:
„Drei Tage will ich dir schenken.
Doch wisse! Wenn sie verstrichen, die Frist,
Eh du zurück mir gegeben bist,
20 So muss er statt deiner erblassen,
Doch dir ist die Strafe erlassen."

Und er kommt zum Freunde: „Der König gebeut[4],
Dass ich am Kreuz mit dem Leben
Bezahle das frevelnde[5] Streben,
25 Doch will er mir gönnen drei Tage Zeit,
Bis ich die Schwester dem Gatten gefreit,
So bleib du dem König zum Pfande,
Bis ich komme, zu lösen die Bande."

Und schweigend umarmt ihn der treue Freund
30 Und liefert sich aus dem Tyrannen,
Der andere ziehet von dannen.
Und ehe das dritte Morgenrot scheint,
Hat er schnell mit dem Gatten die Schwester vereint,
Eilt heim mit sorgender Seele,
35 Damit er die Frist nicht verfehle.

Da gießt unendlicher Regen herab,
Von den Bergen stürzen die Quellen,
Und die Bäche, die Ströme schwellen.
Und er kommt ans Ufer mit wanderndem Stab,
40 Da reißet die Brücke der Strudel hinab,
Und donnernd sprengen die Wogen
Des Gewölbes krachenden Bogen.

1 **Dionysos I.** (430–376 v. Chr.): Alleinherrscher von Syrakus (Sizilien)
2 **Häscher:** Verfolger
3 **dem Gatten gefreit:** mit dem Ehemann verheiratet
4 **gebeut:** gebietet, befiehlt
5 **frevelnd:** verbrecherisch

Und trostlos irrt er an Ufers Rand,
Wie weit er auch spähet und blicket
45 Und die Stimme, die rufende, schicket,
Da stößet kein Nachen[6] vom sichern Strand,
Der ihn setze an das gewünschte Land,
Kein Schiffer lenket die Fähre,
Und der wilde Strom wird zum Meere.

50 Da sinkt er ans Ufer und weint und fleht,
Die Hände zum Zeus[7] erhoben:
„O hemme des Stromes Toben!
Es eilen die Stunden, im Mittag steht
Die Sonne, und wenn sie niedergeht
55 Und ich kann die Stadt nicht erreichen,
So muss der Freund mir erbleichen."

Doch wachsend erneut sich des Stromes Wut,
Und Welle auf Welle zerrinnet,
Und Stunde an Stunde entrinnet,
60 Da treibt ihn die Angst, da fasst er sich Mut
Und wirft sich hinein in die brausende Flut
Und teilt mit gewaltigen Armen
Den Strom, und ein Gott hat Erbarmen.

Und gewinnt das Ufer und eilet fort
65 Und danket dem rettenden Gotte,
Da stürzet die raubende Rotte
Hervor aus des Waldes nächtlichem Ort,
Den Pfad ihm sperrend, und schnaubet Mord
Und hemmet des Wanderers Eile
70 Mit drohend geschwungener Keule.

„Was wollt ihr?", ruft er, für Schrecken bleich,
„Ich habe nichts als mein Leben,
Das muss ich dem Könige geben!"
Und entreißt die Keule dem Nächsten gleich:
75 „Um des Freundes willen erbarmet euch!"
Und drei mit gewaltigen Streichen
Erlegt er, die andern entweichen.

Und die Sonne versendet glühenden Brand,
Und von der unendlichen Mühe
80 Ermattet sinken die Kniee.
„O hast du mich gnädig aus Räubershand,
Aus dem Strom mich gerettet ans heilige Land,
Und soll hier verschmachtend verderben,
Und der Freund mir, der liebende, sterben!"

6 **Nachen:** Kahn
7 **Zeus:** oberster Gott der Griechen

85 Und horch! Da sprudelt es silberhell.
Ganz nahe, wie rieselndes Rauschen,
Und stille hält er, zu lauschen;
Und sieh, aus dem Felsen, geschwätzig, schnell,
Springt murmelnd hervor ein lebendiger Quell,
90 Und freudig bückt er sich nieder
Und erfrischet die brennenden Glieder.

Und die Sonne blickt durch der Zweige Grün
Und malt auf den glänzenden Matten
Der Bäume gigantische Schatten;
95 Und zwei Wanderer sieht er die Straße ziehn,
Will eilenden Laufes vorüberfliehn,
Da hört er die Worte sie sagen:
„Jetzt wird er ans Kreuz geschlagen."

Und die Angst beflügelt den eilenden Fuß,
100 Ihn jagen der Sorge Qualen,
Da schimmern in Abendrots Strahlen
Von ferne die Zinnen von Syrakus,
Und entgegen kommt ihm Philostratus,
Des Hauses redlicher Hüter,
105 Der erkennet entsetzt den Gebieter:

„Zurück! Du rettest den Freund nicht mehr,
So rette das eigene Leben!
Den Tod erleidet er eben.
Von Stunde zu Stunde gewartet' er
110 Mit hoffender Seele der Wiederkehr,
Ihm konnte den mutigen Glauben
Der Hohn des Tyrannen nicht rauben."

„Und ist es zu spät, und kann ich ihm nicht
Ein Retter willkommen erscheinen,
115 So soll mich der Tod ihm vereinen.
Des rühme der blut'ge Tyrann sich nicht,
Dass der Freund dem Freunde gebrochen die Pflicht,
Er schlachte der Opfer zweie
Und glaube an Liebe und Treue."

120 Und die Sonne geht unter, da steht er am Tor
Und sieht das Kreuz schon erhöhet,
Das die Menge gaffend umstehet;
An dem Seile schon zieht man den Freund empor,
Da zertrennt er gewaltig den dichten Chor:
125 „Mich, Henker!", ruft er, „erwürget!
Da bin ich, für den er gebürget!"

Und Erstaunen ergreift das Volk umher,
In den Armen liegen sich beide
Und weinen für Schmerzen und Freude.
130 Da sieht man kein Auge tränenleer,
Und zum Könige bringt man die Wundermär,
Der fühlt ein menschliches Rühren,
Lässt schnell vor den Thron sie führen.

Und blicket sie lange verwundert an;
135 Drauf spricht er: „Es ist euch gelungen,
Ihr habt das Herz mir bezwungen,
Und die Treue, sie ist doch kein leerer Wahn,
So nehmet auch mich zum Genossen an,
Ich sei, gewährt mir die Bitte,
140 In eurem Bunde der Dritte."

**1** a) Stellt den Geschehensablauf der Ballade in einem Flussdiagramm (▷ S. 333) dar und schreibt darauf gestützt eine Inhaltsangabe (▷ S. 215).
b) Schreibt alle Schlüsselaussagen zum Thema „Freundschaft" heraus und ordnet sie einzelnen Stationen des Flussdiagramms zu.
c) Gibt es angesichts der Bedrohung eine Veränderung in der Auffassung von Freundschaft? Begründet eure Meinung.

**2** a) Formuliert mögliche Reaktionen auf den letzten Satz der Ballade. Stellt sie euch gegenseitig vor und verteidigt sie, indem ihr Bezüge zum Text herstellt.
b) Vergleicht den Schluss der Ballade mit der Kernaussage aus Kafkas Text „Gemeinschaft" (▷ S. 169–170).

**3** Weist in der Ballade einige lyrische, epische und dramatische Elemente nach.

**4** Entwickelt einen gestaltenden Vortrag der Ballade.
a) Lest die Ballade mit verteilten Rollen vor. Stellt die beteiligten Personen dabei durch unterschiedliche Lautstärke und Tonlage der Stimmen dar.
b) Der Erzähler drückt Spannung durch gesteigertes Tempo und besondere Lautstärke aus. (An anderen, weniger dramatischen Stellen verlangsamt er den Vortrag und nimmt die Stimme zurück.)
c) Der Erzähler markiert Sinnabschnitte außerdem durch kurze Pausen und eine wechselnde Tonlage der Stimme.

d) Wählt zu Sinnabschnitten der Ballade kurze Ausschnitte aus Musikstücken aus, spielt sie während des Vortrags ein und lest anschließend die entsprechenden Strophen vor.

**5** Erinnert euch an berühmte Freundschaften, die ihr aus Büchern und Filmen kennt (Old Shatterhand und Winnetou, „Fünf Freunde" etc.). Stellt die Namen der Freunde in einer Tabelle zusammen und vergleicht ihre Freundschaft mit der in „Die Bürgschaft".

**6** Bewertet kurz schriftlich die besondere Qualität der Freundschaft, die Schiller in seiner Ballade darstellt.

# Freizeitgenossen oder enge Vertraute? – Sachtexte analysieren

Christiane Grefe

## Wie man in Deutschland befreundet ist

*Nach der Liebe gilt die Freundschaft als ewige Zweite. Doch je öfter Ehen und Familien auseinanderbrechen, desto wichtiger werden die Wahlverwandtschaften.*

Bei der Trauerfeier war es Theo, der die Ansprache hielt. Im Friedhofscafé, wo Verwandte, Nachbarn und Freunde noch beisammensaßen, erhob sich der 84-Jährige und erinnerte
5 mit seiner vertraut knarzigen Stimme an biografische Wendungen eines zu Ende gegangenen Lebens.
[...] So treffend waren Theos Sätze. Es kannte ja auch niemand, nicht mal die Ehefrau, den Ver-
10 storbenen so lange wie er. Der beste Freund. 74 Jahre lang hatten sich die Männer begleitet. Fast das ganze Leben. Eine Verbindung, die dem deutschen Ideal von der „wahren" Freundschaft sehr nahe kam – und zugleich ganz un-
15 gewöhnlich war.
Denn von Anfang an sprach wenig dafür, dass sich ausgerechnet diese beiden gut verstehen sollten: Während Theo, ein unlustiger Schüler, schon als Kind eher auf Opposition[1] ge-
20 schaltet hatte, fiel ihm Herbert in der Schule zunächst als Braver auf. Einer, dem alles zuflog. Dessen Eltern, Besitzer eines „Fabriksken"[2], galten in der sauerländischen Kleinstadt zudem als „was Besseres" – Theo wuchs
25 in einer zu äußerster Sparsamkeit gezwungenen Postbeamtenfamilie auf.
Doch weil beide besonders intelligent waren, dafür beim Turnen umso mehr versagten, fingen sie an, sich zu mögen. Immer öfter zog
30 Theo nachmittags die steile Straße hinauf in

### Freundschaft in Zahlen

**Haben Sie enge Freunde?**

| | |
|---|---|
| Ja | 83 % |
| Nein | 17 % |

**Wie viele Freunde haben Sie?**
Durchschnitt: 3,3

**Wie oft haben Sie Kontakt mit Ihren Freunden?**

beinahe täglich
24 %
mindestens einmal pro Woche
52 %
mindestens einmal pro Monat
20 %
seltener
3 %

das bürgerliche Gründerzeithaus[3]. Eine gemeinsame Radfahrt an die Mosel schweißte sie endgültig zusammen. „Das war kein Entschluss, Freunde zu werden. Das wuchs einfach", sagt Theo.
35 Nach dem Krieg, der sie ein ganzes Jahrzehnt lang auseinandergerissen hatte, sollten sie nie wieder in der gleichen Stadt leben. Und auch sonst schien ihre Entwicklung sie zu trennen: Herbert übernahm traditionsverpflichtet Va-
40 ters Firma und wurde Funktionär[4] im Verband der Maschinenbauer – Theo, der soziale Richter, stritt in Bonn gegen die Benachteiligung der Arbeiterklasse. [...]
Verschiedener konnte man kaum sein. Trotz-
45 dem blieb ihre Freundschaft von allen die engste. Alle vier Wochen gingen sie gemein-

1 **Opposition:** Widerstand, Widerspruch
2 **Fabriksken:** eine kleine Fabrik
3 **Gründerzeithaus:** Haus, das in den Jahren nach 1871 in Deutschland gebaut wurde
4 **Funktionär:** führender Beauftragter

175

sam wandern und fuhren jeden Winter ein paar Tage in den Schnee. Manchmal mit Skatbrüdern, immer ohne Frauen. Beim Laufen war endlos Zeit für Gespräche. [...]

Schon immer hatte Freundschaft in Deutschland einen hohen Stellenwert. Was macht glücklich? Mit wem teilt man Interessen? Auf wen kann man bauen? In solchen Umfragen schneiden die Freunde gut ab. Wenn auch nicht als „Schönstes" auf der Welt wie im Gassenhauer, erobern sie doch den zweiten Platz, gleich nach dem Ehepartner.

Wie die Partnerschaft ist auch die Freundschaft elementar[5], identitätsprägend, eine Beziehung auf Dauer, zumindest mit Perspektive. Mit einem besonderen Freund kann es viele Gemeinsamkeiten geben, doch ohne Absolutheitsanspruch lebt oder probiert man zugleich mit weiteren Gefährten andere Seiten aus: Mit Elisabeth gilt es die Klimakatastrophe zu bekämpfen, mit Inge die sportliche Trägheit, mit Jürgen den tierischen Ernst. Freundschaft gibt Halt und die Gewissheit, dass man liebenswert ist.

Doch das alles leistete sie lange, ohne groß Thema zu sein. „Nachträglich war das mit Herbert ein großes Glück", sagt der zurückgebliebene Theo, „damals hat man es als völlig selbstverständlich gesehen." Während Medien jeden Höhenflug, Leid und Verrat im dramenträchtigen Liebesverhältnis zwischen Männern und Frauen, Eltern und Kindern bis zum Voyeurismus[6] inszenieren, als Klatsch, Ratgeber, Psychodrama, blieb die Freundschaft die unhinterfragte, aber irgendwie unspektakuläre und für das Gelingen des großen Ganzen scheinbar nebensächliche ewige Zweite. „Es ist wohl typisch", stellt Theo fest, „dass sie, obwohl genauso wichtig, im großen emotionalen Klumpatsch von Liebe und Familie untergeht."

Erst seit Anfang der neunziger Jahre, als Ulrich Beck und seine Lebensgefährtin Elisabeth Beck-Gernsheim in der „vollmobilen Single-Gesellschaft" den „zur Wahlfreiheit verdammten Inszenator[7] des eigenen Lebenslaufs" entdecken und auch andere Soziologen[8] vor der drohenden Einsamkeit aus stabilen Beziehungen gesprengter Nomaden[9] warnten, haben Freunde Konjunktur[10] auch in einer breiten Öffentlichkeit. [...]

Indizien immerhin gibt es dafür, dass das freundschaftliche Beziehungsband sich festigt. Als Freizeitgenossen haben Freunde die Verwandten schon überholt. Aufschlussreich ist die Entwicklung im Osten, wo die Familie zu DDR-Zeiten einen höheren Stellenwert besaß. Dort ist das Bekenntnis zu engen Freunden nach der Wende von 75 Prozent auf 85 Prozent gestiegen. Neben einer Vielzahl von anderen Ursachen wird der fortschreitende Drang zur Selbstentfaltung genannt.

Weitere Eindrücke: Bei Hochzeits- oder Geburtstagsfesten werden die Freundschaften üppiger als früher mit Selbstgereimtem und Einstudiertem zelebriert. Wie Dorfbewohner sprechen Freundeskreise statt der irgendwo verstreuten Familie Betreuung und Pflege ab, wenn es jemandem von ihnen schlecht geht. Es gibt immer mehr Gefährten, die ein gemeinsames Altwerden planen. [...]

Rund 15 Prozent der Bundesbürger sagen bei Befragungen, sie hätten keinen Freund; die übrigen 85 Prozent nennen drei bis sechs Gefährten. Doch wen meinen sie: den Kollegen, mit dem sie auch mal Squash spielen? Den Kontakt im Chatroom? Die Kindheitsgefährtin, die noch immer vertraut ist, auch wenn man sie nur noch alle fünf Jahre sieht? Oder allein die haut- und seelennahe „Busenfreundin"? Und würden diese Personen umgekehrt womöglich sagen: Wie kommt der oder die überhaupt dazu, mich Freund zu nennen? Vor allem Arbeiter, so eine Studie, nennen zudem als Freunde oft den Ehepartner oder Verwandte: Und es gibt weitere soziale Unterschiede.

---

5 **elementar:** grundlegend

6 **Voyeurismus:** Einblick in die Intimsphäre anderer geben oder nehmen

7 **Inszenator:** künstlerischer Gestalter

8 **Soziologen:** Gesellschaftswissenschaftler

9 **Nomaden:** eigentlich „Wanderhirten"

10 **Konjunktur:** *hier:* besondere Beachtung finden

9.1 Freundschaft hat viele Gesichter – Texte lesen und verstehen

**1** *Bearbeitet den Text nach der Fünf-Schritt-Lesemethode:*

**ARBEITSTECHNIK**

### Fünf-Schritt-Lesemethode
- Überfliegt den Text und notiert in einem Satz, um was es geht.
- Sammelt in einem Cluster stichwortartig alle euch bisher bekannten Aspekte von Freundschaft.
- Unterstreicht im Text Schlüsselwörter (möglichst in jedem Absatz eins oder zwei).
- Schreibt zu jedem Absatz eine Zwischenüberschrift, die den Inhalt zusammenfasst.
- Ordnet die im Text neu genannten Aspekte von Freundschaft in euren Cluster ein.

**2** *Zitiert* Textpassagen, die Aussagen der Balkendiagramme auf S. 175 ergänzen und präzisieren. Gestaltet die Zitate so: *Das Balkendiagramm macht Aussagen zu …*
*Die Autorin führt dazu aus/erklärt dazu/teilt dazu mit: „….“ (Z. XXX–XXX).*

> **Zitat**
> Bei einem **Zitat** wird ein Teil der fremden Äußerung mit Anführungszeichen in den eigenen Satz eingebaut. Der zitierte Teil stimmt dabei mit dem Originalsatz überein, die genaue Zeilenangabe steht in Klammer, z. B.: Grefe vertritt die These: „Freundschaft gibt Halt" (Z. 70).

**3** *Ergänzt euren Cluster mit Hilfe der Wörterbuch-Auszüge.*

**Freundschaft**
1. Beziehung, Brüderschaft, Bund, Eintracht, Gemeinschaft, Harmonie, Kameradschaft, Verbindung, Verbundenheit, Vertrautheit, Zuneigung, Zusammengehörigkeit, *(ugs. oft abwertend):* Kumpanei; *(landsch.):* Bruderschaft.
2. Bekanntenkreis, Bekanntschaft, Freundeskreis
**freundschaftlich**
befreundet, brüderlich, einträchtig, familiär, freundlich, harmonisch, kameradschaftlich, partnerschaftlich, vertraulich, vertraut; *(bildungsspr.):* amikal.

**4** *Vergleicht die verschiedenen Aspekte von Freundschaft und markiert in eurem Cluster diejenigen Aspekte, die für euch persönlich am wichtigsten sind.*

**5** *Schreibt eine Definition von Freundschaft, in der ihr diesen Begriff von verwandten Begriffen des Wortfeldes wie „Liebe" und „Bekanntschaft" abgrenzt.*

**Freund**
1. Getreuer, Kamerad, Vertrauter; *(geh.):* Gefährte; *(geh. oft scherzh.):* Intimus; *(ugs.):* Kumpan, Kumpel; *(österr. ugs.):* Spezi; *(salopp):* Schani; *(berlin.):* Atze; *(veraltend):* Genosse, Gespiele; *(bildungsspr. veraltend):* Konfident; *(scherzh. sonst veraltend):* Bruderherz; *(landsch. sonst veraltet):* Spezial; *(veraltet):* Herzensbruder; *(früher):* Gefolgsmann; *(Verbindungsw.):* Leibbursch.
2. Boyfriend, Geliebter, Herz[blatt], Lebensgefährte, Liebhaber, Liebling, Lover, Partner, Verhältnis; *(geh.):* Erwählter; *(verhüll.):* ständiger Begleiter; *(ugs. verhüll.):* Bekannter; *(ugs., oft scherzh.):* Lebensabschnittspartner; *(scherzh.):* Auserwählter; *(ugs. abwertend):* Galan; *(veraltend):* Schatz; *(scherzh. sonst veraltend):* Gespiele; *(veraltet):* Favorit, Liebster; *(scherzh. sonst veraltet):* Kavalier; *(Jugendspr.):* Macker, Scheich.
3. a) Anhänger, Fan, Liebhaber. b) [Be]förderer, Gönner; *(bildungsspr.):* Mäzen; *(ugs.):* Sponsor; *(ugs. abwertend):* Amigo; *(veraltet):* Musaget. c) Genosse, Verbündeter.

## 9.2 Freundschaftsbilder – Kreativ schreiben

### Bilder als Momentaufnahme – Geschichten entwickeln

Thomas Fischer (14): Zwei Freunde

Ferdinand Georg Waldmüller: Kinder am Fenster, 1853. Öl auf Leinwand

Carl Spitzweg: Drachensteigen, 1880/85. Öl auf Karton

**1** Betrachtet jedes Foto/Gemälde eine Minute lang intensiv.
 a) Schreibt dann zu jedem Foto oder Gemälde fünf Stichwörter auf eine Karte.
 b) In Kleingruppen werden alle Karten gezeigt. Jeder wählt eine Karte aus, die er mit einem Bild seiner Wahl in Verbindung bringt.

**2** Schreibt eine kurze Freundschaftsgeschichte zu dem Bild eurer Wahl, indem ihr alle notierten Wörter einbringt. Das Bild soll eine Momentaufnahme aus dieser Freundschaftsgeschichte sein.

**3** Tauscht eure Geschichten in der Gruppe untereinander aus.
 a) Ordnet die Geschichten den Fotos und Gemälden zu.
 b) Überarbeitet und bewertet eure Texte in einer Schreibkonferenz.

**4** Alle Geschichten werden ausgehängt und können in einem Galeriegang gelesen werden.

## Freundschaft inszenieren – Dialoge verfassen

**1** Das Foto wurde von einem Jugendlichen aufgenommen. Welche Aspekte von Freundschaft entnehmt ihr ihm?
   a) Haltet die Aspekte in einem Cluster fest.
   b) Schreibt einen inneren Monolog aus der Perspektive einer der Figuren.

**2** Inszeniert ähnliche Freundschaftsszenen.
   a) Nehmt sie mit einer Digitalkamera auf.
   b) Bringt die Figuren zum Sprechen, indem ihr Dialoge verfasst.
   c) Sichert die Fotos für ein Freundschafts-Projekt im Internet (vgl. Kapitel 9.3).

Hans Manz

### Freundschaften

„Könntest du notfalls das letzte Hemd vom Leib weggeben?
Dich eher in Stücke reißen lassen als ein Geheimnis verraten?
Lieber schwarz werden als jemanden im Stich lassen?
Pferde stehlen oder durchs Feuer gehen?"
5 „Ja."
„Auch für mich?"
„Ja."
„Dann bist du mein Freund."

„Und du? Könntest du notfalls verzeihen?"
10 „Es kommt darauf an, was."
„Dass ich vielleicht einmal nicht das letzte Hemd hergebe,
mich nicht immer in Stücke reißen lasse,
ausnahmsweise nicht schwarz werden will,
nicht in jedem Fall Pferde stehle oder durchs Feuer gehe?"
15 „Ja."
„Dann bist auch du mein Freund."

**3** Der Text soll eine Überschrift-Ergänzung erhalten. Welcher der folgenden Vorschläge passt am besten? „… – Überraschungen"; „… – unter der Oberfläche", „… mit Nachsicht". Begründet eure Meinung.

**4** Im Text werden Eigenschaften von Freundschaft doppelt erwähnt. Notiert in einem Satz, welche neue Dimension einer Freundschaft durch die abgewandelte Wiederholung klar wird.

**5** Schreibt nach dem gleichen Muster einige weitere Dialoge, in denen andere Aspekte von Freundschaft zum Thema werden.

## Freundschaft verschlüsseln – Fabeln schreiben

Käthe Recheis

**Der Löwe und die Stiere**

Neu erzählt in Anlehnung an Johann Gottfried Herder

Eine zärtliche und enge Freundschaft verband vier junge, kräftige Stiere. Ein Löwe, der in einem nahen Wald seinen Schlupfwinkel hatte, beobachtete sie aus sicherer Entfernung, und seine Begierde nach ihnen wuchs von Tag zu Tag. „Vor diesen acht spitzen Hörnern", sagte er sich aber, „müsste ich fliehen! Ja, diese vier Stiere könnten mich sogar töten, wenn sie mich gemeinsam angreifen. Aber ich weiß, was ich tun muss!"

Er verbarg sich am Rand der grünen, saftigen Wiese, auf der die Stiere weideten, und wartete geduldig, bis sich einer von den anderen ein wenig entfernte. Dann schlich der Löwe hin und flüsterte dem Stier zu: „Ah, du bist es, den die andern drei verspotten!" Dem nächsten Stier erzählte er: „Die anderen drei sind eifersüchtig auf dich, weil du größer und schöner bist als sie."

Am Anfang hörten die Stiere nicht auf den Löwen, aber bald fingen sie an, sich gegenseitig zu misstrauen. Sie gingen nicht mehr gemeinsam auf die Weide, und nachts rückten sie voneinander ab. Das alles machte sie noch viel misstrauischer, und jeder dachte von den anderen: Sie warten auf eine Gelegenheit, mir ein Leid anzutun.

Als der Löwe schließlich die Nachricht verbreitete, die vier Stiere wollten sich gegenseitig bekämpfen, weil jeder der Stärkste sein und die anderen von der Weide verjagen wolle, da fielen sie einander sofort in heller Wut an. Bald sahen die vier prächtigen, jungen Stiere nicht mehr prächtig aus. Sie schlugen mit ihren Hufen aufeinander ein und zerfetzten sich mit ihren Hörnern die Lenden. Als der Löwe einen von ihnen anfiel, tötete und fortschleppte, kamen die anderen ihrem Gefährten nicht zu Hilfe. Der Löwe zerriss bald danach den zweiten, dann tötete er den dritten, und auch der vierte Stier wurde in einigen Tagen, als der Löwe wieder Hunger hatte, dessen Opfer.

**1** Stellt in einem Flussdiagramm (▷ S. 333) dar, in welchen Schritten es dem Löwen gelingt, die Stiere zu entzweien und schließlich zu überwältigen.

**2** Formuliert in einem Satz eine Lehre, die sich aus dieser Fabel ergibt.

**3** Schreibt unter Überschriften wie „Die Gänse und der Fuchs", „Die Schafe und der Wolf" usw. andere Fabeln dieser Art.
  a) Legt zunächst eine Eigenschaft fest, die eine Freundschaft gefährden kann und die ihr in eurer Fabel darstellen wollt.
  b) Ordnet diese Eigenschaft einem passenden Tier/passenden Tieren zu.
  c) Entwickelt in einem Flussdiagramm Handlungsschritte, in denen die gewählte Eigenschaft wirksam werden kann.
  d) Verfasst dann den Text, indem ihr die Merkmale einer Fabel (▷ S. 329) beachtet.

# 9.3 Projekt: Freundschaftstexte mit dem Computer interaktiv gestalten

## Akrostichen interaktiv

**M**elle kann nicht
**E**ssen weil DOC SOMMER ihrem Mund
**L**ieber Spikes
**A**ls lose Klammern verpasst
**N**iemand
**i**st so gemein wie
**E**r

Dieser Text ist ein **Akrostichon.** Liest man die jeweils ersten Buchstaben der ersten Wörter aller Zeilen von oben nach unten, ergibt sich ein Wort (hier: der Name Melanie).

**1** Stellt in einem Intranet der Schule oder in einem virtuellen Klassenzimmer bei **lo-net** „Visitenkarten" dieser Art für Mitschülerinnen und Mitschüler in der Klasse her.
   a) Schreibt zunächst Texte für Freundinnen und Freunde in der Klasse und schickt sie ihnen per E-Mail zu.
   b) Lost dann alle Namen untereinander aus, schreibt ein weiteres **Akrostichon** für den zugeteilten Partner/die zugeteilte Partnerin und versendet es per E-Mail.
   c) Jeder kann am Ende auswählen, welchen der erhaltenen Texte er im virtuellen Klassenzimmer veröffentlichen möchte. Dabei kann auch noch etwas verändert werden.
   d) Mit den Akrostichen könnt ihr ein Impressum (Auflistung aller Namen von Mitarbeiterinnen und Mitarbeitern einer Veröffentlichung) für eine Internet-Publikation zusammenstellen.

### ARBEITSTECHNIK

**Interaktiver Textaustausch**
Texte, die ihr in diesem Kapitel schon geschrieben habt oder die ihr im weiteren Verlauf noch verfasst, könnt ihr im Internet austauschen und weiterentwickeln. Bei der Auswahl der Vernetzung könnt ihr wählen zwischen dem
- **Internet:** weltweite Vernetzung von Computern zur Übermittlung von Informationen.
- **Intranet:** Vernetzung von Computern in einer Institution (z. B. einer Schule)

Als Plattform für euren Internetauftritt könnt ihr z. B. www.lo-net.de wählen.
- Wenn ihr bei *lo-net* einen virtuellen Klassenraum anmelden lasst, könnt ihr euch geschriebene Texte oder Textentwürfe wechselseitig zur Verfügung stellen.
- Ihr könnt Texte aus dem virtuellen Klassenraum auch auf eure Rechner zu Hause herunterladen.
- Mit einem Passwort könnt ihr euch im virtuellen Klassenzimmer einen geschützten privaten Bereich einrichten.
- Bei *lo-net* findet ihr auch einen Homepage-Generator. Ihr könnt euch so eine eigene Homepage einrichten und aufbereitete Texte und Materialien ins Netz stellen.

9 Freundschaft – Perspektiven in Texten und Bildern

# Textausschnitte weiterschreiben

Chris Wooding
**Beste Freunde**

Nun waren wir vollzählig: Danny, Cappo, Sam und ich, sozusagen der harte Kern unserer Clique. In der großen Mittagspause trafen wir uns immer unten an der Treppe vom Chemiegebäude, hingen zusammen rum, schmiedeten Pläne oder rissen einfach nur Witze. Von Zeit zu Zeit wurden wir durch die eine oder andere Freundin auseinandergerissen (Danny hatte ja diese Dauergeschichte mit Cathy am Laufen und Sam schlug bei den Mädchen ein wie ein Blitz aus heiterem Himmel), aber am Ende kehrten wir doch immer wieder in den Schoß der Gemeinde zurück. Die drei waren meine besten Freunde.

1 *Schreibt in Gruppen unterschiedliche Fortsetzungen dieses Textes. Arbeitet dabei, wenn möglich, am Computer.*
   a) *Dazu kann zunächst eine oder einer in der Gruppe erste fortführende Sätze schreiben.*
   b) *Ein anderer in der Gruppe greift die Fortsetzung auf und schreibt weitere Sätze zum Thema „Freundschaft".*
   c) *Hat die oder der Letzte in der Gruppe den Kettentext ergänzt, kann eine zweite Serie von Fortsetzungen beginnen.*
   d) *Während dieser Arbeiten, die sich über mehrere Stunden hinziehen können, sollte es erlaubt sein, in die Fortsetzungen anderer Gruppen hineinzusehen.*

2 *Verfahrt so mit weiteren kurzen Auszügen aus (Jugend-) Romanen, die ihr in letzter Zeit gelesen habt und in denen es um das Thema „Freundschaft" geht.*
   a) *Bittet andere in der Klasse, die kurzen Auszüge weiterzuspinnen. Dabei können Fortsetzungen oder Vorgeschichten geschrieben werden.*
   b) *Ist etwa eine halbe Seite geschrieben, kann der erweiterte Text in der Klasse weitergegeben werden usw.*

Chris Wooding

**Einen Freund auslachen**

*In der folgenden Szene lachen Cappo und Jay, der Ich-Erzähler, über ihren Freund Sam, nachdem Cappo etwas über ihn preisgegeben hat. Sam fühlt sich dadurch sehr verletzt.*

Ich konnte nicht anders. Ich musste einfach losbrüllen. Cappo und ich warfen uns weg vor Lachen, bis wir fast platzten, und Sam stand daneben und guckte betreten aus der Wäsche – so hatte ich ihn noch nie erlebt. Der böse Blick, mit dem er den Boden fixierte, brachte mich noch mehr zum Lachen und ich merkte, dass er wirklich wütend wurde, so als würde er einem von uns eine verpassen, wenn wir nicht sofort aufhörten. Aber das war mir egal – ich genoss einfach mein Gefühl von Rache. Aber dann geschah etwas Merkwürdiges. Ich weiß nicht, warum, aber irgendwie schien es für mich in diesem Moment eine total wichtige Rolle zu spielen oder vielleicht kommt es mir jetzt einfach so vor, jedenfalls: Was passierte, war, dass Sam plötzlich nicht mehr wütend guckte. Seine Mundwinkel begannen sich leicht nach oben zu biegen und sein Gesicht hatte plötzlich diesen komischen Ausdruck, diesen typischen, den man hat, wenn der Lehrer einen anschreit und ein Freund hinter seinem Rücken Faxen macht. Diese Grimasse, die man zieht, wenn man nicht lachen darf, aber einfach nicht anders kann. Schließlich brach sein Widerstand und er begann ebenfalls zu prusten. Zuerst nur leise, mehr wie ein Kichern, dann laut und anhaltend, so wie wir.

Es war gefährlich, in der Zone so laut zu lachen. Aber im Augenblick war es uns einfach egal. Wir krümmten uns vor Lachen und plötzlich schien zwischen uns alles wieder in Butter zu sein. Und in diesem Moment wurde mir klar: Für ein Mädchen konnte ich eine Freundschaft wie die mit Sam doch nicht einfach so wegwerfen. Für *kein* Mädchen, das war die Sache einfach nicht wert. Denn Mädchen kommen und gehen, aber Freunde, die hat man ein Leben lang.

Ich sah Sam an und er sah mich an und ich spürte, dass ich ihm verziehen hatte. Es fällt mir sowieso schwer, lange auf jemanden sauer zu sein. Ich sagte keinen Ton, aber wir wussten beide Bescheid.

 **3** *Tippt den Textausschnitt ab und leitet ihn in der Gruppe weiter.*

**4** *Jeder schreibt eine Vorgeschichte. Sie soll die in dem Ausschnitt dargestellte Gefährdung der Freundschaft erklären.*

 **5** *Überarbeitet eure Texte mit verschiedenen Proben:*
   *a) Weglassprobe: Werden Aussagen durch das Streichen überflüssiger Wörter aussagekräftiger?*
   *b) Erweiterungsprobe: Werden Aussagen durch Hinzufügen von Adjektiven, adverbialen Bestimmungen etc. anschaulicher?*
   *c) Ersatzprobe: Kann man ein Wort durch ein aussagekräftigeres oder präziseres ersetzen?*
   *d) Umstellprobe: Kann man Aussagen/Sätze umstellen, um eine logischere oder interessantere Gesamtaussage zu erhalten?*

**6** *Die von euch geschriebenen verschiedenen Vorgeschichten, die „Wurzeln" des Streits, sollen ebenfalls weitergeleitet werden, damit sie von allen in der Klasse gelesen werden können.*

# FRIENDS 4 YOU

**1  It's my party!**
*Du gehst mit deiner besten Freundin oder deinem besten Freund auf eine Party und bist in Windeseile von Leuten umringt, die dich alle ganz toll finden. Was tust du?*

Ich genieße es in vollen Zügen, im Mittelpunkt zu stehen. Und damit die allgemeine Bewunderung auch ja nicht nachlässt, fange ich auch noch damit an, mit meinem neuen Designeroutfit und meinen tollsten Erlebnissen zu prahlen. Dabei kehre ich meinem Freund oder meiner Freundin immer voll den Rücken zu – die Konkurrenz schläft schließlich nie!

Ich fühle mich natürlich sehr geschmeichelt, versuche aber trotzdem meine/n Freund/in miteinzubeziehen, indem ich sie/ihn vorstelle und etwas zu einem Thema frage. Denn so kann das ja für uns beide noch ein richtig toller Abend werden.

Ich verlasse das Fest mit meinem Freund oder meiner Freundin, weil es mir leidtut, dass er/sie hier nicht so gut ankommt wie ich und sich deshalb hier sicherlich unwohl fühlt.

**2  Total verknallt**
*Du bist so richtig verknallt und wärst mit deiner neuen Flamme am liebsten rund um die Uhr zusammen. Wie bringst du das aber nun deinen Freunden bei – was machst du?*

Ich bin ab sofort für niemanden mehr erreichbar und wenn man mich doch mal telefonisch erwischt, schwärme ich in einer Tour von meinem Glück und lasse den Anrufer gar nicht erst zu Wort kommen. Was anderes interessiert mich momentan sowieso nicht.

Ich treffe mich zwar nicht mehr ganz so oft mit meinen Freunden, melde mich aber nach wie vor, um zu fragen, wie es ihnen so geht. Denn für meine besten Freunde gilt auch jetzt: Auf mich ist Verlass und wenn sie mich brauchen, bin ich immer für sie da.

Da ich keine Minute mehr allein ohne meinen neuen Partner sein will, nehme ich ihn einfach überallhin mit. So habe ich alle meine Lieben stets um mich und keiner kann von mir behaupten, dass ich ihn vernachlässige.

**3  Wenn du mich magst, dann tust du das auch für mich …**
*Jemand, der dir sehr wichtig ist, verlangt von dir zum wiederholten Mal etwas, wozu du überhaupt keine Lust hast. Wie reagierst du?*

Ich sage – besser spät als nie – die Wahrheit. Denn dass ich bislang alles gemacht habe, was sie oder er von mir verlangt hat, ist für mich noch lange kein Grund, das nun immer weiter tun zu müssen. Zum Stopp-Sagen ist es schließlich nie zu spät!

Da ich es total hasse, mich mit jemandem zu streiten, mache ich lieber wieder mit, vor allem weil ich Angst habe, dass mich der andere sonst nicht mehr mag.

Ich bin stinksauer, weil mein Freund oder meine Freundin ja eigentlich wissen müsste, dass mir das Ganze nicht passt, und beginne ernsthaft an unserer Freundschaft zu zweifeln.

*Petra Göttinger*

---

**7** Untersucht, wie diese Freundschaftstests aufgebaut sind.

**8** Diskutiert, welche der dargestellten Positionen jeweils positiv zu bewerten sind. Dabei könnt ihr z.T. zu unterschiedlichen Ergebnissen kommen.

**9** Erfindet Überschriften für weitere Tests dieser Art.

**10** Gestaltet diese Tests dann in Gruppen schriftlich aus und stellt sie euch am Computer zur Verfügung. Achtet darauf, dass die Wahl zwischen den angebotenen Lösungen nicht zu leichtfällt.

**11** Andere Gruppen diskutieren die Test-Antworten und markieren am PC jeweils die Lösung, die ihnen am sinnvollsten erscheint.

LESEN · UMGANG MIT TEXTEN UND MEDIEN

# 10 Nicht ganz alltägliche Situationen – Kurzgeschichten

## 10.1 Jugendliche und Erwachsene – Kurzgeschichten interpretieren

**1** a) Beschreibt, was genau auf den Bildern zu sehen ist: Was verraten die gezeigten Ausschnitte über die Situation der dargestellten Jugendlichen? Achtet auf Blicke und Gesten.
b) Stellt Vermutungen darüber an, worum es in den Geschichten dieses Kapitels gehen könnte.

**2** Die Scheinwerferspots verraten etwas über die besondere Form dieser Geschichten: Sie konzentrieren sich auf das Ausschnitthafte. Überlegt, wie die Geschichten anfangen und wie sie enden könnten. Schreibt erste Sätze.

185

Julia Franck

**Streuselschnecke** (2002)

Der Anruf kam, als ich vierzehn war. Ich wohnte seit einem Jahr nicht mehr bei meiner Mutter und meinen Schwestern, sondern bei Freunden in Berlin. Eine fremde Stimme meldete sich, der Mann nannte seinen Namen, sagte mir, er lebe in Berlin, und fragte, ob ich ihn kennen lernen wolle. Ich zögerte, ich war mir nicht sicher. Zwar hatte ich schon viel über solche Treffen gehört und mir oft vorgestellt, wie so etwas wäre, aber als es so weit war, empfand ich eher Unbehagen. Wir verabredeten uns. Er trug Jeans, Jacke und Hose. Ich hatte mich geschminkt. Er führte mich ins Café Richter am Hindemithplatz, und wir gingen ins Kino, ein Film von Rohmer. Unsympathisch war er nicht, eher schüchtern. Er nahm mich mit ins Restaurant und stellte mich seinen Freunden vor. Ein feines, ironisches Lächeln zog er zwischen sich und die anderen Menschen. Ich ahnte, was das Lächeln verriet. Einige Male durfte ich ihn bei seiner Arbeit besuchen. Er schrieb Drehbücher und führte Regie bei Filmen. Ich fragte mich, ob er mir Geld geben würde, wenn wir uns treffen, aber er gab mir keines, und ich traute mich nicht, danach zu fragen. Schlimm war das nicht, schließlich kannte ich ihn kaum, was sollte ich da schon verlangen? Außerdem konnte ich für mich selbst sorgen, ich ging zur Schule und putzen und arbeitete als Kindermädchen. Bald würde ich alt genug sein, um als Kellnerin zu arbeiten, und vielleicht wurde ja auch noch eines Tages etwas Richtiges aus mir. Zwei Jahre später, der Mann und ich waren uns noch immer etwas fremd, sagte er mir, er sei krank.

Er starb ein Jahr lang, ich besuchte ihn im Krankenhaus und fragte, was er sich wünsche. Er sagte mir, er habe Angst vor dem Tod und wolle es so schnell wie möglich hinter sich

bringen. Er fragte mich, ob ich ihm Morphium besorgen könne. Ich dachte nach, ich hatte einige Freunde, die Drogen nahmen, aber keinen, der sich mit Morphium auskannte. Auch war ich mir nicht sicher, ob die im Krankenhaus herausfinden wollten und würden, woher es kam. Ich vergaß seine Bitte. Manchmal brachte ich ihm Blumen. Er fragte nach dem Morphium, und ich fragte ihn, ob er sich Kuchen wünsche, schließlich wusste ich, wie gerne er Torte aß. Er sagte, die einfachen Dinge seien ihm jetzt die liebsten – er wolle nur Streuselschnecken, nichts sonst. Ich ging nach Hause und buk Streuselschnecken, zwei Bleche voll. Sie waren noch warm, als ich sie ins Krankenhaus brachte. Er sagte, er hätte gerne mit mir gelebt, es zumindest gern versucht, er habe immer so gedacht, dafür sei noch Zeit, eines Tages – aber jetzt sei es zu spät. Kurz nach meinem siebzehnten Geburtstag war er tot. Meine kleine Schwester kam nach Berlin, wir gingen gemeinsam zur Beerdigung. Meine Mutter kam nicht. Ich nehme an, sie war mit anderem beschäftigt, außerdem hatte sie meinen Vater zu wenig gekannt und nicht geliebt.

**1** a) Gebt mit eigenen Worten wieder, in welcher Lebenssituation sich die Ich-Erzählerin befindet.
b) Skizziert das Verhältnis zwischen den erwähnten Figuren in einem Schaubild.

**2** *Welchen Zeitraum umfasst das Geschehen? Gliedert es in Abschnitte und beschreibt die einzelnen Phasen der Beziehung zwischen den Hauptfiguren.*

**3** *a) Die Geschichte hat am Ende einen Wendepunkt. Hättet ihr es besser gefunden, wenn von Anfang an klar gewesen wäre, um wen es sich bei dem Mann handelt? Begründet eure Meinung.*
*b) Die Erzählerin verschweigt bewusst die Identität des Mannes. Stellt Vermutungen an, warum sie nicht sagt, um wen es sich handelt.*

**4** *Untersucht die Ausgestaltung der Geschichte. Achtet auf Anfang und Ende, Satzbau und Redewiedergabe.*

**5** *a) Schreibt den Anfang der Geschichte (bis Z. 28) aus der Sicht des Mannes. Versucht dabei, den Charakter des Textes, Aufbau und sprachliche Gestaltung aufrechtzuerhalten.*
*b) Lest eure Fassung der Kurzgeschichte vor. Wie erscheint nun das Verhältnis zwischen den beiden Figuren?*

Wolfgang Borchert

## Nachts schlafen die Ratten doch (1946)

*Wolfgang Borchert wurde 1921 in Hamburg geboren und schrieb neben Kurzprosa und Gedichten auch das Drama „Draußen vor der Tür" (1947). Dieses Stück zeigt das Leid der aus dem Krieg heimkehrenden Soldaten und ihre Vereinsamung. Borchert hat sein Stück nie auf der Bühne gesehen, weil er 1947 im Alter von 26 Jahren in Basel starb.*

Das hohle Fenster in der vereinsamten Mauer gähnte blaurot voll früher Abendsonne. Staubgewölke flimmerte zwischen den steilgereckten Schornsteinresten. Die Schuttwüste döste. Er hatte die Augen zu. Mit einmal wurde es noch dunkler. Er merkte, dass jemand gekommen war und nun vor ihm stand, dunkel, leise. Jetzt haben sie mich!, dachte er. Aber als er ein bisschen blinzelte, sah er nur zwei etwas ärmlich behoste Beine. Die standen ziemlich krumm vor ihm, dass er zwischen ihnen hindurchsehen konnte. Er riskierte ein kleines Geblinzel an den Hosenbeinen hoch und erkannte einen älteren Mann. Der hatte ein Messer und einen Korb in der Hand. Und etwas Erde an den Fingerspitzen.

Du schläfst hier wohl, was?, fragte der Mann und sah von oben auf das Haargestrüpp herunter. Jürgen blinzelte zwischen den Beinen des Mannes hindurch in die Sonne und sagte: Nein, ich schlafe nicht. Ich muss hier aufpassen. Der Mann nickte: So, dafür hast du wohl den großen Stock da?

Ja, antwortete Jürgen mutig und hielt den Stock fest.

Worauf passt du denn auf?

Das kann ich nicht sagen. Er hielt die Hände fest um den Stock.

Wohl auf Geld, was? Der Mann setzte den Korb ab und wischte das Messer an seinem Hosenbein hin und her.

Nein, auf Geld überhaupt nicht, sagte Jürgen verächtlich. Auf ganz etwas Anderes.

Na, was denn?

Ich kann es nicht sagen. Was Anderes eben.

Na, denn nicht. Dann sage ich dir natürlich auch nicht, was ich hier im Korb habe. Der Mann stieß mit dem Fuß an den Korb und klappte das Messer zu.

Pah, kann mir denken, was in dem Korb ist, meinte Jürgen geringschätzig, Kaninchenfutter.

Donnerwetter, ja!, sagte der Mann verwundert, bist ja ein fixer Kerl. Wie alt bist du denn?

Neun.

Oha, denk mal an, neun also. Dann weißt du ja auch, wie viel drei mal neun sind, wie?

Klar, sagte Jürgen, und um Zeit zu gewinnen, sagte er noch: Das ist ja ganz leicht. Und er sah durch die Beine des Mannes hindurch. Drei mal neun, nicht?, fragte er noch einmal, siebenundzwanzig. Das wusste ich gleich.

Stimmt, sagt der Mann, genau so viel Kaninchen habe ich.

Jürgen machte einen runden Mund: Siebenundzwanzig?

Du kannst sie sehen. Viele sind noch ganz jung. Willst du?

Ich kann doch nicht. Ich muss aufpassen, sagte Jürgen unsicher.

Immerzu?, fragte der Mann, nachts auch?

Nachts auch. Immerzu. Immer. Jürgen sah an den krummen Beinen hoch. Seit Sonnabend schon, flüsterte er.

Aber gehst du denn gar nicht nach Hause? Du musst doch essen.

Jürgen hob einen Stein hoch. Da lag ein halbes Brot. Und eine Blechschachtel.

Du rauchst?, fragte der Mann, hast du denn eine Pfeife?

Jürgen fasste seinen Stock fest an und sagte zaghaft: Ich drehe. Pfeife mag ich nicht.

Schade, der Mann bückte sich zu seinem Korb, die Kaninchen hättest du ruhig mal ansehen können. Vor allem die Jungen. Vielleicht hättest du dir eines ausgesucht. Aber du kannst hier ja nicht weg.

Nein, sagte Jürgen traurig, nein, nein.

Der Mann nahm den Korb und richtete sich auf. Na ja, wenn du hierbleiben musst – schade. Und er drehte sich um.

Wenn du mich nicht verrätst, sagte Jürgen da schnell, es ist wegen den Ratten.

Die krummen Beine kamen einen Schritt zurück: Wegen den Ratten?

Ja, die essen doch von Toten. Von Menschen. Da leben sie doch von.

Wer sagt das?

Unser Lehrer.

Und du passt nun auf die Ratten auf?, fragte der Mann.

Auf die doch nicht!, Und dann sagte er ganz leise: Mein Bruder, der liegt nämlich da unten. Da. Jürgen zeigte mit dem Stock auf die zusammengesackten Mauern. Unser Haus kriegte eine Bombe. Mit einmal war das Licht weg im Keller. Und er auch. Wir haben noch gerufen. Er war viel kleiner als ich. Erst vier. Er muss hier ja noch sein. Er ist doch viel kleiner als ich.

Der Mann sah von oben auf das Haargestrüpp. Aber dann sagte er plötzlich: Ja, hat euer Lehrer euch denn nicht gesagt, dass die Ratten nachts schlafen?

Nein, flüsterte Jürgen und sah mit einmal ganz müde aus, das hat er nicht gesagt.

Na, sagte der Mann, das ist aber ein Lehrer, wenn er das nicht mal weiß. Nachts schlafen die Ratten doch. Nachts kannst du ruhig nach Hause gehen. Nachts schlafen sie immer. Wenn es dunkel wird, schon.

Jürgen machte mit seinem Stock kleine Kuhlen in den Schutt. Lauter kleine Betten sind das, dachte er, alles kleine Betten.

Da sagte der Mann (und seine krummen Beine

10.1 Jugendliche und Erwachsene – Kurzgeschichten interpretieren

waren ganz unruhig dabei): Weißt du was? Jetzt füttere ich schnell meine Kaninchen und wenn es dunkel wird, hole ich dich ab. Vielleicht kann ich eins mitbringen. Ein kleines, oder, was meinst du?

Jürgen machte kleine Kuhlen in den Schutt. Lauter kleine Kaninchen. Weiße, graue, weißgraue. Ich weiß nicht, sagte er leise und sah auf die krummen Beine, wenn sie wirklich nachts schlafen.

Der Mann stieg über die Mauerreste weg auf die Straße. Natürlich, sagte er von da, euer Lehrer soll einpacken, wenn er das nicht mal weiß.

Da stand Jürgen auf und fragte: Wenn ich eins kriegen kann? Ein weißes vielleicht?

Ich will mal versuchen, rief der Mann schon im Weggehen, aber du musst hier solange warten. Ich gehe dann mit dir nach Hause, weißt du? Ich muss deinem Vater doch sagen, wie so ein Kaninchenstall gebaut wird. Denn das müsst ihr ja wissen.

Ja, rief Jürgen, ich warte. Ich muss ja noch aufpassen, bis es dunkel wird. Ich warte bestimmt. Und er rief: Wir haben auch noch Bretter zu Hause, Kistenbretter, rief er.

Aber das hörte der Mann schon nicht mehr. Er lief mit seinen krummen Beinen auf die Sonne zu. Die war schon rot vom Abend und Jürgen konnte sehen, wie sie durch die Beine hindurchschien, so krumm waren sie. Und der Korb schwenkte aufgeregt hin und her. Kaninchenfutter war da drin. Grünes Kaninchenfutter, das war etwas grau vom Schutt.

**1** Zitiert Textstellen, in denen der Leser die historische Situation erkennen kann, in der das Geschehen sich abspielt.

**2** Beschreibt Jürgens Situation und sein Verhalten. Welches Bild macht sich der Leser von dem Jungen?

**3** Beschreibt, wie der Mann vorgeht, um Jürgens Vertrauen zu gewinnen.
a) Teilt dazu den Dialog der beiden in Abschnitte ein: Z. 17–35 = Erste Kontaktaufnahme; Z. 36–42 = …
b) Erläutert in diesem Zusammenhang den Titel der Geschichte.

**4** Begründet, welche der folgenden Aussagen über die Geschichte zutreffend sind:
☐ Die Geschichte setzt unvermittelt ein.
☐ Die handelnden Figuren werden genau beschrieben, sodass man sie sich sehr konkret vorstellen kann.
☐ Die Geschichte hat ein Happy End.
☐ Die Figuren werden weder durch Attribute noch genaue Angaben zu ihrem äußeren Erscheinungsbild gekennzeichnet. Sie sind typisiert.
☐ Die Geschichte hat eine ausführliche Einleitung, durch die in das Geschehen eingeführt wird.
☐ Der Ausgang des Geschehens bleibt offen.

**5** Das Geschehen ist aus Sicht des Jungen erzählt.
a) Nennt drei Textstellen, die dies deutlich machen.
b) Fügt in die Geschichte Gedanken des Mannes ein, z. B. in Z. 35 f., Z. 89 f. und Z. 132 f.

**6** In der Kurzgeschichte finden sich oft so genannte **Leitmotive** (▷ S. 65), die im Text wiederholt vorkommen. Untersucht den Anfang (Z. 1–20) und den Schluss des Textes (Z. 142 – Ende) auf solche Leitmotive und erläutert ihre Bedeutung.

189

Wladimir Kaminer

**Schönhauser Allee im Regen**  (2001)

Ab und zu regnet es in der Schönhauser Allee. Ein Unwetter bringt das Geschäftsleben in Schwung. Die Fußgänger verlassen die Straßen und flüchten in alle möglichen Läden rein. Dort entdecken sie Dinge, die sie sich bei Sonnenschein nie angucken würden, und kaufen Sachen, die sie eigentlich überhaupt nicht brauchen, zum Beispiel Regenschirme. Wenn der Regen aufhört, ist die Luft wunderbar frisch, es riecht nach Benzin und den wasserfesten Farben der Fassaden. In jedem Mülleimer steckt dann ein Regenschirm, und überall sind große Pfützen zu sehen. Meine Tochter Nicole und ich gehen oft nach dem Regen spazieren. Wir gehen am Optikladen vorbei. Dort kauft sich ein Araber eine Brille.

„Guck mal!", zeigt Nicole mit dem Finger auf ihn. „Eine Frau mit Bart!"

„Nimm deinen Finger runter!", zische ich, „das ist keine Frau mit Bart, das ist ein Araber, der sich eine Brille kauft."

„Wozu sind Brillen eigentlich gut? Für blinde Menschen?", fragt mich meine Tochter.

„Nein", sage ich, „blinde Menschen brauchen keine Brille. Man kauft sie, wenn man das Gefühl hat, etwas übersehen zu haben."

Nicole zeigt auf die bunten Benzinstreifen, die in der Sonne blitzen. „Wäre es möglich, dass der Regenbogen vom Himmel runtergefallen ist?"

„Korrekt", antworte ich.

Wir gehen weiter. Ein vietnamesisches Mädchen steht mit beiden Füßen in einer besonders tiefen Pfütze. Das Wasser reicht ihr fast bis zu den Knien. Sie bewegt sich nicht und guckt traurig vor sich hin. Eine alte Frau bleibt vor ihr stehen. „Armes Mädchen! Du hast ja ganz nasse Füße", sagt sie. „Warum gehst du nicht nach Hause und ziehst dir neue warme Socken an?"

Die kleine Vietnamesin schweigt.

„Hast du überhaupt andre Socken?", fährt die alte Dame fort. „Wo wohnst du? Hast du ein Zuhause?"

Ein Ehepaar bleibt ebenfalls bei dem Mädchen stehen, die Frau erwartet ein Baby, so sind sie auch interessiert.

„Verstehst du eigentlich unsere Sprache?", fragt der Mann besorgt. Das Mädchen schweigt.

„Sie hat sich bestimmt verlaufen und kann ihre Eltern nicht finden, armes Kind", vermutet die alte Frau.

Eine Touristengruppe frisch aus einem Bus nähert sich dem Mädchen vorsichtig. Überwiegend ältere Menschen, die miteinander plattdeutsch reden.

„Aber warum steht sie in einer so tiefen Pfütze?", fragt ein Mann.

„Das ist doch ganz klar: Sie kann unsere Sprache nicht und will auf diese Weise unsere Aufmerksamkeit erregen. Sie signalisiert uns, dass sie Hilfe braucht", erklärt die schwangere Frau.

„Was machen wir jetzt?", fragt die alte Dame, die als Erste das Mädchen entdeckt hat.

„Wir können das Kind unmöglich allein hier stehen lassen. Am besten wir rufen die Polizei."

„Genau", meint die Touristengruppe, „rufen Sie die Polizei, und wir passen inzwischen auf das Kind auf."

Plötzlich springt das vietnamesische Mädchen aus der Pfütze nach vorn, das schmutzige Wasser bespritzt die Passanten. Alle sind nun nass: die alte Frau, das Ehepaar, die Plattdeutschtouristen. „Reingelegt!", ruft das Mädchen, lacht dabei diabolisch¹ und verschwindet blitzschnell um die Ecke. Alle Betroffenen bleiben fassungslos auf der Straße stehen. Nicole und ich kennen das Mädchen, weil sie in unserem Haus wohnt. Ihre Eltern haben einen Lebensmittelladen im Erdgeschoss und geben uns manchmal Erdbeeren und Bananen umsonst.

Und diesen Witz kennen wir auch schon. Das Mädchen macht ihn jedes Mal, wenn die großen Pfützen auf der Schönhauser Allee auftauchen und die großen Menschenmengen kurzzeitig verschwinden.

Auf wunderbare Weise wird die Allee aber schnell wieder trocken und belebt, sodass dann keiner mehr auf die Idee kommt, dass es hier vor Kurzem noch geregnet hat.

1 **diabolisch:** teuflisch

---

**1** a) *Fasst die Aussage des Textes in einem Satz zusammen.*
   b) *Vergleicht eure Ergebnisse und diskutiert darüber, welcher Satz den Kern der Geschichte am besten wiedergibt.*

**2** *Findet eine andere Überschrift, die zu der Geschichte passt.*

**3** a) *Überlegt, ob es von Bedeutung ist, dass das Mädchen in der Pfütze keine Deutsche, sondern eine Vietnamesin ist.*
   b) *Was geht dem Mädchen durch den Kopf? Füllt Denkblasen aus.*

**4** a) *Verständigt euch in Partnerarbeit darauf, welches Motiv als Leitmotiv gelten kann: Licht, Brille, Wasser, Farbe, Obst.*
   b) *Schreibt die Textstellen heraus, die das Leitmotiv enthalten (▷ S. 65). Klärt die sprachliche Gestaltung und die Bedeutung des Motivs für die Gesamtaussage der Kurzgeschichte.*

**5** *Die Geschichte verläuft gegen Ende anders, als man dies erwarten würde. Erklärt genau, wo sich dieser Wendepunkt befindet.*

**6** a) *Schreibt ein anderes Ende der Geschichte.*
   b) *Stellt eure Geschichten vor und prüft, inwieweit eure Varianten zum ersten Teil der Geschichte passen.*

## Kurzgeschichte

Der Begriff Kurzgeschichte ist eine Lehnübersetzung des englischen Begriffs **Shortstory**. Edgar Allan Poe entwickelte im 19. Jahrhundert diese neue Form des Erzählens und beeinflusste damit die europäischen Erzähler und im 20. Jahrhundert auch die deutschen Schriftsteller.

**Kennzeichen vieler Kurzgeschichten** sind deren **geringer Umfang, ein offener Schluss,** ein **linearer Handlungsverlauf** und eine **straffe Komposition.** Die **Figuren** sind meist **typisiert** und im Mittelpunkt steht ein oft scheinbar unbedeutender, in Wahrheit jedoch entscheidender Moment im Leben eines Menschen. Häufig haben Kurzgeschichten ein **Leitmotiv** (z. B. einen Gegenstand, eine Farbe usw.), das für die Geschichte von besonderer Bedeutung ist und das mehrfach wiederholt wird.

Die Kurzgeschichte verwendet **moderne Erzähltechniken,** z. B. Ausschnitthaftigkeit, personales Erzählen sowie besondere Mittel der sprachlichen Gestaltung. Mit der Vorliebe für Außenseiter der Gesellschaft, dem Bestreben, den Leser zu provozieren und zu aktivieren, folgt sie allgemeinen Tendenzen der modernen Literatur: Es gibt zwar **eine Art Wendepunkt** gegen Ende, allerdings keine überraschende lehrreiche „Lösung" oder „Moral" mehr – wie etwa in der Kalendergeschichte oder der Anekdote. Vom ersten Satz an scheint das „Unausweichliche" festgelegt. Die Kurzgeschichte kommt – im Gegensatz zu längeren Erzähltexten wie der Novelle oder dem Roman – mit wenigen oder auch nur einer einzigen handelnden Figur aus.

Ähnlich wie der Schwank oder die Kalendergeschichte galt die Kurzgeschichte wegen ihrer **Textkürze** als ideale Literatur für den Zeitschriftenmarkt.

Ihre **Themen** waren zunächst die Aufarbeitung der **Vergangenheit** (W. Borchert, H. Böll, E. Langgässer), die Lebensbedingungen der **unmittelbaren Nachkriegszeit** und die Veränderung der Welt und des Menschen zur **Zeit des Wirtschaftswunders** (G. Eich, I. Aichinger, M. L. Kaschnitz, W. Schnurre). Auch in modernen Kurzgeschichten stehen alltägliche Situationen im Mittelpunkt des Geschehens (G. Wohmann, P. Bichsel, W. Kaminer).

**1** a) Lest den Artikel zur „Kurzgeschichte". Klärt mit Hilfe des Deutschbuchs unklare Begriffe.
b) Erstellt eine Tabelle mit den Kriterien, die für die Textsorte „Kurzgeschichte" gelten (können).
c) Prüft die Texte des ersten Teilkapitels daraufhin, inwieweit sie diesen Kriterien entsprechen.

# 10.2 Kurzgeschichten um- und weiterschreiben

Guy Helminger

**Die Bahnfahrt** (2001)

„Ich bin berühmt", sagte er in die Gruppe von Schülerinnen hinein, die an der Tür in der Straßenbahn stand. Und keines von den Mädchen wusste, wen der Junge meinte, welches von ihnen er angesprochen hatte. An den Fenstern schlierten die Häuserreihen vorbei, schwüles, lichtnasses Gemäuer klatschte ans Glas. Der Junge aber war ihnen gleich beim Einsteigen aufgefallen. Sie hatten gelacht, herumgealbert, den Jungen mit keinem Wort erwähnt, aber allen war klar, dass er neben ihnen stand. Sie redeten laut, sie redeten über Lehrer Schippan, der beim Sprechen wieder gesprudelt und gespuckt hatte, sodass Andy in der ersten Reihe den Regenschirm aufgespannt hatte, aber eigentlich redeten sie über den Jungen, schielten in seine Richtung.

Eine kurzatmige Frauenstimme schnitt aus den Lautsprechern in ihr Gespräch, verteilte sich in gleichmäßigen Abständen in der Bahn. Fahrgäste zogen sich von ihren Sitzplätzen, schaukelten auf die Tür zu. Für einen Moment, eine Woge von Gesichtern tänzelte hinter ihnen, verloren die Schülerinnen den Jungen aus dem Blick. Gefleckte Hemden; ein feuchter Geruch über den Schultern schwappte auf sie zu. Irgendwo dahinter war der Junge. Dann sprühten Bremsgeräusche unter ihnen, und eines der Mädchen verzog seinen Mund, bis die Bahn endlich hielt. Kleider wischten an ihnen vorbei, und das Mädchen, das seinen Mund verzogen hatte, klemmte die Daumen zwischen seinen Fingern ein. Die anderen schauten nach draußen auf die verkerbten Bänke der Haltestelle und nickten. Sie waren sich nicht sicher, was sie erwarteten, aber etwas würde passieren. Dann schloss sich die Tür wieder, und wie aus einem Leib lachten die Mädchen los. Der Junge war nicht ausge-

stiegen, hielt sich an der Metallstange neben der gegenüberliegenden Tür fest und sah zu ihnen herüber.

„Meint ihr, es gibt gleich Regen?", sagte eine der Schülerinnen zu den anderen und lehnte ihre Wange ans Türglas, um nach oben sehen zu können.

„Ich bin berühmt", wiederholte der Junge mit gebrochener, aber deutlicher Stimme.

Die umstehenden Fahrgäste, die seinen Satz gehört hatten, schauten weg. Auch die Mädchen schwiegen erneut, blickten den Jungen von der Seite an, sahen zu Boden. Als die Bahn ruckartig anfuhr, spürten sie deutlich, dass sich etwas verändert hatte. Aber keines von ihnen hätte sagen können, was es war. Verein-

10 Nicht ganz alltägliche Situationen – Kurzgeschichten

zelt drifteten hellgraue Wolken über die Dächer; das Kitzeln im Hals, in den Kiefermuskeln, das sie zum Lachen gebracht hatte, war nicht mehr zu spüren. Durch die schmalen aufgeklappten Fensterluken streifte der Wind über ihre Gesichter. Die Luft tat gut, und doch kam es ihnen vor, als seien diese Windstöße etwas zu kalt für diese Jahreszeit. Eine der Schülerinnen öffnete ihre Mappe und kramte darin herum, ohne etwas Bestimmtes zu suchen. Dann schloss sie sie wieder und sah an den Freundinnen vorbei auf einen Punkt weit hinten im Wagen. Auch die anderen Mädchen richteten ihre Augen auf Gegenstände zwischen den Sitzreihen, glitten über Taschen, zogen sich an Plastiktüten hoch. Das Kitzeln kam nicht wieder. Die Lippen einiger Fahrgäste öffneten sich, aber die Schülerinnen hörten nichts. Nur das Klingeln der Bahn drang einmal zu ihnen durch, gefolgt von einem erneuten Rucken.

„Da schläft wieder jemand auf den Schienen", sagte eines der Mädchen hastig, aber keine der Freundinnen lachte oder antwortete ihm. Draußen schwammen noch immer dieselben Wolken.

„Da!", sagte die, die ihren Mund verzogen hatte, und schüttelte den Kopf. Aber niemand wusste, ob sie die Regenwolken meinte oder den Jungen, der sich nun nicht mehr festhielt, sondern breitbeinig direkt vor ihnen stand. Er sah noch immer in ihre Mitte. Wen schaut er an, dachten sie und spürten, dass der Luftzug, der schwächer wurde, ihnen eine Gänsehaut um die nackten Arme legte. Zwei von ihnen drehten dem Jungen demonstrativ den Rücken zu, stellten sich an die Tür. [...]

**1** Welchen Eindruck habt ihr von dem Jungen?

**2** Untersucht die ersten beiden Absätze des Textes genauer:
   a) Aus welchem Bedeutungsbereich stammen die Metaphern (▷ S. 131)?
   b) Schreibt einige Metaphern heraus und erklärt genau, was sie in der Geschichte bezeichnen.
   c) Welche Stimmung wird durch die Metaphorik erzeugt?

**3** Wie versteht ihr den Satz des Jungen „Ich bin berühmt"?
   ☐ als Ankündigung
   ☐ als Drohung
   ☐ als Wunsch
   ☐ als …

**4** Schreibt eine Fortsetzung der Geschichte. Achtet dabei auf eine bildhafte Sprache und berücksichtigt auch die anderen **Merkmale von Kurzgeschichten** (▷ S. 192).

Ralf Thenior

**Zu spät** (1984)

Ich war draußen gewesen. Den ganzen Nachmittag hatte ich mich in der gebirgigen Landschaft bewegt, war über Matten und Hänge geflogen mit den Augen, hatte die Geröllhalden, das poröse Gestein, die Schrunde betrachtet in dem sachte sich verändernden Licht. Die Steinnatur hatte mich in Atem gehalten. Die Leichtigkeit kompakter Massen vor dem Blau des Himmels hatte mich tanzen lassen, während ich mich mit kleinen Schritten vorwärtsbewegte.

Doch die nun länger werdenden Schatten sanken in mich ein und entzündeten Unruhe in mir. Gedanken stiegen auf. Und die Vorstellung, dass ich meine Maschine nicht verpassen dürfe, wurde stärker und drängender. Die Landschaft verschwand vor meinen Augen. Ich hastete zurück in die belebte Gegend. Ich musste zusehen, dass ich irgendein Verkehrsmittel zum Flughafen zu fassen bekam. Und schnell. Also ein Taxi. Ich rannte, mich durch die entgegenkommenden Passanten kämpfend, halb auf dem Bürgersteig, mich vor den Autos mit Sprüngen in Sicherheit bringend, halb auf der Straße, um das nächste Taxi anhalten zu können. Doch die vorbeikommenden Taxen waren alle besetzt.

Blindlings war ich losgelaufen, von Unruhe getrieben, und fand mich schließlich weit vom Stadtkern entfernt in einer Gegend, in der der Verkehr schon lange ruhte. Hier und da standen Männer und putzten an ihren am Straßenrand geparkten Autos herum.

Endlich eine Taxe.

Der Fahrer war gerade damit beschäftigt, die Nummernschilder zu reinigen.

Ich muss zum Flughafen, sagte ich, und zwar so schnell wie möglich.

Das Gesicht, das sich mir entgegenhob, kannte ich aus den Reklamefotos für schwarze Tabake.

Ich hab Feierabend, sagte er grinsend.

Aber Sie sind mir sympathisch, ich fahre Sie umsonst.

Schon saß ich neben ihm in der Taxe, während er den Diesel vorglühen ließ. Wir fuhren.

Ich habe meinen Taxischein noch nicht so lange, sagte er, aber wir werden es schon schaffen. Wo soll es denn hingehen?

[...]

Aber wenigstens hatte ich ihn abgehängt.

Ein Blick auf die Uhr über einem Geschäft.

Es war höchste Zeit.

Als ich den Kaufhauskomplex auf der anderen Seite verließ, stand er schon da und öffnete mir grinsend den Schlag.

Alles klar, Chef.

Ich tat, als sei nichts geschehen, und stieg ein. Wir fuhren weiter.

**1** *Bei dieser Geschichte fehlt der Mittelteil. Entwickelt in Gruppen Ideen, wie die Handlung der Geschichte verlaufen könnte.*

**2** *Ergänzt die Geschichte so, dass sie inhaltlich und sprachlich eine Einheit bildet. Achtet dabei – ausgehend von der Überschrift – darauf, welche Rolle die Zeit für die handelnden Figuren spielt.*

 **3** *Überarbeitet eure Texte in Gruppen in Form von **Schreibkonferenzen**. Klärt dabei vor allem,*
  ☐ *ob die Handlung euren Vorüberlegungen entspricht,*
  ☐ *ob die Sprache (Wortwahl, Satzbau usw.) zum Anfang und Schluss des Textes passt,*
  ☐ *ob die Figuren sich in ihren Verhaltensweisen treu bleiben.*

Adelheid Duvanel
**Mein Schweigen** (1980)

Ich heiße Mirjam, bin dreizehn Jahre alt und lebe im Erziehungsheim „Zuversicht". Die Erzieherinnen Schmidt, Schmidli und Schmidheini streiten verstohlen und hartnäckig wegen meiner Erziehung; es ist, als nähme eine der andern die Türfalle aus der Hand, aber ich zöge die Tür von innen mit aller Kraft zu, sodass sie niemand öffnen könne. Fräulein Schmidt rüttelt nur; Fräulein Schmidli will die Tür eindrücken oder einschlagen, und Fräulein Schmidheini versucht, die andern zu übertrumpfen und zu überlisten, indem sie heimlich verschiedene Schlüssel ausprobiert. Der Heimleiter und die Psychologin mischen sich manchmal auch ein. Ich fühle mich wie ein leerer Handschuh, in den jeder seinen dicken Finger zwängt. Fräulein Schmidli hat neulich zu mir gesagt, ich lebte nach dem „frühkindlichen Lustprinzip". Ich finde es frech, so etwas zu einer Dreizehnjährigen zu sagen, die das gar nicht versteht; aus Wut habe ich wie ein böser Hund in ihren überlangen Arm gebissen. Gestern ging ich mit Fräulein Schmidt in die Stadt, weil sie mir Schuhe kaufen musste. Auf den Windschutzscheiben der Autos, auf den Brunnenröhren und auf den Tauben hüpften silberne Feuerchen; auch meine Fingernägel, die dumm und rund aussehen, glitzerten. Wie immer, wenn der Wind weht, konzentrierte er sich vor allem auf mich; meine Kleider flatterten wild, während die Kleider der andern Leute kaum zitterten. Es ist mir zum ersten Mal aufgefallen, dass die Nacht nie ganz weicht; Reste von ihr kleben in den Winkeln und schleichen heraus und wachsen.

Ich flüsterte beim Gehen, aber ohne Worte; nur meine Lippen öffneten und schlossen sich, während die Zungenspitze gegen den Gaumen und die Zähne tupfte. Dabei hörte ich das Dröhnen der Automotoren, das Kreischen der Straßenbahn und die Stimme, die manchmal meinen Namen ruft. Vor einem Warenhaus war eine große Plastikrakete aufgestellt; die Menschenmenge, die sich angesammelt hatte, erwartete Wunder, wenn sich die Rakete alle zehn Minuten wackelnd aufrichtete, wobei sich eine Luke öffnete und schloss. Fräulein Schmidt fragte, was ich flüstere, obwohl sie weiß, dass ich nie antworte. Nun bin ich in meinem Zimmer, das ich mit Ruth teile, die älter ist als ich, aber nur noch zwei Gesichter hat; die meisten Menschen haben mehr, und sie gehören ihnen nicht, weil sie sie nicht kennen. Ich zeige nur ein einziges Gesicht, und um dieses Gesicht zu besitzen, brauche ich meine ganze Kraft. Mich dünkt, meine Erzieher brechen den Mut, der mich wie einen Regenschirm aufspannt, aus mir heraus, Stück um Stück.

Ich nehme mein Aufsatzheft und schreibe „Der", „Die" und „Das" in Spiegelschrift auf eine leere Seite, dann zeichne ich ein Kreuz aus Blumen, das mich begeistert; es ist erstaunlich regelmäßig geraten, nur der linke Balken bleibt unvollständig, weil er sich zu weit außen befindet; der Papierrand hindert mich daran, den Balken fertig zu zeichnen. „Es ist ein Gebinde", denke ich. Ich rahme das Kreuz mit vier schwarzen, dicken Strichen ein und schraffiere die Fläche; nun scheint das Kreuz auf einem Sarg zu liegen. Ich bedaure, dass die sich öffnenden Arme des „Gebindes" nicht gleich lang sind: Da der linke Arm verstümmelt ist, kann es mich nicht richtig, das heißt fest, in die Arme schließen.

Die Tür öffnet sich und Fräulein Schmidheini tritt rasch ein, als wolle sie mich ertappen. Ihr Atem bewegt mein dünnes Haar. Wie ich erwartet habe, erkundigt sie sich nach meiner Tätigkeit; ich habe das Heft schnell unter eine illustrierte Zeitschrift geschoben, wende den Kopf nach ihr um und betrachte ihre Nase. Das rechte Nasenloch ist kleiner als das linke. Der Satz „Das Schweigen steht wie eine Wand", den ich einmal irgendwo gelesen habe, passt nicht; mein Schweigen gleicht einem elektrisch geladenen Drahtgeflecht, in dem ich gefangen bin.

**1** *Die Autorin Duvanel hat ein 13-jähriges Mädchen zur Erzählerin ihrer Kurzgeschichte gemacht.*
 *a) Nennt Beispiele dafür, dass die Aussagen der Erzählerin (sprachlich und inhaltlich) sie selbst schon recht erwachsen erscheinen lassen.*
 *b) In welchem Licht erscheinen dadurch die Erwachsenen, über die im Text gesprochen wird?*
 *c) Welchen Eindruck macht die Erzählerin auf dich?*

**2** *Frau Schmidli behauptet, Mirjam lebe nach dem „frühkindlichen Lustprinzip" (Z. 19).*
 *a) Was könnte sie damit meinen?*
 *b) Teilt ihr ihre Einschätzung?*

**3** *An drei Stellen verwendet die Erzählerin Vergleiche (mit dem Vergleichswort „wie").*
 *a) Ergänzt den Text an anderen Stellen ebenfalls durch Vergleiche (mit „wie" oder „so, als wäre/hätte …").*
 *b) Prüft, welche Wirkung durch die Vergleiche erzielt wird.*

**4** *Schreibt einen ähnlichen Text (**Paralleltext**), in dem ein Jugendlicher als Erzähler oder Erzählerin die Wirklichkeit anders wahrnimmt als Erwachsene, die an der Situation beteiligt sind. Dabei könnt ihr folgendermaßen vorgehen:*
 ☐ *Sucht euch eine ganz **alltägliche Begebenheit** (z. B.: in der Straßenbahn, beim Abendessen, beim Familienausflug …), die sich zu einer solchen Ausgestaltung eignet.*
 ☐ *Überlegt, welche **Figuren** (z. B.: Elternteil – Kind) in dieser Situation eine Rolle spielen könnten.*
 ☐ *Übernehmt als Merkmale der Geschichte von Duvanel: die **Ich-Perspektive**, das **Erzähltempus** (Präsens) sowie als sprachliche Mittel **Metaphern und Vergleiche**.*

## 10.3 Kurzfilm und Hörspiel – Eine Kurzgeschichte medial umgestalten

### Projekt A: „Schönhauser Allee" → Einen Film drehen

Kurzgeschichten eignen sich als Vorlagen für eigene kurze Filme. Wenn ihr die Kurzgeschichte „Schönhauser Allee" **filmisch erzählen** wollt, könnt ihr folgendermaßen vorgehen:

**1. Schritt**
Überlegt euch, welche Figuren in eurem Film auftreten sollen, und verfasst kurze Charakteristiken. Folgende Fragen können euch helfen:
- Wie alt ist die Figur?
- In welcher Stimmung befindet sich die Figur?
- Welche Meinung hat die Figur zu der dargestellten Situation (Mädchen in der Pfütze)?
- ...

**2. Schritt**
Sucht euch einen geeigneten Drehort.

**3. Schritt**
Verteilt die Rollen und spielt die Szene als Improvisation, d. h. ohne Textbuch.

Nehmt die Szene sofort (am besten aus zwei Perspektiven gleichzeitig) auf Video auf.

**4. Schritt**
Schaut euch eure Szene gemeinsam an. Plant, wie ihr die Aufnahmen verbessern könnt:
- Sind die Kamerapositionen und -ausschnitte gut gewählt (Einstellungsgröße, Perspektive; ▷ S. 332)?
- Ist die Bewegung der Kamera schlüssig? Soll sie sich bewegen oder auf dem Stativ stehen?
- Sind die Dialoge verständlich?
- Wird die Pointe am Schluss deutlich?
- Lassen sich Kostüme und Requisiten ergänzen, die der Szene eine größere Glaubwürdigkeit verleihen?

**5. Schritt**
Dreht nun die Szene – mit den Verbesserungen – erneut.

**6. Schritt**
Wenn ihr aus zwei Kamerapositionen heraus gefilmt habt, könnt ihr die Szene nun am Computer schneiden, indem ihr Szenenabschnitte – in der Perspektive wechselnd – aneinandersetzt. Wenn euer Computerprogramm die Möglichkeit eröffnet, Schrift einzusetzen, solltet ihr dies nutzen.
Achtet darauf, dass auch der Originaltitel und der Autor der Geschichte erwähnt werden (Urheberrecht).

10.3 Kurzfilm und Hörspiel – Eine Kurzgeschichte medial umgestalten

# Projekt B: „Nachts schlafen die Ratten doch"
→ Ein Hörspiel aufnehmen

Wenn ihr die Kurzgeschichte „Nachts schlafen die Ratten doch" zu einem Hörspiel umgestalten möchtet, könnt ihr in folgenden Schritten vorgehen:

### 1. Schritt
Verfasst ausgehend vom Originaltext ein Regiebuch für euer Hörspiel. Dabei solltet ihr euch möglichst nah am Original anlehnen, also die Dialogteile des Textes weitgehend übernehmen. Wenn ihr dieses Regiebuch am Computer erstellt, könnt ihr es später jederzeit ändern.

### 2. Schritt
Tragt nun diesen Dialog vor und überlegt gemeinsam, an welchen Stellen Informationen fehlen, die notwendig sind, um die Geschichte zu verstehen. Markiert diese Stellen im Regiebuch.

### 3. Schritt
Überlegt, wie man die notwendigen Informationen akustisch (das heißt durch Geräusche, Töne, Laute usw.) transportieren könnte, z. B. das Herannahen des alten Mannes.
Überlegt auch, welche Geräusche helfen könnten, die Situation zu Beginn des Hörspiels zu illustrieren. Probiert Verschiedenes aus. Zur Not könnt ihr auch einen Erzähler einfügen, der kurz in den Handlungsort einführt.

**TIPP**

**Hörspiele** leben davon, dass die Zuhörerinnen und Zuhörer eine Geschichte vorgespielt bekommen, ohne dass sie die Figuren und den Handlungsort sehen können. In der Fantasie jedes Einzelnen entstehen Bilder wie im Film – natürlich angeregt durch die Töne und Worte, die man hört. Deshalb kommt den Geräuschen und den Dialogtexten eine besondere Bedeutung zu.

### 4. Schritt
Probt nun das Hörspiel. Dabei müsst ihr:
- die Sprechrollen verteilen (Junge, alter Mann, evtl. Erzähler),
- entscheiden, wer welche Geräusche machen soll.

Nehmt euer Hörspiel als erste Fassung auf (z. B. Kassette, CD oder MP3).

199

10 Nicht ganz alltägliche Situationen – Kurzgeschichten

Anriss des Regiebuchs für das Hörspiel:

### Nachts schlafen die Ratten doch – Hörspiel nach Wolfgang Borchert

| Dialogtext | Regieanweisungen, Geräusche usw. |
|---|---|
| | *Ruhe, ein paar Vögel zwitschern.* <br> *Von weit weg hört man Schritte näherkommen.* |
| Mann: Du schläfst hier wohl, was? <br> Junge: Nein, ich schlafe nicht. <br> Ich muss hier aufpassen! | *Der Mann spricht ruhig,* <br> *der Junge etwas abgehackt.* |
| | *Pause. Vogelgezwitscher.* |
| Mann: So, dafür hat du wohl den großen Stock da? <br> Junge: Ja. | *Ein Holzstock klopft auf einen Stein.* |

## 5. Schritt

Spielt das Hörspiel vor und entscheidet, wie man es noch verbessern kann. Macht euch beim Hören Notizen zu folgenden Punkten:
- Wie lassen sich die Dialogtexte noch anschaulicher sprechen?
- Könntet ihr an einzelnen Stellen die Pausen verlängern, z. B. um auszudrücken, dass der alte Mann überlegt?
- Sind die Geräusche, die ihr eingesetzt habt, für die Situation passend?
- ...

## 6. Schritt

Nehmt nun die überarbeitete Version eures Hörspiels auf und spielt sie anschließend der Klasse vor.

# Die Wirkung der Medien vergleichen

**1** *Vergleicht eure Hörspiele und/oder Kurzfilme mit den jeweiligen Kurzgeschichten.*
*Folgende Fragestellungen helfen euch dabei, diesen Vergleich zu strukturieren:*
*a) Inwieweit hat sich der **Aufbau** der Kurzgeschichte verändert?*
*b) Welche Rolle spielt **der Erzähler bzw. die Erzählerin** in dem jeweiligen Medium?*
*c) Wie verändert sich die **Darstellung der Figuren**?*

**2** *a) Warum eignen sich wohl Kurzgeschichten in besonderer Weise für eine Transformation in ein anderes Medium (Hörspiel, Film)?*
*b) Welche Besonderheiten der Kurzgeschichte lassen sich in anderen Medien nur unzureichend darstellen, welche besonders gut?*

200

LESEN · UMGANG MIT TEXTEN UND MEDIEN

# 11 Leben auf der Flucht – Jüdische Schicksale im Jugendroman

## 11.1 Mirjam Pressler: „Malka Mai" (2001) und Myron Levoy: „Der gelbe Vogel" (1977)

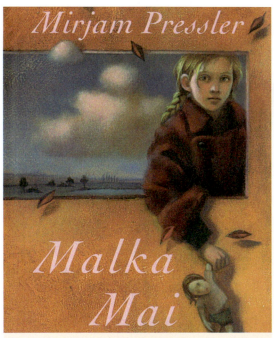

1943. Die jüdische Ärztin Hanna Mai flieht mit ihren Töchtern Minna und Malka vor den Nazis. Die drei wollen zu Fuß über die Karpaten, doch Malka wird krank und kann nicht mehr weiter. Schweren Herzens entschließt Hanna sich, das Kind bei Bauern zurückzulassen. Sie versprechen ihr, das Mädchen nachzubringen, sobald es sich erholt hat. Doch Malka wird entdeckt und deportiert. Im Ghetto entwickelt sie ungeahnte Kräfte: Malka übersteht Hunger, Kälte und Einsamkeit. Aber wird sie ihre Mutter je wiedersehen?

Naomi lebt jetzt mit ihrer Mutter in den USA. Sie steht unter einem Schock, seit sie mit ansehen musste, wie ihr Vater von den Nazis erschlagen wurde. Als Alan, ein Junge aus ihrem Haus, von seinen Eltern gebeten wird, sich um sie zu kümmern, übernimmt er diese Aufgabe nur widerwillig. Allmählich gelingt es ihm, Zugang zu Naomi zu finden. Doch ein schwerwiegendes Ereignis stellt alles wieder in Frage.

**1** Beschreibt die beiden Cover und vergleicht sie miteinander.

**2** Lest euch die dazugehörigen Klappentexte durch und haltet stichpunktartig fest, was ihr über das Thema der Romane erfahrt, was ihr von dem jeweiligen Roman erwartet und welche Fragen sich stellen. Seid ihr neugierig geworden?

**3** Informiert euch über den Autor und die Autorin.

## Malka Mai –
## Die Hauptfigur eines Romans vor ihrem zeitgeschichtlichen Hintergrund kennen lernen

Mirjam Pressler
**Malka Mai (1)**

„*Der Tag, an dem alles begann, unterschied sich in nichts von den Tagen vorher, außer dass er vielleicht noch ein bisschen heißer war. Malka merkte es, als sie die Augen aufschlug*". So lautet der Anfang des Romans. Das erste Kapitel trägt die Überschrift „September".
*Malka zieht sich rasch an, frühstückt und läuft zu ihrer Freundin Veronika.*

Malka ging durch die Hintertür ins Haus, wie sie es immer tat, direkt in Veronikas Zimmer. Veronika saß auf dem Teppich und hatte ihre Spielsachen um sich herum aufgebaut: Puppen, eine Spielküche, einen Puppenwagen und ein Puppenbett, einen aufgeklappten Koffer mit Kleidern und eine Schachtel mit einem rosafarbenen Kamm und einer Bürste. Bevor Veronika mit ihrer Mutter nach Lawoczne gekommen war, hatte Malka noch nie so viele Spielsachen gesehen, noch nicht einmal in Krakau. Sie hatte nicht gewusst, dass es solche Spielsachen gab, bis dahin hatte sie nur Bälle, Springseile und Kreisel gekannt. Die polnischen und ukrainischen Kinder, mit denen sie früher gespielt hatte, besaßen keine Spielsachen, sie hatten auch nicht viel Zeit zum Spielen, und statt Puppen hatten die meisten Mädchen kleinere Geschwister, um die sie sich kümmern mussten. [...] Sie setzte sich zu dem Mädchen auf den Boden und griff nach Liesel, der kleinen Stoffpuppe mit den Ringelsocken und den gelben Wollhaaren. Liesel hatte ein süßes aufgemaltes Gesicht mit blauen Augen. „Du bist jetzt die Mutter und ich wäre der Vater", sagte Veronika. Malka nickte. Sie konnte schon viele deutsche Wörter, zum Spielen reichten sie jedenfalls. Veronika sprach weder Polnisch noch Ukrainisch, nur Deutsch. Das war eine seltsame Sprache, ein bisschen wie die, die ihre Verwandten in Krakau sprachen. Malka zog Liesel den Strampelanzug aus, sodass die Puppe nur noch die Socken, die grüne gestrickte Unterhose und ein weißes Unterhemd anhatte, und wühlte im Puppenkoffer nach einem passenden Kleidungsstück. In diesem Moment trat Frau Schneider ins Zimmer. „Malka", sagte sie, kam mit ein paar raschen Schritten näher und zog das Kind hoch. „Malka, du musst nach Hause gehen, du kannst nicht hierbleiben zum Spielen." Malka starrte die Frau an. [...] Frau Schneider schob Malka auf den Flur und zur Hintertür. Die Sonne schien grell in Malkas Gesicht, als die Tür aufging. Dann stand sie hinter dem Haus. „Beeil dich", sagte Frau Schneider noch. „Los, lauf." Aber Malka beeilte sich nicht. Sie ging langsam, mit gesenktem Kopf, die Straße hinauf. Sie war gekränkt und wütend und trat nach einem Stein. Erst als er laut gegen das Tor der Kronowskis krachte, spürte Malka den Schmerz an ihrem Zeh. Tränen traten ihr in die Augen. Warum hatte Veronika nicht gesagt: Ich will aber, dass Malka dableibt? Bestimmt lag es an dem dummen Stern, dass Frau Schneider sie weggeschickt hatte. Seit sie den Stern tragen musste, spielten die polnischen und ukrainischen Kinder nicht mehr mit ihr. Sie deuteten mit den Fingern auf sie und schrien ihr „Jüdin, Jüdin" nach. Sie konnte nur noch mit Veronika spielen oder mit Chaja, der Tochter des Schochet[1]. Die trug selbst einen Stern. Malka bückte sich, um ihren schmerzenden Zeh zu reiben. In diesem Moment merkte sie, dass sie immer noch Liesels Arm umklammert hielt. Sie schaute sich schnell um, bevor sie die Puppe in ihre Rocktasche schob.

[1] **Schochet:** Metzger, der zum Verzehr bestimmte Tiere den religiösen Vorschriften entsprechend schlachtet

**1** a) Fasst zusammen, was ihr am Anfang des Romans über die Hauptfigur Malka erfahrt. Was könnt ihr über ihre Vorgeschichte erschließen?
b) Klärt, durch wen ihr diese Informationen erhaltet.

**2** a) Welche Veränderungen im Umgang miteinander hat Malka wahrgenommen und wie erklärt sie sich Frau Schneiders Verhalten?
b) Warum hat Malka noch die Puppe in der Hand, als sie sich auf der Straße wiederfindet?

**3** Lest noch einmal die Textpassage ab Z. 53 („Warum hatte Veronika nicht gesagt …").
a) Recherchiert, was dieser „Stern" zur Zeit des „Dritten Reiches" für eine Bedeutung hatte.
b) Was wisst ihr über das Schicksal von Juden im „Dritten Reich"? Tragt eure Kenntnisse zusammen.
c) Führt euch die historische Situation vor Augen, indem ihr die folgenden Informationen zum historischen Hintergrund mit einbezieht.
d) Warum rufen die ukrainischen Kinder „Jüdin, Jüdin" als Schimpfwort hinter Malka her?

Mit der Machtübernahme durch die Nationalsozialisten in Deutschland im Jahre 1933 beginnt die schlimmste Judenverfolgung.
Am 9./10. November 1938 kommt es zur Pogromnacht („Kristallnacht") in Deutschland, bei der fast alle Synagogen in Brand gesteckt, etwa 100 Juden ermordet und rund 30 000 verhaftet werden.

Mit Beginn des Zweiten Weltkriegs 1939 verfolgen die Nationalsozialisten auch Juden in den besetzten Ländern in Ost-, West- und Südeuropa. Jüdische Männer, Frauen und Kinder werden in Ghettos (= Judenviertel) eingesperrt und/oder in Vernichtungslager wie Auschwitz transportiert und vergast.

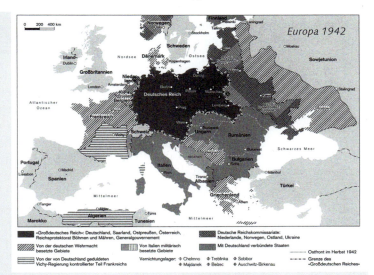

Bis Kriegsende 1945 zählen rund sechs Millionen jüdische Männer, Frauen und Kinder zu den ermordeten Opfern. Der so genannte „Holocaust", die Shoah, war der Versuch, das Judentum endgültig auszulöschen.

# Aufbruch zur Flucht – Die Erzählweise untersuchen

Mirjam Pressler
**Malka Mai (2)**

*September 1943: Malkas Mutter, Frau Doktor Hanna Mai, erfährt, dass deutsche Grenzschützer jüdische Bürger und Bürgerinnen abholen, um sie – wie es heißt – „umzusiedeln". Weil viele ahnen, dass dies lebensgefährlich werden könnte, fliehen etliche Juden über die nahe gelegene Grenze nach Ungarn. Hanna überlegt, was sie tun soll. Als eine Bäuerin aus dem etwa drei Kilometer entfernten Ort Kalne zu ihr kommt, um sie zu ihrem verletzten Mann zu bitten, entscheidet sich Hanna mit ihren Töchtern Minna und Malka nach Kalne zu gehen und dort so lange zu bleiben, „bis die Luft in Lawoczne wieder rein" sei. Hanna steckt noch rasch wichtige Papiere ein wie die Geburtsurkunden der Kinder, ihre Approbation (= Zulassung als Ärztin) und ihren Pass. Sie bittet die Mädchen, Jacken überzuziehen und mit der Bäuerin nachzukommen. Hanna selbst nimmt ein Pferd und reitet vor, um dem Kranken zu helfen.*

MALKA WAR MÜDE UND DURSTIG, als sie endlich in Kalne ankamen. Und sie war wütend, weil Minna sie gezwungen hatte, bei dieser Hitze den langen Weg zu gehen. Unterwegs hatte sie so lange gemault, bis Minna ihr gereizt eine runtergehauen hatte. Danach hatte sie kein Wort mehr gesagt und war gekränkt hinter Minna und der Bäuerin hergetrottet. Nur als sie durch den Wald gegangen waren, hatte sie am Wegrand ein paar Glockenblumen für ihre Mutter gepflückt. Das Dorf war seltsam still, auf der Straße war kein Mensch zu sehen. Die Bäuerin blieb stehen, schaute sich um und lief dann schneller weiter. Malka musste fast rennen, um mit ihr und Minna Schritt zu halten. Als sie auf den Kirchplatz einbogen, sahen sie das Fuhrwerk und die Juden, die schweigend hinaufkletterten. Nur die Stimmen der Deutschen waren zu hören, ab und zu mal ein Aufschrei, wenn einer der Soldaten mit dem Gewehrkolben zuschlug. Frau Sawkowicza packte Malkas Hand und zerrte sie an den beiden Pferden und dem Wagen vorbei. Dahinter, an einer Hauswand, entdeckte Malka ihre Mutter, die sich mit einem deutschen Offizier unterhielt. Sie riss sich los, rannte hinüber und stellte sich hinter die Mutter. Niemand achtete auf sie. „Alle werden weggebracht", sagte der Deutsche leise zu ihrer Mutter. „Alle Juden des Bezirks werden umgesiedelt." „Auch diejenigen, die für die Deutschen arbeiten?", fragte die Mutter. Er nickte. „Ich auch?" Malka hörte, dass die Stimme ihrer Mutter anders klang, seltsam hoch und gepresst. Der Deutsche nickte. „Jude ist Jude, da werden keine Unterschiede gemacht." Dann sagte er so laut, dass seine Kameraden es hören mussten. „Kümmern Sie sich jetzt um Ihren Patienten, Frau Doktor, wir holen Sie später." Und leise fügte er hinzu: „Laufen Sie weg, Frau Doktor, sofort. Sie müssen über die Grenze." Die Mutter nickte, drehte sich um und stolperte fast über Malka, die hinter ihr stand und ihr die Glockenblumen hinhielt. Wegen der Hitze ließen sie schon die Köpfe hängen. Die Mutter riss Malka die Blumen aus der Hand und packte sie am Arm. „Komm", zischte sie und zog Malka hinter sich her die Straße hinauf. Die Blumen ließ sie einfach fallen, Malka wagte nicht zu protestieren, der Griff ihrer Mutter war ungewohnt hart, ihre Hand war heiß und nass. Sie zerrte sie hinter sich her ins Haus, die Treppe hinauf zum Zimmer des Kranken, dort stellte sie sich ans Fenster. Malka blieb an der Tür stehen und starrte den Mann an, der im Unterhemd im Bett lag, die Decke bis zur Brust hochgezogen.

[...]

Von draußen war lautes Holpern zu hören, die Hufe von Pferden, die auf das Straßenpflaster schlugen, das Knallen einer Peitsche. Die Mutter ließ den Vorhang sinken, der Lichtstreifen glitt von ihrem Gesicht über ihren Hals hinunter zu dem blauen Kleid und verschwand. „Sie sind weg", sagte sie zu dem Mann im Bett. „Wir müssen fliehen, nach Ungarn. Wie kommen wir über die ungarische Grenze?" Der Bauer schaute die Mutter lange an. Malka blickte von einem zum anderen, sie spürte die Spannung, die im Raum hing, hatte auch die Verzweiflung in der Stimme ihrer Mutter gehört und wusste, dass sie jetzt besser den Mund hielt.

„Bei mir arbeitet ein junger Ukrainer", sagte der Bauer schließlich. „Er wird Sie zur Grenze bringen." Malka tastete mit der Hand über ihre Rocktasche. Liesel war noch da.

SIE LIEF HINTER IWAN HER, dem jungen Ukrainer. Minna weinte leise. Hanna warf ihr von der Seite einen Blick zu, offenbar wurde auch ihrer großen Tochter langsam klar, was ihnen bevorstand. Hanna fiel nichts Tröstliches ein, was sie ihr sagen könnte, außerdem war sie selbst vor Angst so gereizt, dass sie Minna anfuhr, sie solle sich gefälligst zusammenreißen. Doch da sah sie Malkas erschrockenes Gesicht und dachte: Verdammt, ich bin es, die sich zusammenreißen muss, ich bin die Letzte, die hier durchdrehen darf. Hanna blickte starr auf Iwans Rücken. Die Joppe war ihm an den Ärmeln zu kurz und über dem Rücken zu eng, an der Schulternaht war sie schon eingerissen, ein Stück von seinem hellbraunen Hemd war zu sehen. Die kurze Hose hingegen war zu weit und hing ihm bis zu den Kniekehlen. Er war barfuß, trotzdem lief er rasch, setzte in einem so gleichmäßigen Rhythmus einen Fuß vor den anderen, dass Hanna sich nicht gewundert hätte, dicke Hornhautpolster auf seinen Fußsohlen zu sehen, ähnlich wie Tiere sie haben. Sie versuchte seinen Rhythmus aufzunehmen, doch sie knickte in ihren leichten Sommerschuhen mit den halbhohen Absätzen dauernd zur Seite. Außerdem wurde Malka, die neben ihr ging, immer langsamer, sodass auch Hanna ihre Schritte verlangsamte. Die Kleine schaffte es kaum mehr, die Füße von dem staubigen Boden zu heben, und stolperte mehr, als sie ging. Auch sie hat falsche Schuhe an, dachte Hanna, sie und ich. Nur Minnas Schuhe sind einigermaßen vernünftig, Wie sollen wir das nur schaffen? Aber es nützte nichts, sie mussten weiter. Hanna strich sich die Haare aus dem Gesicht. Es war so heiß, dass sie das Gefühl hatte zu schmelzen, Schweiß tropfte ihr von der Stirn in die Augen und brannte, Schweißbäche liefen über ihren Rücken und aus ihren Achselhöhlen. Was für eine überstürzte und planlose Flucht, dachte sie. Aber Puchers Gesicht hatte sie, mehr noch als seine Worte, vom Ernst ihrer Lage überzeugt, sie waren in Gefahr, vielleicht in Lebensgefahr, wenn an den Gerüchten, die sie immer wieder gehört und nicht geglaubt hatte, doch etwas dran war. Sie machte sich Vorwürfe, dass sie die Situation falsch eingeschätzt hatte, dass sie nicht früher geflohen war, dass sie sich so lange in Sicherheit gewiegt hatte, als wären alle anderen in Gefahr, nur sie nicht. Doch als

130 sie sich vorstellte, jetzt noch einen Rucksack und Bündel den Berg hinaufschleppen zu müssen, war sie fast erleichtert, ohne Gepäck geflohen zu sein. Aber auch diese Erleichterung nahm sie sich übel, denn wie würde sie
135 ihre Kinder durchbringen? Schließlich besaß sie nichts außer dem bisschen Geld, das ihr der Bauer für ihre Hilfeleistung und für die Arzttasche samt Inhalt bezahlt hatte. Das ist nicht der richtige Zeitpunkt, darüber nachzu-
140 denken, sagte sie sich. Das musste sie auf später verschieben. Jetzt war es nur wichtig, nach Ungarn zu kommen, alles andere hatte Zeit. [...] Malkas Fröhlichkeit war wie weggewischt. Sie zog an Hannas Arm und sagte: „Ich will
145 nach Hause. Warum gehen wir nicht nach Hause?" Hanna wusste nicht, wie sie erklären sollte, dass sie kein Zuhause mehr hatten, deshalb sagte sie: „Wir machen einen Ausflug nach Ungarn. Das ist weit, du musst jetzt groß
150 und tapfer sein." Zum Glück gab sich Malka mit dieser Auskunft zufrieden.

**1** *Zentrales Thema des Romans „Malka Mai" ist die Flucht.*
  *a) Legt eine Mind-Map zum Begriff „Flucht/flüchten" an.*

*die Heimat verlassen müssen* — *ins Ungewisse gehen/fahren*
**Flucht/flüchten**
*...* — *alles zurücklassen*

  *b) Was bedeutet „fliehen" im Unterschied zu: reisen/verreisen/ausreisen, auswandern, weglaufen?*

**2** *Warum muss Malkas Familie fliehen?*
  *a) Untersucht die Umstände, indem ihr den Textauszug in Handlungsabschnitte gliedert. Achtet dabei auf die zeitliche Abfolge, die Atmosphäre in dem Dorf Kalne und die verschiedenen Gesprächssituationen. Schreibt die genauen Zeilenangaben ins Heft.*
  *b) Gebt den Abschnitten passende Überschriften.*

**3** *Beschreibt Wahrnehmungen und innere Vorgänge der Hauptfiguren auf der Flucht.*
  *a) Was denkt, fühlt, beobachtet Malka?*
  *b) Warum sagt Frau Mai ihrer Tochter Malka nicht die Wahrheit? Beurteilt ihr Verhalten. Führt Belegstellen für eure Antworten an.*

**4** *Aus welcher Sicht heraus ist der Textabschnitt geschrieben?*
   a) Untersucht, an welcher Stelle von „Hanna", „Frau Doktor", „die Mutter" die Rede ist. Welche Funktion haben die verschiedenen Benennungen ein und derselben Person?
   b) An welcher Stelle wechselt die Blickrichtung, die **Perspektive**? In welchen Textabschnitten ist vermehrt von „Malka", in welchen vor allem von „Hanna" die Rede? Die Autorin gibt ihren Lesern ein eindeutiges Signal. Benennt die Textstelle und gebt die Zeile an.
   c) Achtet auf die Personalpronomina: Wie wird der eindeutige Bezug jeweils gesichert?

**5** *Erklärt die Bedeutung der Erzählperspektiven.*
   a) Was erfahren wir jeweils über die Erzählfigur, was wird ausgeklammert?
   b) Führt Textstellen an, die eure Überlegungen belegen.

> ### Personales Erzählen
> - **Die Autorin oder der Autor** einer Erzählung entscheidet sich für eine Erzählform (Er-/Sie- oder Ich-Form) und eine Erzählperspektive (auktoriales oder personales Erzählen).
> - Beim **personalen Erzählen** werden die Leser nicht durch die Kommentare eines allwissenden (= auktorialen) Erzählers gesteuert, sondern nehmen das Erzählte aus der Perspektive einer oder mehrerer Figuren wahr, z. B.:
>   Sichtweise Malka Mais: „Malka war müde und durstig, als sie endlich in Kalne ankamen. Und sie war wütend, ..." Sichtweise Hanna Mais: „Hanna fiel nichts Tröstliches ein, was sie ihr sagen konnte, außerdem war sie selbst so gereizt, dass sie Minna anfuhr ..."
> - Gedanken und Gefühle der Figuren werden beim personalen Erzählen aus der **Innenperspektive,** oft in Form des so genannten **inneren Monologs,** wiedergegeben. „Doch da sah sie Malkas erschrockenes Gesicht und dachte: *Verdammt, ich bin es, die sich zusammenreißen muss ...*"

**6** *Führt einen Perspektivwechsel durch.*
   a) Wählt hierfür eine Textpassage von circa 10–15 Zeilen aus und schreibt sie aus der Sicht einer anderen Erzählfigur.
   b) Achtet beim Umschreiben auf eindeutige Bezugnahmen der Pronomina.

> ### Textkohärenz
> Texte sind keine bloße Ansammlung von Sätzen, sondern verknüpfen diese kunstvoll. Diesen Zusammenhang der Sätze nennt man auch **Textkohärenz.**
> Ein sprachliches Mittel solchen Verwebens von Sätzen zu Texten ist das **Wechselspiel von Nomen und Pronomen.**
> Dabei haben die Pronomen normalerweise die Funktion, ein bereits genanntes Nomen wieder aufzunehmen und dadurch eine Verknüpfung zwischen zwei Sätzen herzustellen.

11 Leben auf der Flucht – Jüdische Schicksale im Jugendroman

# Die siebenjährige Malka –
# Die Hauptfigur charakterisieren

Mirjam Pressler

## Malka Mai (3)

*Irgendwann im Oktober: Malka ist den Anstrengungen auf der Flucht nicht gewachsen, sie wird schwer krank. Bei der jüdischen Familie Kopoliwici findet sie zunächst Unterschlupf.*

MALKA TRÄUMTE von Russen und Deutschen, sie sah die Rücken der Russen, die Lawoczne Richtung Osten verließen, während vom Westen her die Deutschen einmarschierten, aber sie sah keine Gesichter, sondern nur die Stiefel, die sich im Gleichklang bewegten, immer auf und ab, und in ihrem Kopf dröhnte das rhythmische Knallen der eisenbeschlagenen Absätze auf den Pflastersteinen. Es wurde lauter und lauter, viel lauter als Gewitter, und Malka spürte, wie ihre Mutter sie von der Straße wegriss und einen Berg hinaufzog. Und auf einmal ging Liesel neben ihr, so groß wie sie selbst, und fing an, ihr Vorwürfe zu machen, weil sie sie nach Ungarn verschleppt hatte.

Noch dazu nur in einer grünen Unterhose und mit einem weißen Unterhemd. Würdest du so auf die Straße gehen wollen?, schimpfte sie. Hättest du mir nicht ein Kleid anziehen können? Aber die Aktion, sagte Malka, es gab doch eine Aktion, ich hatte keine Zeit. Aktion hin oder her, sagte Liesel, das ist mir doch egal. Mir tun sie nichts, ich bin deutsch. Und plötzlich fing sie an zu schreien, Jüdin, Jüdin, wie Tanja und die anderen Mädchen in Lawoczne das gemacht hatten, sie deutete mit spitzem Finger auf Malka und stieß sie von sich weg, dann bückte sie sich, hob einen Stein auf und warf ihn nach ihr. Der Stein traf sie am Kopf und Malka fing an zu weinen.

„Nicht weinen, Malkale, es wird alles wieder gut", sagte Minna mit einer neuen, sehr sanften Stimme. Sie legte sich neben sie auf das Bett und zog sie an sich. Malka drückte sich an ihre Schwester und beruhigte sich langsam.

**1** *Traumforscher sagen, dass Menschen in ihren Träumen Erlebtes verarbeiten. Tut Malka das auch? Erläutert eure Antwort.*

**2** *Ihr habt nun einiges über Malka erfahren.*
   *a) Tragt alle Informationen über Malkas Herkunft, Familie, Lebensgeschichte, Freundschaften, Fluchterlebnisse und ihren Umgang damit zusammen.*
   *b) Malka ist ein kleines Mädchen in einer lebensbedrohlichen Situation. Wie würdet ihr sie charakterisieren? Geht dabei folgenden Fragen nach:*
      ☐ *Gibt es Besonderheiten, die an Malka auffallen?*
      ☐ *Was ist das Besondere an ihrer äußeren Erscheinung?*
      ☐ *Wie stellt sich ihr Verhalten aus der Außenperspektive dar? Was sagt sie? Wie verhält sie sich anderen gegenüber (Familie, Freunde, Fremde)?*
      ☐ *Was erfahren wir aus der Innenperspektive über ihre Gedanken, Gefühle und Wahrnehmungen?*
      ☐ *Wie sehen die anderen Figuren der Geschichte Malka? Von wem wird Malka abgelehnt, von wem wird sie gemocht und akzeptiert?*
      ☐ *Wer bestimmt Malkas Handeln?*

> **Figurencharakteristik**
> Eine **literarische Figur zu charakterisieren,** bedeutet, sie genau zu beschreiben. Dabei geht man von zentralen Textstellen aus, in denen wichtige **Eigenschaften der Figur** zum Ausdruck kommen. Dies kann direkt über beschriebene Handlungsmuster und Äußerungen geschehen oder indirekt aus Äußerungen anderer Figuren abgeleitet werden. Eine Charakteristik sollte gegliedert sein:
> ☐ Am **Anfang** wird die dargestellte äußere Erscheinung der Figur beschrieben (Geschlecht, Größe, Gesichtszüge, Körperhaltung, Kleidung).
> ☐ Den **Hauptteil** machen die Aussagen zu den besonderen Eigenschaften und dem Verhalten aus (Gebärden, Gestik, Mimik, Reaktionen auf Verhalten anderer, Verhalten in Konfliktsituationen ...).
> ☐ Am **Schluss** kann ein persönlicher Kommentar, eine eigene Einschätzung stehen.

**3** *Verfasst eine Charakteristik der literarischen Figur Malka Mai. Greift auf die Vorarbeiten aus Aufgabe 2 zurück.*

## Alan und Naomi – Äußere und innere Handlung

Myron Levoy

**Der gelbe Vogel (1)**

*Alan Silverman, ein jüdischer Junge, lebt in einem Apartmenthaus im Stadtviertel Queens in New York. Er liebt es, nachmittags mit seinen Freunden Schlagball zu spielen. Eines Tages, als Alan vom Spiel nach Hause kommt, erlebt er Folgendes:*

Er kam auf seinem Stockwerk an – und erstarrte. Da kniete ein Mädchen und versperrte ihm den Zugang zur Wohnung. Sie riss ein Stück Papier in lauter kleine Fetzen. Es war das neue Mädchen im Haus, die Verrückte von oben. Er hatte sie gestern mit ihrer Mutter unten durch die Halle eilen sehen. Ihre Augen waren so groß und rund und voller Angst, dass das ganze Gesicht nur aus Augen zu bestehen schien. Wie im Kino, in Horrorfilmen. Nur die Hände waren in Bewegung, rastlos damit beschäftigt, das Papier in winzige Stückchen zu reißen, die wie Flocken auf ihr Kleid und die Fliesen fielen. Alan dachte daran, wie sein Vater einmal vor dem Haus zu einem halb verhungerten, verängstigten kleinen Hund gesprochen hatte. Das Hündchen hatte die gleichen Augen gehabt. „Hallo ... hallo ...", sagte Alan. Er machte einen kleinen Schritt, dann noch einen. Das Mädchen stand auf und drückte sich gegen die Wand. Die Papierschnitzel fielen wie Schnee von ihr ab. „Ich geh jetzt zur Tür", sagte Alan ganz ruhig, fast flüsternd. „Einverstanden? ... Ich wohne hier ... In Ordnung?" Das Mädchen schob sich mit dem Rücken an der Wand in die äußerste Ecke.

## 11 Leben auf der Flucht – Jüdische Schicksale im Jugendroman

„*Non! Non!*", rief sie plötzlich und ließ das Stück Papier fallen, an dem sie herumgerissen hatte. Alan erinnerte sich, dass sein Vater gesagt hatte, das Mädchen sei ein Kriegsflüchtling aus Frankreich; es lebte mit der Mutter oben bei den Liebmans, sie waren irgendwie miteinander verwandt. Wieder rief das Mädchen. „*Non! Non! Laissez-moi tranquille!*" Es starrte auf den Schlagballschläger. Alan verstand nur das „Nein! Nein!" und dachte, es müsse wohl der Schlagballschläger sein, der sie so erschreckte. Er legte das abgesägte Stück Besenstiel auf den Boden und ließ es auf die Tür zurollen. Der Schläger surrte über die Fliesen. Das Mädchen starrte darauf, als sei er eine Pythonschlange, die sich zum Zustoßen aufgerichtet hatte. Ganz schön bescheuert, dachte Alan. Die Kerle haben Recht, sie hat einen Knall. Aber vielleicht ... wenn ich französisch mit ihr rede? Er hatte mit Französisch gerade angefangen und kannte nur ein paar Wörter wie „Guten Tag" und „Auf Wiedersehen", „Wie heißen Sie?" und „Wie geht es Ihnen?" „Also ... *Bonjour ... Comment allez-vous?* He? Ich meine ... *Comment allez-vous?*"

Das Mädchen schaute wild um sich nach einem Fluchtweg. Alan trat etwas zurück und sofort sprang das Mädchen an ihm vorbei, die Treppe hoch zum nächsten Stock. Was hatte er denn gemacht? Was war denn los mit der Frage: „Guten Tag, wie geht es Ihnen?" Alan ging zu dem Papier und hob es auf. Es war der Rest einer Stadtkarte von New York. Ein paar sinnlose Linien waren rot eingezeichnet und eine zittrige Hand hatte darüber geschrieben GEHEIME STAATSPOLIZEI. Nach einigem Zögern steckte er das Papier in die Tasche. Er ging zur Tür und bückte sich nach dem Schläger. Es gab ein kleines klapperndes Geräusch auf den Fliesen und sofort schrie oben auf dem Treppenabsatz eine hohe, klagende Stimme: „*Maman! Maman! Ils sont en bas. Ils sont en bas. Maman! Maman!*"
Es war ihm, als hätte er die Stimme schon einmal gehört. Das blanke Entsetzen darin schnitt wie mit dünnen Messern Schatten aus dem Dunkel und füllte die Treppe mit Dämonen, so wie das metallische Kreischen der Flurtür vorhin.

---

**1** a) Formuliert zu dem Textausschnitt selbst Fragen oder Arbeitsaufträge. Verwendet dabei Fachbegriffe für Erzähltexte. Notiert auch jeweils eine Musterlösung.
b) Tauscht die Fragen aus und beantwortet sie.
c) Vergleicht eure Antworten mit der Musterlösung und besprecht mögliche Abweichungen.

> *Frage:* Aus welcher Perspektive wird die Geschichte erzählt? Führe drei Textstellen an, an denen dies besonders deutlich wird. Zitiere sie dabei genau.
> *Musterlösung:* ...

**2** Geht eure Arbeitsaufträge und deren Lösungen aus Aufgabe 1 noch einmal unter dem Aspekt **Handlung** durch.
a) Legt eine Tabelle mit zwei Spalten an und ordnet in diese alle Textstellen ein, die sich auf das äußere Geschehen, den konkreten Handlungsablauf beziehen.
b) Schreibt in die rechte Spalte Textzitate, die auf die innere Verfassung der Figuren eingehen, deren Gefühle und Gedanken zum Ausdruck kommen.

| Darstellung der Außenwelt | Darstellung der Innenwelt |
|---|---|
| „Er kam auf seinem Stockwerk an ..." (Z. 1) | „... und erstarrte" (Z. 1 f.) |

Bei dem Begriff **Handlung** sind zwei Ebenen zu unterscheiden:
- Die **äußere Handlung** beschreibt das sichtbare Geschehen, den erzählten Ablauf von Vorgängen und Ereignissen, deren Ursachen und Folgen.
- Die **innere Handlung** spielt sich in den Gedanken und Gefühlen der Erzählfiguren ab. Deren innere Verfasstheit kann mitunter erst aus der Darstellung der Außenperspektive (Mimik, Gestik, Körperhaltung) erschlossen werden.

## Puppen als (Gesprächs-)Partner – Redeformen im modernen Roman

Beide Romane erzählen von Fluchterlebnissen. Während Malka sich erst auf dem Fluchtweg befindet, hat Naomi eine neue Heimat gefunden, in die sie sich aber erst einleben muss. Dabei verarbeitet sie ihre schrecklichen Kriegserlebnisse. Aus den Gesprächen anderer Figuren untereinander erfahren die Leser, was passiert ist.

Myron Levoy

### Der gelbe Vogel (2)

*Beim Abendessen wird Alan von seiner Mutter über Naomis Schicksal informiert und dabei mit einer verantwortungsvollen Aufgabe betraut.*
*Während der deutschen Besetzung bewahrt Naomis Vater als Mitglied der französischen Widerstandsbewegung in seiner Wohnung in Paris geheime Pläne über unterirdische Verbindungswege auf. Als die Gestapo kommt, versucht er mit Naomis Hilfe vergeblich, die belastenden Papiere zu zerreißen. Im Alter von acht Jahren muss Naomi mitansehen, wie ihr Vater von den Nazis erschlagen wird. Auf der Flucht verstecken sich Mutter und Tochter tagelang ohne Essen in Abwasserkanälen, bis ihnen endlich die Flucht über die Schweizer Grenze gelingt. Drei Jahre später werden sie durch die Liebmans nach Amerika geholt. Naomi sei nicht verrückt, durch das traumatische Erlebnis jedoch verändert. Sie müsse wieder lernen, Menschen zu vertrauen, am besten mit Hilfe eines gleichaltrigen Freunds. Alan sei der Einzige, der dafür in Frage komme.*

*Alan reagiert nicht gerade begeistert, doch er verspricht, darüber nachzudenken.*

211

Alan ging zum Fenster und schaute auf die Wohnungen auf der anderen Seite des Hofes. Nach so vielen Jahren kannte er alle Fenster. Die Liebmans hatten die zwei Fenster oben links. Ein Fenster war hell, das andere dunkel. Und in dem dunklen Fenster erkannte er das hinausstarrende Mädchen. Es war, wie Alan wusste, das Schlafzimmerfenster. Die Schlafzimmer aller Wohnungen lagen übereinander genauso wie die Wohnzimmer. Er winkte dem Mädchen, aber es verharrte unbeweglich. Ob es ihn gesehen hatte? Er war eigentlich überzeugt davon. Naomi blickte genau in seine Richtung. Er winkte wieder. Warum winkte sie nicht zurück? Wovor hatte sie jetzt Angst? Ein ganzer Hof war doch zwischen ihnen. Vielleicht dachte sie gerade an ihren Vater, der in seinem Blut lag. Alan versuchte, sich auszumalen, wie sein Vater am Boden liegt, blutend und sterbend, aber es gelang ihm nicht. Er schaffte es einfach nicht. In seiner Vorstellung zuckte sein Vater und verzog sein Gesicht und spielte nur den Verwundeten, um Alan zum Lachen zu bringen.

Wenn ich sie nur zum Lachen bringen könnte, dachte er, jetzt, an Ort und Stelle. Er schaute sich im Zimmer um. Was hatte er denn Lustiges vorzuzeigen? Sein Modellflugzeug, die Spitfire? Nicht besonders komisch, erschreckt sie unter Umständen. Kein Kriegsspielzeug ... Seinen Zauberer-Zylinder und Schnurrbart? Vielleicht ja, vielleicht aber auch zu riskant. Alan machte den Schrank auf und wühlte in den Resten uralter Spielsachen. Ein selbst gemachtes Segelboot. Nicht komisch. Der Lötbaukasten. Passt nicht. Ein Baseball-Handschuh, „Der kleine Gipsbildhauer", Müllauto, die geborstene Ukulele[1]. Alles nicht zu brauchen. Dann sah er in den Trümmern plötzlich Charlie, seine alte, angeschlagene Bauchredner-Handpuppe. Charlie konnte man zum Reden bringen, man brauchte hinten nur an einer Schnur zu ziehen, dann fiel der Unterkiefer hinab oder hob sich. Allerdings ging der Kiefer nicht mehr auf und der Kopf war schon

halb abgetrennt. Aber mit Charlie könnte es gehen. Alan brachte die Puppe zum Fenster und hielt sie noch unter der Fensterbank. Naomi schaute immer noch her. Langsam schob er die Puppe höher und ließ sie hinüberwinken. Er wartete und winkte nochmals. Unvermittelt verließ Naomi das Fenster. Alan seufzte und ließ dann Charlie sprechen, so, wie er es nach dem Vorbild berühmter Bauchredner schon vor Jahren gemacht hatte, nachdem er die Puppe zu seinem achten Geburtstag bekommen hatte.

„Ich glaube, die Show war ein Reinfall, Mr. Silverman", sagte Charlie. „Ach, Charlie", sagte Alan, „man muss auch mal verlieren können." „Sehr richtig, Mr. Silverman. Bin immer für Sie da, wenn Sie eine auf die Nase haben wollen. So bin ich nun mal." „Halt den Mund, Charlie, oder du kommst zurück in den Schrank –" Alan unterbrach sich. Naomi war wieder zum Fenster gekommen und hielt auch eine Puppe hoch. Und sie ließ die Puppe winken. Alan hob Charlie ganz hoch und bewegte dessen Arme wie wild. Die Puppe drüben winkte noch einmal, bevor sie mit Naomi im Dunkel verschwand. Alan wartete eine Weile, aber sie kam nicht zurück. „Was sagen Sie jetzt, Mr. Silverman?", ließ Alan die Puppe fragen. „Weiß nicht", sagte Alan, „war nicht unflott." „Nicht unflott?", rief Alan für Charlie. „Das war ein Hammer. Sie hat zurückgewinkt. Das war ein richtiger Gruß." „Ich weiß", sagte Alan. „Also, was kratzt Sie?", fragte Charlie. „Du weißt, was mich kratzt. Jetzt haben wir sie am Hals. Das kratzt mich, jetzt müssen wir mit ihr spielen." „Wieso?", fragte Charlie. „Ich hasse Kinder. Ich kann nur mit Stars, verstehen Sie, mit süßen Pin-ups. Sie kennen mich. Mich, Charlie. Lassen wir sie fallen, Mr. Silverman, wie eine heiße Kartoffel." „Geht nicht." „Wieso nicht?" „Weil sie uns braucht. Klar? Du weißt, dass sie uns braucht." „Wenn Sie meinen, Mr. Silverman." „Ich sage dir, sie braucht uns." „Und ich sage, Sie sind ein Saftsack." „Halt dein Schandmaul." „Okay, Silverman, du bist der Boss."

1 **Ukulele:** Kleine, hawaiianische Gitarre

11.1 Mirjam Pressler: „Malka Mai" (2001) und Myron Levoy: „Der gelbe Vogel" (1977)

**1** *Der Autor hat den Roman ursprünglich „Naomi und Alan" genannt. Stellt einen Bezug zum Cover her (▷ S. 201).*

**2** *Die Puppe wird zu einer weiteren Figur in der Geschichte.*
*a) Welche Funktion weist Alan ihr zu?*
*b) Alan ahnt, was der Gruß, den Naomi ihm schickt, zu bedeuten hat. Schreibt das, was infolgedessen im „Gespräch mit Charlie" geäußert wird (Z. 58–91), in Form eines Gedankens von Alan auf.*

**3** *Lest noch einmal die Zeilen 11–47. In der Textstelle werden Alans Gedanken wiedergegeben. In welcher Form geschieht dies? Sucht weitere Belege in dem Textausschnitt, in denen deutlich wird, dass Alans Gedanken und Empfindungen unmittelbar mitgeteilt werden.*

---

**!**

**Erlebte Rede**

Die **erlebte Rede** gehört zu den modernen Erzählweisen.

☐ Als ob man in die Figur hineinschaute, werden Wahrnehmungen, Gedanken und Gefühle aus deren Sicht direkt wiedergegeben, z. B.: „Er winkte dem Mädchen, aber es verharrte unbeweglich. *Ob es ihn gesehen hatte?* Er war eigentlich überzeugt davon." (Z. 10 f.)

☐ Der Erzählbericht aus der Außensicht geht unvermittelt in die Innensicht der Figur über.

☐ Das Tempus der erlebten Rede ist das **Präteritum,**

☐ die Wiedergabe der Wahrnehmungen erfolgt **in der dritten Person.**

---

## Puppen bekommen ein Eigenleben – Motive vergleichen, Inhaltsangaben erstellen

Myron Levoy

### Der gelbe Vogel (3)

*Als Alan das erste Mal Naomi besucht, nimmt er die Handpuppe Charlie mit. Naomi nimmt Alan kaum wahr, sie spricht nicht mit ihm, aber nach kurzer Zeit holt sie eine alte, zerrissene Puppe hervor und lässt sie immerfort Papier zerreißen, sonst sagt sie kein Wort. Ein paar Tage später bietet sich folgende Situation:*

Alan beobachtete Naomi. Sie war nicht einmal da. Sie war nirgendwo. Sie hatte wieder ihre Puppe vorgeholt, aber nur um endlos Papier zu zerreißen. Alan hatte Charlie alle Songs und alle Witze vortragen, ihn sogar etwas zaubern lassen. Alles umsonst. Zeit zu gehen, dachte er. „Also", ließ er Charlie sagen, „ich muss jetzt zurück in meinen schönen, prächtigen, riesigen Schrank, wo ich in Saus und Braus lebe. Hier spricht Charlie und verabschiedet sich von all seinen Freunden. Die Sendung ist aus. Vorbei und vorüber. Guten

Abend." Plötzlich – etwas zögernd und ohne aufzusehen, drehte Naomi ihre Puppe zu Charlie und ließ sie mit hoher Piepsstimme sagen: „Ah, Scharly ... Sie kommen wieder ... *non*? ... Nächste Mal, ich tanze *aussi* ... Ich bin Yvette ... ich bin gute *danseuse* ... gut wie Pawlowa, ja ... *Au revoir*, Scharly." Naomi legte die Puppe zurück und zerriss Papier. Ihr Gesicht war völlig ausdruckslos, so, als sei nichts geschehen. Und doch war etwas geschehen. Viele Dinge auf einmal. Sie war ein Mädchen, kein Tier im Zoo. Sie hatte Charlies Namen verstanden. Ihre Puppe hatte auch einen Namen – Yvette. Was sie sagte, hatte Hand und Fuß. Bloß – wer war Pawlowa? Und was bedeutete *aussi*? Einen Tanz? Hatten sie das nicht schon in der Schule gehabt. *Ici? Aussi?* Spielte auch keine Rolle. Das Ding war ein Hammer. Es war kein leeres Zimmer mehr. Alan holte tief Atem und sprach durch Charlie: „Auf bald, Naomi – ich meine Yvette. Komme morgen wieder." Naomi, ganz in ihre Zerreißarbeit vertieft, fuhr sich mit der Zunge über die Lippen. „*Au revoir*", sagte Charlie.
Naomi antwortete nicht.

*Einige Tage später besucht Alan wieder Naomi, aber er fühlt sich unwohl.*

„Warum sind Sie ... so traurig, Scharly ... *pourquoi?*", fragte Yvette. Das hohe Puppenstimmchen piepste stoßweise, so wie ein kleiner Vogel ruft, der noch Angst vor sich selber hat. „*Pauvre* Scharly ... nicht weinen ...", sagte die Puppe sanft. Sie redete wieder! Was hatte er denn gemacht? Gar nichts! Lass jetzt Charlie etwas sagen, du Idiot. Er brauchte die Handpuppe in Sitzstellung. „He, Yvette, Mädchen, ich weine nicht, siehst du. *Bonjour*, Yvette." „*Comment ça va* ... Scharly?" „He? Was heißt'n das?" „Wie geht es ... Scharly?", piepste Yvette. „Prima, Yvette. Und dir?", fragte Charlie. Sie redete. Völlig verständlich. Wie ein Mensch, Naomi-Yvette. *Voilà*. Die Schuhe für ... Ballett", sagte Yvette, etwas zögernd. Naomi zog Yvette die Puppenschuhe an. „Sie tanzen mit mir, Scharly? Ich tanze ... wenn Sie tanzen". „Machen wir. Prima", sagte Charlie. „Es geht los, Naomi." Im gleichen Augenblick stürzte Naomi fort von Alan, ans äußerste Ende des Bettes. Der Mund war aufgerissen, die Augen waren voller Angst. Mit hoher, greller Stimme fragte Yvette: „Naomi? Wer ist das?" Er blinzelte verwirrt. Du Vollidiot, sprach er zu sich, Charlie tanzt natürlich mit Yvette. Idiot. Sag's jetzt richtig! „Ich meine ... es geht los, Yvette ..." „*Non.*" „Bitte." Aber Naomi zog Yvette die Puppenschuhe schon wieder aus. Und gleich darauf war die Puppe wieder dabei, Papier zu zerreißen.

**1** *In beiden Romanen spielen Puppen eine besondere Rolle.*
  a) *Welche Bedeutung haben die Puppen jeweils für die Hauptfigur? Nennt entsprechende Textstellen.*
  b) *Welche Funktion haben die Puppen innerhalb des jeweiligen Romans?*
  c) *Vergleicht diesbezüglich die beiden Romane miteinander.*

**2** *Fasst die beiden Textausschnitte aus „Malka Mai" (▷ S. 204–206; 208) unter der Überschrift „Die planlose Flucht" zusammen. Geht dabei auf die wichtigsten Handlungsschritte ein, indem ihr diese jeweils kurz wiedergebt.*

11.1 Mirjam Pressler: „Malka Mai" (2001) und Myron Levoy: „Der gelbe Vogel" (1977)

**3** *Gebt den Inhalt der Textauszüge aus „Der gelbe Vogel" (▷ S. 209–210; 211–212; 213–214) wieder. Orientiert euch auch hier an den Handlungsschritten. Fasst diese zusammen und gebt den einzelnen Abschnitten eine passende Überschrift.*

### Inhaltsangabe
Eine **Inhaltsangabe** fasst mit eigenen Worten einen Text knapp und sachlich zusammen. Während man bei **Klappentexten** die Leserin oder den Leser neugierig machen will und es deshalb bei Andeutungen belässt und den Schluss nicht verrät, soll die Inhaltsangabe den Geschehensablauf vergegenwärtigen.

**4** *Entscheidet euch für einen der beiden Jugendromane „Malka Mai" oder „Der gelbe Vogel" und erstellt für diesen eine **Inhaltsangabe**.*
a) Verfasst auf der Grundlage des Klappentextes (▷ S. 201) und eurer bisherigen Lektüreergebnisse einen Einleitungssatz, der sich auf den gesamten Roman bezieht. Er sollte unter anderem den Namen der Autorin oder des Autors und das Erscheinungsjahr des Romans nennen. Lest euch hierzu die Arbeitstechnik „Eine Inhaltsangabe verfassen" durch.
b) Vergegenwärtigt euch noch einmal den historischen Hintergrund des Romans (▷ S. 203).
c) Geht genau auf die Hauptfigur des Romans ein. Charakterisiert diese, indem ihr die sie auszeichnenden Eigenschaften beschreibt (▷ S. 209).
d) Skizziert die entscheidenden Handlungsschritte. Unterscheidet dabei innere und äußere Handlung (▷ S. 211).
e) Welche Motive bestimmen Inhalt und Handlungsgefüge? (▷ S. 206; 214) Bindet diese in eure Inhaltsangabe mit ein.
f) Untersucht Erzählweisen und Erzählperspektiven. Welche Bedeutung haben diese für die Wirkung des Erzählten auf die Leser? (▷ S. 207).
g) Zum Schluss könnt ihr eure eigene Einschätzung des Romans zum Ausdruck bringen. Gibt es offene Fragen oder Probleme, auf die ihr hinweisen wollt?

### Eine Inhaltsangabe verfassen
- Nach Nennung von Autor oder Autorin, des Titels des Textes und der Textsorte wird einleitend das Thema formuliert und in einem Satz zusammengefasst, worum es im Text geht.
- Zentrale Figuren werden mit den individuellen Eigenschaften beschrieben, die für die Handlung von Bedeutung sind.
- Handlungsschritte müssen erkannt und zusammengefasst werden.
- Der Ausgang der Handlung wird formuliert.
- Direkte Rede wird in indirekte Rede umgeschrieben.
- Das Tempus der Inhaltsangabe ist das Präsens und bei Vorzeitigkeit das Perfekt.
- Bei einer **erweiterten oder interpretierenden Inhaltsangabe** wird noch ein Schlussabschnitt angefügt, in dem man auf offene Fragen und Intention des Textes eingehen kann. Hier ist auch der Ort für ein eigenes Urteil über den Roman, das aus dem Text heraus begründet sein sollte.

## 11.2 Sich in Figuren hineindenken – Erzähltexte um- und ausgestalten

Man kann sich einen literarischen Text auch näher erschließen, wenn man ihn aus- oder umgestaltet.
Eigene kreative Gestaltungen eignen sich dazu, einen literarischen Text vertiefend zu verstehen. Hierzu gibt es zahlreiche Schreibanregungen:

| | |
|---|---|
| **Tagebucheinträge** (▷S. 218) schreiben | Wählt eine Textstelle aus, die euch besonders berührt hat, und nehmt sie als Anlass für einen Tagebucheintrag einer Figur. |
| **Briefe** an eine Figur schreiben | In eurem Brief könnt ihr eure Eindrücke und Meinungen zu einem Geschehen formulieren. |
| Textstellen mit erzählter Außenwelt durch die **Darstellung der Innenperspektive** der jeweiligen Figuren ergänzen | Beim Lesen versetzt man sich in die Situation einer literarischen Figur. Sucht Textstellen aus, in denen deren Außenwelt dargestellt ist, und erweitert diese durch erlebte Rede um die Darstellung der Innenwelt. |
| **Leerstellen** ausgestalten | Nicht alles, was wichtig und interessant sein könnte, wird in Erzähltexten ausformuliert. Besonders an Schnittstellen, z. B. bei Orts-, Zeit- und Figurenwechseln entstehen bei der Darstellung des Geschehens Lücken, die die Leser mit eigenen Gedanken füllen sollen. Findet solche Leerstellen und gestaltet sie aus. |
| **Gesprächssituationen** ergänzen | Es gibt Textstellen, bei denen man sich wünscht, dass Figuren miteinander gesprochen hätten. Oder man kann sich denken, dass einer schlechten oder einer guten Stimmung Gespräche vorausgegangen sind. Diese könnt ihr einflechten. |
| **alternative Handlungsverläufe** verfassen | Was wäre geschehen, wenn …? Dann wäre alles anders gekommen. Beim Schreiben habt ihr die Möglichkeit, die Lebenswege der Figuren durch einen anderen Handlungsverlauf zu bestimmen. |

Myron Levoy

## Der Gelbe Vogel (4)

*Durch die professionelle Hilfe eines Arztes und vor allem die Freundschaft mit Alan geht es Naomi psychisch so gut, dass sie wieder zur Schule gehen kann.*

An diesem Abend machten sie ihre Hausaufgaben zusammen, und zwar am großen Esstisch in Alans Wohnung. Naomi half zuerst Alan bei Französisch. Das war eine ganz ande-
5 re Sache als Mr. Florheims harte Aussprache. Bei Naomi flossen Sätze harmonisch zusammen, ihr Französisch war wie Musik. Sie machten dann Englisch, die Mathe-Aufgaben blieben für ganz zuletzt. Sie sollten eine kurze
10 Charakterbeschreibung von einem Freund oder Verwandten machen. Alan schrieb zunächst über seine Mutter, hielt aber inne, als Naomi beim Schreiben anfing zu kichern. „Was ist denn so komisch?", fragte er. „Du
15 schreibst wohl über einen der *Marx Brothers* oder so etwas?" „*Non.* Ich schreibe über dir. Oder dich." „Über mich? Das kannst du nicht machen." „*Pourquoi pas?* Du bist Freund. Ich schreibe über dich." „Also schön. Dann schrei-
20 be ich aber auch über dich." Eine Weile schrieben sie schweigend. Dann kicherte Naomi wieder und Alan schaute auf „Bei mir wird's nicht so komisch." „Du wirst sehen. Später, ich lese laut vor, ukay? Und du liest meines." „Gut.
25 Aber bei mir wird's nicht so komisch." Während sie schrieben, wurde es Alan immer klarer, dass sie sich über ihn lustig machte. Was er geschrieben hatte, radierte er aus und kritzelte schnell einen neuen Text. Er würde es ihr
30 schon geben. Wart nur, bis du das liest, Naomi, dachte er, wart nur. Als sie fertig waren, nahm

Naomi Alans Blatt und schaute einen Augenblick darauf. Sie runzelte die Stirn. „Ich kann deine Handschreiben nicht lesen." „Meine Handschrift." „*Oui, oui, oui.* Ukay. Ich versuche.
35 ‚Naomi ist zwölf Jahre alt. Sie hat schwarzes Haar …‘ *Non,* mein Haar ist braun. ‚… schwarzes Haar und braune Augen und ist etwa 1,60 groß. Sie ist das blödeste Mädchen, das ich kenne …‘ Oh, warte nur. ‚… und albern ist sie
40 auch. Sie kichert, wenn sie schreibt, und bekommt Schluckauf‘ … *Je ne comprends pas.* Was ist Schluckauf?" „Wenn du hick … hick … hicks machst." „Ah. *Hoquet.* Französisch ist *hoquet* … ‚bekommt Schluckauf die ganze Zeit. Sie
45 bürstet sich die Zähne mit der Haarbürste.‘ Das ist nicht nett. ‚Sie wird rot, wenn man sagt, dass sie hübsch ist …‘ Ist nicht wahr. ‚… und sie sagt immer Sachen verkehrt herum, weil sie ein auf dem Rücken liegendes Stück Kuchen
50 ist, das sich als Mädchen tarnt. Sie möchte auch gern …‘ Ha, das lese ich nicht." „Du musst. Das Vorlesen war abgemacht. Oder?" „Es ist gemein. ‚Sie möchte auch gern alle Jungen in der Klasse küssen, aber sie macht es nicht, weil
55 sie sich totkichern würde und den Schluckauf bekommt.‘ Du bist gemein. ‚Alles zusammengenommen ist Naomi ein blöder, alberner, kichernder, auf dem Rücken liegender Kuchen mit schwarzem Haar und braunen Augen.‘
60 Aber mein Haar ist braun! Und du – du bist ein – ein Kohlkopf" „Das ist das Netteste, was ich von dir gehört habe." „Jetzt lies meines. Da – Kohlkopf!" Alan nahm ihr Blatt. „Also, wollen mal sehen …"
65

---

**1** *a) Was könnte Alan als Erstes geschrieben haben? (Z. 20ff.).*
*Füllt die Leerstelle, indem ihr den Text schreibt, den er ausradiert hat.*
*b) Setzt den Textauszug fort. Was bekommt Alan zu lesen?*
*HINWEIS: Alan und Naomi haben sich miteinander angefreundet. Überlegt, was sie voneinander wissen, was ihnen aneinander gefällt. Was machen sie gemeinsam, worüber lachen sie? Bringt dies in den jeweiligen Charakterbeschreibungen zum Ausdruck.*

**2** a) Erprobt weitere Schreibanregungen zu ausgewählten Textausschnitten aus „Der gelbe Vogel".
b) Begründet, warum ihr euch für eine besondere Möglichkeit entschieden habt.
c) Erläutert anschließend, wie ihr verfahren seid und was ihr mit eurem Text näher hervorheben wolltet (z. B. die sich entwickelnde Freundschaft zwischen Alan und Naomi).

**3** Ihr könnt auch Figuren aus den beiden Romanen, an denen ihr hier gearbeitet habt, miteinander in Kontakt treten lassen:
a) Stellt euch vor, Alan hätte Malka kennen gelernt. Was hätte sie ihm wohl erzählt?
b) Yvette, Charlie und Liesel treffen aufeinander. Verfasst Gespräche zwischen den Puppen.

**4** Notiert alles, was euch beim Lesen auffällt oder was ihr nicht versteht, in einem **Lesetagebuch**.

### ARBEITSTECHNIK

**Ein Lesetagebuch führen**

Wenn ihr einen Roman lest, könnt ihr eure Leseerfahrungen in einem **Lesetagebuch** (eine Kladde, ein gesondertes Heft oder eine Art Tagebuch) festhalten.
Geht dabei folgendermaßen vor:
- Schreibt zuerst den Namen der Autorin oder des Autors und den Titel des Buches auf.
- Verfasst anschließend nach jedem Leseabschnitt (evtl. nach jedem Kapitel) einen Eintrag, z. B. in Form von:
  - persönlichen Leseeindrücken:
    *Die Charakterbeschreibung von Naomi, die Alan verfasst hat, fand ich ganz lustig, aber ich glaube, sie hat Naomi verletzt. Ich hätte an Alans Stelle nur Positives geschrieben, nämlich wie nett ich sie finde, wenn sie lacht.*
  - Fragen:
    *Wird Naomi es schaffen, wirklich Vertrauen zu Menschen, z. B. zu Alan, zu fassen oder wird sie einen Rückfall erleiden?*
  - Hintergrundinformationen:
    *Informationen zu Widerstandsbewegungen gegen das Hitlerregime ...*
  - Um- und Ausgestaltungen:
    siehe die Schreibanregungen, S. 216
  - kurzen Inhaltsangaben:
    *Alan ist ein Junge aus Amerika. Der Krieg betrifft ihn zunächst nicht direkt, aber er fürchtet sich trotzdem vor einem Sieg der Deutschen.*
  - Zeichnungen, passenden Fotos zu den Figuren, zur Handlung, zum Thema ...

Mit dem Lesetagebuch habt ihr die Möglichkeit, eure Leseerfahrungen nicht nur für euch selbst festzuhalten, sondern sie auch anderen zugänglich zu machen und ihnen Lektüreanregungen zu geben.

## 11.3 Projekt: Bücher, CD-ROMs und Filme zum Thema „Jugend im Dritten Reich" vorstellen

Über die Zeit zwischen 1933 und 1945, die Zeit des so genannten „Dritten Reiches", sind zahlreiche Materialien – Romane, Biografien, Verfilmungen und CD-ROMs – erschienen, damit diese Zeit nicht vergessen wird: Welche Schicksale hatten Menschen, besonders Kinder und Jugendliche, während des Naziterrors? Was haben sie erlebt? Wie sind sie mit Verfolgung, Hunger und Not umgegangen? Wer oder was hat ihnen geholfen?

**1** *Recherchiert Bücher (z. B. Jugendbücher, Biografien und Sachbücher), Filme und CD-ROMs zum Thema „Jugend im Dritten Reich".*

### ARBEITSTECHNIK

**Material recherchieren**
- Geht in eure **Stadt- oder Gemeindebibliothek** und recherchiert, welche Materialien zum o. g. Thema vorhanden sind. Informiert euch direkt am Anfang über das **Ausleihverfahren.** Wenn es sich um eine **Präsenzbibliothek** handelt, ist eine Ausleihe nicht möglich. Dann müsst ihr vor Ort arbeiten. Lasst euch auch von den Bibliothekarinnen oder Bibliothekaren beraten.
- Macht euch mit dem jeweiligen **Katalogsystem** vertraut und überlegt euch passende **Schlagworte,** unter denen ihr nachschauen könnt, z. B.:
  - Epochen/Zeitabschnitte: Drittes Reich,
  - besondere Ereignisse: Pogromnacht,
  - Autoren/Autorinnen: Lasker-Wallfisch.
- **Legt** dann den **Themenbereich fest,** der euch besonders interessiert, z. B.:
  - Wer war die Weiße Rose?
  - Anne Frank – ihr Versteck in Amsterdam.
  - Was berichten die Überlebenden des Konzentrationslagers Auschwitz?
- Schaut möglichst in die Materialien hinein, bevor ihr sie ausleiht: **„Überfliegt" Inhaltsverzeichnisse, Überschriften** und lest kürzere Textpassagen, schaut euch die Bildmaterialien an, damit ihr entscheiden könnt, ob das Material für euer Thema geeignet ist.
- Ihr könnt euch auch in **Gruppen aufteilen,** wenn es mehrere Medien zu einem Thema gibt, z. B.: jemand kümmert sich um den Film, ein anderer um die CD-ROM.
- Es gibt auch interessante Internetadressen, z. B. zu Gedenkstätten: www.jugendarbeit-in-bergenbelsen.de –, www.mdsm.pl (Internationale Jugendbegegnungsstätte Auschwitz); zu Anne Frank: www.annefrank.de –, www.annefrank.nl

**2** *Verfasst **Kurzreferate** und haltet **Vorträge** zu einem von euch festgelegten Themenbereich auf der Grundlage ausgewählter Materialien. Berücksichtigt die folgenden Informationen:*

☐ 11 Leben auf der Flucht – Jüdische Schicksale im Jugendroman

**Kurzreferat und Kurzvortrag**

Ein Kurzreferat bzw. Kurzvortrag informiert knapp und präzise über einen wesentlichen Sachverhalt und sollte nicht länger als zehn Minuten dauern. Wichtig sind die Gliederung – die Einleitung, die die Aufmerksamkeit des Publikums sichert; der Hauptteil, der das Thema entfaltet, und der Schluss, der den Vortrag abrundet sowie der Einsatz entsprechender Medien zur Visualisierung.

☐ **Der Einstieg**

Es gibt verschiedene Möglichkeiten, zum Thema hinzuführen und dabei das Interesse des Publikums zu wecken:
- eine Frage, auf die sich die Zuhörenden eine Antwort wünschen;
- ein Zitat einer bekannten Persönlichkeit, das zum Weiterdenken anregt;
- eine eigene These formulieren, die zum Mitdenken einlädt;
- ein Umfrageergebnis, das überrascht.

☐ **Die Themenentfaltung**

Bei der Entfaltung des Themas geht es darum, die wesentlichen Erkenntnisse, Informationen zu vermitteln. Dabei muss dem Publikum der rote Faden deutlich werden, d. h., die Inhalte müssen klar und verständlich sein und aufeinander aufbauen, dabei gilt es z. B. Fachbegriffe zu klären.

☐ **Der Schluss**

Der Schlussteil sollte den Vortrag abrunden. Er bietet Raum für die eigene Meinung und Wertungen. Er kann durchaus persönlich ausfallen. Möglich ist auch ein abschließendes Zitat.

**3** Erstellt euch **Stichwortkarten** für euer Kurzreferat.

<u>Stichwortkarten erstellen</u>
- Karteikarten, Größe DIN A 6, besorgen
- einseitig beschriften und am besten durchnummerieren (oben rechts)
- Die Redeteile farbig voneinander trennen:
  Die Einleitung steht z. B. auf rosafarbenen, der Hauptteil auf gelben und der Schlussteil auf weißen Karten.
- mit Farben Schwerpunkte eures Vortrags markieren, z. B.:
  blau: Gedanken, die unbedingt mitgeteilt werden müssen
  grün: Zitate, die wörtlich vorgelesen werden müssen
  schwarz: Fachbegriffe
- deutlich und gut lesbar schreiben
- Symbole als Gedankenstützen zeichnen: ? ! →

**4** Nutzt für eure Kurzvorträge verschiedene **Präsentationsformen**. Der Einsatz von Anschauungsmaterial (Visualisierung) entlastet nicht nur den Vortragenden. Er bündelt die Konzentration des Publikums. Man kann sich das Gesagte besser einprägen, wenn nicht nur das Ohr, sondern auch das Auge angesprochen wird.

**5** Übt den Vortrag, um noch Verbesserungen vorzunehmen.
Ihr könnt ihn dafür aufnehmen und ihn dann selbstkritisch begutachten.

**6** Lasst euch vom Publikum eine Rückmeldung (ein Feedback) für eure Präsentation geben. Videoaufnahmen können dabei sehr hilfreich sein.

LESEN · UMGANG MIT TEXTEN UND MEDIEN

# 12 Menschen in der Stadt – Gedichte und Songs untersuchen und gestalten

## 12.1 Von Berlin, New York und anderen Großstädten – Gedichte im Vergleich

1 a) Beschreibt die Fotos.
b) Berichtet, was ihr über die abgebildeten Städte wisst.

2 Entwerft eure Großstadt des Jahres 3000.
a) Sammelt zunächst eure Ideen in einer Mind-Map.
b) Schreibt ausgehend von eurer Mind-Map Texte (z. B. Kapitel eines Zukunftsromans, Reportage über eine Zeitreise, Gedicht) und/oder malt Bilder zu eurer Zukunftsstadt. Stellt Texte und Bilder zu einer Wandcollage zusammen.

221

## Motive der Großstadt – Bildliche und musikalische Bezüge herstellen

Erich Kästner

**Besuch vom Lande** (1930)

Sie stehen verstört am Potsdamer Platz.
Und finden Berlin zu laut.
Die Nacht glüht auf in Kilowatts.
Ein Fräulein sagt heiser: „Komm mit, mein Schatz!"
5 Und zeigt entsetzlich viel Haut.

Sie wissen vor Staunen nicht aus und nicht ein.
Sie stehen und wundern sich bloß.
Die Bahnen rasseln. Die Autos schrein.
Sie möchten am liebsten zu Hause sein.
10 Und finden Berlin zu groß.

Es klingt, als ob die Großstadt stöhnt,
weil irgendwer sie schilt.
Die Häuser funkeln. Die U-Bahn dröhnt.
Sie sind das alles so gar nicht gewöhnt.
15 Und finden Berlin zu wild.

Sie machen vor Angst die Beine krumm.
Und machen alles verkehrt.
Sie lächeln bestürzt. Und sie warten dumm.
Und stehn auf dem Potsdamer Platz herum,
20 bis man sie überfährt.

**1** Welche Erfahrungen machen die Menschen in Kästners Gedicht, wenn sie zum ersten Mal in eine Großstadt kommen?

**2** Setzt den Text und das Foto zueinander in Beziehung. Welche **Motive** einer Großstadt findet ihr in Text und Bild wieder?

**3** Berichtet von euren Erfahrungen beim Besuch unbekannter Großstädte.

**4** Schreibt das Gedicht so um, dass eine faszinierende Wirkung der Großstadt auf die Besucher deutlich wird. Ändert dazu auch die **Personifikationen** (z.B. *die Autos schrein*), die in dem Gedicht eine besondere Rolle spielen (▷ S. 229).

*Sie stehen ⓖ am Potsdamer Platz.*
*Und finden Berlin ⓖ*
*...*

George Grosz: Metropolis, 1916/17. Öl auf Leinwand

**5** Vergleicht das Gemälde von George Grosz mit dem Foto vom Potsdamer Platz auf der vorangegangenen Seite. Übertragt dazu die folgende Tabelle in euer Heft.

|  | Foto | Gemälde |
|---|---|---|
| Motive (Was ist abgebildet?) | ... | ... |
| Farbgebung/Licht | ... | ... |
| Bildaufbau/Perspektive | ... | ... |
| Art der Darstellung (natürlich, verzerrt) | ... | ... |

**6** Welcher Eindruck vom Stadtleben wird durch die besonderen Eigenschaften von Foto und Gemälde vermittelt?

**7** Zu welcher Darstellung der Stadt passt Kästners Gedicht besser? Begründet eure Zuordnung.

223

Kurt Tucholsky

## Augen in der Groß-Stadt  (1930)

Wenn du zur Arbeit gehst
am frühen Morgen,
wenn du am Bahnhof stehst
mit deinen Sorgen:
5      da zeigt die Stadt
dir asphaltglatt
im Menschentrichter
Millionen Gesichter:
Zwei fremde Augen, ein kurzer Blick,
10 die Braue, Pupillen, die Lider –
Was war das? vielleicht dein Lebensglück ...
vorbei, verweht, nie wieder.

Du gehst dein Leben lang
auf tausend Straßen;
15 du siehst auf deinem Gang,
die dich vergaßen.
Ein Auge winkt,
die Seele klingt;
du hasts gefunden,
20      nur für Sekunden ...
Zwei fremde Augen, ein kurzer Blick,
die Braue, Pupillen, die Lider;
Was war das? kein Mensch dreht die Zeit
zurück ...
25 Vorbei, verweht, nie wieder.

Du mußt auf deinem Gang
durch Städte wandern;
siehst einen Pulsschlag lang
den fremden Andern.
30      Es kann ein Feind sein,
es kann ein Freund sein,
es kann im Kampfe dein
Genosse sein.
Es sieht hinüber
35      und zieht vorüber ....
Zwei fremde Augen, ein kurzer Blick,
die Braue, Pupillen, die Lider.
Was war das?
Von der großen Menschheit ein Stück!
40 Vorbei, verweht, nie wieder.          ®

Ideal

## Berlin (1980)

Bahnhof Zoo, mein Zug fährt ein
Ich steig aus, gut wieder da zu sein
Zur U-Bahn runter am Alkohol vorbei
Richtung Kreuzberg die Fahrt ist frei
5 Kottbusser Tor ich spring vom Zug
Zwei Kontrollöre ahnen Betrug
Im Affenzahn die Rolltreppe rauf
Zwei Türken halten die Beamten auf
Oranienstraße, hier lebt der Koran
10 dahinten fängt die Mauer an
Mariannenplatz rot verschrien

Ich fühl mich gut, ich steh auf Berlin
Ich fühl mich gut, wir stehn auf Berlin.

Graue Häuser ein Junkie im Tran
15 Es riecht nach Oliven und Majoran
Zum Kanal an Ruinen vorbei
Dahinten das Büro der Partei
Auf dem Gehweg Hundekot
Ich trink Kaffee im „Morgenrot"
20 Später dann in die alte Fabrik
Die mit dem Ost-West-Überblick
Zweiter Stock vierter Hinterhof
Neben mir wohnt ein Philosoph
Fenster auf, ich hör Türkenmelodien

25 Ich fühl mich gut, ich steh auf Berlin
Ich fühl mich gut, wir stehn auf Berlin.

Nachts um elf aufm Kurfürstendamm
Läuft für Touristen Kulturprogramm
Teurer Ramsch am Straßenrand
30 ich ess die Pizza aus der Hand
Ein Taxi fährt zum „Romy Haag"
Flasche Sekt hundertfünfzig Mark
Für'n Westdeutschen der sein Geld versäuft
Mal seh'n, was im „Dschungel" läuft
35 Musik ist heiß, das Neonlicht strahlt
Irgendjemand hat mir 'nen Gin bezahlt
Die Tanzfläche kocht, hier trifft sich die Scene

Ich fühl mich gut, ich steh auf Berlin
Ich fühl' mich gut, wir stehn auf Berlin.

12.1 Von Berlin, New York und anderen Großstädten – Gedichte im Vergleich

**1** Die Berliner Band „Ideal" hat ihren Song ungefähr 50 Jahre nach der Entstehung des Gedichts von Tucholsky veröffentlicht.
   a) Vergleicht beide Texte im Hinblick auf:
   - ☐ das Verhältnis der Menschen zur Großstadt,
   - ☐ das Verhältnis der Menschen untereinander,
   - ☐ die verwendete Perspektive,
   - ☐ die sprachlichen Mittel (Wortwahl, Satzbau),
   - ☐ die Aussage des Refrains,
   - ☐ das Reimschema und seine Wirkung.
   
   b) Informiert euch im Geschichtsbuch oder im Internet über die Geschichte Berlins von der Teilung der Stadt bis zum Fall der Mauer im Jahre 1989. Sucht die Textstellen aus dem Song heraus, welche die damalige politische Situation Berlins widerspiegeln.

**2** Tragt beide Texte vor. Versucht die unterschiedliche Stimmung vor allem beim Vortragen des jeweiligen Refrains auszudrücken.

> **ARBEITSTECHNIK**
>
> **Gedichte Sinn erschließend vortragen**
> Ein Gedicht laut zu lesen, bedeutet auch immer, es zu interpretieren, also das eigene Verständnis des Gedichts zum Ausdruck zu bringen. Das könnt ihr selbst erfahren, wenn ihr die Gedichte „ersprecht". Geht dabei so vor:
> - ☐ Legt zuerst Kriterien eines guten Vortrags fest, z. B. Betonung, Sprechpausen usw.
> - ☐ Eine oder einer von euch trägt den Text vor. Die anderen machen sich zu den vereinbarten Beobachtungskriterien Stichpunkte. Ihr könnt den Vortrag auch auf Kassette oder MP3 aufnehmen.
> - ☐ Besprecht den Gedichtvortrag, spielt evtl. noch einmal wichtige Textpassagen vor.
> - ☐ Dieselbe Schülerin/derselbe Schüler trägt nun das Gedicht noch einmal vor.
> - ☐ Wiederholt nun das Verfahren.
> - ☐ Klärt abschließend in der Klasse, ob sich durch den unterschiedlichen Vortrag des Gedichts euer Verständnis des Textes geändert hat.

**3** Lernt das Gedicht von Tucholsky auswendig und tragt es in der Klasse vor.

**4** Der Song der Gruppe „Ideal" zeigt Merkmale eines **Raps** (z. B. Vers 20 f.) Sucht weitere Beispiele.

> **Rap:** („to rap": klopfen, pochen) **Sprechgesang**, entstand Ende der 60er Jahre des 20. Jhs. als Teil der Kultur des Hip Hop mit politischem und sozialem Inhalt, später auch als Musikstil in Pop, Nu Metal etc. Kennzeichnend ist vor allem der Sprechgesang: im Takt, in Doubletime (doppelt so schnell) oder sogar Tripletime (Schnell-Rappen). Das Verwenden vielfältiger Reimformen steigert die Wirkung.

**5** Formt eine Strophe des Tucholsky-Textes in einen Rap um.
   a) Dabei könnt ihr Wörter ergänzen, weglassen oder wiederholen. Ihr erleichtert euch das Rappen, wenn ihr eurem Sprechen auf einem Tonträger einen Beat-Rhythmus hinterlegt.
   b) Zusätzlich könntet ihr versuchen, den Text, unterstützt mit klanglichen Elementen (z. B. Straßengeräuschen), szenisch darzustellen.

## Als Einzelner unter Millionen – Das lyrische Ich

Städte gibt es schon, seit die Menschen sesshaft wurden. Im Zuge der Industrialisierung im 19. Jahrhundert ziehen immer mehr Menschen in die Stadt. Neben den industriellen Ballungszentren sind es vor allem die Hauptstädte, die eine große Anziehungskraft ausüben. Als erste europäische Metropole erreicht London zu Beginn des 19. Jahrhunderts die Millionengrenze, in New York leben Anfang des 20. Jahrhunderts schon mehr als sieben Millionen und in Berlin 1910 bereits mehr als zwei Millionen Einwohner. Die vielfältigen Gesichter der Stadt hatten und haben immer noch ganz unterschiedliche Wirkungen auf die Menschen, auf ihre Gefühle, ihre Ängste und Hoffnungen.

Lilly Sauter

**Ballade von der Métro** (1973)

Gelbe Gesichter und braune,
schwarze, rote und weiße,
Gesichter aus Bein geschnitten,
Gesichter aus Erde geformt –
5   Boissière – Klèber – Etoile.

Gesichter aus Abenteuern,
Gesichter aus Müdigkeit,
blitzend, erloschen, verzerrt,
lebendig und längst gestorben –
10  Clichy – Blanche – Châtelet.

Sprechen, lesen, küssen,
riechen nach Knoblauch, Schweiß, Wäsche,
Parfum, Schminke und Dumpfheit,
grübeln, schlafen, auffahren –
15  Concorde – Bastille – Châtelet.

Gänge, gekachelt, gewunden,
Stiegen, Aufzüge, Gänge,
klappernde Stangen aus Eisen,
Gummi an lautlosen Türen –
20  Balard – Pantin – Nation.

Weine, Filme, Rasierklingen,
Wolle, Theater, Schaukästen,
der beste, die beste, das beste,
großes und kleines Lachen –
25  Madeleine – Opéra – Richelieu.

Kein Schloss, kein Fluss, keine Gärten,
Namen aus schwarzen Lettern –
Louvre – Pont Neuf – Tuilleries,
Stoßgebete der Eile –
30 St. Germain – St. Sulpice – St. Placide.

Wie viele Stunden des Tages,
wie viele Tage des Lebens,
wie viele Sterne am Himmel,
wie viele Meter von Erde –
35 Passage – Limite – Sortie.


Orhan Veli

## Ich höre Istanbul  (1941)

Ich höre Istanbul, meine Augen geschlossen.
        Zuerst weht ein leichter Wind,
Leicht bewegen sich die Blätter in den Bäumen.
        In der Ferne, weit in der Ferne.
5 Pausenlos die Glocke der Wasserverkäufer.
Ich höre Istanbul, meine Augen geschlossen.

Ich höre Istanbul, meine Augen geschlossen.
        In der Höhe die Schreie der Vögel,
                Die in Scharen fliegen.
10 Die großen Fischernetze werden eingezogen,
Die Füße einer Frau berühren das Wasser.
Ich höre Istanbul, meine Augen geschlossen.

Ich höre Istanbul, meine Augen geschlossen.
        Der kühle Basar,
15 Mahmutpascha[1] mit dem Geschrei der Verkäufer,
        Die Höfe voll Tauben.
        Das Gehämmer von den Docks her;
Im Frühlingswind der Geruch von Schweiß.
Ich höre Istanbul, meine Augen geschlossen.

20 Ich höre Istanbul, meine Augen geschlossen.
  Im Kopf den Rausch vergangener Feste.
Eine Strandvilla mit halbdunklen Bootshäusern,
  Das Sausen der Südwinde legt sich.
Ich höre Istanbul, meine Augen geschlossen.

1  **Mahmutpascha:** bekanntes Geschäfts- und Basarviertel in Istanbul

Fred Ebb

**New York, New York** (1977)

Start spreadin' the news, I'm leaving today
I wanna be a part of it – New York, New York.
These Vagabond shoes, are longing to stray
and step around the heart of it – New York, New York.
5    I wanna wake up in the city that doesn't sleep
     to find I'm king of the hill – top of the heap.
My little town blues are melting away
I'll make a brand new start of it – in old New York.
If I can make it there I'd make it anywhere
10 it's up to you – New York, New York.
     I wanna wake up in the city that doesn't sleep
     to find I'm king of the hill head of the list
     cream of the crop at the top of the heap.
My little town blues are melting away
15 I'll make a brand new start of it – in old New York.
If I can make it here I'd make it anywhere
come on, come through – New York, New York.

**1** a) Übersetzt den englischen Text des Songs von Fred Ebb.
   b) Überarbeitet eure Übersetzungen in Form der Schreibkonferenz, sodass man euren Text auf die Melodie des Songs singen kann.

**2** Beschreibt die Motive der Großstadt in dem Lied, das Frank Sinatra berühmt gemacht hat. Vergleicht sie mit denen, die ihr schon bei den Berlin-Gedichten kennen gelernt habt.

**3** Lilly Sauter nennt ihr Gedicht eine **Ballade**. Informiert euch im Orientierungswissen (▷ S. 330) und prüft, ob die Ausführungen dort auch auf das Gedicht von Sauter zutreffen.

**4** a) Erklärt den Titel des Gedichts von Orhan Veli.
   b) Erläutert, in welcher Situation sich die sprechende Person, das so genannte **lyrische Ich**, befindet.

> **! Lyrisches Ich**
> Zu jedem Gedicht gehört eine Sprecherin oder ein Sprecher, das **lyrische Ich**, das nicht mit der Autorin oder dem Autor des Gedichts gleichzusetzen ist und das dem Leser seine Gedanken, Gefühle und Beobachtungen mitteilt. Manchmal gibt sich das lyrische Ich zu erkennen. Deutlich wird dies an den Pronomen.

   c) Schreibt einen **Paralleltext** über eure Heimatstadt, in dem auch Sinneseindrücke eine entscheidende Rolle spielen:
   *Ich sehe ... Ich rieche ...*

12.1 Von Berlin, New York und anderen Großstädten – Gedichte im Vergleich

# Inhalt und Form im Einklang –
# Einen lyrischen Text analysieren

Theodor Storm

## Die Stadt  (1852)

Am grauen Strand, am grauen Meer
Und seitab liegt die Stadt;
Der Nebel drückt die Dächer schwer,
Und durch die Stille braust das Meer
5  Eintönig um die Stadt.

Es rauscht kein Wald, es schlägt im Mai
Kein Vogel ohn Unterlass;
Die Wandergans mit hartem Schrei
Nur fliegt in Herbstesnacht vorbei,
10  Am Strande weht das Gras.

Doch hängt mein ganzes Herz an dir,
Du graue Stadt am Meer;
Der Jugend Zauber für und für
Ruht lächelnd doch auf dir, auf dir,
15  Du graue Stadt am Meer.

Hildegard Wohlgemuth

## Industriestadt sonntags abends  (1971)

Sie bürstet das Rauchhaar nach oben,
reckt den Schlothals ins Sternbild Schwan
und die Luftröhre über die Langeweile.
Sie verdeckt unter dem Neontrikot
5  Risse und Narben
und schnürt den Grüngürtel enger
gegen Lichthunger.

Sie glättet den Faltenwurf
schwarzer Sorgen
10  in die Feierabendmimik
und stülpt eine Sternensehnsucht
unters Flutlicht des Fußballplatzes.
Sie holt den Stundenfrieden
aus dem Taubenschlag
15  und aus dem Kiosk
die Lottozahlenhoffnung.

**1** *Lest die Gedichte laut. Welche Stimmung kommt jeweils zum Ausdruck?*

**2** *Untersucht die Gedichte inhaltlich:*
*a) Wie ist das Verhältnis des lyrischen Ichs zur Stadt?*
*b) Wie werden Natur und Stadt jeweils zueinander in Beziehung gesetzt?*

**3** *Untersucht genau die Form (z.B. Metrum, Reimschema) beider Gedichte. Stellt Bezüge zur inhaltlichen Aussage her.*

**4** *In Wohlgemuths Gedicht wird die Industriestadt durch zahlreiche* **Metaphern** *als Person geschildert. Wird ein Gegenstand oder ein Begriff vermenschlicht, sprechen wir von* **Personifikation**.
*a) Legt eine Tabelle an, um die Bedeutung der Sprachbilder zu erklären:*

| Metapher Personifikation | ursprünglicher Zusammenhang | neuer Zusammenhang | Vorstellungen, die beim Leser geweckt werden |
|---|---|---|---|
| bürstet das Rauchhaar | menschlicher Bereich: Haare bürsten | Industriebereich, Fabrik | der aufsteigende Rauch der Fabrikschlote erinnert an wallende Haare |
| Schlothals | ... | ... | ... |

*b) Zeichnet oder malt die „Person" Industriestadt.*

**5** Findet ihr eure Erfahrung mit Städten in einem der beiden Gedichte wieder? Begründet.

Titus Müller

**Potsdamer Platz** (2002)

Glaspfeile
Wie ein Raumhafen
Nachts leuchten sie
In den Himmel geschossen
5   An jedem angedockt
Vergnügungsdampfer

Zeit ist unwichtig
Hier spielen Filme
Auf Deutschlands
10  Größter Kinoleinwand

Ein Lustgarten
Raumhafenmodern
Entfernt vom Leben
Weit
15  Weit entfernt
...
...

**1** Die Verse der ersten Strophe sind durcheinandergeraten! Ordnet sie neu, sodass sich für euch eine sinnvolle Aussage ergibt.

**2** Die beiden letzten Verse fehlen ganz. Entscheidet euch für eine der folgenden Varianten und begründet diese Entscheidung:

a) *Verloren*
   *In fernen Galaxien*

b) *Alltagsfern*
   *Glückseligkeit tanken*

c) *Die Besucher*
   *Angeleitet zu vergessen*

**3** Vergleicht die beiden Fotos vom Potsdamer Platz (▷ S. 222 und oben). Beschreibt genau die Veränderungen.

**4** a) Setzt den Text von Titus Müller mit dem Foto oben aus dem Jahr 2005 in Beziehung.
b) Sucht dazu die **Metaphern, Vergleiche** und **Neologismen** (Wortneuschöpfungen) heraus und erklärt ihre Bedeutung.

Georg Heym

**Berlin I** (1911)

Der hohe Straßenrand, auf dem wir lagen,
War weiß von Staub. Wir sahen in der Enge
Unzählig: Menschenströme und Gedränge,
Und sahn die Weltstadt fern im Abend ragen.

5 Die vollen Kremser¹ fuhren durch die Menge,
Papierne Fähnchen waren drangeschlagen.
Die Omnibusse, voll Verdeck und Wagen.
Automobile, Rauch und Huppenklänge.

Dem Riesensteinmeer zu. Doch westlich sahn
10 Wir an der langen Straße Baum an Baum,
Der blätterlosen Kronen Filigran².

Der Sonnenball hing groß am Himmelssaum.
Und rote Strahlen schoss des Abends Bahn.
Auf allen Köpfen lag des Lichtes Traum.

1  **Kremser:** gut gefederte Wagen für 10–20 Personen
2  **Filigran:** Geflecht aus feinem Edelmetalldraht

**1** *Welche der folgenden Aussagen erscheinen euch zutreffend? Begründet eure Entscheidung, indem ihr Kernaussagen des Gedichtes zitiert.*

  a) In Georg Heyms Gedicht wird die Verbundenheit des Menschen mit der Großstadt Berlin deutlich.
  b) In Heyms Gedicht beobachtet ein lyrisches Ich den rückflutenden Ausflugsverkehr in die abendliche Großstadt.
  c) In Heyms Gedicht erscheint die Stadt als bedrohlicher, bedrückender Ort.
  d) Die frühlingshafte Natur stellt zu den grauen Steinen der Stadt einen deutlichen Kontrast dar.
  e) In Heyms Gedicht charakterisiert das Bildfeld „Wasser" die Lebenssituation des Menschen in der Großstadt.

**2** a) *Schreibt das Gedicht in euer Heft und unterlegt die Verse gemäß der Betonung mit einer geschwungenen Linie (Rhythmus).*

> Der hohe Straßenrand, auf dem wir lagen,

  b) Bestimmt das **Metrum**.
  c) Verdeutlicht den **Rhythmus** des Gedichts durch euren Vortrag.

## Metrum und Rhythmus eines Gedichts

- Von einem **Metrum** (Versmaß) spricht man, wenn betonte und unbetonte Silben einem bestimmten Schema folgen. Wechseln betonte und unbetonte Silben unmittelbar einander ab, spricht man von **alternierendem Metrum**: z. B.:

  x x́ x  x́ x  x́  x  x́  x  x́ x
  „Der hohe Straßenrand, auf dem wir lagen,"

  - Je nachdem, wie betonte und unbetonte Silben wechseln, unterscheidet man zwischen **Jambus (x x́)**, **Trochäus (x́ x)**, **Daktylus (x́ x x)** und **Anapäst (x x x́)**.

- Das Metrum stellt ein Gerüst dar, das beim Vortragen des Gedichts durch den Sprecher in Betonung, Sprechpausen und Sprechtempo frei ausgestaltet und umspielt wird. Diese freie Ausgestaltung bezeichnet man als **Rhythmus**.

---

**Sonett** [italienisch *sonetto*, eigentlich „Klinggedicht", von lateinisch *sonare* „tönen, klingen"]: eine der bedeutendsten in Italien entwickelten Gedichtformen mit Nachbildungen in nahezu allen europäischen Literaturen. In seiner *Grundform* besteht das Sonett aus 14 Zeilen, die in zwei vierzeilige (= Quartette) und zwei dreizeilige Strophen (= Terzette) eingeteilt sind. Der gängige Vers ist [...] im deutschen und englischen Sonett der fünffüßige Jambus. Das grundlegende Reimschema abba abba cdc dcd wurde schon früh auf mannigfaltige Weise in den verschiedenen Literaturen variiert. So ist das so genannte „englische Sonett" (z. B. die Sonette W. Shakespeares) nicht durchgereimt und aus drei Vierzeilern (mit Kreuzreim) und einem abschließenden Reimpaar, also nach dem Schema abab cdcd efef gg gebaut. – Der strengen äußeren Form eines Sonetts entsprechen sein *syntaktischer Bau* und sein überlegter *inhaltlicher Aufbau*, bei dem jedem Teil eine bestimmte Funktion zukommt: So können die beiden Quartette als eine Art Exposition entweder in These oder Antithese oder in der Darstellung gleich zu ordnender Aussagen das Thema des Gedichts aufstellen, das nach der strengen *Zäsur* zwischen der achten und neunten Zeile in den beiden Terzetten durchgeführt wird, indem die Gegensätze zu einer Synthese vereinigt werden oder eine zusammenfassende Auswertung des gleichartigen Inhalts der Quartette erfolgt.

---

**1** *Klärt die Begriffe dieses Lexikonartikels, die euch unbekannt sind.*

**2** *Fasst die wesentlichen Merkmale eines Sonetts zusammen.*
   *a) Weist nach, dass Heyms Gedicht ein **Sonett** ist.*
   *b) Untersucht, ob es in Heyms Gedicht eine inhaltliche **Zäsur** (Einschnitt) gibt.*

## 12.2 Sprechen vor Ort – Dialekt in Dichtung und Alltag

Viele Menschen leben in der Stadt, andere auf dem Land, wieder andere am Meer oder in den Bergen. In den verschiedenen Gegenden und Regionen wird oft auch sehr unterschiedlich gesprochen. In Erzählungen und Gedichten pflegen heute noch Schriftstellerinnen und Schriftsteller den **Dialekt** (die Mundart) ihrer Gegend.

Hilde Fischer

**Op der Huhstroß**[1] (1984)

Jetribbels, Jeschraatels,
Jekrihs, Jedudels.
Stroßemöler[2], Harfelisjer,[3]
Tippelbröder, Beddeler.

1 **Huhstroß:** Hohestraße, größte Geschäftsstraße Kölns, alte Römerstraße
2 **Stroßemöler:** Straßenmaler
3 **Harfelisjer:** Harfenlieschen; Straßenmusikerinnen im Kölner Karneval

12 Menschen in der Stadt – Gedichte und Songs untersuchen und gestalten

5  Pimocke.[4]
   Kölsche.
   Hüng, Katze, Mösche[5], Duve,
   av un an e Lama us däm Zoolonische.[6]
   Kare met Jemös un Obs.
10  Iesmänner[7].
   De Looch[8] eß voll Döff vun Rievkoche[9] un jebrannte
   Mandele.
   En de Finster
   Jold, Selver,
15  Woosch[10], Kies[11],
   Pelze, Posteling,[12]
   Schohn[13] – för Ärm und Rich, för Jung un Alt,
   Minsche dovör un dohinger,
   laache, klaafe[14], kriesche,
20  schänge[15], lore[16].
   Lück[17] en kareet[18], jestrief, bungk[19],
   schwatz un wieß,
   laufe, flaneere[20],
   jöcke[21], ston eröm.
   Dat eß Levve !

4 **Pimock:** Bezeichnung für land- und ortsfremde Menschen; ursprünglich im 19. Jahrhundert gebraucht für die Zuwanderer aus dem Osten
5 **Mösche:** Spatzen
6 **Zoolonische:** Zoologischer Garten
7 **Iesmänner:** Eismänner
8 **Looch:** ältere Form zu Luff; Luft
9 **Rievkoche:** Reibekuchen
10 **Woosch:** Wurst
11 **Kies:** Käse
12 **Posteling (Potzeling):** Porzellan (von *ital.* Porcellana)

13 **Schohn (Schöhnche):** Schuh. Schühchen
14 **klaafe:** ursprünglich: den Mund offen halten, plaudern
15 **schänge:** schimpfen
16 **lore:** schauen
17 **Lück:** Leute
18 **kareet:** *frz.* carré (viereckig), kariert
19 **bungk:** ältere Nebenform zu bunt
20 **flaneere:** *frz.* flaner, bummeln (seit der 2. Hälfte des 19. Jahrhunderts in Köln gebräuchlich)
21 **jöcke:** eilen

**1** *Tragt den Text vor.*

**2** *a) Beschreibt ausgehend von Bild und Text das Leben auf der Kölner Hohestraße.*
*b) Vergleicht eure Texte mit dem Gedicht. Achtet dabei besonders auf die Satzstruktur.*

**3** *Übertragt das Gedicht ins Hochdeutsche.*
*a) Wie verändern sich die Laute?*
*b) Verändern sich durch die Übertragung auch Aussage und Stimmung des Gedichts?*

**4** *Untersucht noch einmal genau Herkunft und Bedeutung der erklärten kölschen Wörter.*
*a) Beschreibt, was sie über die Geschichte der Stadt verraten.*
*b) Informiert euch in einem Reiseführer, einem Lexikon oder im Internet über die Geschichte Kölns und tragt eure Ergebnisse in der Klasse vor.*

12.2 Sprechen vor Ort – Dialekt in Dichtung und Alltag

5  a) Wer von euch spricht einen Dialekt? Sucht die Bezeichnung für eure Dialekte in der linken Karte.
b) Schaut euch die Bezeichnungen für „Mädchen" und „Junge" in den deutschen Mundarten an (rechte Karten). Welche verwendet ihr selbst? Welche kennt ihr? Welche sind euch fremd?
c) Kennt ihr andere Wörter, für die es verschiedene mundartliche Bezeichnungen gibt? Sammelt sie.

| Dialekt wird gesprochen*: | Deutsche Bevölkerung ||||| 
| | West ||| Ost ||
| *Mehrfachangaben waren möglich | 1982 | 1991 | 1998 | 1991 | 1998 |
|---|---|---|---|---|---|
| Eigentlich immer | – | 28 | 30 | 41 | 36 |
| In der Familie | 44 | 24 | 20 | 14 | 15 |
| Im Freundeskreis | 45 | 25 | 22 | 11 | 14 |
| Bei der Arbeit | 24 | 6 | 4 | 3 | 3 |
| Bei anderer Gelegenheit | 1 | 1 | 1 | 1 | 1 |
| Eigentlich nie | 11 | 8 | 12 | 10 | 11 |

6  Führt selbst eine Umfrage in eurer Klasse zur Frage: „Wann sprecht ihr Dialekt?" durch (▷ S. 14–15). Erstellt eine Statistik zu euren Ergebnissen.

235

## Umfrage des Meinungsforschungsinstituts Allensbach

### Können Sie eine Mundart, einen Dialekt sprechen?

|  | Ja in % | Ein wenig in % | Nein in % |
|---|---|---|---|
| **Bevölkerung insgesamt:** | 57 | 12 | 31 |
| Männer: | 61 | 12 | 27 |
| Frauen: | 54 | 12 | 34 |
| **Altersgruppen:** | | | |
| 16–29 Jahre | 52 | 13 | 35 |
| 30–44 Jahre | 57 | 14 | 29 |
| 45–59 Jahre | 58 | 11 | 31 |
| 60 Jahre und älter | 63 | 11 | 26 |
| **Berufskreise:** | | | |
| Arbeiter | 61 | 10 | 29 |
| Landwirtschaftliche Berufe | 83 | 5 | 12 |
| Angestellte, Beamte | 47 | 16 | 37 |
| Selbstständige | 49 | 17 | 34 |
| **Regionale Bereiche:** | | | |
| Norddeutschland | 39 | 27 | 34 |
| Nordrhein-Westfalen | 35 | 27 | 38 |
| Rhein-Main/Südwest | 59 | 20 | 21 |
| Bayern | 72 | 15 | 13 |
| **Stadt und Land:** | | | |
| Dörfer | 76 | 7 | 17 |
| Kleinstädte | 60 | 11 | 29 |
| Mittelstädte | 61 | 12 | 27 |
| Großstädte | 43 | 16 | 41 |

**7** *Wertet die Angaben der Statistik aus.*
  a) *Welcher Zusammenhang besteht zwischen dem Dialekt und*
    ☐ *dem Alter,*
    ☐ *dem Berufsfeld und*
    ☐ *der Größe der Wohnorte der Befragten?*
  b) *Vergleicht eure Statistik mit der des Allensbacher Instituts.*
  c) *Formuliert eure Ergebnisse in einem kurzen Text zum Thema: „Dialekt und Dialektsprecher".*

**8** a) *Sucht in eurer Bücherei Mundartgedichte und tauscht sie in der Klasse aus.*
  b) *Tragt die Gedichte vor, deren Dialekt ihr beherrscht.*

Matthias Koeppel
## DÖSS TOURRASTN FLAUCH (2002)

Öss schtondt nn ulten Zooittn
die Mauhur ünn Barlün;
höll gluntzt' se übar die Weuttn,
üßßt huit nücht mööhr ze sühn.

5 Öss pfraggen di Tourrastn,
öss pfraggd drr Jappuneus:
Di Mauhur wögg?! Narr was dnn,
hür üßßt jarr nüxx mööhr leus!

Kein Vüdeorr, kein Fauttu
10 koin Mauhur-Zauvinür –
wür satzzen onz nz Auttu,
ont nöschd wü wagg vunn hür!

Wür pfahrren obb drr Taubur
nuch Rirarautenpurgk,
15 durtt üßßt öss höbsch ont zaubur,
ont Mauhur geibbt's genurgh!

Mascha Kaléko
## Frau Wegerich (1971)

Frau Wegerich, die stammt aus Sachsen.
Darum ruft sie ihren Peter: *Beder*
Und Paulchen: *Baule*. Und doch weiß jeder
Von den zwei frechen Wegerich-Dachsen,
5 Wen die Mutter gerufen hat!

Das ist weiter keine Schande.
So ist das nämlich in manch anderm Lande,
Ja sogar oft schon in manch andrer Stadt,
Dass sie da „d" sagen statt „t"
10 Oder auch „b" statt „p".
Das gilt dort als Sitte und Brauch.

In Berlin, zum Beispiel, sagen wir auch
„Icke" zuweilen, anstelle von „ich".
Und doch weiß jeder, dass der Berliner
15 Mit „icke" nicht dich meint oder mich,
sondern nur sich.

In Schwaben schwäbeln sie. Und wenn der Wiener
Sein Mädchen nennt ein „süaßes Madel",
Versetzt sie ihm durchaus keinen Tadel,
20 Sondern eher noch einen Kuss.
Weil man den Menschen so reden lassen soll,
Weil man womöglich einen jeden lassen soll,
Wie er nun mal ist und sein muss.
Schluss.

**1** Tragt den Text von Matthias Koeppel vor.

**2** Erklärt, welche kritischen Aussagen Koeppel in seinem Gedicht über den modernen Tourismus macht.

**3** Koeppel spielt in seinem Gedicht mit Anklängen an Mundartgedichte. Welche Funktion hat dies für die Aussage des Gedichts?

**4** Mascha Kaléko tritt in ihrem Gedicht für die Pflege der verschiedenen Mundarten ein. Schreibt alle Textstellen heraus, mit denen sie ihre Auffassung begründet.

**5** Veranstaltet auf dieser Grundlage eine Podiumsdiskussion (▷ S. 32–33) zum Thema „Vor- und Nachteile des Dialekts".

## 12.3 Blick auf meine Stadt – Foto- und Lyrikwerkstatt

Eugen Gomringer (1977)

cars and cars
cars and elevators
cars and men
elevators and elevators
5   elevators and men
men and cars and elevators
men and men

trains and trains
trains and men and elevators
10  trains and elevators
men and trains
men and men

cars and trains
cars and men and trains
15  men and men

men and men

Karlhans Frank

**Das Haus des Schreibers**

```
Rau c      A
    h    HAU
    H    SHAUS
    H    USHAUSH
    HAUS       SHA
    HAUS       SHAU
    SHAUSHAUSHAUS
    USHAUSHAUSHAUSH
    AUS    SHAUS    SHA
HAUS       SHAUS    SHAU
HAUSHAUSHAUSHAUSHAU
HAUSHAUSHAUSHAUSHAU
    H    HAUS    SHAU    U
    H    HAUS    SHAU    U
HAUSHAUSHAUSHAUSHAU
HAUSHAUSHAUSHAUSHAU
    H    HAUS    SHAU    U
    H    HAUS    SHAU    U
HAUSHAUSHAUSHAUSHAU
HAUSHAUSHAUSHAUSHAU
    H    SHAUSHAUS    U
    H    SHAUS    SHAUS    U
    HAUSHAUS    SHAUSHAU
    HAUSHAUS    SHAUSHAU
           W
           E
           G
              WEGWEG
```

Johannes Kühn

**Der Dom** (2002)

Hoch,
hoch die Dächer überragend, königlichen Haupts,
wie Saul, der Dom, ich sammle gerne Bilder
von ihm, bin überrascht, wie weit
5   man außerhalb der Stadt in Feldern sein darf
und kann ihn dennoch sehn:
Ein Schieferdach,
ein Spitzturm
und Dohlen, die ihn schwarz umkreisen.

## 12.3 Blick auf meine Stadt – Foto- und Lyrikwerkstatt

Die Gedichte und Fotos geben Stimmungseindrücke von ganz bestimmten Orten und Schauplätzen der Stadt wieder.

**1** a) Wo haltet ihr euch auf, wenn ihr nicht zu Hause oder in der Schule seid? Auf dem Sportplatz, im Kino, an bestimmten Orten in der Stadt?
b) Schildert die Stimmung, die an diesen Orten herrscht (▷ S. 57).

**2** Macht Fotos von dem Ort, der euch interessiert oder der euch besonders in Erinnerung geblieben ist. Lasst euch dabei durch Motivkontraste anregen: z. B. Hektik/Ruhe, Helligkeit/Dunkelheit etc. Nutzt bei digitalisierten Fotos die Möglichkeit der Bearbeitung am PC, um die Stimmung zu verstärken:
□ Ausschnittvergrößerung
□ Veränderung von Helligkeit und Farbgebung
□ …

**3** Schreibt zu einem eurer Fotos ein passendes Gedicht.

### Parallelgedicht

Sucht euch aus dem Kapitel ein Gedicht aus und schreibt dazu ein Parallelgedicht. Achtet dabei u. a. auf
□ die Stimmung des Gedichts,
□ die Form des Gedichts (Strophenform, Metrum etc.),
□ die Schilderung eigener Erfahrungen.

Beispiel:

*Einkaufsstraße*
*schaufenster und schaufenster*
*schaufenster und reklame*
*schaufenster und …*

### Gegengedicht

Schreibt zu einem Gedicht des Kapitels ein Gegengedicht. Dabei geht es darum, dass die Aussage eures Textes dem Ursprungstext entgegenstehen soll. Ihr verändert also den Inhalt, die Form des Gedichts (Strophen, Metrum usw.) bleibt erhalten.

Beispiel:

*U-Bahn*
*Tief,*
*turmtief unter der Erde liegend,*
*gruftähnlich*
*…*

### Gedicht ohne Vorlage

Ihr könnt so vorgehen:

□ Notiert acht Nomen (Farben, Gerüche, Geräusche etc.), die euch als Erstes einfallen.
□ Verbindet je zwei eurer Nomen zu einem Ausdruck oder Satz. Bastelt dann aus den entstandenen Versen ein Gedicht.
□ Bildet mit jedem Nomen einen einfachen Aussagesatz. Streicht nun alle Prädikate weg und verbindet eure Verse zu einem Gedicht.

- Sucht euch zu jedem Nomen ein ungewöhnliches Adjektiv, das ihr als Attribut verwenden wollt. Schreibt aus den Kombinationen von Adjektiv und Nomen ein Gedicht.
- Überlegt euch zum Abschluss einen passenden Gedichttitel.

Beispiel:

*Meine Stadt*
*Türme mit spitzen Fingern*
*Brücken Begegnung der Menschen*

### Visuelle Poesie

Gestaltet ein ähnliches Bildgedicht wie *Das Haus des Schreibers* zu einem Motiv der Stadt.

- Mögliche Themen: *Kreuzung, Bahnhof, Unterführung, Marktplatz*
- Nutzt bei der Gestaltung die Möglichkeiten des PC.

**4** Erstellt eure eigene **Lyrikanthologie**, eure eigene Gedichtsammlung.
a) Überlegt euch Auswahlkriterien, nach denen ihr Gedichte auswählen und anordnen wollt:
– nur eigene Texte
– eigene und bekannte Texte
– Motive …
b) Schreibt ein Vorwort zu eurer Gedichtsammlung, in dem ihr eure Auswahl begründet.

Hannah Höch: Meine Haussprüche, 1922, Collage/Pappe

LESEN · UMGANG MIT TEXTEN UND MEDIEN

# 13 Friedrich Schiller: „Wilhelm Tell" – Szenen aus einem klassischen Drama

## 13.1 Die Exposition – Die Einführung in das Drama erschließen

1 *Schaut euch die Szenenbilder an. Formuliert eure Erwartungen im Hinblick auf die Geschichte um Wilhelm Tell:*
- *Beschreibt die Figuren auf den Fotos.*
- *In welcher Situation werden sie gezeigt, welche Rolle könnten sie in dem Drama spielen?*
- *Was könnten wichtige Momente der Handlung sein?*

2 *Entwerft eine Szenenfolge zu dem Titel „Wilhelm Tell".*

241

# Ort und Atmosphäre

## Erster Aufzug

**Erste Szene**
*Hohes Felsenufer des Vierwaldstättersees, Schwyz gegenüber. Der See macht eine Bucht ins Land, eine Hütte ist unweit dem Ufer, Fischerknabe fährt sich in einem Kahn. Über den See hinweg sieht man die*
5 *grünen Matten, Dörfer und Höfe von Schwyz im hellen Sonnenschein liegen. Zur Linken des Zuschauers zeigen sich die Spitzen des Haken, mit Wolken umgeben; zur Rechten im fernen Hintergrund sieht man die Eisgebirge. Noch ehe der Vor-*
10 *hang aufgeht, hört man den Kuhreihen und das harmonische Geläut der Herdenglocken, welches sich auch bei eröffneter Szene noch eine Zeitlang fortsetzt.*

FISCHERKNABE *(singt im Kahn).*
15 *(Melodie des Kuhreihens):*
  Es lächelt der See, er ladet zum Bade,
  Der Knabe schlief ein am grünen Gestade,
    Da hört er ein Klingen,
    Wie Flöten so süß,
20   Wie Stimmen der Engel
    Im Paradies.
[...]
HIRTE *(auf dem Berge).*
  *(Variation des Kuhreihens):*
  Ihr Matten lebt wohl,
25 Ihr sonnigen Weiden!
  Der Senne muss scheiden,
  Der Sommer ist hin.
[...]

ALPENJÄGER *(erscheint gegenüber auf der Höhe des Felsens).*
  *(Zweite Variation):*
  Es donnern die Höhen, es zittert der Steg, 30
  Nicht grauet dem Schützen auf schwindlichtem Weg
    Er schreitet verwegen
    Auf Feldern von Eis,
    Da pranget kein Frühling,
    Da grünet kein Reis; 35
[...]
*Die Landschaft verändert sich, man hört ein dumpfes Krachen von den Bergen, Schatten von Wolken laufen über die Gegend.* RUODI DER FISCHER *kommt aus der Hütte,* WERNI DER JÄGER *steigt vom Felsen,*
KUONI DER HIRTE *kommt, mit dem Melknapf auf* 40
*der Schulter.* SEPPI, *sein Handbube, folgt ihm.*

RUODI: Mach hurtig Jenni. Zieh die Naue[1] ein.
  Der graue Talvogt kommt, dumpf brüllt der Firn,
  Der Mythenstein zieht seine Haube an,
  Und kalt her bläst es aus dem Wetterloch, 45
  Der Sturm, ich mein, wird da sein, eh wir's denken.
KUONI: 's kommt Regen, Fährmann. Meine Schafe fressen
  Mit Begierde Gras, und Wächter scharrt die Erde.
WERNI: Die Fische springen, und das Wasserhuhn
  Taucht unter. Ein Gewitter ist im Anzug. 50

1 **Naue:** Kahn

---

**1** Sammelt Adjektive, die den Ort und die Atmosphäre zu Beginn der ersten Szene kennzeichnen. Berücksichtigt dabei nicht nur den einleitenden kursiv gedruckten Text, sondern auch den Auftritt der ersten drei Figuren.

 **2** a) Sucht auf der Karte oben den Ort, an dem die Szene spielen könnte.
  b) Beschafft euch Bilder der Landschaft, die auf der Karte aufgezeichnet ist.
  c) Versetzt euch in die Rolle einer Bühnenbildnerin/eines Bühnenbildners am Theater und entwerft auf einem Zeichenblatt ein Bühnenbild für die Szene.

**3** a) Beschreibt die Veränderungen im zweiten Teil der Szene (Z. 36–50).
b) Welche Bedeutung haben diese Veränderungen für die Leser bzw. Zuschauer?

**4** a) Schreibt die Eingangsszene in eine Erzählung um.
b) Untersucht, worin die Unterschiede zwischen einer Erzählung und einem Dramentext bestehen.

# Der Auftritt des Helden

*Während Fischer, Hirte und Jäger noch über das Verhalten der Tiere sprechen,
sehen sie plötzlich einen Mann heraneilen.*
KONRAD BAUMGARTEN *atemlos hereinstürzend.*

BAUMGARTEN: Um Gottes willen, Fährmann, Euren Kahn!
5  RUODI: Nun, nun, was gibt's so eilig?
BAUMGARTEN: Bindet los! Ihr rettet mich vom Tode! Setzt mich über!
[...]
WERNI: Ihr seid mit Blut befleckt, was hat's gegeben?
BAUMGARTEN: Des Kaisers Burgvogt[1], der auf Roßberg[2] saß –
KUONI: Der Wolfenschießen! Lässt Euch der verfolgen?
10  BAUMGARTEN: Der schadet nicht mehr, ich hab ihn erschlagen.
ALLE *(fahren zurück):* Gott sei Euch gnädig! Was habt Ihr getan?
[...]
BAUMGARTEN: Ich hatte Holz gefällt im Wald, da kommt
        Mein Weib gelaufen in der Angst des Todes.
        „Der Burgvogt lieg in meinem Haus, er hab'
15        Ihr anbefohlen, ihm ein Bad zu rüsten.
        Drauf hab' er Ungebührliches von ihr
        Verlangt, sie sei entsprungen mich zu suchen."
        Da lief ich frisch hinzu, so wie ich war,
        Und mit der Axt hab ich ihm 's Bad gesegnet.
20  WERNI: Ihr tatet wohl, kein Mensch kann Euch drum schelten.
KUONI: Der Wüterich! Der hat nun seinen Lohn!
        Hat's lang verdient ums Volk von Unterwalden.
BAUMGARTEN: Die Tat ward ruchbar[3], mir wird nachgesetzt –
        Indem wir sprechen – Gott – verrinnt die Zeit –
25      *(Es fängt an zu donnern.)*
KUONI: Frisch Fährmann – Schaff den Biedermann[4] hinüber.
RUODI: Geht nicht. Ein schweres Ungewitter ist
        Im Anzug. Ihr müsst warten.
[...]
WERNI: Es geht ums Leben, sei barmherzig, Fährmann.
30  KUONI: 's ist ein Hausvater, und hat Weib und Kinder!
        *(Wiederholte Donnerschläge.)*

1  **Burgvogt:** Stellvertreter des Kaisers
2  **Roßberg:** Burg im Kanton Unterwalden
3  **ward ruchbar:** wurde bekannt
4  **Biedermann:** Ehrenmann

13  Friedrich Schiller: „Wilhelm Tell" – Szenen aus einem klassischen Drama

RUODI: Was? Ich hab auch ein Leben zu verlieren,
  Hab Weib und Kind daheim, wie er – Seht hin,
  Wie's brandet, wie es wogt und Wirbel zieht,
35 Und alle Wasser aufrührt in der Tiefe.
  – Ich wollte gern den Biedermann erretten,
  Doch es ist rein unmöglich, ihr seht selbst.
[...]

TELL *mit der Armbrust.*
[...]
RUODI: Da ist der Tell, er führt das Ruder auch,
40 Der soll mir's zeugen, ob die Fahrt zu wagen.
TELL: Wo's nottut, Fährmann, lässt sich alles wagen.
  *(Heftige Donnerschläge, der See rauscht auf.)*
RUODI: Ich soll mich in den Höllenrachen stürzen?
  Das täte keiner, der bei Sinnen ist.
45 TELL: Der brave Mann denkt an sich selbst zuletzt,
  Vertrau auf Gott und rette den Bedrängten.
RUODI: Vom sichern Port⁵ lässt sich's gemächlich raten,
  Da ist der Kahn und dort der See! Versucht's!
[...]
TELL: In Gottes Namen denn! Gib her den Kahn,
50 Ich will's mit meiner schwachen Kraft versuchen.
KUONI: Ha wackrer Tell!
WERNI: Das gleicht dem Waidgesellen!⁶
BAUMGARTEN: Mein Retter seid Ihr und mein Engel, Tell!
TELL: Wohl aus des Vogts Gewalt errett ich Euch,
55 Aus Sturmes Nöten muss ein andrer helfen.
  Doch besser ist's, Ihr fallt in Gottes Hand,
  Als in der Menschen!
  *(Zu dem Hirten.)* Landsmann, tröstet Ihr
  Mein Weib, wenn mir was Menschliches begegnet,
60 Ich hab getan, was ich nicht lassen konnte.
  *(Er springt in den Kahn.)*
KUONI *(zum Fischer):* Ihr seid ein Meister Steuermann. Was sich
  Der Tell getraut, das konntet Ihr nicht wagen?
RUODI: Wohl bessre Männer tun's dem Tell nicht nach,
65 Es gibt nicht zwei, wie der ist, im Gebirge.
WERNI *(ist auf den Fels gestiegen):* Er stößt schon ab. Gott helf dir, braver Schwimmer!
  Sieh, wie das Schifflein auf den Wellen schwankt!
KUONI *(am Ufer):* Die Flut geht drüber weg – Ich seh's nicht mehr.
  Doch halt, da ist es wieder! Kräftiglich
70 Arbeitet sich der Wackre durch die Brandung.
SEPPI: Des Landvogts Reiter kommen angesprengt.
KUONI: Weiß Gott, sie sind's! das war Hilf in der Not.

5 **Port:** Hafen
6 **Waidgeselle:** Jäger

244

13.1 Die Exposition – Die Einführung in das Drama erschließen

*Ein Trupp Landenbergischer Reiter⁷.*

ERSTER REITER: Den Mörder gebt heraus, den ihr verborgen.
75 ZWEITER: Des Wegs kam er, umsonst verhehlt ihr ihn.
[...]
ERSTER REITER *(entdeckt den Nachen⁸):* Ha, was seh ich! Teufel!
[...]
ZWEITER: Verwünscht! Er ist entwischt.
ERSTER *(zum Hirten und Fischer):* Ihr habt ihm fortgeholfen,
    Ihr sollt uns büßen – Fallt in ihre Herde!
80     Die Hütte reißet ein, brennt und schlagt nieder!
    *(Eilen fort.)*
SEPPI *(stürzt nach):* O meine Lämmer!
KUONI *(folgt):* Weh mir! Meine Herde!
WERNI: Die Wüt'riche!
85 RUODI *(ringt die Hände):* Gerechtigkeit des Himmels,
    Wann wird der Retter kommen diesem Lande?
    *(Folgt ihnen.)*

7 **Landenberg:** Nachbarburg von Roßberg (s. Karte S. 242)
8 **Nachen:** Kahn

**1** *Untersucht den Aufbau der Szene.*
  *a) Teilt sie in Abschnitte ein und fasst den Inhalt jeweils zusammen.*
  *b) Bereitet arbeitsteilig das Lesen der Szenenabschnitte mit verteilten Rollen vor.*

> **TIPP**
>
> **Ausdrucksvoll vorlesen**
> Beachtet dabei, in welcher Situation sich die einzelnen Figuren befinden und wie sich das auf **Sprechtempo, Pausensetzung** und **Lautstärke** auswirkt.
> Denkt auch daran, dass ihr am Versende nicht automatisch eine Pause macht, wenn dort kein Satzzeichen steht, der Sprechfluss also weitergeht.

**2** *Führt Interviews (▷ S. 14–15) mit allen an der Szene beteiligten Figuren durch. Es soll deutlich werden, wie sie das Geschehen erlebt haben und wie sie Tell und sein Auftreten beurteilen.*

**3** *Verfasst einen Zeitungsartikel (▷ S. 71) zu den Ereignissen um die Rettung Baumgartens, in dem ihr Tells Verhalten und seine Motive kommentiert.*

**4** *Am Ende der Szene fragt Ruodi verzweifelt: „Wann wird der Retter kommen diesem Lande?"*
*Erläutert,*
  *a) wovor das Land gerettet werden muss;*
  *b) worin der Konflikt besteht, der die dramatische Handlung in Gang setzt;*
  *c) welche Erwartungen bei Zuschauern und Lesern geweckt werden.*

**5** *Beschreibt, vor welcher Schwierigkeit ein Dramenautor steht, wenn er Handlungen wie die Flucht über einen sturmgepeitschten See auf der Bühne darstellen will, und wie dieses Problem hier bewältigt wird.*

245

# Das erregende Moment

*Tell gelingt es, Baumgarten über den sturmgepeitschten See an das Ufer des Kantons Schwyz zu retten. Dort bringt er ihn zum Hause Stauffachers, eines freien, wohlhabenden Bauern, den Tell einen „Vater der Bedrängten" nennt. Auch Stauffacher hat sich den Groll der Vögte zugezogen, weil er sich, wie es sein gutes Recht ist, ein neues, stattliches Haus errichtet hat, ohne eine Genehmigung einzuholen. Die Vögte aber wollen die alten Freiheitsrechte einschränken bzw. abschaffen. Auf Anraten seiner Frau Gertrud will sich Stauffacher mit Vertretern aus den Kantonen Uri und Unterwalden treffen, um den Widerstand gegen die Unterdrückung und die Übergriffe der Vögte zu organisieren. Die folgende Szene spielt in Altdorf, dem Zentrum Uris, wohin Stauffacher aufgebrochen ist und wo er erneut auf Tell trifft.*

## Erster Aufzug

### Dritte Szene:

*Öffentlicher Platz bei Altdorf[1].*
*Auf einer Anhöhe im Hintergrund sieht man eine Veste[2] bauen, welche schon so weit gediehen, dass sich die Form des Ganzen darstellt. Die hintere Seite ist fertig, an der vordern wird eben gebaut, das Gerüste steht noch, an welchem die Werkleute auf und nieder steigen, auf dem höchsten Dach hängt der Schiefer-*
5 *decker – Alles ist in Bewegung und Arbeit.*

FRONVOGT[3], MEISTER STEINMETZ. GESELLEN *und* HANDLANGER.
FRONVOGT *(mit dem Stabe, treibt die Arbeiter):*
    Nicht lange gefeiert, frisch! Die Mauersteine
    Herbei, den Kalk, den Mörtel zugefahren!
10     Wenn der Herr Landvogt kommt, dass er das Werk
    Gewachsen sieht – Das schlendert wie die Schnecken.
    *(Zu zwei Handlangern, welche tragen.)*
    Heißt das geladen? Gleich das Doppelte!
    Wie die Tagdiebe ihre Pflicht bestehlen!
[...]
15 ZWEITER GESELL: Fronvogt, wie wird die Veste denn sich nennen,
    Die wir da baun?
FRONVOGT: Zwing Uri soll sie heißen,
    Denn unter dieses Joch wird man euch beugen.
[...]
*(Fronvogt geht nach dem Hintergrund.)*
20 MEISTER STEINMETZ: Den Hammer werf ich in den tiefsten See,
    Der mir gedient bei diesem Fluchgebäude!
TELL *und* STAUFFACHER *kommen.*
STAUFFACHER: O hätt ich nie gelebt, um das zu schauen!
TELL: Hier ist nicht gut sein. Lasst uns weitergehn.
25 STAUFFACHER: Bin ich zu Uri in der Freiheit Land?
[...]

---

1 **Altdorf:** Hauptort in Uri (▷ Karte S. 242)
2 **Veste:** Festung, Burg
3 **Fronvogt:** Aufseher im Dienst des Landvogts

*(Man hört eine Trommel, es kommen Leute, die einen Hut auf einer Stange tragen, ein Ausrufer folgt ihnen, Weiber und Kinder dringen tumultuarisch[4] nach.)*

ERSTER GESELL: Was will die Trommel? Gebet Acht!

MEISTER STEINMETZ: Was für

30     Ein Fasnachtsaufzug und was soll der Hut?

AUSRUFER: In des Kaisers Namen! Höret!

GESELLEN: Still doch! Höret!

AUSRUFER: Ihr sehet diesen Hut, Männer von Uri!

    Aufrichten wird man ihn auf hoher Säule,

35     Mitten in Altdorf, an dem höchsten Ort,

    Und dieses ist des Landvogts Will' und Meinung:

    Dem Hut soll gleiche Ehre wie ihm selbst geschehn,

    Man soll ihn mit gebognem Knie und mit

    Entblößtem Haupt verehren – Daran will

40     Der König die Gehorsamen erkennen.

    Verfallen ist mit seinem Leib und Gut

    Dem Könige, wer das Gebot verachtet.

    *(Das Volk lacht laut auf, die Trommel wird gerührt, sie gehen vorüber.)*

ERSTER GESELL: Welch neues Unerhörtes hat der Vogt

45     Sich ausgesonnen! Wir 'nen Hut verehren!

    Sagt! Hat man je vernommen von dergleichen?

    [...]

TELL *(zum Stauffacher):* Ihr wisset nun Bescheid. Lebt wohl, Herr Werner!

STAUFFACHER: Wo wollt Ihr hin? O eilt nicht so von dannen.

TELL: Mein Haus entbehrt des Vaters. Lebet wohl.

50 STAUFFACHER: Mir ist das Herz so voll, mit Euch zu reden.

TELL: Das schwere Herz wird nicht durch Worte leicht.

STAUFFACHER: Doch könnten Worte uns zu Taten führen.

TELL: Die einz'ge Tat ist jetzt Geduld und Schweigen.

STAUFFACHER: Soll man ertragen, was unleidlich ist?

55 TELL: Die schnellen Herrscher sind's, die kurz regieren.

    [...]

    Ein jeder lebe still bei sich daheim,

    Dem Friedlichen gewährt man gern den Frieden.

STAUFFACHER: Meint Ihr?

TELL: Die Schlange sticht nicht ungereizt.

60     Sie werden endlich doch von selbst ermüden,

    Wenn sie die Lande ruhig bleiben sehn.

STAUFFACHER: Wir könnten viel, wenn wir zusammenstünden.

TELL: Beim Schiffbruch hilft der Einzelne sich leichter.

STAUFFACHER: So kalt verlasst Ihr die gemeine Sache?

65 TELL: Ein jeder zählt nur sicher auf sich selbst.

STAUFFACHER: Verbunden werden auch die Schwachen mächtig.

TELL: Der Starke ist am mächtigsten allein.

STAUFFACHER: So kann das Vaterland auf Euch nicht zählen,

    Wenn es verzweiflungsvoll zur Notwehr greift?

> 4  **tumultuarisch:** in Form eines Tumults, eines aufgeregten Menschenauflaufs

247

70 TELL *(gibt ihm die Hand):* Der Tell holt ein verlornes Lamm vom Abgrund,
Und sollte seinen Freunden sich entziehen?
Doch was ihr tut, lasst mich aus eurem Rat,
Ich kann nicht lange prüfen oder wählen,
Bedürft ihr meiner zu bestimmter Tat,
75 Dann ruft den Tell, es soll an mir nicht fehlen.

**1** Beschreibt, wie sich der Konflikt hier fortsetzt, der schon in der ersten Szene (▷ S. 243–245) deutlich wurde. Worin besteht das so genannte „erregende Moment", das den Konflikt zuspitzt bzw. das Fass zum Überlaufen bringt?

**2** In einer schnellen Wechselrede zwischen Stauffacher und Tell werden die unterschiedlichen Reaktionen der beiden auf das Geschehen deutlich.
a) Listet in einer Gegenüberstellung die Auffassung, die beide vertreten, und ihre Argumente auf.
b) Wem stimmt ihr in seiner Einschätzung der Lage (der Situation und den möglichen Konsequenzen) eher zu?

**3** Schreibt auf der Basis der beiden Szenen S. 243–245 und S. 246–248 eine **Rollenbiografie** zu Wilhelm Tell. Ihr könnt so beginnen:

> Ich bin Wilhelm Tell. Mein Vater war ein Alpenjäger, ein Beruf, in dem ich ihm nachgefolgt bin. Meine Familie gehörte damit zu den einfachen, aber freien Leuten. Wir hatten unser Auskommen, aber das Leben war doch recht schwer. Zur Schule konnte ich nur selten gehen, weil ich zu Hause viel helfen musste, aber Lesen und Schreiben habe ich doch notdürftig gelernt ...

### ARBEITSTECHNIK

#### Eine Rollenbiografie entwerfen

Eine Rollenbiografie ist eine Selbstdarstellung einer Dramenfigur in der Ich-Form. Sie dient dazu, sich in die Figur hineinzuversetzen und ein möglichst genaues und lebendiges Bild von ihr zu gewinnen.
- Dazu muss man alle Informationen verwerten, die man aus dem Dramentext zu der Figur herauslesen kann, manches aber auch aus der Fantasie ergänzen, um ein abgerundetes Bild von der Figur zu gewinnen. Die Ergänzungen müssen jedoch zu den Textinformationen passen.
- Bestandteile einer Rollenbiografie sind:
  - Herkunft und Bildungsgang,
  - Beruf und äußere Lebensumstände,
  - Familienverhältnisse,
  - wichtige Erfahrungen,
  - Interessen, Vorlieben und Einstellungen,
  - Verhältnis zu den Mitmenschen,
  - Ängste, Sorgen und Sehnsüchte.

**4** a) Ordnet den Konflikt, der die Handlung des Dramas in Gang setzt, in den geschichtlichen Hintergrund ein, der im Folgenden beschrieben wird.
b) Unter Bezugnahme auf diesen Hintergrund könnt ihr den von Stauffacher, Baumgarten und anderen Männern getragenen Handlungsstrang des Dramas (die Verschwörung auf dem Rütli), in dem Tell keine Rolle spielt, als **Referat** erarbeiten (▷ S. 220).

### Geschichtlicher Hintergrund:

Im Mittelalter gehörten große Teile der heutigen Schweiz, darunter auch die drei so genannten „Waldstätte" Uri, Schwyz und Unterwalden zum Heiligen Römischen Reich Deutscher Nation. Ihr Oberherr war der deutsche König, der sich in Rom vom Papst zum Kaiser krönen lassen musste. Diesem Oberherrn hatten sie Abgaben sowie gewisse Dienste (wie zum Beispiel Heeresfolge) zu leisten und er war ihr oberster Richter. Im Übrigen waren sie frei und konnten sich selbst verwalten. Dies war ihnen durch „Freiheitsbriefe" vom König bzw. Kaiser ausdrücklich bestätigt worden.
Bedrohlich wurde die Situation, als Ende des 13. Jahrhunderts der Herzog von Österreich deutscher König und Kaiser des Reiches wurde. Einige Gebiete der heutigen Schweiz gehörten nämlich zu seinem österreichischen Stammbesitz und er wollte nun die gesamte Schweiz diesem Besitz angliedern. In seinem Amt als König erkannten ihn die Waldstätte natürlich als ihren Oberherrn an, aber sie wollten ihm nicht als österreichischem Landesherrn untertan sein. Das nämlich hätte das Ende ihrer freien Selbstverwaltung, auch viel mehr Abgaben, Dienste und Reglementierung aller Lebensbereiche bedeutet. Um genau dies durchzusetzen und die Bewohner der Waldstätte der österreichischen Herrschaft zu unterwerfen, wurden Vögte als Verwaltungsbeauftragte ins Land geschickt.
Daraufhin schlossen die drei Länder Uri, Schwyz und Unterwalden 1291 einen Landfriedensbund, ein Bündnis für den inneren Zusammenhalt. Die Schweiz versteht das heute als ihr Gründungsdatum.

## Dramentechnische Begriffe

Die ⓢ umfasst den ersten ⓢ oder Teile davon. Der Zuschauer bzw. Leser lernt den ⓢ und die ⓢ kennen, in denen das ⓢ sich abspielt. Er wird mit dem ⓢ und anderen wichtigen Figuren bekannt gemacht und erhält Hinweise darauf, wie die ⓢ aussieht, wer also mit wem auf derselben Seite steht und wer gegeneinandersteht. Auch werden Hinweise auf die ⓢ sowie auf den gesellschaftlichen und geschichtlichen Hintergrund gegeben. Außerdem bahnt sich der ⓢ an, der in dem so genannten ⓢ seinen deutlichsten Anstoß erhält und die ⓢ vorantreibt.

> *Exposition –*
> *erregenden Moment –*
> *Drama – Konflikt –*
> *Vorgeschichte – Ort*
> *– Handlung –*
> *Figurenkonstellation –*
> *Akt – Helden –*
> *Atmosphäre*

**1** Die Einführung in ein Drama nennt man Exposition. Schreibt eine Definition zu dem Begriff in euer Heft. Ordnet dazu die Begriffe aus dem Wortspeicher in den Lückentext ein.

**2** *Beschreibt mit Hilfe der Definition, die ihr vervollständigt habt, die Exposition des Dramas „Wilhelm Tell".*

> ### Dramentechnische Begriffe
>
> **Aufzug/Akt:**
> In sich abgeschlossener Großabschnitt eines Dramas, der mit dem Aufziehen des Vorhangs beginnt (daher Aufzug) und mit dem Zuziehen endet; das traditionelle Drama besteht aus fünf oder drei solcher Abschnitte.
>
> **Auftritt/Szene:**
> Unterteilung des Aufzugs/Akts; abgegrenzt durch das Auf- oder Abtreten einer Figur und/oder einen Schauplatzwechsel.
>
> **Bühnenanweisung/Szenenanweisung:**
> Kursiv gedruckte Informationen zu Schauplatz und Atmosphäre der Handlung, zum Aussehen der Figuren, ihrem Standort, ihrem Verhalten und ihrer Sprechweise.
>
> **Dialog:**
> Wechselgespräch zweier oder mehrerer Dramenfiguren; Hauptbestandteil eines Dramas, in dem die Auffassungen und Interessen der Figuren aufeinanderstoßen, der Konflikt zu Tage tritt und die Handlung vorangetrieben wird; unterbrochen werden kann er durch stumme Handlungen, Lieder oder Monologe.
>
> **Monolog:**
> Selbstgespräch einer Figur, in der sie sich über ihre Gefühle und Gedanken Rechenschaft ablegt oder sich zu einer Entscheidung durchringt.
>
> **das erregende Moment:**
> Bestandteil der Exposition, der den Konflikt deutlich hervortreten lässt und die Handlung in Gang setzt bzw. beschleunigt.
>
> **Botenbericht:**
> Bericht über ein zurückliegendes Ereignis durch eine Figur, die Augenzeuge oder davon betroffen war; häufig handelt es sich um Geschehnisse, die auf der Bühne schwer darstellbar sind.
>
> **Mauerschau:**
> griech.: Teichoskopie; eine Figur berichtet meist von einem erhöhten Standpunkt aus, was für die übrigen Figuren und die Zuschauer nicht sichtbar geschieht, meist über einen auf der Bühne schwer darstellbaren Vorgang.

**3** a) *Prägt euch die dramentechnischen Begriffe ein.*
b) *Sucht Beispiele zu jedem Begriff in den Szenen auf den Seiten 242 ff.*

**4** *Um euch die Begriffe nachhaltiger einzuprägen, könnt ihr ein Quiz mit Fragen zu ihrer Bedeutung durchführen.*

## 13.2 Höhepunkt und Lösung des Konflikts – Szenisch spielen

### Der Konflikt auf dem Höhepunkt

*Gemäß seiner Einstellung, die im Gespräch mit Stauffacher deutlich wurde, hat Tell sich an der Aufstandsbewegung, die sich gegen die Vögte abzuzeichnen beginnt, nicht beteiligt. Als sich die führenden Männer der drei Kantone Schwyz, Uri und Unterwalden auf dem Rütli, einer versteckten Bergwiese, bei Nacht und Nebel treffen, um auf ihre alten Freiheitsrechte zu schwören und den Sturm auf die Zwingburgen der Vögte zu verabreden, fehlt Tell. Er tritt im gesamten 2. Akt des Dramas nicht auf. Zu Beginn des 3. Akts erfahren die Zuschauer/Leser aus einem Gespräch Tells mit seiner Frau Hedwig, dass sich Tell und der Landvogt Geßler einmal im Gebirge begegnet sind. Dies geschah auf einem schmalen Pfad, der an einem Abgrund entlangführt. Als Geßler Tell erblickt, den er kurz zuvor wegen einer Nichtigkeit schwer bestraft hat, erblasst er und es versagen ihm vor Angst die Knie. Tell jedoch spricht ihn freundlich an und geht seines Weges. Er schickt Geßlers Gefolgsleute ihrem Herrn zur Hilfe. Hedwig erkennt, dass der Vogt ihrem Mann niemals vergeben wird, dass dieser ihn schwach gesehen hat. Sie warnt Tell eindringlich davor, nach Altdorf zu gehen, während Geßler dort erwartet wird. Tell jedoch glaubt, der Vogt müsse ihm dankbar sein, und schlägt Hedwigs Warnungen in den Wind. Mit seinem Sohn Walther macht er sich auf, um in Altdorf seinen Schwiegervater Walther Fürst zu besuchen.*

### Dritter Aufzug

**Dritte Szene**

*Wiese bei Altorf.*
*Im Vordergrund Bäume, in der Tiefe der Hut auf einer Stange. Der Prospekt[1] wird begrenzt durch den Bannberg, über welchem ein Schneegebirge emporragt.*
FRIESSHARDT *und* LEUTHOLD *halten Wache.*
[...]

5 TELL *mit der Armbrust tritt auf, den* KNABEN *an der Hand führend. Sie gehen an dem Hut vorbei gegen die vordere Szene, ohne darauf zu achten.*
[...]
WALTHER: Ei Vater, sieh den Hut dort auf der Stange.
TELL: Was kümmert uns der Hut? Komm, lass uns gehen.
*(Indem er abgehen will, tritt ihm Frießhardt mit vorgehaltener Pike[2] entgegen.)*
10 FRIESSHARDT: In des Kaisers Namen! Haltet an und steht!
TELL *(greift in die Pike)*: Was wollt Ihr? Warum haltet Ihr mich auf?
FRIESSHARDT: Ihr habt's Mandat[3] verletzt, Ihr müsst uns folgen.
LEUTHOLD: Ihr habt dem Hut nicht Reverenz[4] bewiesen.
TELL: Freund, lass mich gehen.
15 FRIESSHARDT: Fort, fort ins Gefängnis!
WALTHER: Den Vater ins Gefängnis! Hilfe! Hilfe!
*(In die Szene rufend.)*
Herbei, ihr Männer, gute Leute helft,
Gewalt, Gewalt, sie führen ihn gefangen.

1 **Prospekt:** Bühnenhintergrund
2 **Pike:** Spieß
3 **Mandat:** Gesetz, Vorschrift
4 **Reverenz:** Ehrerbietung

*13 Friedrich Schiller: „Wilhelm Tell" – Szenen aus einem klassischen Drama*

20 *Eine ganze Gruppe von Landleuten eilt herbei, darunter auch die Rütli-Verschwörer Stauffacher, Fürst und Melchthal. Einige Männer wollen Frießhardt angreifen.*

*Gessler zu Pferd, den Falken auf der Faust, Rudolph der Harras[5], Bertha und Rudenz[6], ein großes Gefolge von bewaffneten Knechten, welche einen Kreis von Piken um die ganze Szene schließen.*

Rudolf der Harras: Platz, Platz dem Landvogt!

25 Gessler: Treibt sie auseinander!
 Was läuft das Volk zusammen? Wer ruft Hilfe?
 *(Allgemeine Stille.)*
 Wer war's? Ich will es wissen.
 *(Zu Frießhardt.)* Du tritt vor!
30  Wer bist du und was hältst du diesen Mann?
 *(Er gibt den Falken einem Diener.)*

Friesshardt: Gestrenger Herr, ich bin dein Waffenknecht
 Und wohlbestellter Wächter bei dem Hut.
 Diesen Mann ergriff ich über frischer Tat,
35  Wie er dem Hut den Ehrengruß versagte.
 Verhaften wollt ich ihn, wie du befahlst,
 Und mit Gewalt will ihn das Volk entreißen.

Gessler *(nach einer Pause):* Verachtest du so deinen Kaiser, Tell,
 Und mich, der hier an seiner statt gebietet,
40  Dass du die Ehr' versagst dem Hut, den ich
 Zur Prüfung des Gehorsams aufgehangen?
 Dein böses Trachten hast du mir verraten.

Tell: Verzeiht mir lieber Herr! Aus Unbedacht,
 Nicht aus Verachtung Eurer ist's geschehn,
45  Wär ich besonnen, hieß ich nicht der Tell,
 Ich bitt um Gnad, es soll nicht mehr begegnen.

Gessler *(nach einigem Stillschweigen):* Du bist ein Meister auf der Armbrust, Tell,
 Man sagt, du nehmst es auf mit jedem Schützen?

Walther Tell: Und das muss wahr sein, Herr – 'nen Apfel schießt
 Der Vater dir vom Baum auf hundert Schritte.

50 Gessler: Ist das dein Knabe, Tell?

Tell: Ja, lieber Herr.

[...]

Gessler: Nun Tell! Weil du den Apfel triffst vom Baume
 Auf hundert Schritte, so wirst du deine Kunst
55  Vor mir bewähren müssen – Nimm die Armbrust –
 Du hast sie gleich zur Hand – und mach dich fertig,
 Einen Apfel von des Knaben Kopf zu schießen –
 Doch will ich raten, ziele gut, dass du
 Den Apfel treffest auf den ersten Schuss,
60  Denn fehlst du ihn, so ist dein Kopf verloren.
 *(Alle geben Zeichen des Schreckens.)*

Tell: Herr – Welches Ungeheure sinnet Ihr
 Mir an – Ich soll vom Haupte meines Kindes –
 – Nein, nein doch, lieber Herr, das kömmt Euch nicht

---

5 **Rudolf der Harras:** Geßlers Stallmeister
6 **Bertha und Rudenz:** Mitglieder des lokalen Schweizer Adels

| | |
|---|---|
| 65 | Zu Sinn – Verhüt's der gnäd'ge Gott – das könnt Ihr<br>Im Ernst von einem Vater nicht begehren! |

GESSLER: Du wirst den Apfel schießen von dem Kopf
Des Knaben – Ich begehr's und will's.

TELL: Ich soll

Mit meiner Armbrust auf das liebe Haupt
Des eignen Kindes zielen – Eher sterb ich!

GESSLER: Du schießest oder stirbst mit deinem Knaben.

[...]

*(Greift nach einem Baumzweige, der über ihn herhängt.)*
Hier ist der Apfel.

Man mache Raum – Er nehme seine Weite,
Wie's Brauch ist – Achtzig Schritte geb ich ihm –
Nicht weniger, noch mehr – Er rühmte sich,
Auf ihrer hundert seinen Mann zu treffen –
Jetzt Schütze triff, und fehle nicht das Ziel!

[...]

Öffnet die Gasse – Frisch! Was zauderst du?
Dein Leben ist verwirkt, ich kann dich töten,
Und sieh, ich lege gnädig dein Geschick
In deine eigne kunstgeübte Hand.
Der kann nicht klagen über harten Spruch,
Den man zum Meister seines Schicksals macht.

[...]

TELL *(zum Landvogt):* Erlasset mir den Schuss. Hier ist mein Herz!
*(Er reißt die Brust auf.)*
Ruft Eure Reisigen und stoßt mich nieder.

GESSLER: Ich will dein Leben nicht, ich will den Schuss.

– Du kannst ja alles, Tell, an nichts verzagst du,
Das Steuerruder führst du wie den Bogen,
Dich schreckt kein Sturm, wenn es zu retten gilt,
Jetzt Retter hilf dir selbst – du rettest alle!

*(Tell steht in fürchterlichem Kampf, mit den Händen zuckend, und die rollenden Augen bald auf den
Landvogt, bald zum Himmel gerichtet – Plötzlich greift er in seinen Köcher, nimmt einen zweiten
Pfeil heraus und steckt ihn in seinen Goller[7]. Der Landvogt bemerkt alle diese Bewegungen.)*

WALTHER TELL *(unter der Linde):* Vater schieß zu, ich fürcht mich nicht.

TELL: Es muss!

*(Er rafft sich zusammen und legt an.)*

*Rudenz, ein junger Schweizer Ritter aus Geßlers Gefolge protestiert energisch gegen dessen Vorgehen und
verwickelt ihn in einen Streit, der die Aufmerksamkeit aller auf sich zieht. Unterdessen hat Tell den Pfeil
abgedrückt.*

STAUFFACHER *(ruft):* Der Apfel ist gefallen!

RÖSSELMANN: Der Knabe lebt!

VIELE Stimmen: Der Apfel ist getroffen!

*(Walther Fürst schwankt und droht zu sinken, Bertha hält ihn.)*

GESSLER *(erstaunt):* Er hat geschossen? Wie? der Rasende!

**7  Goller:** Weste

**13** Friedrich Schiller: „Wilhelm Tell" – Szenen aus einem klassischen Drama

BERTHA: Der Knabe lebt! kommt zu Euch, guter Vater!

WALTHER TELL *(kommt mit dem Apfel gesprungen):* Vater, hier ist der Apfel – Wusst ich's ja,

110     Du würdest deinen Knaben nicht verletzen.

    *(Tell stand mit vorgebognem Leib, als wollt' er dem Pfeil folgen – die Armbrust entsinkt seiner Hand – wie er den Knaben kommen sieht, eilt er ihm mit ausgebreiteten Armen entgegen, und hebt ihn mit heftiger Inbrunst zu seinem Herzen hinauf, in dieser Stellung sinkt er kraftlos zusammen. Alle stehen gerührt.)*

    [...]

115 GESSLER: Bei Gott! der Apfel mitten durchgeschossen!

    Es war ein Meisterschuss, ich muss ihn loben.

RÖSSELMANN: Der Schuss war gut, doch wehe dem, der ihn

    Dazu getrieben, dass er Gott versuchte.

STAUFFACHER: Kommt zu Euch, Tell, steht auf, Ihr habt Euch männlich

120     Gelöst, und frei könnt Ihr nach Hause gehen.

    [...] *(Sie wollen ihn wegführen.)*

GESSLER: Tell, höre!

TELL *(kommt zurück):* Was befehlt Ihr, Herr?

GESSLER: Du stecktest

125     Noch einen zweiten Pfeil zu dir – Ja, ja, –

    Ich sah es wohl – Was meintest du damit?

TELL *(verlegen):* Herr, das ist also bräuchlich bei den Schützen.

GESSLER: Nein Tell, die Antwort lass ich dir nicht gelten,

    Es wird was anders wohl bedeutet haben.

130     Sag mir die Wahrheit frisch und fröhlich, Tell,

    Was es auch sei, dein Leben sichr' ich dir.

    Wozu der zweite Pfeil?

TELL: Wohlan, o Herr,

    Weil Ihr mich meines Lebens habt gesichert,

135     So will ich Euch die Wahrheit gründlich sagen.

    *(Er zieht den Pfeil aus dem Goller und sieht den Landvogt mit einem furchtbaren Blick an.)*

    Mit diesem zweiten Pfeil durchschoss ich – Euch,

    Wenn ich mein liebes Kind getroffen hätte,

    Und Eurer – wahrlich! hätt ich nicht gefehlt.

140 GESSLER: Wohl, Tell! Des Lebens hab ich dich gesichert,

    Ich gab mein Ritterwort, das will ich halten –

    Doch weil ich deinen bösen Sinn erkannt,

    Will ich dich führen lassen und verwahren,

    Wo weder Mond noch Sonne dich bescheint,

145     Damit ich sicher sei vor deinen Pfeilen.

    Ergreift ihn, Knechte! Bindet ihn!

    *(Tell wird gebunden.)*

STAUFFACHER: Wie, Herr?

    So könntet Ihr an einem Manne handeln,

150     An dem sich Gottes Hand sichtbar verkündigt?

GESSLER: Lass sehn, ob sie ihn zweimal retten wird.

    – Man bring ihn auf mein Schiff, ich folge nach

    Sogleich, ich selbst will ihn nach Küßnacht[8] führen.

---

**8 Küßnacht:** Ort von Gesslers Burg (▷ Karte S. 242)

254

13.2 Höhepunkt und Lösung des Konflikts – Szenisch spielen

 **1** Stellt in einer Verlaufskurve dar, wie sich der Konflikt von der ersten Szene der Exposition an entwickelt hat, und tragt die wesentlichen Konfliktmomente als Stichworte in die Kurve ein.

 **2** Dramentexte werden in der Regel nicht gelesen, sondern auf der Bühne aufgeführt.
Um Figuren und deren Handeln im Drama zu verstehen, bietet sich ein szenisches Spiel an. Hier kann man sich in Figuren einfühlen, ihr Auftreten und Handeln und ihre Sprechweise anschaulich nachempfinden.
a) Teilt euch in Kleingruppen auf und wählt eine der folgenden Aufgaben zum szenischen Spiel der Apfelschussszene.
b) Nehmt euer szenisches Spiel auf Video auf. Nutzt die Aufnahmen zur Bewertung und zur Verbesserung des Spiels *(Video-Feedback)*.

### Eine improvisierte Szene im Hause Tell
- Entwerft eine Szene in Tells Haus, in das Tell zurückkehrt, nachdem es ihm gelungen ist, auf der Überfahrt nach Küßnacht zu entfliehen. Er trifft dort auf seine Frau Hedwig, seinen Sohn Walther und seinen Schwiegervater Walther Fürst. Alle berichten Hedwig vom Apfelschuss. Achtet darauf, dass die unterschiedlichen Sichtweisen der einzelnen Figuren auf das Geschehen, ihr eigenes Verhalten in der Situation und Hedwigs Reaktion deutlich werden.
- Verteilt die Rollen und spielt der Klasse die von euch entwickelte Szene vor.

### Geßler auf dem „heißen Stuhl"
- Bereitet ein Interview vor, bei dem Geßler vor einem Halbkreis von Interviewern sitzt, die ihm nicht nur Fragen zu der Apfelschussszene, sondern darüber hinaus auch zu seiner Amtsführung als Vogt, seiner Einstellung zu den Schweizern, seinem Verhältnis zu seinem königlichen Herrn usw. stellen. Alle notieren sich eine Reihe von Fragen auf einem Blatt Papier.
- Danach wird bestimmt, wer die Rolle Geßlers übernimmt, und das Interview wird der Klasse vorgeführt. Während des Interviews kann die Rolle Geßlers auch neu besetzt werden.
- Die Klasse kann weitere Fragen ergänzen. Am Schluss wird eine Rückmeldung zu den Fragen und den Antworten Geßlers gegeben.

### Szenische Lesung:
- Macht euch in einer Art Regiegespräch deutlich, in welcher inneren Verfassung die Figuren sind, was ihre Ziele sind, was sie denken und fühlen und welche Folgerungen sich daraus für ihre Sprechweise ergeben.
- Fotokopiert den Text und verseht ihn mit Regieanweisungen für das Sprechen (Pausensetzung, Lautstärke, Klangfarbe und Möglichkeiten des Gefühlsausdrucks), die Mimik und die Gestik (eingeschränkt, da mit dem Text in der Hand gelesen wird).
- Verteilt die Rollen und probt das Lesen in mehreren Durchgängen, bevor ihr eure szenische Lesung der Klasse vorstellt.

### Standbilder
- Sucht euch einige wichtige Momente im Ablauf der Handlung aus, die ihr mit einer Zeilenangabe genau festlegt.
- Baut Standbilder zu diesen Momenten, wobei Position, Körperhaltung und Gestik sowie der Gesichtsausdruck aller Beteiligten exakt festgelegt werden.
- Führt die Standbilder der Klasse vor und lasst bestimmen, welcher Zeitpunkt im Handlungsablauf jeweils dargestellt wird. Ihr könnt die Standbilder auch fotografieren und die Fotos auf einen Papierstreifen kleben, sodass eine Bildgeschichte entsteht. Schreibt unter die Bilder die entsprechenden Dialogzitate.

255

## Die Lösung des Konflikts

*Bei der Überfahrt über den Vierwaldstättersee, die dazu dient, den gefangenen Tell von Altdorf in Geßlers Burg nach Küßnacht zu verschleppen, bricht erneut ein Unwetter los. Wieder verweist die Wettersymbolik, wie am Anfang des Dramas, darauf, dass sich über die Gewalttaten der Vögte sogar die Natur empört, weil nicht nur die Ordnung des menschlichen Zusammenlebens gestört ist, sondern auch die göttliche Schöpfungsordnung. Das Schiff droht zu kentern, weil die Besatzung es nicht mehr steuern kann. Auf den Rat seines Gefolges lässt Geßler Tell die Fesseln abnehmen, weil dieser mit seiner Stärke und Erfahrung als Einziger das Schiff aus dem Sturm retten könnte. Tell nutzt die Gelegenheit, steuert das Schiff nahe an eine Felsplatte heran, auf die er sich mit einem Sprung rettet. Seine Armbrust hat er dabei mitgenommen. Er begibt sich sofort auf den Weg nach Küßnacht. Einem Fischer, dem er begegnet, trägt er auf, den Männern, die auf dem Rütli mitgeschworen haben, zu melden:*

„Der Tell ist frei und seines Armes mächtig,
Bald werden sie ein Weiteres von mir hören."

*Inzwischen haben sich die Rütli-Verschwörer darauf verständigt, den für die Weihnachtszeit verabredeten Aufstand und die Erstürmung der Zwingburgen vorzuziehen.*

### Vierter Aufzug

**Dritte Szene**

*Die hohle Gasse bei Küßnacht.*

*Felsen umschließen die ganze Szene, auf einem der vordersten ist ein Vorsprung mit Gesträuch bewachsen.*

TELL *(tritt auf mit der Armbrust):* Durch diese hohle Gasse muss er kommen,
5   Es führt kein andrer Weg nach Küßnacht – Hier
    Vollend ich's – Die Gelegenheit ist günstig.
    Dort der Holunderstrauch verbirgt mich ihm,
    Von dort herab kann ihn mein Pfeil erlangen,
    Des Weges Enge wehret den Verfolgern.
10  Mach deine Rechnung mit dem Himmel Vogt,
    Fort musst du, deine Uhr ist abgelaufen.

13.2 Höhepunkt und Lösung des Konflikts – Szenisch spielen

Ich lebte still und harmlos – Das Geschoss
War auf des Waldes Tiere nur gerichtet,
Meine Gedanken waren rein von Mord –
15  Du hast aus meinem Frieden mich heraus –
Geschreckt, in gärend Drachengift hast du
Die Milch der frommen Denkart mir verwandelt,
Zum Ungeheuren hast du mich gewöhnt –
Wer sich des Kindes Haupt zum Ziele setzte,
20  Der kann auch treffen in das Herz des Feinds.

Die armen Kindlein, die unschuldigen,
Das treue Weib muss ich vor deiner Wut
Beschützen, Landvogt – Da, als ich den Bogenstrang
Anzog – als mir die Hand erzitterte –
25  Als du mit grausam teufelischer Lust
Mich zwangst, aufs Haupt des Kindes anzulegen –
Als ich ohnmächtig flehend rang vor dir,
Damals gelobt ich mir in meinem Innern
Mit furchtbarm Eidschwur, den nur Gott gehört,
30  Dass meines nächsten Schusses erstes Ziel
Dein Herz sein sollte – Was ich mir gelobt
In jenes Augenblickes Höllenqualen,
Ist eine heil'ge Schuld, ich will sie zahlen.
[...] *(Steht auf.)*

35  Ich laure auf ein edles Wild – Lässt sich's
Der Jäger nicht verdrießen, tagelang
Umherzustreifen in des Winters Strenge,
Von Fels zu Fels den Wagesprung zu tun,
Hinanzuklimmen an den glatten Wänden,
40  Wo er sich anleimt mit dem eignen Blut[1],
– Um ein armselig Grattier zu erjagen.
Hier gilt es einen köstlicheren Preis,
Das Herz des Todfeinds, der mich will verderben.

*(Man hört von ferne eine heitre Musik, welche sich nähert.)*
45  Mein ganzes Leben lang hab ich den Bogen
Gehandhabt, mich geübt nach Schützenregel,
Ich habe oft geschossen in das Schwarze,
Und manchen schönen Preis mir heimgebracht
Vom Freudenschießen – Aber heute will ich
50  Den Meisterschuss tun und das Beste mir
Im ganzen Umkreis des Gebirgs gewinnen.

---

1  **Wo er sich anleimt ...:** Das bezieht sich auf einen Brauch der Alpenjäger,
die Fußsohlen mit dem Messer zu ritzen, damit sie mit dem Blut besser am
Fels haften.

13 Friedrich Schiller: „Wilhelm Tell" – Szenen aus einem klassischen Drama

*Bevor Geßler die hohle Gasse erreicht, zieht ein Hochzeitszug hindurch und die Bäuerin Armgard erscheint mit ihren Kindern. Sie stellt sich Geßler in den Weg, als dieser schließlich mit seinem Stallmeister Rudolph der Harras herbeigeritten kommt, und fordert ihn auf, endlich einen Richterspruch über ihren Mann zu fällen, der widerrechtlich schon sechs Monate ohne Gerichtsverhandlung im Kerker liegt. Als Geßler sie abweist, wirft sie sich ihm mit ihren Kindern in den Weg, aber Geßler droht nur über sie hinwegzureiten.*

GESSLER: Wo sind meine Knechte?
　　Man reiße sie von hinnen oder ich
　　Vergesse mich und tue was mich reuet.
RUDOLPH: Die Knechte können nicht hindurch, o Herr,
　　Der Hohlweg ist gesperrt durch eine Hochzeit.
GESSLER: Ein allzu milder Herrscher bin ich noch
　　Gegen dies Volk – die Zungen sind noch frei,
　　Es ist noch nicht ganz wie es soll gebändigt –
　　Doch es soll anders werden, ich gelob es,
　　Ich will ihn brechen diesen starren Sinn,
　　Den kecken Geist der Freiheit will ich beugen.
　　Ein neu Gesetz will ich in diesen Landen
　　Verkündigen – Ich will –
　　(*Ein Pfeil durchbohrt ihn, er fährt mit der Hand ans Herz und will sinken. Mit matter Stimme.*)
　　Gott sei mir gnädig!
RUDOLPH: Herr Landvogt – Gott, was ist das? Woher kam das?
ARMGARD (*auffahrend*): Mord! Mord! Er taumelt, sinkt! Er ist getroffen!
　　Mitten ins Herz hat ihn der Pfeil getroffen!
RUDOLPH (*springt vom Pferde*): Welch grässliches Ereignis – Gott – Herr Ritter –
　　Ruft die Erbarmung Gottes an – Ihr seid
　　Ein Mann des Todes! –
GESSLER: Das ist Tells Geschoss.
　　(*Ist vom Pferde herab dem Rudolph Harras in den Arm gegleitet und wird auf der Bank niedergelassen.*)
TELL (*erscheint oben auf der Höhe des Felsens*): Du kennst den Schützen, suche keinen andern!
　　Frei sind die Hütten, sicher ist die Unschuld
　　Vor dir, du wirst dem Lande nicht mehr schaden.
　　(*Verschwindet von der Höhe. Volk stürzt herein.*)

13.2 Höhepunkt und Lösung des Konflikts – Szenisch spielen

**1** Bestimmt, welcher dramentechnische Begriff (▷ S. 250) auf den ersten Teil der Szene zutrifft und wozu dieser Teil dient.

**2** Tragt Tells Rede der Klasse vor.
Fotokopiert für diesen Soloauftritt den Text und bearbeitet ihn als Sprechvorlage, indem ihr Zeichen für Betonungen (´), für das Sprechtempo (schnell: ⟶, langsam: ⁓) sowie für eine effektvolle Pausensetzung (–) einfügt. Beachtet auch, dass am Versende nicht automatisch eine Sprechpause gemacht werden darf, sondern dass zuweilen der Sprechfluss weitergeht (↷).

> _Durch diese hohle Gasse múss er kommen,_
> _Es führt kein andrer Weg nach Küßnacht – Híer ↷_
> _Vollend ich's – Die Gelegenheit ist günstig._

**3** Das Selbstgespräch Tells kann man auch als eine Art **inneren Dialog** betrachten, denn wie jeder Mensch übt Tell in seinem Leben mehrere Rollen aus (er ist zum Beispiel Jäger, Staatsbürger usw.) und von diesen Rollen her überdenkt er auch sein Vorhaben.
 a) Listet alle Rollen, die Tell in seinem Leben spielt, auf. Notiert dahinter die Textstellen, die zu den jeweiligen Rollen passen.
 b) Haben alle Überlegungen Tells zur Rechtfertigung seines Vorhabens für euch die gleiche Überzeugungskraft? Gewichtet und bewertet seine Rechtfertigungsversuche.

**4** Tell bezeichnet sein Vorhaben in seinem Monolog mehrfach als „Mord".
Schlagt im Strafgesetzbuch nach, was nach heutigem juristischen Maßstab unter Mord zu verstehen ist, und beurteilt danach Tells Tat.

**5** Begründet, warum der Bühnendichter Friedrich Schiller den Armgard-Auftritt und die Reaktion Geßlers darauf (Vers 52–75) in die Mordszene eingebaut hat.

**6** Während des Geschehens in der „Hohlen Gasse" hat das Volk unter Führung der Rütli-Verschwörer die Zwingburgen der Vögte gestürmt.
In der letzten Szene des Dramas ziehen alle zu Tells Haus und feiern ihn als „Erretter". Haltet ihr diesen Jubel um Tells Person für berechtigt?
In welchem Maße hat er zur Lösung des Konflikts, um den es in dem Drama geht, beigetragen?

259

13 Friedrich Schiller: „Wilhelm Tell" – Szenen aus einem klassischen Drama

## 13.3 Projekt: Ein Abend rund um Tell

Nachdem ihr euch in unterschiedlichen Vorgehensweisen Szenen aus Schillers Drama „Wilhelm Tell" erarbeitet und eine Vorstellung von dem Stück gewonnen habt, könntet ihr nun darangehen, eure Leseerfahrungen und Kenntnisse produktiv in ein kleines Projekt umzusetzen. Vielleicht könnt ihr es auch einem Publikum aus Eltern, Freunden und Mitschülern vorführen. Greift auf Texte und Ergebnisse des bisherigen Unterrichts als Material zurück. Erweitert es aber auch durch eigene Erkundungen und Recherchen zum Themenkreis „Tell".

### 1. Schritt: Ideen sammeln

**1** *Ein wichtiger Programmpunkt des geplanten Abends wird sicherlich sein, einzelne Szenen oder Szenenausschnitte einzustudieren und vorzuspielen. Weitere Vorschläge zur Programmgestaltung solltet ihr zunächst einmal in einem Brainstorming zusammentragen und auf OHP-Folie oder Tapetenrolle notieren, ohne sie jetzt schon zu kommentieren:*
- ☐ *die im Unterricht entwickelte Bilderfolge zur Apfelschussszene in eine mit Dialogen unterlegte Diaprojektion umarbeiten;*
- ☐ *die im Unterricht entworfenen Szenen (z. B. die improvisierte Szene im Hause Tell oder Geßler auf dem „heißen Stuhl" (▷ S. 255) ausarbeiten und einstudieren;*
- ☐ *eine Gerichtsverhandlung mit Tell als Angeklagtem inszenieren;*
- ☐ *eine Dokumentation über den Dichter Friedrich Schiller und die Entstehungsgeschichte des Dramas „Willhelm Tell" anfertigen;*
- ☐ *den historischen Hintergrund des Stücks dokumentieren;*
- ☐ *eine Talkshow mit den Hauptpersonen des Stücks organisieren;*
- ☐ *Szenen des Stücks umschreiben bzw. neue Szenen schreiben;*
- ☐ *…*

### 2. Schritt: Ideen auswählen, Arbeitsgruppen bilden, Zeitplan erstellen

**2** *Verständigt euch darüber, welche der Ideen ihr aufgreifen wollt und welche Einzelpersonen bzw. Kleingruppen sie bearbeiten sollen. Eine wichtige Voraussetzung dafür ist, dass ihr euch genau klarmacht, wo eure Projektpräsentation stattfinden soll und welche technischen Möglichkeiten ihr nutzen könnt: Bühne oder Podest, Stellwände, OHP, Leinwand, Projektor, Beamer? Nur auf dieser Basis lässt sich eine sinnvolle Auswahl von möglichen Projektbeiträgen vornehmen.*

**3** *An dieser Stelle sollte auch schon überlegt werden, ob ein Conférencier (ein Sprecher und Ansager) das Publikum durch das Programm führt und wer diese Rolle übernimmt. Schreibt dazu Texte und lernt diese auswendig. Studiert eure Darbietung ein.*

260

**4** *Bei Auswahl, Arbeitsaufteilung und Zuschnitt eurer Projektbeiträge müsst ihr von Anfang an den Zeitrahmen bedenken, der euch für die Erarbeitungsphase zur Verfügung steht. Legt den Zeitpunkt genau fest, bis zu dem eure Arbeitsergebnisse vorliegen müssen. Dieser Termin ist strikt einzuhalten. Prüft also kritisch, ob euer geplanter Projektbeitrag vom Arbeitsaufwand her bis zu dem festgesetzten Termin zu bewältigen ist. Kürzt oder vereinfacht ihn gegebenenfalls und erstellt einen genauen Plan innerhalb der Gruppe, wer bis wann welche Aufgaben erledigt haben muss.*

## 3. Schritt: Erarbeitung der Projektbeiträge

**5** *Eine besonders schwierige Aufgabe ist es, eigene Spielszenen zu verfassen und einzustudieren. Versucht es doch mal mit folgender Anregung:*

### Übernahme des Szenenrahmens bei Veränderung der Charaktere

*Der äußere Verlauf der Apfelschussszene wird beibehalten, das Verhalten der Figuren hat sich jedoch geändert. Geßler ist zum Beispiel ein eher ängstlicher Verwaltungsbeamter, der seine Ruhe haben will und allen Ärger vermeiden möchte. Es treten zum Teil auch andere Figuren auf. Aus Tells Sohn Walther ist hier eine Tochter Hildegard geworden.*

HILDEGARD: Ei, Vater sieh den Hut dort auf der Stange.
TELL: Was kümmert uns der Hut? Komm, lass uns gehen. *(Will am Hut vorüber- und abgehen)*
FRIESSHARDT: Halt!
TELL: Was wollt ihr? Lasst uns weitergehn.
FRIESSHARDT: Wer seid ihr?
HILDEGARD: Wilhelm Tell, wohnhaft in Bürglen, Gamssteig 12.
FRIESSHARDT: Wilhelm Tell, du bist verhaftet! *(Während der letzten Wortwechsel sind die* SCHWEIZER *und* SCHWEIZERINNEN *nach und nach hinzugekommen;* HILDEGARD *hat nach wie vor mit dem Apfel gespielt; steht jetzt am Bühnenrand und isst den Apel nach und nach bis aufs Kerngehäuse auf)*
STAUFFACHER: Warum?
FRIESSHARDT: Er hat den Hut dort auf der Stange nicht gegrüßt.
ALLE *(Durcheinander)*: Schweinerei! Tyrannei! Das ist ja wohl das Letzte! Da könnte ja jeder kommen! Hutgrüßen ist so und so doof. Immer auf die Kleinen! Das sollten sie mal mit mir wagen. Wenns wenigstens ein Tirolerhut wäre ... (usw.)
GERTRUD: Da kommt Geßler.
GESSLER *(tritt mit* HARRAS *auf)*: Gemach, gemach. Was läuft das Volk zusammen? Was ist es, was euch so erregt?
FRIESSHARDT: Wilhelm Tell, Altdorf, Gamssteig 12 hat den Hut nicht gegrüßt. Ich habe seine Verhaftung angeordnet.
GESSLER *(leise zu* HARRAS*)*: So ein Mist, wären wir bloß schon früher weggefahren.

13 Friedrich Schiller: „Wilhelm Tell" – Szenen aus einem klassischen Drama

HARRAS: Ich habs Ihnen doch gesagt.

GESSLER *(zu* HARRAS*):* Ich versuch das als kleines Versehen darzustellen, und dann: nichts wie weg hier von diesen Irren. Geh du schon einmal zum Boot. (HARRAS *ab;* GESSLER *zu* TELL, *der die ganze Zeit starr und stumm neben dem Hut steht; in freundlichem Tonfall, um die Situation zu entkrampfen)* Na, ist das nicht unser Superschütze?

HILDEGARD *(vorne am Bühnenrand, Apfel essend, altklug dazwischenrufend):* Mein Vater ist der beste, der trifft alles.

GESSLER *(suggestiv, Tell die Worte in den Mund legend):* Tell, da ist uns wohl nur ein kleines Missgeschick passiert, was?

FÜRST: Zu Hilfe, er soll verhaftet werden.

HEDWIG: Mein Mann, der Ernährer meiner Kinder.

RÖSSELMANN: So etwas hat Gott noch nicht gesehn: Den Kindern soll der Vater entrissen werden.

MELCHTAL: Die Tyrannen schrecken vor nichts zurück.

...

# 4. Schritt: Vorbereitung der Projektpräsentation

**6** *Sind zu dem vereinbarten Zeitpunkt alle Projektbeiträge fertiggestellt, müsst ihr festlegen, wie und in welcher Reihenfolge sie präsentiert werden sollen. Druckt dann euer Programmblatt aus.*

| Tell im Talk   *Ein Projekt der Klasse 8a* | |
| --- | --- |
| Moderator und Conférencier •••••••••••> | Berit Becker |
| Talkshow mit Wilhelm Tell, Hermann Geßler, Walther Stauffacher, Frießhardt •••••••••> | Peter Meier, Tobias Muster, Jens Müller, Max Adler, Bernd Höfgen |
| Der historische Hintergrund und der Sagenheld Tell (Powerpoint-Präsentation) •••••••••> | Jutta Lange, Arian Hosni |
| Tell: Attentäter oder Freiheitsheld? – Ein Kommentar unserer Korrespondentin in Altdorf ••••••••••••••••••> | Corinna Walter |
| ... | |

**7** *Macht auf euren Tell-Abend aufmerksam:*

*a) Entwerft ein Plakat und/oder einen Flyer (▷S. 30).*

*b) Gebt bei der lokalen Zeitung rechtzeitig eine **Annonce** auf mit Informationen zu folgenden Punkten:*

☐ *Veranstaltungsort,*      ☐ *Veranstalter,*

☐ *Aufführungszeitpunkt,*      ☐ *Eintrittspreis.*

**TIPP**

Führt vor der Aufführung auf jeden Fall eine **Generalprobe** durch, so könnt ihr überprüfen, ob alles wie geplant klappt.

LESEN · UMGANG MIT TEXTEN UND MEDIEN

# 14 Werbung – Anzeigen und Filmspots untersuchen und gestalten

## 14.1 „Nichts ist unmöglich ..." – Werbeanzeigen untersuchen

1. Beschreibt die drei Abbildungen aus Werbeanzeigen.

2. Werbebilder sollen wirken.
   a) Nennt die Gefühle, die mit den Bildern angesprochen sind. Welche Bedürfnisse sollen ausgelöst werden?
   b) Woran erkennt ihr, für welche Produkte geworben wird?

3. Sammelt Werbeanzeigen aus Zeitungen und Zeitschriften.
   a) Ordnet sie bestimmten Lebensgefühlen und Grundbedürfnissen zu.
   b) Gibt es eindeutige Zuordnungen zwischen Produkten und Lebensgefühlen?
   c) Erstellt anschließend eine Liste nach folgendem Muster:

| Produkt | Bildmotiv | Gestaltung | Lebensgefühl |
|---|---|---|---|
| Kleidung | Mann, der lässig auf einem Stuhl sitzt | sanfte Farben in milder Abendstimmung | Entspannung und Loslösung vom Alltag |
| ... | Meer, Strand | ... | ... |
| ... | ... | ... | Geborgenheit |

263

14 Werbung – Anzeigen und Filmspots untersuchen und gestalten

# AIDA – Wie Werbeanzeigen gestaltet sind

*Copy:*
Gefesselt in den Klauen des ewigen Winters, verwunschen vom Fluch der gnadenlosen Weißen Hexe, sucht Narnia nach einem Retter. Du bist es, der die Kräfte der vier jungen Krieger zusammenführt. Deine Freunde können dir jederzeit beistehen – und mit vereinten Kräften bieten sich völlig neue Möglichkeiten. Rette das Land! Vernichte die Rotten der Teuflischen! Bring den Frieden! Eine geheimnisvolle Welt erwartet dich.

*Headline oder Slogan*

*Eyecatcher*

*Produkt*

**1** Vergleicht eure ersten Eindrücke beim Betrachten der Werbeanzeige.
   a) Notiert spontan, welche Gefühle oder Gedanken die Anzeige bei euch auslöst.
   b) Was ist euch zuerst ins Auge gefallen? Beschreibt, wie und wodurch euer Blick gelenkt wird.

**2** Beschreibt den Aufbau und die Gestaltung der Werbeanzeige genauer. Achtet besonders auf
   ☐ die Wahl bestimmter Bildelemente, ihre Position zueinander;
   ☐ den Zusammenhang von Bild- und Textelementen;
   ☐ die Wirkung der Farben.

**3** Untersucht **Headline** und **Copy**.
   a) Benennt die verwendeten sprachlichen Mittel.
   b) Werbung arbeitet oft mit Vorstellungen und Empfindungen, die man mit einem Begriff oder Bild spontan verknüpft. Haltet eure **Konnotationen** (▷ S. 93) zu dem Begriff „Held" fest.
   c) Erklärt, welche Zielgruppe angesprochen wird und welche Botschaft den Adressaten vermittelt werden soll.

> **Fachbegriffe in der Werbung**
> ☐ **Eyecatcher:** Blickfang
> ☐ **Headline:** Überschrift oder Schlagzeile
> ☐ **Copy:** Fließtext; eigentlich: Stoff, Material
> ☐ **Slogan:** Schlagwort
> ☐ **Logo:** Darstellung eines Markennamens in Bild- oder Schriftform

264

| **Attention** | **Interest** | **Desire** | **Action** |
|---|---|---|---|
| Aufmerksamkeit erregen | Interesse wecken | Besitzwunsch auslösen | Handeln, z. B. Kauf bewirken |

**4** Für die Gestaltung von Werbeanzeigen und Werbespots gibt es unterschiedliche Strategien. Alle leiten sich aber von der so genannten AIDA-Formel ab:

a) Untersucht die Werbeanzeige (▷ S. 264). Ist sie auch nach der AIDA-Form gestaltet?

b) Überlegt, wovon es abhängt, ob die einzelnen Faktoren zum beabsichtigten Erfolg führen.

c) Erklärt die AIDA-Formel an den von euch gesammelten Werbeanzeigen.

d) Der folgende Werbetext ist so nicht besonders wirksam. Gestaltet eine Werbeanzeige nach der AIDA-Formel.

> *Die Sportartikelfirma* **NIXO** *hat ein neues Sportschuhmodell entwickelt. Wer es trägt, wird Wunder erleben.*

**5** Moderne Werbeanzeigen lassen oft Produktnamen und sogar den Fließtext (= Copy) weg. Nur Logos oder immer wiederkehrende Bildelemente (z. B. eine Farbe, ein Gesicht, ein Buchstabe) verweisen auf das Produkt. Man nennt diese Werbung auch **Connaisseur-Werbung.**

a) Klärt den Begriff Connaisseur-Werbung.

b) Nennt Beispiele für diese Form der Werbung.

c) Beschreibt, wie sie funktioniert.

**6** Neben der Connaisseur-Werbung gibt es etliche andere Strategien zu werben, z. B.: *Informative Werbung, vergleichende Werbung, aggressive Massenwerbung, bekennende Werbung.* Erklärt die Strategien an Beispielen.

---

**Werbung**

Ziel von Werbung ist es, eine bestimmte Personengruppe **(= Zielgruppe)** zu einem bestimmten Verhalten anzuregen (vor allem zum Kauf von Produkten) oder zu informieren.

☐ Mit verschiedenen **Werbemitteln** (Anzeige, Plakat, Werbespot, Flyer u. a.) wird die Werbebotschaft zusammengefasst und meist grafisch unterstützt.

☐ Als einfache Regel für die Erzeugung von Werbewirksamkeit gilt die **AIDA-Formel** (Attention – Interest – Desire – Action). In Werbeanzeigen wird die Aufmerksamkeit bei den Adressaten durch die besonders abgestimmte Gestaltung von bildlichen (Motiv, Farbe u. a.) und textlichen Elementen **(Headline, Copy, Slogan)** erzeugt.

☐ Es werden immer neue Strategien entwickelt, um neue Zielgruppen zu erreichen:

　■ So versucht **Massenwerbung** die möglichen Käufer möglichst häufig auf möglichst vielen Wegen und in vielen Medien zu erreichen.

　■ **Connaisseur-Werbung** setzt dagegen auf Zielgruppen, die ein Produkt oder bestimmte Elemente einer Werbung sofort erkennen, ohne dass der Produktname genannt werden muss.

*Natürlich nasch ich*      Haribo macht Kinder froh

**AKTIVIERT ABWEHRKRÄFTE**      Weil das Beste normal ist.

Draufbeißen, durchatmen.      EINFACH GÜNSTIG TCHIBOFONIEREN.

*Knusprig, nussig, zart.*      Für kleine Hunde mit großen Ansprüchen.

Sonne aufs Brot.      LEBE DEINE FREIHEIT. NICHTS IST UNMÖGLICH.

Bonduelle heißt das famose Zartgemüse aus der Dose.

**7** a) Findet heraus, für welche Produkte diese Slogans werben.
b) Bestimmt die sprachlichen Mittel in den Slogans.
c) Erklärt, welche Funktion und Wirkung Slogans haben. Ihr könnt dabei auch auf andere Beispiele zurückgreifen.
d) Nennt die Eigenschaften, die ein Werbeslogan haben muss.

**8** Wählt euch eine Werbeanzeige aus, die ihr in Zeitungen oder Zeitschriften gefunden habt, und fertigt dazu eine schriftliche Analyse an.

**9** Entwickelt selbst Slogans für einen Radio- oder Fernsehsender. Als Anregung könnt ihr die abgebildeten Slogans nutzen.

 **10** *Come in and find out*
Werbeanzeigen verwenden heute häufig Slogans in englischer Sprache.
a) Sammelt Beispiele und prüft, ob der Slogan unmittelbar verständlich ist,
b) Nennt Argumente für oder gegen solche Werbeslogans.

## Typisch? – Werben mit Klischee und Witz

1. *Werbung arbeitet häufig mit **Leitbildern**, z.B. Rollenzuschreibungen. Sammelt typische Rollenbilder zu Mann und Frau.*

2. *Sucht Werbeanzeigen, die mit dem Klischee „Typisch Mann, typisch Frau" arbeiten.*
   *a) Untersucht die darin transportierten Aussagen, die sprachlichen und gestalterischen Mittel und erläutert die Werbebotschaft.*
   *b) Prüft bei den Anzeigen, welche Rollen Frauen und Männern zugeschrieben werden und ob übliche Rollenklischees bestätigt oder gebrochen werden.*

3. *Erläutert, wie in diesen beiden abgebildeten Werbeanzeigen mit Rollenklischees gespielt wird.*

4. *Gestaltet Werbeplakate mit selbst geschriebenen Headlines, Fließtexten (Copy), Slogans und Bildcollagen, bei denen ihr Rollenklischees nutzt. Ihr könnt sie bestätigen oder brechen, z.B. parodieren.*

## „Echtheitsfaktor" in virtuellen Welten – Werben mit allen Mitteln

Jürgen Schmieder
### So konzentriert kommen wir nicht mehr zusammen

Werbung wird zu einem „Echtheitsfaktor" in virtuellen Welten. Klar, ein Stadion ohne Werbebande, ein Getränkeautomat ohne Logo, eine Kinoreklame ohne Filmplakat gelten kaum noch als realistisch. Spielehersteller und Werber wissen das – und sorgen inzwischen für reichlich Product-Placement aus dem wahren Leben.

Tor beim Computer-Fußball! Der virtuelle Michael Ballack hat sich im Spiel gegen Real Madrid in die Luft geschraubt und per Kopf einen Treffer erzielt. Begeistert läuft er in die Richtung der Eckfahne zu einer Bande. Während er sich von seinen Kameraden feiern lässt, leuchten im Hintergrund die Logos bekannter Firmen. Denn die Strategen der Werbeabteilungen haben einen neuen Markt entdeckt, ihre Produkte anzupreisen: Computerspiele sind mittlerweile eine beliebte Plattform und haben gute Chancen, zu einer ernsthaften Konkurrenz für das Fernsehen zu werden. Die virtuellen Welten haben Vorteile, die andere Medien nicht bieten können. So können die Programmierer den Spieler durch die Dramaturgie eines Spiels zu einer Anzeige locken. Beim Fernsehen kann der Zuschauer eine Werbeunterbrechung durch Wegzappen umgehen. Bei Computerspielen ist das nicht so einfach. Es gibt Aufträge, die ein Spieler zu erfüllen hat. Es gibt Schätze zu suchen, Welten zu ergründen und Morde aufzudecken. Dazu muss der virtuelle Held Etappenziele erreichen. Dies schafft er nur, wenn er bestimmte Orte aufsucht, Gegenstände in seinen Besitz bringt und mit Waffen umgehen kann. So auch in „Max Payne 2": Der Spieler hat die Möglichkeit, das Zielen mit der Pistole an Cola-Dosen zu üben. Diese Dosen kann er aus einem Automaten ziehen, das Logo des Getränkeherstellers ist für mehrere Minuten – es gibt keine Ausweichmöglichkeit – auf dem gesamten Bildschirm zu sehen. Das bedeutet eine hohe Erreichbarkeit der Zielgruppe und eine – gemessen an Fernseh- und Kinostandards – unglaubliche Werbedauer. Wie groß das Interesse an Werbung in Computerspielen ist, zeigen die Namen der Werbekunden. Es handelt sich nicht um kleine Spartenfirmen, sondern die Crème de la Crème der Industrie möchte die beliebten Plätze gerne für sich haben. Auch die Konzentration auf einzelne Zielgruppen ist möglich, lässt es sich doch leicht feststellen, wer die Spiele kauft und somit die Werbung sehen wird. Die Registrierung von Spielern im Internet macht es

möglich. So wird das Spiel „Grand Theft Auto" hauptsächlich von Männern im Altern von 14 bis 30 Jahren gespielt. Ein Service, den das Fernsehen in dieser exakten Form nicht bieten kann.

Dazu können die Hersteller garantieren, dass die Käufer des Spiels konzentriert dabei sind und nicht zwischendurch wegsehen oder gar einschlafen. Von so aufmerksamen Werbekunden kann das Fernsehen zumeist nur träumen. Das haben auch Werbeagenturen erkannt. Darüber hinaus können die Spielehersteller garantieren, dass alle Käufer die Werbung wahrnehmen – ein Wegsehen ist ausgeschlossen. In der neuen Version des Agentenspiels „Splinter Cell" zum Beispiel muss der Spieler durch eine Straße voll mit Plakaten gehen. Einen anderen Weg zum Ziel gibt es nicht und sollte der Spieler nicht jedes einzelne Plakat betrachten, könnte er ein wichtiges Element verpassen oder durch einen Hinterhalt getötet werden. Eine halbe Million Menschen, die mehrere Stunden am Tag mit einem Spiel verbringen und auf jedes Detail achten müssen. Ein Traum für jede

Werbeagentur. Bei den Preisen für einzelne Werbeangebote hüllten sich sowohl die Hersteller von Computerspielen als auch die Marketingexperten noch in Schweigen [...] Werbung wird in anderen Medien oft als störend empfunden. Fernsehzuschauer klagen über zu lange Unterbrechungen, Internetuser über lästige Pop-ups. Die Werbung in Computerspielen folgt einem anderen Prinzip. Die Logos und Marken werden spielerisch in die Dramaturgie eingearbeitet, die Hersteller preisen sogar die Realitätsnähe aufgrund der Werbung. Ein Fußballstadion ohne Banden, ein Kino ohne Plakate oder Firmengebäude ohne Getränkeautomaten sind nur schwer vorstellbar. Den Spielern jedoch scheint es egal zu sein, für welche Firma geworben wird. Werbung ist Werbung, egal für wen. [...] Auch die rechtliche Lage kommt den Spieleherstellern gelegen. Es gibt kein Gesetz, das die Länge und Häufigkeit von Werbung in Computerspielen begrenzt. Ein Spieler könnte also an zehn Automaten für Softbrause vorbeilaufen, seine Nahrung immer wieder in Schnellrestaurants kaufen müssen oder wichtige Informationen immer wieder in einem Kinosaal erhalten. Die Möglichkeiten scheinen noch nicht ausgereizt zu sein. [...] Werbung in Computerspielen ist auf dem Vormarsch und stellt eine ernsthafte Option für viele Produkthersteller dar. So lange das Product-Placement nicht den Spielspaß verdirbt, sind die Spieler sogar für diese Art der Werbung. [...] Erst wenn zu einem Tor von Michael Ballack der neueste Handy-Klingelton aus den Stadionlautsprechern dröhnt und er dem Maskottchen Tweetie um den Hals fällt, werden die Spieler wohl Protest einlegen.

**1** a) Klärt die im Text verwendeten Fachbegriffe wie „Product-Placement", „Pop-up" etc.
b) Erläutert den ersten Satz.

**2** a) Nennt die Werbemöglichkeiten, die im Text außer der Werbung in Computerspielen genannt sind.
b) Kennt ihr noch andere Werbemöglichkeiten?

**3** a) Welche Vorteile der Werbung in Computerspielen werden vom Autor Jürgen Schmieder aufgezeigt?
b) Welche zukünftigen Möglichkeiten für Werbung in Computerspielen werden im Text noch genannt? Habt ihr noch weitere Ideen?

**4** Vergleicht Werbeanzeigen zu einem Produkt in verschiedenen Medien (in Zeitschriften, Prospekten und Plakaten, im Internet ...). Stellt Unterschiede fest:
☐ Welche Elemente kommen vor? Welche fehlen?
☐ Wie wird die Werbebotschaft vermittelt?
☐ Wie wird die Kernaussage der Werbebotschaft herausgestellt?
☐ Wie werden Slogans und Logos vermittelt?

**5** Fertigt eine schriftliche Argumentation (▷ S. 36; 286) darüber an, ob ihr Werbung in Computerspielen für wünschenswert haltet oder ob ihr sie ablehnt.
a) Listet alle Pro-Argumente auf, die ihr im Text findet. Ergänzt auch die dort genannten Beispiele und Belege.
b) Welche Contra-Argumente lassen sich anführen? Findet auch für diese Beispiele.
c) Vertretet eure Position, indem ihr die entsprechenden Argumente überzeugend darbringt und die Gegenargumente entkräftet.

## 14.2 Werben und erzählen – Filmische Mittel in Werbespots untersuchen

### Was will der Spot uns sagen? – Kamerafahrt und Kameraschwenk

In einem Werbespot sieht man zunächst einen Hotdog-Verkaufswagen. Der Verkäufer bereitet einem Kunden gerade einen Hotdog zu, der Kunde wartet am Wagen.

Plötzlich setzt sich der Wagen in Bewegung. Der Wagenbesitzer drückt dem Kunden noch schnell den Hotdog in die Hand – ohne Ketschup – und rennt seinem Wagen hinterher.

Auch der um sein Ketschup geprellte Kunde setzt dem Wagen nach und überholt dabei den Wagenbesitzer.

Der Kunde verfolgt den Wagen trotz aller Hindernisse und starkem Verkehr durch die ganze Stadt.

14.2 Werben und erzählen – Filmische Mittel in Werbespots untersuchen

Bald rennt er nicht mehr allein: Ein ganzes Rudel Hunde verfolgt ebenfalls den Hotdog-Wagen.

Kurz bevor der Wagen ins Wasser fällt, erreicht ihn der Verfolger und es gelingt ihm, in letzter Sekunde noch Ketschup auf seinen Hotdog zu spritzen.

Nun will er seinen Hotdog endlich genießen.

Da sieht er die Hunde, die ihn endlich eingeholt haben und die nun – angelockt von seinem Hotdog – ihn verfolgen. Das Rennen geht weiter!

**1** Für welches Produkt wird hier geworben? Begründet eure Entscheidung.

**2** a) Welche Werbebotschaft wird mit der Handlung dieses Werbespots vermittelt?
b) Erklärt die Mittel, mit denen die Zuschauer dazu gebracht werden, den Spot ganz anzusehen.

**3** Gerade bei einem Werbespot, der nur ein, zwei Minuten dauert und trotzdem die Zuschauer in den Bann ziehen soll, muss der Einsatz filmischer Mittel besonders gut geplant sein. Untersucht die Standbilder aus dem Spot und erklärt ihre Wirkung. Verwendet dabei Fachbegriffe: Einstellungsgrößen, Kameraperspektiven. (▷ S. 332)

271

14 Werbung – Anzeigen und Filmspots untersuchen und gestalten

**4** Der Werbespot erzählt eine kurze Geschichte.
a) Gebt diese Geschichte mit eigenen Worten wieder.
b) An welche Stelle gehören die oben abgebildeten Bilder? Ordnet sie in die Geschichte ein.
c) Beschreibt die Bilder mit Fachbegriffen.

**5** Probiert Kamerabewegungen aus. Unterscheidet zwischen **Kameraschwenk** und **Kamerafahrt**.

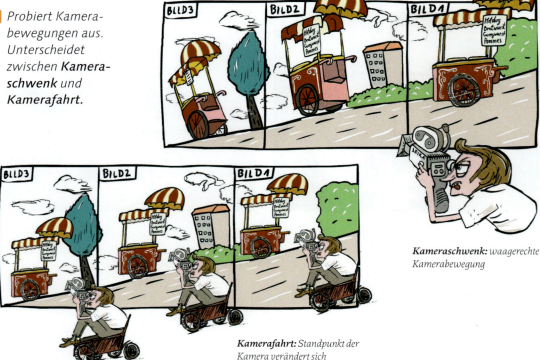

**Kameraschwenk:** *waagerechte Kamerabewegung*

**Kamerafahrt:** *Standpunkt der Kamera verändert sich*

a) Dreht folgende kleine Szene mit einem Kameraschwenk: Ein Radfahrer kommt die Straße entlanggefahren, hält bei einer Schülergruppe an, fährt dann weiter. Überlegt, welchen Standort die Kamera am besten einnehmen soll.
b) Seht euch das Ergebnis genau an und beschreibt in der Abfolge die unterschiedliche Sicht auf den Radfahrer.
c) Was würde sich bei einer Kamerafahrt ändern?

> **Kamerabewegung**
> Ein wesentliches Element von Werbespots ist die Bewegung. Mit filmischen Mitteln lässt sich Bewegung auf unterschiedliche Weise erzeugen:
> ☐ Man kann die Position der Kamera verändern: Kamerabewegung (Kamerafahrt oder Kameraschwenk).
> ☐ Man verändert die Position der handelnden Figuren.

6 Seht euch noch einmal die Bilderfolge des Spots an und stellt begründete Vermutungen an, wie in dieser Szene Bewegung erzeugt wird.

## Wirkung erzeugen – Schnitt und Montage

Schnitt

Schnitt    kein Schnitt

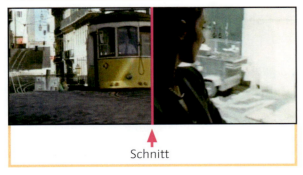
Schnitt

14 Werbung – Anzeigen und Filmspots untersuchen und gestalten

> **TIPP**
>
> Den Eindruck von Bewegung kann man im Film auch durch **Schnitt** und **Montage** erreichen.

**1** Beschreibt die Folge der Bilder (▷ S. 273; **Montage**) genau.
   a) Erklärt den erzählerischen Zusammenhang, der durch den **Schnitt** jeweils erzeugt wird.
   b) Welche Wirkung entsteht durch den Schnitt beim Betrachter?

> **Schnitt und Montage**
> - Ein **Schnitt** bezeichnet die Verknüpfung von zwei Einstellungen. Es gibt verschiedene Schnittarten:
>   - Beim **harten Schnitt** folgen die zwei Einstellungen ohne Übergang aufeinander.
>   - Beim **weichen Schnitt** werden im Gegensatz dazu durch Überblendung Übergänge geschaffen.
> - Unter **Montage** versteht man das Zusammenfügen von Bild- und Tonelementen und das Zusammenfügen von einzelnen Einstellungen zu Szenen, zu größeren Einheiten (= Sequenzen) und schließlich zum ganzen Film. Heute wird diese Bearbeitung meistens mittels digitaler Bild- und Schnittprogramme vorgenommen.

**2** a) Nehmt verschiedene Werbespots auf.
   b) Untersucht an einem ausgesuchten Werbespot die Schnittfolge:
      - Wie lange dauert der Spot?
      - Wie viele Schnitte hat er?
      - Welche Wirkung hat die Gestaltung der Schnittfolge (Montage) auf euch?
      - Ist der Spot mit Musik unterlegt? Folgen die Schnitte dem Rhythmus der Musik?
   c) Erstellt zu den Spots Szenenprotokolle.

**3** Ergänzt die Checkliste zur Analyse von Werbespots.
   - Art des Spots bestimmen:
      - Spot, der eine Geschichte erzählt;
      - Spot, in dem ein Produkt im Vordergrund steht;
      - Spot, in dem das Produkt gar nicht genannt wird.
   - Erzählstruktur des Werbespots untersuchen;
   - filmische Gestaltungsmittel untersuchen.

274

# 14.3 Projekt: Einen Werbespot drehen

**1** Werben kann man nicht nur für Produkte, sondern auch für Institutionen.
Dreht einen Werbespot für eure Schule.
a) Legt zunächst fest, welche Adressatengruppen ihr ansprechen wollt und wann und wo der Film zum Einsatz kommen soll.
b) Entwickelt Filmideen: Was muss unbedingt im Spot gezeigt werden? Was hat eure Schule Besonderes zu bieten? Was wollt ihr hervorheben? Beachtet, dass eure Ideen zu der Aussage, die ihr treffen wollt, und zur Adressatengruppe passen.
c) Sammelt eure Ideen in einem Cluster.

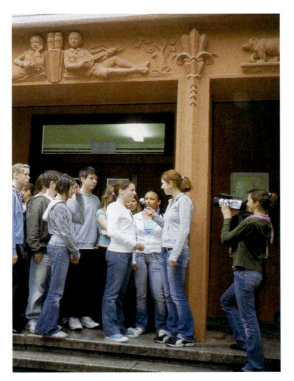

d) Entscheidet euch, welche Ideen ihr durchführen wollt.
e) Übertragt eure Entscheidung für den Film in einen Drehplan (▷ S. 332).

| Szene Nr. | Drehort, Inhalt | Kamera (Einstellung, Perspektive, Bewegung) | Ton (Geräusche, Dialoge) |
|---|---|---|---|
| 1 | Schulgebäude | Totale, Heranfahrt | ... |
| 2 | Eingang der Schule, Schülerinnen und Schüler drängen herein | Halbtotale | hoher Geräuschpegel im Hintergrund |
| 3 | einzelne lachende Schülergesichter | Schnitt: Groß | ... |

**2** Arbeitet eure Filmideen aus:
☐ Was soll vermittelt werden?
☐ Wer soll erreicht werden?
☐ Gibt es Vorschläge für einen Slogan?
☐ Welche Atmosphäre soll vorherrschen?
☐ Welche Figuren sollen vorkommen?
☐ Welche Perspektive soll eingenommen werden?
☐ Welche Stimmung soll vermittelt werden?
☐ Gibt es passende Musiktitel?
☐ Welche Handlung soll der Story zu Grunde liegen?
☐ Sollen stereotype Bilder wiederholt werden?

## 14 Werbung – Anzeigen und Filmspots untersuchen und gestalten

**3** Teilt euch in Gruppen auf. Jede Gruppe dreht eine Szene.
  a) Versucht beim ersten Drehversuch, eure Ideen zu verwirklichen.
  b) Seht euch die fertige Szene an und überprüft die Wirkung.
  c) Notiert, was euch nicht gefällt. Gebt an, mit welchen filmischen Mitteln man die gewünschte Wirkung verbessern könnte (andere Einstellungen, Perspektiven, Kamerabewegung, Schnitt und Montage, Ton).
  d) Dreht die Szene nach euren neuen Vorgaben noch einmal.

**4** Präsentiert die Ergebnisse der einzelnen Gruppen.
  a) Jede Gruppe erklärt den anderen, welche Absicht mit der Szene verfolgt wurde und welche Wirkung erzielt werden sollte.
  b) Die anderen Gruppen prüfen als Beobachter, ob die Gestaltung und Umsetzung der filmischen Mittel gelungen ist.
  c) Legt fest, was an den einzelnen Szenen noch verändert werden soll. Überarbeitet gegebenenfalls euren Drehplan.

| Szene Nr. | Drehort, Inhalt | Kamera | Ton (Geräusche, Dialoge) | Bemerkungen |
|---|---|---|---|---|
| 1 | Schulgebäude – danach noch viele andere Aufnahmen von Orten in der Schule | Totale, Heranfahrt | am Anfang Musik | Die Totale nur am Anfang. Danach viele Einzelaufnahmen aus dem Schulgebäude mit harten Schnitten aneinandergereiht. |
| 2 | Eingang der Schule, Schülerinnen und Schüler drängen hinein (von außen gefilmt) | Halbtotale | hoher Geräuschpegel im Hintergrund | Übergang zur Szene vorher muss gut werden. |
| 3 | Schüler betritt Schule | Schnitt: Groß | Gong ertönt | von dieser Einstellung aus aus der Perspektive eines Schülers drehen |

**5** Stellt nun das Filmmaterial für den gesamten Spot zusammen.
  a) Überlegt, ob ihr alle Aspekte, die ihr in eurem Werbespot zeigen wollt, aufgenommen habt.
  b) Überprüft noch einmal anhand des Drehplans und der einzelnen Szenen, ob euch die ursprünglich geplante Reihenfolge noch gefällt.
  c) Nicht alle Szenen werden unmittelbar zusammenpassen. Mit einem Videoschnittprogramm könnt ihr die Szenen in eine wirkungsvolle Reihenfolge bringen, die Szenen mit Musik unterlegen oder den Ton verändern.
  d) Probiert verschiedene Schnitte aus: Verändert durch die Reihenfolge von Szenen und das Tempo der Schnitte die Wirkung.

**6** Mit dem Videoschnittprogramm könnt ihr auch Filmtitel und Zwischentitel für Szenen einfügen.
  a) Überlegt euch einen ansprechenden Titel. Beachtet dabei, dass der Film ja für eure Schule werben soll.
  b) Entwerft Texte für den Vor- und Abspann.

ARBEITSTECHNIKEN UND METHODEN

# 15 Wer ist schön? – Strategisch lesen

## 15.1 Schön sein, schöner Schein – Informationen entnehmen, verknüpfen und bewerten

**1** Betrachtet die Fotos. Wer ist eurer Meinung nach der schönste Mann? Begründet eure Entscheidung.

 **2** Was fällt euch zu dem Wortspiel „Schön sein – schöner Schein" ein? Notiert in Kleingruppen eure Assoziationen und Ideen in Form eines Clusters.

## Einen literarischen Text verstehen

*Edgar Allan Poe wurde am 19.1.1809 in Boston/USA geboren und starb am 7.10.1849 in Baltimore.*

*Die Eltern Poes verstarben früh, sodass sein Stiefvater ihn in England erzog. Poe besuchte die Universität von Virginia und die Militärakademie. Anschließend bestritt er seinen Lebensunterhalt als Literat, Zeitschriftenredakteur und Journalist. 1836 heiratete er seine Cousine Virginia Clemm. Er ist durch seine Gedichte, seine zur Kunstform erhobenen Short Storys sowie seine Kriminalgeschichten bekannt.*

Edgar Allan Poe
### Das ovale Porträt

[...] Lange, lange las ich, und andächtig schaute ich. Die herrlichen Stunden flohen, und tiefe Mitternacht nahte. Ich wollte dem Kandelaber eine etwas andre Stellung geben, und um
5 meinen schlummernden Diener nicht zu wecken, streckte ich selbst die Hand aus und stellte den Leuchter so, dass seine Strahlen voll auf mein Buch fielen.
Die Veränderung hatte aber einen ganz uner-
10 warteten Erfolg. Die Strahlen der zahlreichen Kerzen fielen jetzt in eine Nische des Zimmers, die bislang im tiefen Schatten eines mächtigen Bettpfostens gelegen hatte. So sah ich nun ein mir bisher entgangenes Bild plötzlich
15 in vollstem Licht. Es war das Porträt eines jungen, zum Weibe reifenden Mädchens.
Ich blickte hastig auf das Bild und schloss dann die Augen. Es war mir selbst zunächst nicht verständlich, weshalb ich das tat. Aber
20 während ich die Lider geschlossen hielt, dachte ich über die Ursache hierfür nach. Ich hatte diese Bewegung ganz impulsiv gemacht, um Zeit zum Nachsinnen zu gewinnen – um die feste Überzeugung zu gewinnen, dass meine
25 Blicke mich nicht betrogen hatten – um meine Gedanken, ehe ich einen nachprüfenden, festeren Blick wagen würde, zunächst zu sammeln und zu beruhigen. Einen Moment später sah ich dann offen und scharf auf das Bild hin. Ich konnte nun nicht mehr daran zweifeln, 30
dass ich wach und völlig bei Sinnen war, denn schon vorhin, als der erste flackernde Kerzenschein auf diese Leinwand fiel, war ich aus der traumhaften Benommenheit, die meine Sinne beschlichen hatte, jäh erwacht. 35
Das Bild war, wie ich schon sagte, das Porträt eines jungen Mädchens. Das in der Medaillonform der beliebten Porträts von Sully ausgeführte Gemälde zeigte nur Kopf und Schultern. Die Arme, der Busen und das strahlende 40
Haar verschmolzen unmerklich mit den unbestimmten, doch tiefen Schatten, die den Hintergrund des Ganzen bildeten. Der ovale Rahmen bestand aus reich vergoldetem Schnitzwerk. Dies Gemälde war ein bewun- 45
derungswürdiges Kunstwerk. Aber weder die hervorragende Ausführung des Bildes noch die überirdische Schönheit des Porträtkopfes konnten mich so unerwartet und tief ergriffen haben. Noch weniger berechtigt war die An- 50
nahme, meine so plötzlich aus dem Schlummer geweckte Fantasie habe diesen Kopf da

für das Antlitz eines lebenden Menschen gehalten. Ich sah sofort, dass sowohl die Zeichnung selbst wie auch ihre Einrahmung solchen Gedanken augenblicklich zerstreuen mussten – ja, ihn überhaupt nicht aufkommen lassen konnten.

Ich versank in Nachdenken über diese Fragen und lag wohl eine Stunde so da, halb aufgerichtet, die Blicke auf das Bild geheftet. Endlich, als ich das wahre Geheimnis seiner seltsamen Wirkung gefunden zu haben meinte, sank ich in die Kissen zurück. Der Zauber dieses eigenartigen Bildes schien mir in einer absoluten Lebensechtheit des Ausdrucks zu liegen – des Ausdrucks, der mich zuerst überrascht hatte, mich dann verwirrte, erschreckte und überwältigte.

Voll tiefer, ehrfürchtiger Scheu schob ich den Kandelaber an seinen früheren Platz zurück. Und nachdem nun der Gegenstand meiner Unruhe meinen Blicken entzogen war, griff ich begierig nach dem Büchlein, das die Gemälde und ihre Geschichte behandelte. Ich schlug die Nummer auf, die das ovale Porträt führte, und las dort die wunderlichen Worte: „Sie war ein Mädchen von seltenster Schönheit und ebenso heiter und lebensdurstig wie liebreizend. Und übel war die Stunde, da sie den Maler sah und liebte – den sie heiratete. Er: leidenschaftlich, gelehrt, ernst und finster, seiner Kunst wie einer Geliebten zugetan; sie: ein Mädchen von seltenster Schönheit und ebenso heiter und lebensdurstig wie liebreizend; ganz wie ein junges Reh nur Licht und Lächeln und spielende Heiterkeit, liebte sie alle Dinge, liebkoste alle Dinge und hasste nur die Kunst, ihre Rivalin, verabscheute nur Palette und Pinsel und alle die Dinge, die ihr die Neigung des Geliebten streitig machten.

Schrecklich war es für sie, als der Maler den Wunsch aussprach, sogar sie, sein junges Weib, porträtieren zu wollen. Aber sie war demütig und gehorsam und saß geduldig viele Wochen lang im hohen dunklen Turmzimmer, in das nur von oben her ein bleiches Licht hereinkroch. Er, der Maler, trank Seligkeit aus seinem Werk, das fortschritt von Stunde zu Stunde und von Tag zu Tag. Und er war ein leidenschaftlicher und wunderlicher und launischer Mann, der sich in Fantasien ganz verlieren konnte. Und er wollte nicht sehen, dass der gespenstische Lichtschein in dem alten einsamen Turm Gesundheit und Lebenswillen seiner jungen Frau aufzehrte.

Sie siechte hin, doch sie lächelte noch immer – und immer ohne zu klagen; denn sie sah, dass ihr Mann, dieser berühmte Maler, eine glühende, eine unsagbare Freude aus seiner Arbeit schöpfte und Tag und Nacht danach rang, das Bild zu vollenden – das Bild von ihr, die ihn hingebend liebte und täglich teilnahmsloser und schwächer wurde. Und in Wahrheit: Mancher, der das Porträt sah, rühmte in leisen Worten seine Ähnlichkeit – und es war, als rede man von einem seltsamen, machtvollen Wunder, das ein Beweis sei sowohl für das Können des Malers wie für seine tiefe Liebe zu ihr, die er so über die Maßen gut getroffen habe. Aber schließlich, als die Arbeit ihrer Vollendung näher rückte, wurde niemand mehr im Turmzimmer vorgelassen; denn der Maler war fast toll vor brünstigem Arbeitseifer und wandte nur selten die Augen ab von der Leinwand und sah selbst seinem Weib nur selten noch ins Antlitz. Und er wollte nicht sehen, dass die blühenden Farben, die er auf die Leinwand strich, den Wangen der Geliebten, die neben ihm saß, entzogen wurden. Und als viele Wochen vergangen waren und nur noch wenig zu tun übrig blieb, nur noch ein Pinselstrich am Mund, ein Glanzlicht am Auge, da flackerte das Lebensverlangen des jungen Weibes noch einmal auf, wie die Flamme in der erlöschenden Lampe noch einmal aufflackert. Und dann war der Pinselstrich gemacht und das Glanzlicht angebracht, und einen Augenblick stand der Maler entzückt vor dem Werk, das er geschaffen hatte. Im nächsten Augenblick aber begann er zu zittern und erbleichte und rang nach Atem, und ohne den Blick von seinen Werk abzuwenden, schrie er laut auf: Wahrlich, das ist das lebendige Leben selber! Und er wandte sich um, seine Geliebte anzusehen. Sie war tot."

## 15 Wer ist schön? – Strategisch lesen

**1** *Kopiert den Text für eure Bearbeitung.*
   a) *Unterstreicht in eurer Kopie die Begriffe oder Stellen, in denen das Porträt des Mädchens beschrieben wird.*
   b) *Findet und markiert fünf Adjektive, die das Mädchen beschreiben.*

> **TIPP**
>
> **Texte sinnvoll markieren**
> **Schlüsselwörter** sind für das **Verständnis** des Textes zentral. Mit ihrer Hilfe kann man die **wichtigsten Textaussagen** erschließen und rekonstruieren.

**2** *Erklärt folgende Begriffe des Autors Edgar Allan Poe mit eigenen Worten. Schreibt ganze Sätze. Versucht den Sinn durch den Textzusammenhang zu erschließen, schlagt gegebenenfalls im Wörterbuch oder Lexikon nach.*

   - Z. 3–4 Kandelaber
   - Z. 15 Porträt
   - Z. 22 impulsiv
   - Z. 37–38 Medaillonform
   - Z. 107 dahinsiechen

**3** *Bei der Textgliederung in einzelne Abschnitte ist die Reihenfolge durcheinandergeraten.*
   a) *Rekonstruiert den richtigen Textablauf. Beispiel: 1 = ?, 2 = ?, …*

   | A | Das Opfer des Modells | C | Nächtliches Lesen |
   | B | Entdecken des Porträts | D | Das Verhältnis von Maler und Modell |

   b) *Ist die zeitlich geordnete Reihenfolge des Textes zum Verständnis notwendig? Begründet kurz euren Standpunkt.*

**4** *Erklärt in wenigen Sätzen die Faszination, die von dem Porträt ausgeht.*

**5** *Maler, Mädchen und Porträt – in welchem Verhältnis stehen sie zueinander? Entwerft eine Skizze. Beispiel:*

**6** *Das Mädchen und der Maler werden in der Kurzgeschichte Z. 82–91 sehr gegensätzlich beschrieben. Notiert drei Gegensatzpaare, die das Paar charakterisieren.*

**7** *Jugendlichkeit ist ein Merkmal für die Schönheit des Mädchens. Ist Jugendlichkeit auch heute noch ein Merkmal für Attraktivität?*
   a) *Entscheidet: „Ja" oder „Nein".*
   b) *Begründet eure Meinung mit zwei Argumenten und passenden Beispielen.*

15.1 Schön sein, schöner Schein – Informationen entnehmen, verknüpfen und bewerten

**8** Wie könnte eurer Meinung nach das Mädchen ausgesehen haben?
a) Wählt eines der Bilder unten aus.
b) Legt die Argumente für eure Wahl ausführlich dar.

**9** Im Folgenden findet ihr zwei Interpretationsansätze zu der Frage: Was fasziniert den Maler stärker: Das Mädchen oder das Porträt des Mädchens? Entscheidet euch für einen der beiden Interpretationsansätze und begründet eure Entscheidung.

### Interpretation A
Der Maler ist von dem Mädchen stärker angezogen als von dem Porträt, da sie nicht nur schön, lebenshungrig und anmutig ist, sondern ihm als Mensch im Gegensatz zum Porträt auch Gefühle entgegenbringt. Dies überzeugt und ist zum Beispiel damit zu belegen, dass der Maler so fasziniert von dem Mädchen ist, dass er sie malen muss, um ihre Schönheit und ihren Liebreiz zu verewigen. Darüber hinaus heiratet er sie, was mit dem Porträt nicht möglich ist.

### Interpretation B
Der Maler liebt das Mädchen nicht, er nimmt sie nur als Objekt wahr, das er malt. Er kümmert sich nicht wirklich um das Mädchen, was man daran sieht, dass er ihr Sterben nicht bemerkt, während er das Porträt anfertigt. Er ist vielmehr mit dem Malen und seinen Fantasien beschäftigt. Eine wahrhaftige Beziehung zwischen beiden scheint nur einseitig von der Seite des Mädchens aus zu bestehen. Sie ist eifersüchtig auf die Malerei, die von ihr auch als Rivalin aufgefasst wird. Der Maler jedoch ist nur an seiner Malerei und dem Porträt des Mädchens interessiert; das Mädchen als Mensch nimmt er nicht wahr.

# Einen Sachtext verstehen

## Ein Bild auf der Haut bleibt beliebt

*Besonders bei jungen Menschen ist der Trend zu einem Tattoo ungebrochen.*

*Hamburg* – Die Zahl der Tattoo-Träger in Deutschland hat sich in den vergangenen Jahren verdoppelt. Die Hälfe der Bundesbürger ist Tätowierungen gegenüber aufgeschlossen, auch wenn die meisten keine eigenen haben. Das ergab eine Umfrage des Meinungsforschungsinstituts polis. Der Befragung zufolge gibt es zurzeit etwa 4,2 Millionen, mehr als doppelt so viele wie Mitte der 90er Jahre. Besonders bei den Jüngeren hält der Boom an.

In der Umfrage gaben sechs Prozent der über 14-Jährigen an, selbst ein Bild auf der Haut zu haben, weitere fünf Prozent liebäugeln damit. 39 Prozent wollen zwar kein eigenes Tattoo, finden diesen Körperschmuck aber an anderen Menschen schön. 42 Prozent der Bevölkerung lehnen Tätowierungen hingegen grundsätzlich ab. Vor allem Ostdeutsche (49 Prozent), Frauen (47 Prozent), Befragte mit Hauptschulabschluss (52 Prozent) und Befragte über 55 Jahre (69 Prozent) halten nichts davon. Der Umfrage zufolge dürften Tattoos bei vielen Eltern und Kindern für Gesprächsstoff sorgen: Beinahe jeder Fünfte aus der Altersgruppe der 14- bis 19-Jährigen will sich stechen lassen. Jüngere Befragte sind eher tätowiert als ältere. Elf Prozent der unter 34-Jährigen, aber nur ein Prozent der über 55-Jährigen tragen mindestens ein Bildchen auf der Haut.

Tätowierungen haben eine lange Tradition. Das Wort kommt von dem polynesischen „tatau", was etwa „Zeichen" bedeutet. Zu besonderer Perfektion brachten es die Maori, die Ureinwohner Neuseelands, und die Japaner. In Europa wurden die eingeritzten Bilder auf der Haut durch Seeleute bekannt. Lange Zeit galten sie als Stigma[1], etwa bei ehemaligen Häftlingen. In den 90er Jahren wurde es nicht nur in Deutschland Mode, eine Tätowierung zu tragen, zum Beispiel in Form von Delfinen, Schriftzeichen oder keltischen Ornamenten[2].

„Eine Tätowierung ist sowohl Distinktions[3]- als auch Zugehörigkeitszeichen", sagt Tobias Lobstädt, der über das Thema promoviert[4]. Er hat beobachtet, dass sich in Freundeskreisen ein gewisser Geschmack durchsetzt. „Außerdem sind die gewählten Tattoo-Motive vom Anker bis zum Herz Jesu Ausdruck der Zugehörigkeit zu Szenen und Clans, wie früher die Schmisse[5] bei Studentenverbindungen", erklärte Peter Gross, Professor der Universität St. Gallen (Schweiz). Ein Ende der Tattoo-Welle ist anscheinend nicht in Sicht: Die Bildchen sind auf Werbeplakaten genauso zu sehen wie im Sport, etwa bei Fußballer Stefan Effenberg oder Handballer Stefan Kretzschmar. *(dpa)*

1 **Stigma:** Zeichen, Mal (*hier* in negativer Bedeutung als Form der negativen Kennzeichnung)
2 **Ornament:** Verzierung, schmückende Form
3 **Distinktion:** Unterscheidung
4 **promovieren:** eine wissenschaftliche Doktorarbeit verfassen
5 **Schmisse:** absichtlich zugefügte Narbe

**1** Wie lautet die zentrale Aussage des Textes?
a) Entscheidet euch für eine der folgenden Antworten.
   (1) Tattoos sind schön.
   (2) Tattoos möchten vor allem Jugendliche als Schmuck tragen.
   (3) Tattoos liegen bei Männern im Trend.
   (4) Tattoos zeigen, welche Sportart jemand ausübt.
b) Begründet eure Entscheidung mit Bezug auf den Text.

**2** Schaut euch die Statistiken genau an.
a) Formuliert in eigenen Worten die in den Diagrammen getroffenen Aussagen.
b) Welches der beiden Säulendiagramme passt zu der Textaussage (▷ S. 282)?

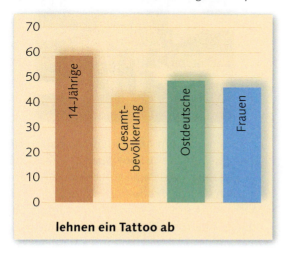 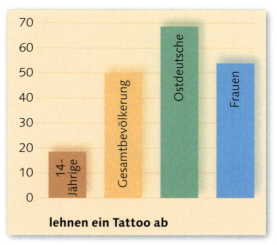

**3** Führt den Satz zu Ende: Der Begriff Tattoo bedeutet ursprünglich …
(1) Zeichen.   (2) Distinktion.   (3) Schönheit.   (4) Zugehörigkeit.

**4** Erklärt folgende Begriffe mit Hilfe des Textes und der Fußnoten in eigenen Worten:
(1) Distinktionszeichen   (2) Promotion   (3) Ornament   (4) Clan

**5** Sollten Tätowierungen für Jugendliche unter 16 Jahren grundsätzlich verboten werden?
a) Erstellt eine Tabelle mit Pro- und Kontra-Argumenten (▷ S. 36).

| Tattoos sollten für unter 16-Jährige erlaubt werden | Tattoos sollten für unter 16-Jährige verboten werden |
|---|---|
| – Tattoos sind schön. | – Tattoos sind permanent und lassen sich kaum rückgängig machen. |
| – … | – Tätowieren ist schmerzhaft. |
| – … | – … |

b) Stellt eure Meinung begründet mit Hilfe der gesammelten Argumente ausführlich dar (▷ S. 36). Geht auch auf die Argumente der Gegenposition ein und versucht sie nach Möglichkeit zu entkräften.

## Ein Thema erörtern

*Judith Deutsch*

### Der Mensch – ein Produkt des Arztes?

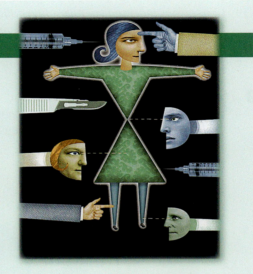

Schönheitsoperation ist nicht gleich Schönheitsoperation. Kein Thema.
Menschen, die sich nach einem schweren Unfall wegen eines entstellten Gesichts, Brandnarben oder gar Schlimmerem zum plastischen Chirurgen begeben, kann ich sehr gut verstehen. Wir können dankbar sein, dass es die Medizin möglich macht, entstellte Menschen von ihrem Leid zu befreien.
Aber es gibt immer mehr Menschen, egal ob Mann oder Frau, die zum Schönheitschirurgen laufen, um auch nur den kleinsten Makel an ihrem Körper verschwinden zu lassen. Da wird eine Reiterhose entfernt, da ein Busen aufgepolstert, da ein Fältchen gestrafft.
Und jetzt zieht die Medienwelt ihren Nutzen aus diesem Schönheitswahn. Macht uns zu Zuschauern bei diesem blutigen Spektakel. Kaum ein Tag, an dem man im Fernsehen nicht eine Sendung sieht, in der gerade wieder eine Lippe aufgespritzt wird oder der Busen vergrößert wird.
Ich frage mich zum Einen, was haben diese Leute für Minderwertigkeitskomplexe? Warum können sie sich nicht so akzeptieren, wie sie sind? Und vor allem, warum soll ich als Zuschauer teilhaben an ihren Qualen, an ihren Schmerzen nach der Operation und den hässlich geschwollenen Gesichtern? Ich habe kein Verständnis für all die unzufriedenen Persönlichkeiten, die zum Arzt gehen und sagen „Ich will aussehen wie Britney Spears!" oder „Ich will den Busen wie Pamela Anderson". Am Ende sind sie das Produkt eines Arztes. Und: Macht nicht erst der Unterschied einen Menschen zur Persönlichkeit, zu etwas Einmaligem, zu etwas Besonderem? Mir tun Menschen, die so aussehen wollen wie jemand anders, eigentlich nur leid.
Für mich beweisen die Schönheitsoperationen nur eins, nämlich, dass die Menschen keine anderen Sorgen mehr haben und sich deswegen vor lauter Einfältigkeit unters Messer legen. Mensch Leute, wenn euch was an euch stört, wie wär's denn mit Schwimmen oder Joggen. Das hält euch fit, kostet nicht viel Geld und macht ganz nebenbei auf ganz natürlichem Wege schön.

---

*Danielle Finkelstein* • `Das Glück liegt unter dem Skalpell ...`

Herzlichen Glückwunsch, Sie wurden auserwählt! Der Jackpot heute: ein anderes Sie! Kompletterneuerungen im deutschen Fernsehen haben Tradition. Während sich das Genie jedoch früher eher mit Klamotten und Fragen des Make-ups auseinandergesetzt hat, geht es den Kandidaten nun – im wahrsten Sinne des Wortes – an die Substanz.
Gezählt sind die Tage der schiefen Nasen, der überflüssigen Fettpölsterchen oder des Hän-

gebusens, denn die TV-Sender haben diesen Problemzonen der kollektiven Selbstwahrnehmung den Krieg erklärt. In Sendungen wie „The Swan" oder „Alles ist möglich" werden Menschen auserwählt und komplett ummodelliert, die – so heißt es – mit ihrem Aussehen dermaßen unzufrieden und unglücklich sind, dass sie kaum noch vor die Tür gehen, sich aber keinen plastischen Eingriff leisten können.

Die Umwandlung des Kandidaten beinhaltet nicht nur eine ausgedehnte Schönheitsoperation, sondern auch eine Schulung in punkto Styling. Zusätzlich werden die Auserwählten dann auch noch auf die Couch des Psychologen geschickt, um ihnen den körperlichen Umbau mental zu erleichtern. Sämtliche Kosten werden natürlich vom verantwortlichen Sender getragen.

Kaum hat sich der Trend der öffentlichen Schönheits-OPs in Deutschland etabliert, erntet er schärfste Kritik. Ich sehe das anders. Offen gestanden, mich beeindrucken die Ergebnisse der chirurgischen Nachhilfe. Nasenkorrekturen und Brustimplantate sind doch mittlerweile fast so normal wie der Gang zum Bäcker.

Und wenn jemand in der Mittagspause eine kleine Botox-Behandlung gegen seine Gesichtsfalten einschiebt, ist das heute auch nicht mehr der Rede wert.

Mir ist das ganze Gejammer über den „Schönheitswahn" schleierhaft. Als ob das Phänomen so neu wäre: Kosmetik- und Textilindustrie sorgen doch seit eh und je dafür, dass sich Schönheitsideale in jedermanns Bewusstsein regelrecht einbrennen. Mal Hand aufs Herz, wer träumte nicht davon, wie Heidi Klum oder Markus Schenkenberg auszusehen? Wird uns nicht überall suggeriert, Schönheit verspreche auch Erfolg? Und ist es nicht oft genug so?

Stars und Sternchen aus Film und Fernsehen haben es vorgemacht, Otto Normalverbraucher hat nachgezogen. Wieso also sollten Schönheits-OPs im Fernsehen verwerflich sein? Ich finde, es ist Zeit, einen längst vollzogenen Mentalitätswandel ganz unaufgeregt als solchen anzuerkennen. Manchmal liegt des Menschen Glück eben nicht auf der Straße, sondern unter dem Skalpell.

**1** Die Autorinnen der beiden Artikel haben gegensätzliche Meinungen zum Thema Schönheitsoperation. Legt eine Tabelle an und notiert auf der einen Seite alle Argumente, die für eine Schönheitsoperation sprechen, auf der anderen Seite alle Argumente, die dagegen sprechen.

**2** Schönheitsoperationen: Sinnvolle Korrektur der Natur oder sinnlose Qual? Nehmt zu dieser Frage Stellung, indem ihr eine Erörterung verfasst.
a) Erklärt zunächst mit Hilfe des Lückentextes (Aufgabe 3), was eine Erörterung ist.
b) Lest im Tippkasten nach (▷S. 286)., wie man eine Erörterung aufbaut.
c) Verfasst nun eine Erörterung zu der oben genannten Frage.

**3** Schreibt den Text ins Heft und füllt die Lücken in der Definition mit Hilfe der untenstehenden Begriffe.

| Darlegung | Thema | Details | Erörterung | Urteil | Frage |

**Erörterung:** In einer 🌀 untersucht man ein 🌀 oder eine 🌀 sachlich bezüglich aller in Frage kommenden Gesichtspunkte, sodass man es genau in allen 🌀 erklären kann. Diese ausführliche 🌀 ist die Grundlage für ein eigenes 🌀 oder eine Entscheidung.

### ARBEITSTECHNIK

**Eine Erörterung schreiben**
- **Einleitung:** Einführung in das Thema, z. B.: „Das Thema Schönheits-OP ist in den Medien stark präsent, sodass sich die Frage stellt, ob Operationen ohne medizinische Notwendigkeit gerechtfertigt sind. Es gibt viele Argumente, die gegen die künstliche Veränderung des Körpers aus Schönheitsgründen sprechen. Allerdings kann man auch eine Reihe an positiven Argumenten nennen."
- **Hauptteil:** Entfaltung der Pro- und Kontra-Argumente,
  - entweder in zwei getrennten Blöcken:
    - I Vorteile von Schönheitsoperationen
    - II Nachteile von Schönheitsoperationen
  - oder im laufenden Wechsel von Pro- und Kontra-Argumenten:
    - I Vor- und Nachteile von Schönheitsoperationen
- **Schlussteil:** Fällen eines begründeten Urteils, z. B.: „Wenn ich die positiven und negativen Argumente abwäge, komme ich zu dem Schluss, dass Schönheitsoperationen eine sinnvolle Korrektur (oder sinnlose Qual) sind, weil ..."

**4** Lest euch die Erörterungen gegenseitig in der Klasse vor.
   a) Die Zuhörerinnen und Zuhörer notieren während des Vortrags die vorgetragenen Argumente.
   b) Kommentiert und diskutiert den vorgetragenen Standpunkt und die genannten Argumente mit Hilfe eurer Mitschrift.

## Aufgabenarten und Lösungsstrategien – Lernprozesse reflektieren

**1** Ihr habt euch sowohl bei der Kurzgeschichte „Das ovale Porträt" als auch bei dem Zeitungsartikel „Ein Bild auf der Haut bleibt beliebt" mit unterschiedlichen Aufgaben und Formen des Lesens beschäftigt. Notiert zunächst, welche Aufgaben ihr als besonders einfach und welche ihr als besonders schwer empfunden habt.

**2** Vergleicht eure Notizen in einer Vierergruppe und überlegt gemeinsam, warum bestimmte Aufgaben anspruchsvoll sind und welche Strategien ihr für deren Lösung bevorzugt.

**3** Eine Sprecherin oder ein Sprecher eurer Gruppe trägt euer Gruppenergebnis der Klasse vor. Notiert auf einem Plakat die Lösungswege, die ihr für besonders geeignet haltet.

### ARBEITSTECHNIK

**Texte verstehen**
Lesen kann man auf unterschiedliche Art und Weise. Je nachdem wie intensiv man einen Text liest, kommt man zu einem nur ungenauen oder besonders tiefen Verständnis. Einen Text verstehen heißt:

15.1 Schön sein, schöner Schein – Informationen entnehmen, verknüpfen und bewerten

- **Informationen ermitteln:** Man entnimmt dem Text direkt Informationen. Diese können sofort ersichtlich oder auch versteckt sein.
- **Die zentrale Textaussage erkennen:** Die einzelnen Informationen werden zueinander in Beziehung gesetzt und in Hinblick auf ein allgemeines Textverständnis gedeutet.
- **Den Text bewerten:** Um den Text vertiefend zu erfassen, muss man auf zusätzliches Wissen zurückgreifen. Dabei werden sowohl inhaltliche als auch formale Aspekte reflektiert.

## ARBEITSTECHNIK

### Testaufgaben

Um festzustellen, ob jemand einen Text angemessen verstanden hat, bieten sich verschiedene Aufgabenarten an, z. B.:

- **Zuordnungsaufgaben:** Es gibt zwei Blöcke mit aufgelisteten Aussagen oder Begriffen, wobei die richtigen Begriffe jeweils miteinander verbunden werden sollen, z. B.:

  ■ *Augen* ── *Lippenstift*
  ■ *Mund* ── *Wimperntusche*
  ■ ... ■ ...

- **Multiple-Choice-Aufgaben:** Es gibt eine Auswahl an Antwortmöglichkeiten, aus denen man diejenige auswählt, die auf den Text zutrifft, z. B.: „Was verwendet man, um Haar zu frisieren?"

  ✓ *Bürste* ■ *Schrubber*
  ■ *Harke* ✓ *Gel*
  ✓ *Schere* ■ *Seife*

- **Lückentext-Aufgaben:** Ein vorgegebener Lückentext soll mit (vorgegebenen) Begriffen sinnvoll ergänzt werden, z. B.:
  Fehlende Begriffe: *stylen – Kleidungsstücke – Schminke – Schminkset*
  Text: „Viele Jungen und Mädchen verlassen das Haus morgens nicht, ohne sich zu ⓖ. Dazu gehört nicht nur die Auswahl der richtigen ⓖ, sondern auch die passende Frisur. Die Meisten gehen erst nach dem Auftragen der ⓖ zur Schule. Wurde der Wecker überhört, so gehört das ⓖ in die Schultasche."

- **Kurzantwort-Aufgaben:** Zu einem Statement soll eine kurze Stellungnahme formuliert werden, z. B.: „‚Menschen sind dann schön, wenn sie durch ihre Körperhaltung und Körpersprache Würde ausdrücken.' Ich stimme der Aussage zu. Mir ist es gleichgültig, ob es sich um einen jungen oder alten Menschen handelt. Beide können schön sein. Außerdem halte ich eine gepflegte Erscheinung für attraktiv."

- **Richtig-Falsch-Aufgabe:** Kurze und eindeutige Aussagen sollen durch Ankreuzen als richtig oder falsch ausgewiesen werden, z. B.:

  |   | richtig | falsch |
  |---|---|---|
  | 1. Immer mehr Menschen gehen zum Schönheitschirurgen. | X |   |
  | 2. Nur Frauen lassen sich operativ verschönern. |   | X |
  | 3. Menschen, die sich operieren lassen, haben Minderwertigkeitskomplexe. |   | X |

**4** *Lest die Arbeitstechnik zu den Testaufgaben. Wählt Aufgabenstellungen zu der Kurzgeschichte von E. A. Poe „Das ovale Porträt" und zu dem Zeitungsartikel „Ein Bild auf der Haut bleibt beliebt" aus und ordnet sie den oben genannten Aufgaben zu. Arbeitet dabei in Gruppen.*

## 15.2 „Bin ich schön?" – Testaufgaben selbst entwerfen

Andrea Hauner/Elke Reichart

### Attraktivität

Aktuelle Trends sind für Attraktivitätsforscher völlig langweilig – interessant ist dagegen das, was sich über all die Jahrhunderte nicht verändert hat – die Gemeinsamkeiten und Parallelen. Dahinter steckt der Gedanke: Merkmale, die schon immer durch Kleidung oder Kosmetik betont und verstärkt wurden, müssen wohl die Attraktivität erhöhen. Und noch mehr als das: Wahrscheinlich besitzt der Mensch auch eine angeborene Neigung, solche Merkmale schön zu finden, wenn sie allen gesellschaftlichen Einflüssen und Modetrends trotzen.

Betrachtet man einmal diese alle Moden überdauernden Merkmale, dann stellt man fest, dass sie im Wesentlichen drei Zwecken dienen: Der erste Zweck ist es, eine Person jünger aussehen zu lassen, als sie in Wirklichkeit ist; die Jugend ist dabei jedoch nicht Selbstzweck, sondern eigentlich ein Zeichen größerer Fruchtbarkeit (vor allem bei Frauen).

Das zweite Ziel ist, eine Person gesund wirken zu lassen. Auch hier geht es eigentlich nicht um die Gesundheit an sich, sondern um das, was damit signalisiert wird. Denn Gesundheit ist zum einen eine Folge günstiger Umweltbedingungen, aber nicht nur – sie ist teilweise auch eine genetische Veranlagung. Ein gesund aussehendes Lebewesen signalisiert somit potenziellen Geschlechtspartnern, dass es „gute Gene" besitzt und diese im Falle einer Fortpflanzung an die gemeinsamen Nachkommen vererben kann.

Ein dritter Zweck ist es, sexuelle Erregung vorzutäuschen. Beginnen wir mit diesem Punkt, dem allerdings weit weniger Bedeutung zukommt als den beiden erstgenannten: Seit Jahrhunderten schminken sich Frauen ihre Lippen rot. Warum eigentlich? Der Grund liegt darin, dass bei sexueller Erregung die Lippen stärker durchblutet werden. Das Rot der Lippen wirkt dadurch kräftiger. Dasselbe gilt für die traditionelle Schminkpraxis, bei der sich Frauen ihre Wangen mit Rouge färben. Auch dies täuscht eine Art Dauererregung vor, denn bei sexueller Erregung steigt auch die Durchblutung der Haut, die dadurch vor allem an den Wangen und am Hals eine rötlichere Färbung bekommt. [...]

Das zweite wichtige Kriterium ist die Gesundheit. Am besten abzulesen ist sie wohl an der Haut, denn zahlreiche Krankheiten machen sich auch durch Veränderungen der Haut bemerkbar, z.B. durch Ausschläge, Flecken, Schuppen, Pickel, Entzündungen oder Abszesse. Deswegen war zu allen Zeiten eine Haut begehrt, die möglichst glatt und makellos war, möglichst gleichmäßig gefärbt und mit möglichst wenigen Kontrastunterschieden. Deswegen sind beispielsweise auch Sommersprossen so wenig beliebt, denn sie widersprechen einer gleichmäßigen Färbung der Haut – auch wenn sie überhaupt nichts mit Krankheit zu tun haben.

Daher verwenden Frauen heutzutage Make-up – früher war es Puder. Abgesehen davon, dass man dadurch die gewünschte Gesichtsfarbe erhält (früher blass, heute braun), erreicht man dadurch eine gleichmäßige, gesund aussehende Hautoberfläche. Alles, was unerwünscht ist, wie Pickel oder Mitesser, wird einfach überdeckt. Besonders wichtig war dies im Zeitalter des Barock, als man Waschen als gesundheitsschädlich ansah und sogar Geschwüre einfach zupuderte. Ganz nebenbei werden dabei auch Augenringe unsichtbar, die als Zeichen von Krankheit gelten.

*Man Ray: Tränen aus Glas, 1932*

*Schwarze und Weiße, 1926*

Ein anderes Zeichen von Gesundheit sind die Haare. Jeder Hunde- oder Katzenbesitzer weiß es: Sieht das Fell gesund aus, ist wahrscheinlich auch das Tier gesund. Es hat ein intaktes Immunsystem und ist resistent gegen Parasiten. Nicht viel anders ist es nach Ansicht von Biologen auch beim Menschen. Eigentlich ist es müßig zu beschreiben, wie Haare idealerweise sein sollten. Man braucht sich nur eine Werbung für Shampoo anzusehen, dann weiß man es. Dass Haare ein Indikator für Gesundheit sind, erklärt auch, warum sie immer natürlich aussehen sollen. Obwohl viele Menschen ihre Haare färben, wählen sie jedoch fast immer nur Farben, die auch natürlicherweise vorkommen. Denn bei grünen, blauen oder rosa Haaren geht der Informationswert über die Gesundheit verloren. Die Haare sehen dann nur noch künstlich aus. [...]

Doch welchen Sinn macht es eigentlich, sich Ohren, Augenbrauen oder Nasen zu durchlöchern, um sich Ringe hindurchzustecken? Einige Evolutionsbiologen meinen, dass der tiefere Grund darin liegt, dass beim Stechen von Löchern (insbesondere unter unsterilen Bedingungen, wie dies früher immer der Fall war) auch die Gefahr von Wundinfektionen besteht. Ist jedoch eine Person trotz Piercings frei von solchen Entzündungen, dann ist dies ein Zeichen für eine robuste Gesundheit und Widerstandsfähigkeit gegen Krankheitserreger – und damit indirekt ein Zeichen „guter Gene".

Das am häufigsten durch Mode und Kosmetik manipulierte Merkmal ist jedoch das Alter. Ziel ist es, jünger auszusehen, als man ist. Dies gilt insbesondere für Frauen, wie bereits oben ausführlich dargelegt wurde. Sie erreichen dies seit Jahrtausenden dadurch, indem sie sich künstlich Merkmale des Kindchenschemas zulegen – zum Beispiel große Augen. Alle Schminktricks zielen darauf ab, die Augen größer und auffälliger aussehen zu lassen, sei es durch Kontrastbetonung (Schwärzen) der Augenränder, durch Wimperntusche, falsche Wimpern, Lidstriche oder Färben des Augenumfelds (Lidschatten) – und dies nicht erst seit heute, sondern schon seit der Antike. [...]

All diese Beispiele machen deutlich: Mode und Kosmetik werden seit vielen Jahrhunderten dazu eingesetzt, Menschen zu täuschen und zu manipulieren. Es werden vor allem Gesundheit und Krankheitsresistenz, Jugend und Fruchtbarkeit vorgetäuscht. Biologisch gesehen hat dies den Sinn, möglichst viele Fortpflanzungspartner anzulocken und für sich zu interessieren. Diese Kriterien erwiesen sich in der Evolution der Menschheit als „adaptiv". Das bedeutet: Menschen, die ihre Partner nach diesen Kriterien auswählten, hatten zahlreichere, gesündere und besser an die Erfordernisse ihrer Umwelt angepasste Nachkommen.

Doris Dörrie

**Bin ich schön?**

Mein Vater hat meiner Mutter verboten zu fragen. Aber jedes Mal, wenn eine Frau im Bikini an uns vorbeigeht, sehe ich, wie die Wörter sich in den Mund meiner Mutter drängen, mit
5 aller Macht herauswollen und wie sie versucht, sie herunterzuschlucken, die Zähne zusammenbeißt und die Lippen aufeinanderpresst.
Ich brauche dann nur noch bis zehn zu zäh-
10 len, und schon höre ich meine Mutter sagen: Sagt mir die Wahrheit: Ist mein Hintern so fett wie bei der da? Sind meine Beine auch so voller Dellen? Sehe ich aus wie die da? Bin ich hübscher? Oder hässlicher? Genauso? Ich will
15 es nur wissen. Sagt es mir. Ich bin nicht beleidigt. Bestimmt nicht. Ich will nur wissen, woran ich bin.
Lucy, stöhnt mein Vater, bitte.
Meine Mutter schweigt einen Moment. Ange-
20 lina, ruft sie dann, komm her, deine Schultern sind schon ganz rot.
Mit schnellen, harten Bewegungen reibt sie Sonnenmilch in meine Haut, bis ich ihr davonlaufe, runter zum Wasser, dicht vorbei an
25 all den Mädchen in geblümten Bikinis, die mit geschlossenen Augen auf flauschigen Handtüchern liegen, in der einen Hand einen Pappbecher mit Strohhalm, in der anderen ihren Walkman. Ein Mädchen richtet sich auf und
30 sieht mir zu, wie ich mit dem Zeh große Kreise in den Sand male, ein Stück schneeweißer Busen quillt unter ihrem Oberteil hervor. Sie trägt eine goldene Bitex-Brille, die sich an ihre Wangenknochen anschmiegt und sie aussehen lässt wie ein gefährliches Insekt. Ich möchte
35 en lässt wie ein gefährliches Insekt. Ich möchte auch eine Bitex-Brille.
Ich bin alt, sagt meine Mutter. Mein Vater seufzt. Versprecht mir, dass ihr mir sagt, wenn ich anfange, im Bikini unmöglich auszuse-
40 hen.
Der Körper meiner Mutter ist seltsam. Sie hat schlanke Arme und Beine, aber einen dicken Bauch, der wie ein Polster auf ihr draufsitzt

und nie richtig braun wird, weiße Streifen durchziehen ihn wie Flüsse. Er ist hässlich, 45
aber manchmal würde ich ihn gern berühren, er wirkt so weich und empfindlich.
Ich hasse meinen Bauch, sagt meine Mutter. Ich kann machen, was ich will, er geht nicht weg, das hat man nun vom Kinderkriegen. 50
Wenn sie ihn so hasste, warum zeigt sie ihn allen Leuten? Ich frage mich, wie sie es fertigbringt, so herumzulaufen. Warum trägt sie nicht einen Badeanzug oder ein Strandkleid? Warum will sie ihren Bauch unbedingt in die 55
Sonne halten? Jeden Tag gehen wir an den Strand, und jeden Tag sehe ich ihren Bauch.
[...]
Zieh dir ein T-Shirt an, sagt meine Mutter, dein Rücken ist schon ganz rot. Sie hält mir lächelnd mein T-Shirt entgegen, ich ziehe es 60
über den Kopf.
[...]
Getrocknetes Salz scheuert bei jeder Bewegung am Rücken unter dem Hemd, ich hasse das Gefühl.
Im Motel stehe ich in meinem hellblauen Bi- 65
kini vorm Spiegel, das Oberteil liegt flach auf meinen taubeneigroßen Brüsten, eine gerade Linie geht von meinen Achseln bis zu meinen Füßen. Ich bin dünn, meine Rippen stehen hervor, die klassische Bügelbrettfigur, aber 70
mir gefällt sie. Ich möchte nicht anders sein. Meine Haut ist weich und hellbraun wie Vollmilchschokolade. Ich streiche über meinen flachen, harten Bauch. Wenn ich mich vorbeuge, werden die dünnen Hautfältchen 75
schwarz. Meine Beine sind lang und gerade. Ich sehe gut aus. Ich lächle mich im Spiegel an, meine Zähne leuchten weiß in meinem braungebrannten Gesicht, meine Augen wirken blauer als sonst. Hätte ich eine Bitex-Bril- 80
le, wäre ich richtig schön.
[...]
Du sollst dich nicht dauernd mit anderen vergleichen, ermahnt mich meine Mutter. Wenn

15.2 „Bin ich schön?" – Testaufgaben selbst entwerfen

alle Bitex-Brillen haben, heißt das noch lange nicht, dass du unbedingt auch eine brauchst. Frag dich, welche Wünsche wirklich aus deinem Herzen kommen und welche dir von der Werbung eingeredet werden. Haben, haben, haben – das macht nicht glücklich.
Tief aus meinem Innern kommt der Wunsch nach einer Bitex-Brille. Mit ihr, das weiß ich, wäre ich ein anderer Mensch.
Meine Mutter und ich fahren zum Supermarkt, die ruhigen kleinen Straßen entlang, an denen die Holzhäuser mit ihren Veranden stehen, umsäumt von riesigen Hibiskusbüschen mit Blüten so groß wie Untertassen.
[...]
Im Supermarkt liegen ganze Stapel von Bitex-Brillen in allen Farben. Ich setze eine auf, sie sind so leicht, dass man sie kaum spürt, die Gläser sind meergrün, und der Supermarkt versinkt unter Wasser. Meine Mutter sieht mich grün an und schüttelt den Kopf.

[...]
Mein Vater macht den Fernseher an.
Eine dicke schwarze Frau in einem senfgelben Kostüm hält Jugendlichen ein Mikrofon unter die Nase.
Was reden sie?, frage ich meinen Vater.
Sie fragt sie, ob sie lieber attraktiv oder intelligent wären, wenn sie es sich aussuchen könnten, übersetzt er. Was würdet ihr wählen?
Attraktiv, sagen Philip und ich wie aus einem Mund.
Mein Vater seufzt und macht den Fernseher wieder aus.
Lucy, ruft er, wenn du es dir aussuchen könntest, wärst du lieber attraktiv oder intelligent?
Sie kommt aus der Küche, ein Sieb auf dem Kopf, zwei Spaghetti über den Ohren, den Zeigefinger im Mund. Ich glaube, ich wäre gern intelligent, sagt sie, attraktiv bin ich schon.

**1** Lest die Texte „Attraktivität" (▷ S. 288 f.) und „Bin ich schön?" (▷ S. 290) aufmerksam durch.

**2** Bildet Vierergruppen und entscheidet gemeinsam, mit welchem Text ihr euch beschäftigen möchtet.

**3** Entwickelt zu eurem Text Aufgaben und Fragen, mit denen ihr feststellen könnt, ob eure Mitschülerinnen und Mitschüler den Text verstanden haben. Dazu müsst ihr den Text natürlich selbst gut verstehen. Für die Testaufgaben könnt ihr euch an den Aufgabenarten im Merkkasten (▷ S. 287) orientieren.

> **TIPP**
>
> Achtet darauf, dass ihr mit euren **Testaufgaben** die drei Bereiche erfasst:
> ☐ Informationen ermitteln,
> ☐ die zentrale Textaussage erkennen,
> ☐ den Text bewerten.

**4** Entwerft auch Musterantworten zu euren Aufgaben. Experten zeichnen sich schließlich dadurch aus, dass sie auch die Antworten auf ihre Fragen wissen.

**5** Vervielfältigt die Aufgaben und tauscht sie zwischen den Gruppen aus. Löst die Tests in vorgegebener Zeit.

**6** Reflektiert und bewertet anschließend die Qualität der Aufgaben.

291

## 15.3 Der schöne Schönfaden – Lesetraining

Allgemein gilt Lesen als Fähigkeit, Buchstabenfolgen als Sinnzusammenhang zu verstehen. Dabei bewegen wir uns als Leser zwischen zwei Bereichen: Auf der einen Seite steht der Text mit seinen Aussagen, auf der anderen Seite stehen die persönlichen Vorstellungen, Erwartungen und das Vorwissen des Lesers. Je nachdem, in welcher persönlichen Situation gelesen wird, welche Erwartungen an einen Text gerichtet bzw. welches Vorwissen mitgebracht werden, ergeben sich unterschiedliche Wahrnehmungen eines Textes und verschiedene Möglichkeiten, mit ihm umzugehen.

Ob wir im Bus sitzen und die Werbeplakate im Vorbeifahren lesen, den Fahrplan an der Haltestelle oder das mitgebrachte Buch auf der Zugfahrt, immer lesen wir anders. Die unterschiedlichen Gründe und Motivationen zu lesen, erfordern jeweils verschiedene **Lesestrategien**.

| Lesestrategie | Leseziel |
|---|---|
| 1) gezieltes Lesen | a) Ziel des Lesens ist, sich genau und intensiv mit dem Textinhalt auseinanderzusetzen, sodass man ein allgemeines Verständnis für den Text auch in seinen Zusammenhängen entwickelt hat. |
| 2) überfliegendes Lesen | b) Ziel des Lesens ist, bestimmte Einzelinformationen in einem Text zu suchen, wie z.B. eine Telefonnummer im Telefonbuch oder eine Definition in einem Schulbuchtext. |
| 3) intensives Lesen | c) Ziel des Lesens ist, sich einen groben Überblick über den gesamten Text zu verschaffen, um zu sehen, ob man zur gesuchten Fragestellung Informationen findet. |

**1** Ordnet jeder Lesestrategie ein Leseziel zu.

**2** Im Einleitungstext sind einige Situationen genannt, in denen wir lesen.
Ordnet diese Situationen, wenn möglich, den Strategien und Zielen zu.
Findet weitere Beispielsituationen, die den jeweiligen Strategien entsprechen.

**3** Lesen, um dem Alltag zu entfliehen.
a) Überlegt euch zu diesem Beispiel eine vierte Lesestrategie und ein Leseziel.
b) Nennt weitere Situationen, in denen man auf diese Art und Weise liest.

## Gezieltes Lesen

### Der schöne Schönfaden oder Zylinderputzer

**Callistemon laevis.** Kübelpflanze, Familie der Myrtengewächse.
Boden: Erde mischen aus Gartenerde, Rindenhumus und Sand je 1/3, dazu Splitt oder andere kalkfreie Steinchen. Standort sonnig, warm, aber geschützt. Im Frühjahr vor der Sonne schützen, sonst besteht Sonnenbrandgefahr. Im Frühjahr und Sommer während der

5

## 15.3 Der schöne Schönfaden – Lesetraining

Hauptwachszeit viel gießen, nur kalkfreies (z.B. Regen-)Wasser verwenden. Düngung 4–9 wöchentlich, ab 8 Düngergaben vermindern, damit das Holz ausreift. Nur wenig frostbeständig, deshalb muss die Pflanze in ein helles Winterquartier (notfalls Südfenster), Temperatur zwischen 5–8°. Der Wurzelballen darf weder im Winter noch im Sommer austrocknen, er wird auch im Winter mehr als üblich gegossen. – Kräftig zurückschneiden, aber nur nach der Blüte. Vermehrung durch Stecklinge 8–3 bei etwa 18°. Nach Auspflanzen öfters zurückschneiden. Laub hart, länglich, immergrün, beim Austrieb bronzegrün oder kupferrot. Die scharlachroten flaschenbürstenähnlichen Blüten an den Zweigenden sind etwa 15 cm lang und mit vielen roten, auch gelben und weißen Staubfäden besetzt. Aus ihnen bilden sich harte Fruchtkapseln, die mehrere Jahre an den Zweigen verbleiben. In der Natur werden sie erst durch Brand geöffnet. Blütezeit 6–9, immergrüner Strauch. Vor einer hellen Mauer kommen sie besonders gut zur Geltung.

Weit verbreitet bei uns ist **Callistemon citrinus – Zitronen-Zylinderputzer**. Der Name kommt von dem Zitronengeruch, den die Blätter nach Zerreiben ausströmen. Höhe des Strauches in der Natur 7 m, im Kübel bis etwa 2,5 m, er wächst aber breit heran. Meist rotblühend im Februar. – Auch Hochstämmchen.

**1** Wer findet als Erste oder als Erster die folgenden Begriffe im Text? Gebt die Textzeile an.

| Standort | Temperatur | Blütezeit | Zitronengeruch |

**2** Sucht gezielt nach folgenden Informationen im Text:
(1) Welche Farbe haben die Blüten?
(2) Wie öffnen sich die Fruchtkapseln des Schönfadens?
(3) Warum heißt die Pflanze auch Zitronen-Zylinderputzer?
(4) Was ist ein günstiger Standort für den Schönfaden?

**3** Nach welchen Zielbegriffen habt ihr gesucht, um die Informationen zu finden? Erklärt euch gegenseitig eure Vorgehensweise.

### ARBEITSTECHNIK

**Gezielt lesen**
- Beim gezielten Lesen sucht ihr in einem Text nach **bestimmten Zielbegriffen oder Informationen.**
- Um diese zu finden, müsst ihr euch zunächst **einen Überblick verschaffen** (Inhaltsverzeichnis, Überschriften, Klappentext etc.), dann braucht ihr den Text nur in diesen Abschnitten durchzusehen.
- Wenn es sich um einen langen Text handelt, dem ihr nur eine bestimmte Information entnehmen möchtet, könnt ihr auch einfach die **Anfänge der Textabschnitte überfliegen,** um zu sehen, ob sie für euch wichtig sind. Anschließend könnt ihr gezielt die für euch interessanten Abschnitte auswerten.

## Überfliegendes Lesen

**1** Versucht nebenstehenden Text laut zu lesen.

**2** Erklärt, warum ihr den Text trotz der fehlerhaften Rechtschreibung lesen könnt.

**3** Versucht die Zeilen schneller zu lesen. Könnt ihr den Text dann besser oder schlechter verstehen?

**4** Schreibt selbst einen kurzen Text, in dem ihr die Wortgrenzen auflöst und gebt ihn euren Mitschülerinnen und Mitschülern zu lesen.

Eineit les Huh ntraf imgar teneine Kröte. Diekrö tebe gann si chauf- undaufzub lasen, umsog roß zuwer den wied ashu hn. „Pa ssauf", sa gtdi eses, „das sses dirn ich twied emfro scherg eht, de rsog roß wer den woll tewie deroch se." „Ich we iß", sa gtedi ekrö te, „abe r hi han deltes si chn ich tum ei nen Fro schund ein enOch sen, son der num ein ekrö teund einhuhn." Un d diekrö tebli es sichwei ter au f,und blie sund blie sund wur degröß er al sda shuhn.

### ARBEITSTECHNIK

**Überfliegendes Lesen**
- Ihr prüft den Text im Schnelldurchlauf, ob er für euch wichtige Informationen enthält. Dazu müsst ihr **nicht Satz für Satz lesen,** sondern ihr lasst eure Augen wie ein Segelflugzeug über den Text fliegen. Ähnlich wie aus dem Flugzeug heraus nur grobe Umrisse wahrgenommen werden (Berge, Flüsse, Felder), erkennt ihr zunächst Absätze, Überschriften, Hervorhebungen.
- Der schnell schweifende Blick wird **vor allem Nomen wahrnehmen** und diese in Sekundenschnelle mit dem Schriftbild der von euch gesuchten Ziel- und Schlüsselbegriffe abgleichen.
- Trainiert das überfliegende Lesen, indem ihr die **Blicksprünge,** die eure Augen machen, systematisch vergrößert. Bei einem langsamen Leser springt das Auge von Wort zu Wort, schnellere Leser erfassen 3–4 Wörter gleichzeitig und machen somit weniger Blicksprünge pro Zeile.

**5** Versucht, mit den Augen die eingezeichneten Blicksprünge nachzuvollziehen. Wenn ihr das Springen mit dem Blick regelmäßig trainiert, werdet ihr immer schneller.

### Attraktivität

Unter   **Attraktivität**   versteht   man   ganz   allgemein,
[Blicksprünge eines langsamen Lesers]

die   von einem beliebigen Objekt   ausgehende Anziehungskraft.
[Blicksprünge eines schnellen Lesers]

15.3 Der schöne Schönfaden – Lesetraining

Sie kann sowohl auf äußerlichen Eigenschaften (Schönheit) oder ggf. auch auf Wesenseigenschaften (Charakter, Geist, Charisma, soziale Stellung, materieller Wert) beruhen. Je angenehmer oder vorteilhafter etwas eingeschätzt wird, desto attraktiver wirkt es. Eine Folge von Attraktivität kann Ehrgeiz, Liebe oder Neid sein!

**ARBEITSTECHNIK**

Die Steigerung der Blicksprünge ist **das schnelle Entlanggleiten der Augen an einer Zeile, ohne** den Fluss zu unterbrechen. Ihr könnt zunächst den Finger oder einen spitzen Stift zur Hand nehmen, mit dem ihr über die Zeilen fahrt und dem eure Augen folgen. Versucht, so schnell wie möglich die Augen über die Zeile gleiten zu lassen und kehrt so schnell wie möglich an den nächsten Zeilenbeginn zurück (vgl. Abbildung). Wenn ihr etwas Übung habt, könnt ihr eure Lesehilfe (den Finger oder Stift) auch weglassen.

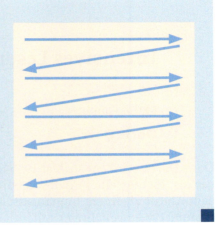

**6** Lest den folgenden Text nach dem aufgezeigten Verfahren:
Folgt mit einem Finger oder Stift den vorgegebenen Linien. Verfahrt so bis zum Ende des Textes, auch wenn die Linien dort nicht mehr eingezeichnet sind.
Versucht nach einem ersten Lesen, den Text in eigenen Worte wiederzugeben.
Lest ihn dann Wort für Wort und überprüft, was ihr beim ersten Lesen richtig verstanden habt.

Umberto Eco

**Die Geschichte der Schönheit**

„Schön" ist – neben „anmutig", „hübsch" oder auch „erhaben", „wunderbar", „prächtig" und ähnlichen Wörtern – ein Adjektiv, das wir oft benutzen, um etwas zu bezeichnen, das uns gefällt. Es scheint, so gesehen, als wäre das, was schön ist, identisch mit dem, was gut ist, und tatsächlich gab es in verschiedenen Epochen der Geschichte eine enge Verbindung zwischen

295

dem Schönen und dem Guten. Wenn wir jedoch nach unserer Alltagserfahrung urteilen, neigen wir dazu, als gut nicht nur das zu bezeichnen, was uns gefällt, sondern auch das, was wir gerne hätten. Zahllos sind die Dinge, die wir als gut beurteilen – eine erwiderte Liebe, ehrlich erworbener Reichtum, ein erlesener Leckerbissen –, und in all diesen Fällen würden wir uns wünschen, dieses Gut zu besitzen. Es ist ein Gut, das unser Verlangen reizt. [...]

Wenn wir über die distanzierte Haltung nachdenken, die uns erlaubt, etwas als schön zu bezeichnen, das nicht unser Verlangen reizt, so verstehen wir, dass wir von Schönheit sprechen, wenn wir etwas als das genießen, was es ist, unabhängig davon, ob wir es besitzen. Sogar eine gut gemachte Hochzeitstorte, die wir im Schaufenster einer Konditorei bewundern, kann uns schön erscheinen, auch wenn wir sie aus Gesundheitsgründen oder aus Appetitlosigkeit nicht haben wollen. Schön ist etwas, über das wir, wenn es uns gehört, glücklich wären, aber das auch schön bleibt, wenn es einem anderen gehört. [...]

## Intensives Lesen

Malte Hagener
**Doris Dörrie**

Doris Dörrie wird am 26. Mai 1955 in Hannover als Tochter eines Arztes geboren. Nach dem Abitur an einem humanistischen Gymnasium 1973 zweijähriger Aufenthalt in den USA. Sie absolviert ein Schauspiel- und Filmstudium am Drama Department der University of the Pacific in Stockton (Kalifornien) und studiert anschließend an der New School of Social Research in New York. Daneben arbeitet sie in Cafés und als Filmvorführerin im Goethe-House New York. Nach ihrer Rückkehr in die Bundesrepublik 1975 beginnt Dörrie das Studium an der Hochschule für Fernsehen und Film, München, daneben schreibt sie Filmkritiken für die Süddeutsche Zeitung. Gemeinsam mit Wolfgang Berndt dreht Dörrie 1976 den Dokumentarfilm „Ob's stürmt oder schneit", ein einfühlsames Porträt der in einem fränkischen Dorf arbeitenden Kinobesitzerin Maria Stadler. 1978 realisiert sie mit „Der erste Walzer" ihren Abschlussfilm an der HFFM, eine unsentimentale Geschichte über zwei Jugendliche, deren Schwierigkeiten mit der Arbeitswelt, den ersten Erfahrungen eines gemeinsamen Lebens. Bereits diese beiden frühen Filme erreichen bei Kino- und Fernsehaufführungen ein größeres Publikum.
Anschließend arbeitet Dörrie als freie Mitarbeiterin für verschiedene Fernsehanstalten, dreht für das ZDF den Kinderfilm „Paula aus

Portugal" für die Redaktion „Schule und Familie" des Bayerischen Rundfunks Dokumentarfilme, darunter Porträts über eine junge Schäferin („Von Romantik keine Spur") und eine 85-jährige frühere Magd, die immer noch privat und beruflich aktiv am Leben teilnimmt („Katharina Eiselt"). Für den Westdeutschen Rundfunk entsteht das Fernsehspiel „Dazwischen", eine Liebesgeschichte zwischen zwei Jugendlichen.

[...] Seit 1987 veröffentlicht Doris Dörrie Kurzgeschichten und Erzählungen, die nicht nur beim Publikum erfolgreich sind, sondern auch in den Feuilletons auf wachsendes Interesse stoßen. Immer mehr durchdringen sich die vignettenhaften[1] Kurzgeschichten aus dem Alltag mit dem Stoff ihrer Filme. Charaktere, die in Büchern auftauchen, werden in Filmen weiterentwickelt und kehren wieder in die Literatur zurück. Die Kritik entdeckt Vorzüge, die schon ihre früheren Filme auszeichnete: „Der messerscharfe Zwiespalt zwischen den beschränkten Gesten der Alltagsnormalität und der menschlichen Existenz bindet alle ihre Erzählungen aneinander." (J. Jessen, Frankfurter Allgemeine Zeitung, 6.10.1987)

[...] Bei den Dreharbeiten zu „Bin ich schön?", die in Spanien stattfinden, verstirbt Dörries Ehe- und Kameramann Helge Weindler am 22.3.1996 an Krebs. Die Produktion wird daraufhin abgebrochen und erst im Herbst 1997 wieder aufgenommen. In „Bin ich schön?" gewinnt der Figurenreigen ihrer Erzählung nochmals an Komplexität, ebenso die kunstvolle Verschachtelung der Geschichten, die sich um Leben, Hoffnungen, Lügen und Wahrheit der jüngeren Generation zwischen Deutschland und Spanien drehen. Für dieses Projekt, das wiederum bei Eichingers Constantin entsteht, versammelt sie ein Ensemble an bekannten deutschen Darstellern.

Doris Dörrie lebt mit ihrer Tochter Carla (geboren 1989) in München.

1 **vignettenhaft:** wie kleine Zierbildchen

**1** Markiert in einer Kopie des Textes die Schlüsselwörter und notiert abschnittsweise Kommentare zum Text.

**2** Notiert die markierten Schlüsselbegriffe eines jeden Abschnitts nebeneinander und findet mit deren Hilfe für den Abschnitt eine passende Überschrift. Gebt dem gesamten Text am Ende eine passende Überschrift.

 **3** Gebt euch gegenseitig den Inhalt des Textes zusammenhängend wieder. Nutzt dabei eure Anmerkungen. Korrigiert und ergänzt einander.

---

**ARBEITSTECHNIK**

**Intensives Lesen**
- Wenn ihr einen Text intensiv lest, untersucht ihr ihn vollständig auf **alle Informationen,** die er enthält. Die Informationen können sowohl inhaltlicher Art sein, als auch Textart, Textaufbau und den Sprachstil betreffen.
- **Lest konzentriert und versucht, alles zu verstehen.** Dazu müsst ihr manchmal einzelne Stellen mehrmals lesen und Begriffe im Lexikon nachschlagen.
- Markiert in den wichtigen Aussagen die **Schlüsselwörter** und schreibt mit Bleistift **Anmerkungen** neben den Text. Sie helfen euch später, den Inhalt wiederzugeben.

# ORIENTIERUNGSWISSEN

## 1 Sprechen – Zuhören – Schreiben

### 1.1 Miteinander sprechen

**Fragetechnik im Interview** ▷ S. 15

Das Ergebnis eine Interviews hängt von seiner Vorbereitung und Fragetechnik ab.
Die Fragen müssen klar und übersichtlich formuliert sein: Nicht zu viele Einzelheiten
auf einmal erfragen. Folgende Fragemöglichkeiten gibt es:
- **Einstiegsfrage:** Sie ermöglicht es dem Gesprächspartner, leicht ins Gespräch einzu-
  steigen (Warming-up-Frage), z. B.: „Die überwältigende Teilnehmerzahl an Ihrer Bene-
  fizveranstaltung hat die Öffentlichkeit überrascht. Wie erklären Sie sich den Erfolg?"
- **Faktenorientierte Fragen,** z. B.: „Seit wann arbeiten Sie für die deutsche
  Sektion der Initiative ‚Adopt-A-Minefield'?"
- **Einschätzungsfragen,** z. B.: „Was halten Sie von ‚Charity-walks', die seit ungefähr
  zehn Jahren auch in Deutschland häufig von Schülern organisiert werden?"
- **Kontrollfragen,** damit könnt ihr im Verlauf eines Interviews sichergehen, ob ihr eine
  bestimmte Meinung des Befragten auch richtig verstanden habt, z. B.: „Sehe ich das
  richtig, dass Sie uns bei der Suche von Sponsoren unterstützen wollen?"

### 1.2 Schriftlich Stellung nehmen

**Die Argumentation** ▷ S. 36

Eine **Argumentation** ist von ihrer Logik her oft wie eine Pyramide aufgebaut:
- An der Spitze steht die **These** (Behauptungen, Bewertungen, Forderungen), die durch
  **Argumente** begründet wird. Das können zum Beispiel allgemein anerkannte Tatsachen,
  Expertenmeinungen, (allgemeine) Erfahrungen oder persönliche Einstellungen sein.
- Die Argumente werden durch **Beispiele, Belege** oder **Zitate** gestützt.
- Nicht jedes Argument hat die gleiche Überzeugungskraft, deshalb ist es manchmal
  sinnvoll, **Argumente steigernd** anzuordnen.

These

*Die vegane Lebensweise ist die beste Art der Lebensführung.* (Behauptung)

Argumente

*weil Tiere für mich Freunde sind und nur der Verzicht auf Tierprodukte diese nicht ausbeutet.* (Wertvorstellung)

*weil eine solche Ernährung zu einem sehr bewussten Leben führt.* (Erfahrung)

298

| Beispiele/ Belege | *Dies sagt schon die indische Philosophie.* (Beleg) | *Ich esse z. B. kein Fleisch, keine Eier, keinen Honig.* (Beispiel) | *Ich trage keine Woll- oder Lederprodukte ...* (Beispiel) | *Ich muss meine Nahrung sehr gezielt auswählen.* (Beispiel) |
|---|---|---|---|---|

Allerdings erscheinen die einzelnen Elemente im Text nicht pyramidenartig angeordnet. Belege stehen zum Beispiel in der Regel bei ihrem Argument. Eine These kann auch unausgesprochen bleiben und „zwischen den Zeilen stehen".

## Eine Stellungnahme/Argumentation überarbeiten          ▷ S. 47

Um eine schriftliche Stellungnahme zu überarbeiten, müssen folgende Punkte überprüft werden:

**Aufbau einer Argumentation**
- ☐ Sind die Argumente sinnvoll geordnet (steigernd, stärkstes zum Schluss)?
- ☐ Sind Einleitung, Hauptteil und Schluss klar erkennbar?
- ☐ Beziehen sich Einleitung und Schluss aufeinander („Rahmen")?
- ☐ Wurden inhaltlich zutreffende und überzeugende Argumente gefunden?
- ☐ Sind die Argumente überzeugend belegt (Beispiele, Zitate)?

**Sprache**
- ☐ Werden die logischen Zusammenhänge der Gedanken angemessen wiedergegeben (Konjunktionen)?
- ☐ Finden sich Gliederungssignale (als Erstes, schließlich, darüber hinaus ...)?
- ☐ Ist der Stil abwechslungsreich gestaltet (Haupt- und Nebensätze, treffende Verben)?
- ☐ Stimmen Grammatik, Rechtschreibung und Zeichensetzung?

## Eine Erörterung schreiben          ▷ S. 286

- ☐ **Einleitung:** Einführung in das Thema, z. B.: „Das Thema Schönheits-OP ist in den Medien stark präsent, sodass sich die Frage stellt, ob Operationen ohne medizinische Notwendigkeit gerechtfertigt sind. Es gibt viele Argumente, die gegen die künstliche Veränderung des Körpers aus Schönheitsgründen sprechen. Allerdings kann man auch eine Reihe an positiven Argumenten nennen."
- ☐ **Hauptteil:** Entfaltung der Pro- und Kontra-Argumente,
  - ▪ entweder in zwei getrennten Blöcken:
    - I  Vorteile von Schönheitsoperationen
    - II  Nachteile von Schönheitsoperationen
  - ▪ oder im laufenden Wechsel von Pro- und Kontra-Argumenten:
    - I  Vor- und Nachteile von Schönheitsoperationen
- ☐ **Schlussteil:** Fällen eines begründeten Urteils, z. B.: „Wenn ich die positiven und negativen Argumente abwäge, komme ich zu dem Schluss, dass Schönheitsoperationen eine sinnvolle Korrektur (oder sinnlose Qual) sind, weil ..."

Orientierungswissen

### Der Leserbrief
▷ S. 49

Ein Leserbrief hat zum **Ziel, die eigene Stellungnahme überzeugend zu vertreten.**

☐ Einleitend wird die eigene Meinung in einem Satz formuliert.
☐ Anschließend werden in einem ausführenden Teil Argumente und Beispiele genannt, die diese Meinung stützen.
☐ Die Argumente sollten so gewichtet werden, dass das überzeugendste am Schluss steht. Hilfreich sind hier steigernde Signalwörter wie „zum Ersten", „zunächst" (1. Argument), „zweitens", „außerdem" (2. Argument), „zum Dritten", „vor allem" (3. Argument).
☐ Zum Schluss wird die eigene Meinung noch einmal bekräftigt, indem sie sich als Folgerung aus euren Argumenten ergibt: „daher", „folglich", „aus diesen Gründen".

### Eine Anfrage stellen
▷ S. 15

**Anfragen** werden in der Regel schriftlich gestellt. Dabei wird sowohl bei einem herkömmlichen Brief wie bei der E-Mail die Briefform gewahrt: förmliche Anrede, Betreff angeben, Anliegen freundlich vorbringen und in Bezug auf das Thema genau umschreiben.

## 1.3   Berichten

### Sachlich und persönlich berichten
▷ S. 71

☐ Beim Berichten gibt man Antworten auf die W-Fragen:
  ■ **Wer** war beteiligt?
  ■ **Was** ist geschehen?
  ■ **Wo** geschah es?
  ■ **Wann** geschah es?
  ■ **Wie** geschah es?
  ■ **Warum** geschah es?
  ■ **Welche Folgen** hatte das Geschehen?
☐ Beim Berichten gibt man nur Wichtiges wieder, Nebensächliches lässt man weg.
☐ Man berichtet nur über Tatsachen. Vermutungen gehören in der Regel nicht in einen Bericht.
☐ Die Ereignisse werden in der Reihenfolge wiedergegeben, in der sie sich tatsächlich ereignet haben.
☐ Beim schriftlichen Berichten verwendet man meist das **Präteritum.** Ereignisse, die zeitlich noch vor dem berichteten Ereignis liegen, stehen im **Plusquamperfekt.**
☐ Berichte, die **persönlich** an einen **bestimmten Adressaten** gerichtet sind, können auch Gedanken, Gefühle und spannungssteigernde Ausdrücke enthalten. Persönliche Berichte geben neben Tatsachen auch Einschätzungen und Reaktionen desjenigen wieder, der berichtet.

300

### Protokollieren

▷ S. 33

Protokollieren ist eine Art von Berichten. Die mitgeschriebenen Notizen werden nach einem bestimmten Schema geordnet. Zu einem Protokoll gehören:

**Protokollkopf mit Basisinformationen:**
- ☐ Art der Veranstaltung
- ☐ Zeit und Dauer
- ☐ Anwesende
- ☐ Themen/Tagesordnung

**Der Aufbau**
- ☐ ist sachlogisch oder chronologisch gegliedert
- ☐ hat als Tempus das Präsens
- ☐ zeigt einen sachlichen Stil
- ☐ enthält keine Wertungen
- ☐ bezieht Fragen in die Antwort ein
- ☐ gibt wörtliche Rede wieder

**Sonstiges**
- ☐ Datum am Ende und
- ☐ Unterschrift

> Klassendiskussion
> 13. 01. 2007, 4. Stunde
> Gruppe 3: Merle, David, Jakob, Esther
> Thema: Jeder isst anders
>
> 1. Zum Thema „Jeder isst anders" erwähnt Merle, dass es auf eine bewusste Einstellung zum Essen ankommt. Einfach nur zu essen, um satt zu werden, könne unangenehme Folgen haben.
> 2. Auf die Frage, ob man sich besser vegan oder vegetarisch ernähren sollte, meinte Jakob …
>
> 13. 01. 2007    Esther Ziegler

## 1.4 Beschreiben

### Gegenstände beschreiben

▷ S. 55

Beschreiben bedeutet über etwas sachlich und anschaulich zu informieren, etwas nach intensiver Betrachtung möglichst genau und objektiv darzustellen. Dies geschieht meist in knapper Form und in eher einfachem Satzbau.

Wenn man **Gegenstände** beschreibt, geht man ein auf
- ☐ die äußere Form (oval, rund, eckig ...),
- ☐ das Material (Holz, Metall, Plastik ...),
- ☐ die Eigenschaften (z. B. hart, weich, biegsam ...) und
- ☐ die Farbe.

Will man ein **technisches Gerät** erklären, so gibt man an, wozu es dient, aus welchen Teilen es besteht und wie es bedient wird (vgl. Gebrauchsanleitungen).

### Personen beschreiben

- ☐ In der **Einleitung** wird der Anlass der Beschreibung genannt.
- ☐ Im **Hauptteil** wird die Person detailliert beschrieben. Dazu gehören Angaben zu Geschlecht, Alter, Gestalt, Gesicht, Bekleidung und besondere Kennzeichen.
  - ▪ Ordnet eure Beobachtungen. Eine Person kann z. B. von oben nach unten beschrieben werden oder vom Gesamtbild ausgehend hin zu Einzelheiten.

Orientierungswissen

- Je nach Anlass und Notwendigkeit können typische Verhaltensweisen und Eigenschaften der Person genannt werden.
- Zu allgemeine Bezeichnungen wie „dick" oder „dünn" werden durch genauere Angaben ersetzt, Wiederholungen vermieden.
- Für die Verben „haben" oder „sein" sollten so oft es geht aussagekräftigere Verben gewählt werden, z. B.: „Die schwarzen Haare reichen bis auf die Schultern."

## Bilder beschreiben

- In der **Einleitung** zu einer Bildbeschreibung werden Angaben gemacht zum **Titel, Künstler** oder zur **Künstlerin,** zum **Jahr,** zur **Technik** (z. B. Aquarell, Öl auf Leinwand) und zum **Format** des Bildes (Hochformat/Querformat).
- Beim Beschreiben von Bildern wird zunächst vom **Gesamteindruck des Bildes** oder von dem Hauptmotiv ausgegangen. Erst dann erwähnt man die **Einzelheiten.**
- **Wie ist das Bild aufgebaut?** Beschrieben wird, ohne zu springen: von links nach rechts, oben nach unten oder von vorn (Vordergrund) über die Mitte (Mittelgrund) nach hinten (Hintergrund).
- Schließlich kann man noch untersuchen, **wie die Dinge dargestellt sind** (Farbe, Malstil, Lichtwirkung, Raumgestaltung, Komposition, Formen usw.).
- Die Bildbeschreibung ist **sachlich** und wird im Präsens geschrieben.

## Vorgänge beschreiben und erklären

Eine Anleitung muss so verfasst sein, dass man sich den Vorgang vorstellen und ihn selbst wiederholen kann.
- Die Schritte werden **in der richtigen Reihenfolge** genau und vollständig wiedergegeben.
- Beschrieben wird **knapp und sachlich,** der Vorgang dabei erklärt.
- **Fachbegriffe,** die nicht jedem verständlich sind, werden kurz erläutert.
- Tempus ist das **Präsens,** das hier das Immer-wieder ausdrückt.
- **Verben und adverbiale Bestimmungen** helfen, alles genau auszudrücken.

# 1.5 Schildern

### Schildern

▷ S. 57

Im Gegensatz zu einer Beschreibung, die genau und mit nüchternen Worten informieren soll, kommt es bei einer Schilderung darauf an, auch die Gefühle der Leserinnen und Leser anzusprechen. Der Verfasser einer **Schilderung** will ein stimmungshaltiges Bild entwerfen. Eine Schilderung **zeigt** also **eine ganz persönliche Sicht auf einen Ort oder eine Situation.** Adjektive, ausdrucksstarke Verben, Metaphern und Vergleiche lassen die Schilderung besonders anschaulich werden.

302

## 1.6 Texte zusammenfassen

### Textzusammenfassung

▷ S. 79

- Die Funktion einer Textzusammenfassung ist es, den Inhalt eines Textes möglichst knapp und genau wiederzugeben – so wie eine Inhaltsangabe das bei einem literarischen Text macht.
- Die Zusammenfassung beschränkt sich auf das Wesentliche; Zitate werden nicht verwendet.
- Die Darstellung ist sachlich und neutral; sie enthält keine Bewertung.

### Informationen aus Sachtexten festhalten

Es gibt verschiedene Möglichkeiten, Informationen möglichst knapp und übersichtlich festzuhalten, z. B.

- in einer **Stichwortliste,** einem **Flussdiagramm** oder einer **Mind-Map** oder
- in einem eigenen kurzen Text, einer **Inhaltszusammenfassung.**
  Eine Stichwortliste kann man dabei gut als Vorbereitung verwenden.
  Beachtet dabei Folgendes:
  - **Aufbau:** Klare gedankliche Ordnung, orientiert an einem dargestellten Ablauf oder an einzelnen Aspekten. Der kurze Einleitungsabschnitt enthält Angaben zu Verfasser/in, Titel, Quelle (z. B. die Zeitschrift, aus der der Text stammt) und Thema.
  - **Ausführlichkeit:** Man beschränkt sich auf das, was in dem Text wirklich wichtig ist, verzichtet also auf ausschmückende Einzelheiten.
  - **Schreibstil:** Man schreibt sachlich; die eigene Meinung gehört hier nicht hin.
  - **Tempus:** Präsens

### Inhaltsangabe eines Erzähltextes

▷ S. 215

- Nach Nennung von Autor oder Autorin, des Titels des Textes und der Textsorte wird einleitend das Thema formuliert und in einem Satz zusammengefasst, worum es im Text geht.
- Zentrale Figuren werden mit den individuellen Eigenschaften beschrieben, die für die Handlung von Bedeutung sind.
- Handlungsschritte müssen erkannt und zusammengefasst werden.
- Der Ausgang der Handlung wird formuliert.
- Direkte Rede wird in indirekte Rede umgeschrieben.
- Das Tempus der Inhaltsangabe ist das Präsens und bei Vorzeitigkeit das Perfekt.
- Bei einer **erweiterten oder interpretierenden Inhaltsangabe** wird noch ein Schlussabschnitt angefügt, in dem man auf offene Fragen und Intention des Textes eingehen kann. Hier ist auch der Ort für ein eigenes Urteil über den Roman, das aus dem Text heraus begründet sein sollte.

Orientierungswissen

# 2 Nachdenken über Sprache

## 2.1 Wort und Bedeutung

### Begriffe

▷ S. 86

Wir „ordnen" unsere Erlebnisse und Sinneseindrücke durch Sprache, besonders durch **Begriffe** („Ich sehe, jemand hat *Angst*, ist *wütend*"). Sie verbinden Sinneseindrücke (ein Junge streckt den Arm aus und schreit) mit Bedeutungen, die uns vertraut sind (er gibt ein Zeichen). Mit Hilfe der Begriffe können wir Handlungszusammenhänge benennen. Durch **Oberbegriffe** lassen sich unsere Beobachtungen zusammenfassen oder verallgemeinern (der Junge droht, er ist wütend). Dieser Prozess der „Umsetzung" kann ein **Werturteil** einschließen (der Junge benimmt sich unerzogen/unanständig/ungehörig).

### Ober- und Unterbegriffe

▷ S. 103

Ein Begriff fasst viele einzelne Gegenstände oder Sachverhalte zusammen. Er benennt das Typische an ihnen.

☐ Dinge kann man nach Gebrauchszusammenhängen oder aber mit Begriffen ordnen. „Werkzeug" ist ein **Oberbegriff** und fasst von Menschen hergestellte Dinge zusammen, die dieser benutzt, um etwas zu bearbeiten.

☐ „Bohrer", „Hammer" und „Zange" gehören als spezielle **Unterbegriffe** zum Oberbegriff „Werkzeug". Die Unterbegriffe unterscheiden sich voneinander durch ihre **Merkmale,** z. B. Werkzeuge „zum Herstellen von Löchern".

### Abstrakte Begriffe

▷ S. 90

Abstrakte Begriffe sind, was ihren Inhalt angeht, deutlich schwerer festzulegen als konkrete Begriffe. Was „Freiheit", „Liebe", oder „Anstand" ist (ein Gefühl, ein Recht, ein Zustand), kann man oft nur schwer beschreiben.
Begriffe „besitzen" ihre Bedeutungen also nicht ein für alle Mal, sondern sie erhalten sie im Gebrauch in konkreten Situationen. Der mit einem Begriff in einer gegebenen Gesprächssituation gemeinte Inhalt (seine „Bedeutung") muss oft aus dem **Kontext,** dem Zusammenhang, erschlossen werden.

### Denotation, Konnotation

▷ S. 93

☐ Die im Wörterbuch aufgeführten Inhalte eines Begriffs sind dessen **denotative Bedeutung.**

☐ Die mit den Begriffen zugleich erinnerten Erfahrungen, Empfindungen, Vorstellungen sind die Mitbedeutungen oder die **konnotative Bedeutungen.**

304

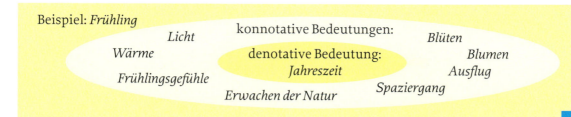

## Euphemismen    ▷ S. 103

Unangenehme Wahrheiten, die man verhüllen möchte, werden oft sprachlich beschönigt, indem Wörter aus Bereichen mit denen man allgemein positive Erfahrungen verbindet, verwendet werden. Eine sprachliche Beschönigung nennt man **Euphemismus.** In vielen Fällen halten wir derartige Sprachmanipulationen für harmlos oder gar nützlich, z. B. „Wertstoffbehälter" für „Mülleimer". Manchmal dienen Euphemismen aber auch dazu, eine kritische Sicht der Dinge zu verdrängen, z. B.: „Umstrukturierung" für „Mitarbeiter entlassen".

## Unwörter    ▷ S. 104

Die Verantwortung für sprachliche Fehlgriffe trägt derjenige, der sich der Sprache bedient. Beschönigende Begriffe sind auf genau festgelegte Bereiche beschränkt, z. B. „entschlafen" auf den Bereich des Menschen. Wird ein solcher Begriff außerhalb seines Bereichs verwendet, so wirkt das provozierend. Verwendet jemand den Begriff „Entsorgung" nicht mehr für Sachen (Abfall, Müll, Schadstoffe), sondern für Menschen, z. B. für Asylbewerber, die abgeschoben werden, für Menschen, die in Altersheime, in die Psychiatrie oder ins Gefängnis eingewiesen werden, so entsteht ein „Unwort", ein Begriff, der Menschen als Abfall entwertet.

## Wörterbücher    ▷ S. 92

- **Herkunftswörterbücher (etymologische Lexika)** informieren über **Wortfamilien**. Das sind Verbindungsnetze, in denen sich die Bedeutung eines Wortes im Laufe der Sprachentwicklung herausgebildet hat. Aus relativ wenigen Wurzeln der indoeuropäischen Sprachfamilie haben sich die unterschiedlichen Wortschätze der heutigen Sprachen herausgebildet.
- **Bedeutungswörterbücher (Synonymenlexika)** ordnen den Wortschatz nach Wortfeldern (Bedeutungsfeldern). Dabei bleibt bei der Aufstellung von Wortfeldern die Wortart die gleiche, z. B.:
  gehen – laufen – springen; groß – riesig, klein – winzig.
  Man kann angeben, durch welche besonderen Bedeutungsmerkmale sich ein Wort von dem benachbarten unterscheidet.

## 2.2 Sprachvarianten, Sprachentwicklung

### Fremdwort, Lehnwort, Erbwort ▷ S. 141–151

- **Fremdwörter** heißen diejenigen Wörter, die aus einer anderen Sprache übernommen wurden und im Deutschen gebraucht werden. Dabei werden die ursprüngliche Schreibweise und Aussprache meist beibehalten, z. B.: „Scanner", „Software".
- Eine Besonderheit stellen **Anglizismen** oder Amerikanismen dar, die zwar aus der englischen Sprache stammen, aber der deutschen Grammatik folgen; besonders häufig sind dabei Verben zu finden, z. B.: „downloaden", „scannen".
- **Lehnwörter** sind Wörter, die ursprünglich auch Fremdwörter waren, weil sie aus anderen Sprachen „entlehnt" wurden. Sie werden heute nicht mehr als Fremdwörter wahrgenommen, da sie sich im Laufe der Zeit der deutschen Schreibung, der deutschen Aussprache und der deutschen Grammatik angenähert haben. Lehnwörtern sieht man ihre Herkunft aus einer anderen Sprache ohne Vergleich mit dem ursprünglichen Wort nicht mehr an, z. B.: „falsch" (von lat. falsus).
- **Erbwörter** stellen die meisten Wörter unseres Wortschatzes. Sie sind nicht aus einer fremden Sprache übernommen, z. B. „gehen". Allerdings können sich Schreibung und/oder Bedeutung im Laufe der Zeit verändern, z. B. bei dem Adjektiv „geil".

### Fachsprachen ▷ S. 135

**Fachsprachen** sind Sprachvarianten, die der Verständigung innerhalb eines bestimmten, meist wissenschaftlich-technischen, Sachgebiets dienen. Um die Eindeutigkeit von Aussagen zu garantieren, verwenden Fachleute einen besonderen Wortschatz, auf den sie sich geeinigt haben. Er besteht aus **Fachbegriffen** mit genau festgelegten Bedeutungen (Definitionen). Dies dient der Genauigkeit und vereinfacht die Verständigung über die jeweiligen Inhalte.

### Homonym – Synonym – Antonym ▷ S. 89

- **Homonyme** sind Wörter, die gleich klingen, aber verschiedene Bedeutungen haben. Oft werden sie auch gleich geschrieben, z. B.: „der Ball/der Ball", aber „die Ware/das Wahre". Welche Bedeutung gemeint ist, kann nur aus dem Sinnzusammenhang **(Kontext)** erschlossen werden.
- **Synonyme** sind Wörter, die dieselbe Bedeutung haben, z. B.: „schauen/sehen".

| Handwerker, der Vieh schlachtet und für die menschliche Ernährung verarbeitet | | kugelförmiges Spielgerät | feierliches Tanzvergnügen |
|---|---|---|---|
| *Fleischer* | *Metzger* | *Ball* | |
| Synonym | | Homonym | |

- **Antonyme** sind Wörter mit entgegengesetzter Bedeutung: „schnell ⟷ langsam".

**Idiolekt – Soziolekt**  ▷ S. 127

- Den Sprachgebrauch eines einzelnen Menschen mit seinen persönlichen Besonderheiten (z. B. Lieblingswörtern oder Satzkonstruktionen, die er sehr häufig verwendet) nennt man **Idiolekt**.
- Den Sprachgebrauch einer sozialen Gruppe, der sich von der **Standardsprache,** vom allgemeinen Sprachgebrauch in Wortwahl, Satzbau u. a. unterscheidet, nennt man **Soziolekt.** Z. B. benutzen Jugendgruppen oft eine besondere Gruppensprache („Jugendsprache").

## 2.3 Wortarten

### Wortarten im Überblick

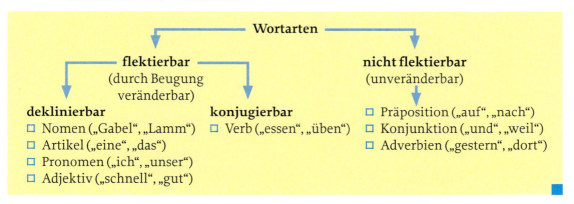

### Nomen

**Flexion der Nomen**
- **Genus:** Jedes Nomen hat ein Genus, d. h. ein grammatisches Geschlecht. Es ist entweder ein
    - **Maskulinum** (männliches Nomen), z. B. „der Knopf", oder ein
    - **Femininum** (weibliches Nomen), z. B. „die Krone", oder ein
    - **Neutrum** (sächliches Nomen), z. B. „das Gehäuse".
- **Numerus:** Nomen haben einen Numerus, d. h. eine Anzahl: Sie stehen
    - im **Singular** (Einzahl), z. B. „das Rad", oder
    - im **Plural** (Mehrzahl), z. B. „die Räder".
- **Kasus:**
    | | | |
    |---|---|---|
    | 1. Fall: **Nominativ** | Wer …? oder Was …? | „der Zeiger" |
    | 2. Fall: **Genitiv** | Wessen …? | „des Zeigers" |
    | 3. Fall: **Dativ** | Wem …? | „dem Zeiger" |
    | 4. Fall: **Akkusativ** | Wen …? oder Was …? | „den Zeiger" |

    Meist ist der Kasus am Begleiter des Nomens zu erkennen, manchmal auch an der Endung des Nomens, z. B. „des Zeigers".
    Wenn man ein Nomen in einen Kasus setzt, nennt man das **deklinieren** (beugen).

307

## Adjektive

**Adjektive** (Eigenschaftswörter) dienen dazu, Personen, Dinge usw. genauer zu beschreiben, z. B.: „das *blaue* Band", „der *stolze* Besitzer".
Wenn Adjektive vor einem Nomen stehen, werden sie zusammen mit diesem **dekliniert,** z. B.: „der *stolze* Besitzer – des *stolzen* Besitzers".
Adjektive werden bei Vergleichen gesteigert: Man bildet zur Grundform **(Positiv)** den **Komparativ** und den **Superlativ,** z. B.: „schön – schöner – am schönsten".
Adjektive im Superlativ mit „am" werden wie alle Adjektive **kleingeschrieben.**

## Pronomen

**Pronomen** (Fürwörter) können auf Nomen verweisen, die im Text schon genannt worden sind, oder Nomen begleiten. Pronomen lassen sich meist deklinieren.
- **Personalpronomen:** „ich", „du", „er/sie/es", „wir", „ihr", „sie".
- **Possessivpronomen:** „mein", „dein", „sein/ihr/(sein)", „unser", „euer", „ihr Haus".
- **Demonstrativpronomen:** Sie können ein Nomen begleiten oder können auch allein stehen: „dieser (Junge)", „jene (Frau)", „dieses (Haus)".
- **Indefinitpronomen:** „etwas", „einige", „manche", „andere", „kein" ...
- **Reflexivpronomen:** „mir", „mich", „dir", „dich", „sich", „uns", „euch", „sich". Sie stehen in Verbindung mit bestimmten Verben, z. B.: „sich aufrichten".
- **Relativpronomen:** „der", „die", „das" und „welcher", „welche", „welches".
  „Der Koch, *der* die Speisen zubereitet, trägt eine riesige Mütze."

## Konjunktionen

Konjunktionen verbinden Wörter oder Sätze miteinander. Man unterscheidet zwei Arten von Konjunktionen:
- **Nebenordnende Konjunktionen** wie „und", „oder", „aber" usw. verknüpfen Wörter, Wortgruppen oder Hauptsätze. Z. B.: „Es regnet, *und* er hat keinen Schirm."
- **Unterordnende Konjunktionen** wie „weil", „obwohl", „dass" leiten Nebensätze ein. Z. B.: „Es ärgert ihn, *dass* er keinen Schirm hat."

## Präpositionen

Wörter wie „in", „auf", „nach", „vor" nennt man **Präpositionen** (Verhältniswörter). Sie bezeichnen oft **räumliche Verhältnisse:** „*auf* dem Zifferblatt". Präpositionen können aber auch **zeitliche Beziehungen** ausdrücken („*in* drei Stunden"), einen **Grund** angeben („*wegen* der Ausstellung") oder die **Art und Weise** bezeichnen („*mit* großem Eifer"). Präpositionen bestimmen den Kasus des nachfolgenden Worts oder der Wortgruppe: „*in* das Haus", „*neben* dem Haus", „*wegen* des Hauses".

## Adverbien

Wörter, die nähere Angaben zu einem Geschehen machen, bezeichnet man als **Adverbien** (Umstandswörter, Singular: das Adverb). Sie erklären genauer, wo, wann, wie oder warum etwas geschieht, und sind **nicht flektierbar** (veränderbar).
Z. B.: „Die Post kam *gestern*." „Der Zirkus spielt *dort*."

## Verben

**Verben** geben an, was ist, was geschieht oder was jemand tut, z. B.: „haben", „regnen", „gehen". Setzt man Verben in die **Personalform,** nennt man dies konjugieren: „gehen – er geht".
Ungebeugte Formen des Verbs sind der **Infinitiv,** z. B.: „gehen", das **Partizip I,** z. B.: „gehend", und das **Partizip II,** z. B.: „gegangen".

Die Befehlsform nennt man **Imperativ.** Ein Imperativ kann an einzelne oder an mehrere Personen gerichtet sein:
„Geh(e)!" – „Geht!"; „Gib!" – „Gebt!"

Verben mit einem Akkusativobjekt, das bei der Umwandlung ins Passiv zum Subjekt wird, nennt man **transitive Verben,** z.B.:
„Der Fotograf *spannt* den Film in die Halterung *ein*." – „Der Film wird in die Halterung eingespannt."
Alle anderen Verben werden **intransitive Verben** genannt, z. B.:
„Katharina *dankt* Onkel Michael für die Kamera."

## Aktiv und Passiv

Bei der Darstellung von Handlungen und Vorgängen unterscheidet man die Verbformen Aktiv und Passiv.

- ☐ Sätze, in denen die Handlungsträger als Subjekt des Satzes erscheinen, stehen in der Verbform **Aktiv,** z. B. :
„Katharina *knipst* einen ganzen Film voll." – „Sie *wählt* später mit der Klasse die gelungenen Bilder *aus*."
**Handlungsträger** im grammatischen Sinne können auch Gegenstände oder andere Erscheinungen sein, z. B.:
„*Der Fotoapparat* steht auf einem Stativ."

- ☐ Sätze, in denen mit dem Subjekt des Satzes etwas geschieht, stehen in der Verbform **Passiv,** z. B.: „Das Modell *wird geschminkt*." – „Die Fotos *werden retuschiert*."
In Passivsätzen kann auch der Handlungsträger genannt werden, und zwar in Form einer **Präpositionalgruppe,** z. B.:
„Dir wird *von fremden Leuten* im Gesicht rumgefummelt".

Orientierungswissen

## Die Aussageweisen des Verbs: Indikativ und Konjunktiv ▷ S. 105–117

Man unterscheidet in der Sprache verschiedene Aussageweisen des Verbs, die Modi (Singular: Modus). Sie ermöglichen es, eine Aussage „einzufärben", sie z. B. als Tatsache, Wunsch, Annahme oder Aufforderung kenntlich zu machen.

☐ **Indikativ** (Wirklichkeitsform)
Wenn man ausdrücken möchte, dass etwas wirklich geschieht oder eine Aussage uneingeschränkt gültig ist, steht das Verb im Indikativ, z. B.:
„Ich *bin* 13 Jahre alt."
„Weil die Sonne *scheint, fahren* wir ins Freibad."
Auch in Bedingungsgefügen, deren Bedingung eintritt oder eintreten kann, verwenden wir den Indikativ. Solche Bedingungsgefüge nennen wir **reale Bedingungsgefüge,** z. B.:
„Wenn es *regnet, nimmt* Paula ihren Schirm mit."

☐ **Konjunktiv** (Möglichkeitsform)
■ **Konjunktiv I**
Mit dem Konjunktiv I drückt man einen **Wunsch** aus, z. B.:
„*Möge* dein Wunsch in Erfüllung gehen."
„Er *ruhe* in Frieden."
Man verwendet ihn auch in der **indirekten Rede,** z. B.:
„Daniela sagt, dass sie einen neuen Wintermantel *brauche*."

Die Formen des **Konjunktivs I** werden vom Infinitiv abgeleitet. Ihr besonderes Kennzeichen sind Endungen, die ein **e** enthalten:

| Infinitiv | Indikativ Präsens | Konjunktiv I |
|---|---|---|
| *bring-en* | *er bringt* | *(sie behauptet,) er bringe* |
| *schlaf-en* | *er schläft* | *(sie behauptet, ) er schlafe* |
| *komm-en* | *er kommt* | *(sie behauptet,) er komme*    aber: |
| *sein* | *er ist* | *(sie behauptet,) er sei* |

Wenn der Konjunktiv I nicht vom Indikativ zu unterscheiden ist, verwendet man den **Konjunktiv II** oder eine **Umschreibung mit *würde*,** z. B.: „Er sagt, dass sie eine neue Fabrik ~~bauen~~ *bauten/bauen würden*."
Manche Konjunktivformen sind heute ungebräuchlich oder wirken altertümlich („du gewännest/gewönnest"). Auch in diesen Fällen verwendet man die Ersatzform mit *würde* („du *würdest* gewinnen").

■ **Konjunktiv II**
Bei Aussagen, die man anzweifelt, die man als unwirklich, nicht wahr oder wünschenswert ansieht, verwendet man den Konjunktiv II, z. B.:
„Ach, *wäre* ich doch schon 15 Jahre alt."
„Wenn die Sonne *schiene, führen* wir ins Freibad."
Auch in Bedingungsgefügen, deren Bedingung nicht (mehr) eintreten kann, verwenden wir den Konjunktiv II. Solche Bedingungsgefüge nennen wir **irreale Bedingungsgefüge,** z. B.: „Wenn es *regnete, nähme* Paula ihren Schirm mit."

310

Der **Konjunktiv II** wird vom Indikativ Präteritum/Imperfekt abgeleitet (oft mit Umlaut, d. h. Wechsel von **a, o, u** zu **ä, ö, ü**):

| Infinitiv | Indikativ Präteritum | Konjunktiv II |
|---|---|---|
| bauen | er baute | er baute |
| schlafen | er schlief | er schliefe |
| bringen | er brachte | er brächte |
| kommen | er kam | er käme |
| sein | er war | er wäre |

Wenn der Konjunktiv II auch im Textzusammenhang nicht vom Indikativ Präteritum zu unterscheiden ist, wählt man die **Umschreibung mit** *würde*.
„Ich *machte* gern eine große Reise." → „Ich *würde* gern eine große Reise *machen*."
Die Umschreibung mit *würde* wählt man auch, wenn die Konjunktiv-II-Form ungebräuchlich ist oder als „geziert" empfunden wird, z. B.:
„ich empfähle → ich würde empfehlen", „er hübe → er würde heben".

### Modalverben  ▷ S. 119–121

**Funktionen der Modalverben**
Mit der Sprache kann man vermitteln, ob etwas als **Möglichkeit, Erlaubnis, Empfehlung, Forderung** oder **Verpflichtung/Zwang** verstanden werden soll.

| können | sollen | müssen | dürfen | wollen | mögen |
|---|---|---|---|---|---|
| Möglichkeit | Regelung | Gebot | Erlaubnis | Absicht | Wunsch |
| Fähigkeit | Auflage | Zwang | Möglichkeit | Bereitschaft | Möglichkeit |

## 2.4 Satzglieder

### Satzglieder im Überblick

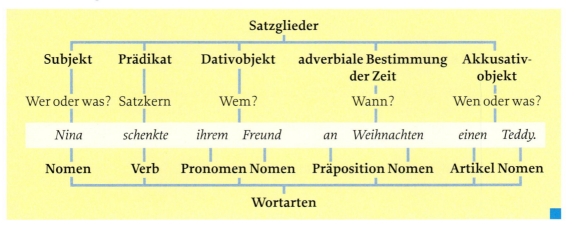

311

Orientierungswissen

## Satzglieder: Umstellprobe – Satzgliedfrage

Ein Satz setzt sich aus verschiedenen **Satzgliedern** zusammen. Ob ein einzelnes Wort oder eine Wortgruppe ein Satzglied bildet, erkennt man durch die **Umstellprobe:** Satzglieder lassen sich umstellen, ohne dass sich der Sinn des Satzes ändert.

- ☐ Das **Prädikat:** Prädikate werden durch Verben gebildet. Es gibt einteilige Prädikate (z. B.: „Sie *baut* einen Drachen.") und mehrteilige Prädikate (z. B.: „Sie *hat* einen Drachen *gebaut*."). Die Personalform des Verbs („*hat*") steht im Aussagesatz an zweiter Stelle.

Um die weiteren Satzglieder zu bestimmen, stellen wir vom Prädikat ausgehend Fragen:
- ☐ Das **Subjekt.** Es steht immer im Nominativ. Wir ermitteln es durch die Frage: „Wer ...? oder Was ...?": „*Wer* hat einen Drachen gebaut? – *Sie* hat ihn gebaut."
- ☐ Das **Akkusativobjekt;** wir erfragen es mit „Wen ...? oder Was ...?": „*Was* hat sie gebaut? – Sie hat *einen Drachen* gebaut."
- ☐ Das **Dativobjekt;** wir erfragen es mit „Wem ...?": „*Wem* hat sie den Drachen geschenkt? – Sie hat ihn *ihrem Vater* geschenkt."
- ☐ Das **Genitivobjekt** wird nur noch selten gebraucht. Wir erfragen es mit „Wessen ...?". „*Wessen* erinnerte er sich? – Er erinnerte sich *des Vorfalls*."
- ☐ Das **Präpositionalobjekt;** wir erfragen es mit „Worüber ...?", „Worauf ...?", „Wovon ...?" usw.: „*Worüber* hat er sich gefreut? – Er hat sich *über den Drachen* gefreut." Präpositionalobjekte stehen nach Verben mit Präpositionen wie „achten auf", „denken an". Die Präposition gehört fest zum Verb.

## Adverbiale Bestimmungen

**Angaben zu näheren Umständen** gibt es in unterschiedlichen sprachlichen Formen: Die Frage „Wann?" kann z. B. beantwortet werden durch:
- ☐ ein Satzglied, eine **adverbiale Bestimmung:**
  - ■ „Die Polizisten kamen *nach zwei Stunden*." → eine Wortgruppe mit Präposition.
  - ■ „Sie kamen *sofort*." → ein einzelnes Wort, das sich nicht beugen lässt.
- ☐ einen Gliedsatz, den **Adverbialsatz:** „Sie kamen, *als sie ins Fernsehstudio gerufen wurden*." → ein Nebensatz an der Stelle der adverbialen Bestimmung.

## Attribute (Satzgliedteile)

Angaben, die Bezugswörter genauer bestimmen, nennt man **Attribute.** Fast alle Attribute antworten auf die Frage „*Was für ein ...?*". Ein Attribut kann vor oder nach einem Bezugswort stehen. Es ist **Teil eines Satzglieds** und bleibt bei der Umstellprobe mit seinem Bezugswort verbunden.

Beispiel: „Hier ist *das Büro **des Superdetektivs**.*"
„*Das Büro **des Superdetektivs*** ist hier."

Bis auf das Prädikat kann jedes Satzglied durch ein Attribut erweitert werden. Es gibt verschiedene Formen des Attributs, z. B.:

- Adjektive: „das *laute* Klingeln"
- Genitivattribut: „das Büro *des Superdetektivs*"
- Apposition (meist in Kommas eingeschlossen): „Harvey, *der Meisterschnüffler, ...*"
- präpositionales Attribut: „das Telefon *neben dem Bett*"
- Adverb: „das Mädchen *dort*"
- Pronomen: „*diese* Schule", „*dein* Geburtstag"
- Zahlwörter: „*drei* Äpfel", „*viele* Menschen"

## 2.5 Sätze, Zeichensetzung

### Die Satzreihe

Ein zusammengesetzter Satz, der aus **zwei oder mehr Hauptsätzen** besteht, wird **Satzreihe** genannt. Die Teilsätze werden manchmal nur durch **Komma** voneinander abgegrenzt: „Die Zeitungen unterlagen der Zensur, sie mussten von den Fürsten genehmigt werden." Meist werden die Teilsätze aber durch **nebenordnende Konjunktionen** (Bindewörter) miteinander verbunden (z. B.: „und", „oder", „denn").
Vor „denn" **muss** immer ein Komma stehen:
„Nächste Woche verreise ich, *denn* dann sind Ferien."
Vor „und" oder „oder" **kann** das Komma in der Satzreihe stehen:
„Entweder gehen wir jetzt los, *oder* ich setze mich vor den Fernseher."

### Das Satzgefüge

Ein Satzgefüge besteht aus mindestens einem **Hauptsatz** („Es durften nur Zeitungen erscheinen, ...") und einem **Nebensatz.** Nebensätze werden meist mit einer unterordnenden Konjunktion („..., *wenn* der Fürst es erlaubt hatte.") oder einem **Relativpronomen** („... die von dem Fürsten genehmigt worden waren") eingeleitet. Nebensätze, die die Stelle eines Satzglieds einnehmen, heißen auch **Gliedsätze.**
Nebensätze werden vom Hauptsatz immer durch Komma abgetrennt.

### Reale und irreale Bedingungsgefüge                    ▷ S. 110

- In einem Satzgefüge stellt der **konditionale Gliedsatz** eine Bedingung dar:
  „*Wenn ich Geld habe,* (dann) kann ich etwas kaufen."
  Ist diese Bedingung möglich oder sogar wahrscheinlich, handelt es sich um ein **reales Bedingungsgefüge.** Konditionalsätze werden eingeleitet mit den Konjunktionen „wenn", „falls", „sofern".

Orientierungswissen

- In **Konditionalsatzgefügen** mit Bedingungen, deren Erfüllung sehr unwahrscheinlich (irreal) ist, wird der **Konjunktiv II** (auch: Irrealis) im Hauptsatz und im Gliedsatz gebraucht: „Wenn ich Millionär *wär'*, *würde* ich mir einen Wald kaufen." „*Wäre* ich Abgeordneter, *plante* ich ein Gesetz gegen den Lärm." (Konditionalsätze ohne Konjunktion mit finitem Verb am Anfang.)

- Außerdem lässt sich mit dem Konjunktiv II Folgendes ausdrücken:
  - Ein **erfüllbarer Wunsch:** „Ich *wollte*, morgen *wäre* hitzefrei!"
  - Ein **unerfüllbarer Wunsch** im Konjunktiv II: „*Hätte* ich das bloß nicht *gesagt!*"
  - Eine **höfliche Aufforderung:** „*Würden* Sie bitte Platz machen?"
  - Ein **Zweifel:** „*Hättest* du das auch *getan?*"

## Nebensätze

### Relativsätze
Ein Nebensatz, der ein Bezugswort näher erläutert, heißt **Relativsatz**. Er hat im Satz die Rolle eines Attributs.

Kennzeichen des Relativsatzes sind:
- Er wird durch ein **Relativpronomen** eingeleitet: „der", „die", „das" (ersetzbar durch: „welcher", „welche", „welches").
- Die Personalform des Prädikats steht am Satzende.
- Er bezieht sich auf ein Nomen oder Pronomen im Hauptsatz.
  „Das Buch, *das* ich gelesen habe, ist gut." → Das Buch, *welches* ...

- Ein Relativsatz kann wie ein Attribut auch mit „Was für ein ...?" erfragt werden. Denn Relativsätze sind **Attributsätze**.
- „Ein Buch, *das mir gefällt*, empfehle ich weiter." → Was für ein Buch ...? – Ein Buch, das mir gefällt, ...

### Gliedsätze
- **Adverbialsätze**
  
  Adverbialsätze sind Gliedsätze. Sie können an die Stelle der adverbialen Bestimmung treten.
  Adverbialsätze werden mit **unterordnenden Konjunktionen** eingeleitet, z. B.: „bis", „da", „als" ...
  Beispiel:
  „Die Feuerwehr suchte mit einem Schlauchboot den kleinen See ab, ***bis** sie das dressierte Tier in Ufernähe entdeckte (bis zur Entdeckung des Tieres in Ufernähe).*"
  Man kann bei Adverbialsätzen verschiedene **Typen** unterscheiden.

314

Orientierungswissen

■ **Typen von Adverbialsätzen**

| Satztyp | Beziehung zum Hauptsatz/Funktion | Konjunktionen/ Einleitewörter |
| --- | --- | --- |
| Konditionalsatz | Bedingung | wenn; falls; sofern; unter der Bedingung, dass |
| Kausalsatz | Grund, Ursache | weil; da; zumal |
| Finalsatz | Absicht, Zweck | damit; auf dass |
| Konsekutivsatz | Folge, Wirkung | sodass; so ..., dass; als dass |
| Modalsatz | Art und Weise | (in der Art), dass; indem; wie; (so) wie; (anders) als; ohne dass; als ob; je ..., (desto) |
| Konzessivsatz | Zugeständnis, Einräumung | obwohl; obgleich; obschon; wenn-gleich; wenn auch |
| Temporalsatz | Zeit | als; während; bis; bevor; ehe; nachdem; seitdem; sobald; wenn |

☐ **Inhaltssätze**

■ **Inhaltssätze** sind Gliedsätze, die die Rolle von Subjekt oder Objekt in Sätzen übernehmen können. Sie heißen daher auch **Subjektsätze** oder **Objektsätze** und lassen sich wie Subjekt oder Objekt erfragen:
„Wen oder was lese ich? – „..., *dass ein Sachbuch ausgezeichnet wird.*"
Die **Subjektsätze** und **Objektsätze** geben den Inhalt dessen an, was man weiß, sagt, vermutet, hofft, wünscht; was klar oder unklar ist usw. Deshalb nennt man diese Gliedsätze auch **Inhaltssätze.**

■ **Formen von Inhaltssätzen**

| Beispiele | |
| --- | --- |
| 1. Fest steht, ***dass** Kinder die Universität kennen lernen sollen.* | **dass**-Satz |
| 2. Die Kinder interessiert, ***was** an den Hochschulen erforscht wird.* | **indirekter Fragesatz** (aus: Was wird dort geforscht?) |
| 3. Anfangs wusste niemand, ***ob** die Kinder die Professoren verstehen würden.* | **indirekter Fragesatz** (aus: Würden die Kinder die Professoren verstehen?) |
| 4. Den Universitäten gelang es, *die Kinder für die Forschung **zu interessieren.*** | **Infinitivsatz** (satzwertiger Infinitiv) |

☐ **Infinitivsätze**                                                           ▷ S. 154

Ein Infinitivsatz besteht aus einem Infinitiv mit „zu" und mindestens einem weiteren Wort, z. B.: „Grossmann hoffte, *mit einfachen Mitteln die Nervosität eines Menschen sicht-bar **zu machen.*** "
Infinitivsätze werden mit **Komma** vom Hauptsatz abgetrennt,

■ wenn der Infinitivsatz durch „um", „ohne", „statt", „anstatt", „außer", „als" einge-leitet wird, z. B.: ***„Um** ein Tatterometer zu bauen*, braucht man Halter, Nadel und eine runde Scheibe." – „Welcher Politiker lässt sich an das Tatterometer anschließen, ***ohne** dabei zu zögern?*";

315

■ wenn der Infinitivsatz von einem Nomen oder einem hinweisenden Wort abhängt, wie z.B.: „darauf", „daran" oder „es": „Er hatte **die Absicht**, *den Grad des Zitterns der Hand zu messen.*" – „Er wagte sich nicht **daran**, *einen öffentlichen Test mit dem Tatterometer durchzuführen.*"

□ **Partizipgruppen**                                                                                    ▷ S. 153
Obwohl Partizipgruppen kein Verb in der Personalform enthalten, können sie im Satz die Funktion von Gliedsätzen übernehmen. Man nennt sie darum auch **satzwertige Partizipien.** Partizipien müssen normalerweise nicht durch Kommas abgetrennt werden.

**Kommas stehen allerdings,**
■ wenn durch hinweisende Wörter auf die Partizipgruppe Bezug genommen wird, z. B.: „So, *eingespannt in ein festes Gestell*, bewegt sich der Ranzen beim Gehen auf und ab."
■ wenn die Partizipgruppe am Satzende steht, z. B.: „Der Ranzen bewegt sich beim Gehen auf und ab, *eingespannt in ein festes Gestell.*"

Partizipgruppen können durch Komma abgetrennt werden, wenn man die Gliederung des Satzes verdeutlichen will.

## Das Komma bei Aufzählungen

□ **Wörter und Wortgruppen in Aufzählungen** werden durch **Kommas** abgetrennt.
„Für die neue Wohnung kaufen sie *Betten, Regale, Stühle, Küchenmöbel.*"
Vor den entgegenstellenden Konjunktionen „aber", „jedoch", „sondern", „doch" steht ebenfalls ein Komma: „Deutsch lernt Karl in der Schule, *aber* nicht bei seinem Vater."
□ **Kein Komma steht vor den nebenordnenden Konjunktionen** „und", „oder", „sowie", „entweder ... oder", „sowohl ... als auch": „Die Kinder behandeln Karl entweder freundlich *und* aufmunternd *oder* abweisend."

## Zeichensetzung bei der wörtlichen Rede

□ Die wörtliche Rede steht in **Anführungszeichen.** Der Redebegleitsatz kann der wörtlichen Rede vorangestellt, nachgestellt oder in die wörtliche Rede eingeschoben sein.
□ Nach einem **vorangestellten Redebegleitsatz** weist ein Doppelpunkt auf die folgende wörtliche Rede hin. Beispiel: *Sie sagte:* „Ich besuche dich bald."
□ Der **nachgestellte Redebegleitsatz** wird durch ein Komma von der wörtlichen Rede abgetrennt. Beispiel: „Halt! Stehen bleiben!", *riefen die Polizisten.*
□ Der **eingeschobene Redebegleitsatz** wird durch Kommas von der wörtlichen Rede abgetrennt. Beispiel: „Ich suche das Buch", *sagte sie,* „weißt du, wo es sein könnte?"

Orientierungswissen

### Der Apostroph ▷ S. 166

- **Auslassung von Buchstaben** in Wörtern kennzeichnet man mit dem **Apostroph.** Wenn Eigennamen, die im Nominativ mit dem s-Laut enden, im Genitiv stehen, lässt man beim Schreiben das Genitiv-s weg und setzt einen Apostroph, z. B.: „Jens' Geburtstag". Das gilt für Wörter, die am Ende mit **-s, -ss, -ß, -tz, -z, -x** oder **-ce** geschrieben werden.
- Ist der Genitiv durch einen beigefügten Artikel, ein Possessivpronomen oder Ähnliches erkennbar, entfällt der Apostroph, z. B.: „Zum Geburtstag unseres kleinen Jens."

### Doppelpunkt, Semikolon, Gedankenstrich ▷ S. 157

- Mit dem **Doppelpunkt** kündigt man an, dass etwas Weiterführendes folgt:
  - **wörtliche Rede,** z. B.: Er sagte: „Dreh bitte den Spiegel zur Seite."
  - **Aufzählen** und **Erklärungen,** z. B.:
    „Bitte beachtet den folgenden Hinweis: Bei dem Karussell-Versuch mit Wasser kann man nass werden."
  - **Zusammenfassungen** oder **Schlussfolgerungen,** z. B.:
    „Das empfinden auch Karussellfahrer: Die Fliehkraft scheint sie gegen den äußeren Rand des Karussells zu drücken."
  Wenn nach dem Doppelpunkt wörtliche Rede oder ganze Sätze folgen, wird das nächste Wort großgeschrieben.
- Das **Semikolon** (der Strichpunkt) steht im Inneren von Sätzen, z. B.: „Es zählt nicht als Satz-Schlusszeichen; entsprechend wird das folgende Wort kleingeschrieben." Im Grad der Abgrenzung nimmt das Semikolon eine Mittelstellung zwischen Komma und Punkt ein.
- Der **Gedankenstrich** ist ein starkes Grenzsignal.
  - Als **einfacher Gedankenstrich** drückt er einen Gedankenwechsel, z. B. Überraschung aus. Er kann innerhalb von Sätzen oder zwischen Ganzsätzen stehen, z. B.: „Auch wenn das Wasser über Kopf geschleudert wird, bleibt es – im Gefäß." „Der Versuch mit den Spiegeln ist gelungen. – Jetzt geht es um die Versuchsbeschreibung."
  - Mit dem **paarigen Gedankenstrich** schließt man Zusätze oder Nachträge ein, die eingeschoben sind, z. B.: „Für den Versuch braucht man – wie gesagt – ein rohes und ein gekochtes Ei."

## 2.6 Rechtschreibung

### Tipps zur Rechtschreibung

**Schreibweisen ausprobieren**
Oft hilft es, das Wort, bei dem man unsicher ist, in unterschiedlichen Schreibweisen aufzuschreiben. Was fremd erscheint, scheidet aus.

## Proben

Auch folgende Proben können helfen:

- das Wort **verlängern,** z. B.: „Wald" – „Wälder"
- ein **verwandtes Wort** oder die Grundform **suchen,** z. B.:
  „mächtig" – „Macht", „willst" – „wollen"
- ein zusammengesetztes Wort **zerlegen,** z. B.: „Kinderkram" – „Kinder" + „Kram"

## Das Wörterbuch

Bei Zweifeln über die richtige Schreibweise hilft das Nachschlagen im Rechtschreibwörterbuch.

## Die Silbentrennung

Mehrsilbige Wörter trennt man nach **Sprechsilben,** die man bei langsamem, betontem
Sprechen hören kann, z. B.: „Mor-gen-spa-zier-gang", „Kas-ten".
Beachtet die Trennung bei Doppelkonsonanten: „Lap-pen", „Wol-le, ren-nen".

## Die Rechtschreibkartei

Es ist wichtig, fehlerfrei zu schreiben, damit man sich nichts Falsches einprägt.
Die Rechtschreibkartei kann man führen als

- **persönliche Fehlerkartei,** die Wörter enthält, bei denen man häufig Fehler macht;
- **Regelkartei,** in der Rechtschreibregeln und passende Beispielwörter aufgeschrieben
  werden.

## Die Schreibung nach kurzen Vokalen

### Doppelkonsonanten

Nach **betonten kurzen Vokalen** folgen fast immer **zwei Konsonanten.**

- Meist kann man sie beim Hören gut unterscheiden, z. B. bei „Hund", „Topf", ...
- Hört man nur einen Konsonanten, wird der beim Schreiben **verdoppelt,**
  z. B. bei „knabbern", „Pudding", „Koffer", ....

Es gibt zwei **Sonderfälle:**

- Statt verdoppeltem **z** wird **tz** geschrieben: „Mütze", „Blitz", „flitzen" ...
- Statt verdoppeltem **k** wird **ck** geschrieben: „Stück", „Bäcker" ...
  Bei der Silbentrennung wird **ck** nicht getrennt, sondern in die folgende Zeile
  geschrieben.

## Die Schreibung nach langen Vokalen

- **Lang gesprochene Vokale a, e, o, u**
  Die **lang gesprochenen Vokale a, e, o, u** sowie die Umlaute **ä, ö** und **ü** werden oft nur
  mit einem einfachen Buchstaben geschrieben, z. B.: „brav", „leben", „rot", „müde". Das
  gilt besonders für einsilbige Wörter: „wen", „zu", „so" und die Suffixe „-tum", „-bar",
  „-sal" und das Präfix „ur", z. B.: „**Ur**tier", „sonder**bar**", „Rinn**sal**", „grau**sam**", „Reich**tum**".

☐ **Lange Vokale mit h**

Hinter lang gesprochenem **a, e, o, u** sowie den Umlauten **ä, ö,** und **ü** steht manchmal ein **h**, vor allem in Verbindung mit den nachfolgenden Konsonanten **l, m, n** und **r**, z. B.: „Wa**h**l", „fü**h**len", „za**h**m", „Le**h**m", „So**h**n", „Bü**h**ne", „me**h**r", „se**h**r", „U**h**r".

☐ **Doppelvokal**

Einige wenige Wörter werden mit Doppelvokal geschrieben, z. B.: „Paar", „Beere", „Boot".

☐ **i als einfaches i geschrieben**

Es gibt nur wenige Wörter, in denen ein lang gesprochenes **i** durch den **Einzelbuchstaben i** wiedergegeben wird. Einige dieser Wörter sind Fremdwörter, z. B.: „Stil".

☐ **i als ie geschrieben**

Meist wird das lang gesprochene **i** als **ie** geschrieben, z. B.: „Kn**ie**", „s**ie**", „M**ie**te", „T**ie**r", „z**ie**mlich", „g**ie**ßen".

Das **ie** erscheint auch in den fremden Wortausgängen **-ie, -ier, -ieren**, z. B.: „Industr**ie**", „Batter**ie**", „Scharn**ier**", „Klav**ier**", „repar**ier**en", „Reg**ie**rung".

## Die Schreibung des s-Lauts

### Der s-Laut am Wortende

Die Schreibung des s-Lautes am Wortende richtet sich danach, ob dem s-Laut ein kurzer Vokal oder ein langer Vokal oder ein Diphthong vorangeht.

☐ **Nach kurzem Vokal** steht fast immer **ss**, z. B.: „der Bi**ss** – die Bi**ss**e".

☐ **Nach einem langen Vokal** oder **Diphthong** stehen die Buchstaben **s** oder **ß**.

☐ Die Verlängerungsprobe hilft euch bei der Schreibung:

 ■ Wenn der **s-Laut** in der Wortverlängerung **stimmlos** ist, schreibt ihr **ß**, z. B.: „sie heißt – heißen", „der Spaß – die Späße".

 ■ Wenn der **s-Laut** in der Wortverlängerung **stimmhaft** ist, schreibt ihr **s**, z. B.: „das Haus – die Häuser, er niest – niesen".

### Der s-Laut im Wortinnern

Manche Verben haben in ihren Verbformen einen Wechsel von **ss** und **ß**, z. B.: „lassen" – „sie ließ" – „sie hat gelassen".

Auch bei verwandten Wörtern können **ss** und **ß** wechseln, z. B.: „Fluss" – „fließen".

Auch hier gilt: Nach kurzem Vokal schreibt man **ss**. Nach einem langen Vokal oder Diphthong schreibt man **ß**.

## Groß- und Kleinschreibung

### Satzanfänge und Nomen

Satzanfänge und Nomen werden großgeschrieben. Wörter, die auf „-heit", „-keit", „-nis", „-ung", „-tum", „-schaft" enden, sind immer Nomen.

Orientierungswissen

## Nomensignale

Folgende **Signale** können auf **Nomen** hinweisen:

- ☐ ein vorausgehender **Artikel,**
  z. B. „*der* Fackellauf", „*einen* Tag";
- ☐ eine **Präposition** (die auch mit einem Artikel verschmolzen sein kann),
  z. B.: „*zum* Laufen", „*fürs* Zuschauen";
- ☐ ein vorangestelltes **Pronomen** oder ein **Zahlwort,**
  z. B.: „*ihren* Sieg", „*zehn* Monate";
- ☐ ein vorangestelltes **Adjektiv** (oft in Verbindung mit Artikel oder Präposition),
  z. B.: „im *alten* Griechenland", „ein *religiöses* Fest".

## Nominalisierung

Wörter anderer Wortarten schreibt man groß, wenn sie im Satz **als Nomen gebraucht** werden, z. B.: „das Laufen" (Verb), „im Grünen" (Adjektiv). Diesen Vorgang nennt man **Nominalisierung.** Man erkennt das an der Verbindung mit einem der Nomensignale. Nominalisierungen, die aus mehreren Wörtern bestehen, schreibt man zusammen, z. B.: „das **D**iskuswerfen".
Nicht immer wird eine Nominalisierung durch ein Signalwort angekündigt.
Dann gilt: Wenn man ein Signalwort ergänzen könnte, schreibt man groß, z. B.: „Lediglich (das) **R**ingen fand im heiligen Hain statt."

## Eigennamen und Herkunftsbezeichnungen

- ☐ In **mehrteiligen Eigennamen** mit Bestandteilen, die keine Nomen sind, schreibt man alle Wörter groß, mit Ausnahme der Artikel, Konjunktionen und Präpositionen, z. B.: „der Afrikanische Büffel", „die Geometrische Landschildkröte"; „Mülheim an der Ruhr".

- ☐ Die von **geografischen Namen abgeleiteten** Wörter auf **-er** schreibt man immer groß, z. B.: „Hamburger Hafen"; „Dresdner Stollen".

- ☐ Die von **geografischen Namen abgeleiteten Adjektive** auf **-isch** werden kleingeschrieben, wenn sie nicht Bestandteil eines Eigennamens sind, z. B.: „südafrikanischer Nationalpark", „sambische Flusslandschaft"; „italienischer Wein".

### Tageszeiten und Wochentage

- ☐ Bezeichnungen für Tageszeiten und Wochentage werden **großgeschrieben,** wenn sie **Nomen** sind, z. B. „am Nachmittag", „eines Tages"; „jeden Mittwoch".
- ☐ Bezeichnungen für Tageszeiten und Wochentage werden **kleingeschrieben,** wenn sie **Adverbien** sind, z. B. „gestern", „nachmittags", „heute früh"; „freitags", „werktags".
- ☐ **Zweiteilige Tageszeiten** schreibt man so: „heute Abend", „gestern Nacht".

320

## Getrennt- und Zusammenschreibung

Auch wenn zwei Wörter inhaltlich eng zusammengehören, schreibt man normalerweise **getrennt**. Das gilt

- für alle Wortgruppen mit dem Verb **„sein"**, z. B. „zufrieden sein", „da sein";
- für die meisten Worgruppen aus **mehreren Verben**, z. B. „spazieren gehen", „reiten lernen";
- für die meisten Wortgruppen aus **Nomen und Verb**, z. B. „Klavier spielen", „Auto fahren";
- für die meisten Wortgruppen aus **Adjektiv und Verb**, z. B. „laut lachen", „schnell laufen".

**Zusammen** schreibt man

- **untrennbare Verbzusammensetzungen**, bei denen die Reihenfolge der Bestandteile immer die gleiche ist, z. B. „durchschauen" → „Er durchschaute es.", „wetteifern" → „Sie wetteifern um den Sieg.";
- Verbindungen aus **Adjektiv und Verb**, die man nicht wörtlich, sondern nur im übertragenen Sinn verstehen kann, z. B. „schwarzfahren" (= ohne Führerschein fahren), „schwerfallen" (= Mühe haben);
- die meisten Verbindungen aus **Adverb und Verb**, z. B. „vorwärtskommen", „entlanggehen", „sich auseinandersetzen";
- **Nominalisierungen** von Wortgruppen, z. B. „das Radfahren", „das Klavierspielen".

## Die Schreibung von Fremdwörtern

**Fremdwörter erkennen** ▷ S. 148

**Fremdwörter** kann man an ihren **Suffixen** und **Präfixen** erkennen.

- **Nomen** haben oft die Suffixe **-(t)ion, -eur, -age, -ie**, z. B.: „Konstruk**tion**", „Mont**eur**", „Blam**age**", „Industr**ie**".
- Bei **Verben** gibt es oft das Suffix **-ieren**, z. B.: „inform**ieren**", „diskut**ieren**".
- **Adjektive** haben oft das Suffix **-iv** ider **-(i)ell**, z. B.: „intens**iv**", „finanz**iell**", „aktu**ell**".
- **Präfixe**, wie z. B. **in-, inter-, mono-, uni-, ex-** verweisen auf ein Fremdwort: „**in**offiziell", „**inter**kulturell", „**mono**gam", „**uni**sono", „**Ex**pedition".

**Doppelschreibungen bei Fremdwörtern** ▷ S. 150

- Manche **Fremdwörter aus dem Allgemeinwortschatz** werden eingedeutscht, d. h. in ihrer Schreibweise dem Deutschen angepasst. Die fremdsprachige Schreibung bleibt oft neben der eingedeutschten bestehen. Durch die Doppelschreibungen sollen die Fremdwörter ins Deutsche einbezogen und die Schreibung insgesamt erleichtert werden. Die Entscheidung, welche Variante gewählt wird, ist den Schreibenden überlassen. Weil es keine eindeutige Regelung gibt, für welche Fremdwörter eine eingedeutschte Schreibweise möglich ist, hilft in Zweifelsfällen nur der Blick ins Rechtschreibwörterbuch.
- **Fremdwörter aus Fachsprachen** werden dagegen nicht eingedeutscht und behalten die typisch fremdsprachlichen Buchstabengruppen bei, z. B. „Chip".

Orientierungswissen

# 3 Lesen – Umgang mit Texten und Medien

## 3.1 Lesetechnik, Texte verstehen

### Texte verstehen
▷ S. 291

Lesen kann man auf unterschiedliche Art und Weise. Je nachdem wie intensiv man einen Text liest, kommt man zu einem nur ungenauen oder besonders tiefen Verständnis. Einen Text verstehen heißt:
- ☐ **Informationen ermitteln:** Man entnimmt dem Text direkt Informationen. Diese können sofort ersichtlich oder auch versteckt sein.
- ☐ **Die zentrale Textaussage erkennen:** Die einzelnen Informationen werden zueinander in Beziehung gesetzt und in Hinblick auf ein allgemeines Textverständnis gedeutet.
- ☐ **Den Text bewerten:** Um den Text vertiefend zu erfassen, muss man auf zusätzliches Wissen zurückgreifen. Dabei werden sowohl inhaltliche als auch formale Aspekte reflektiert.

### Gezielt lesen
▷ S. 292–293

- ☐ Beim gezielten Lesen sucht man in einem Text nach **bestimmten Zielbegriffen oder Informationen.**
- ☐ Um diese zu finden, muss man sich zunächst **einen Überblick verschaffen** (Inhaltsverzeichnis, Überschriften, Klappentext etc.), dann braucht der Text nur in diesen Abschnitten durchgesehen zu werden.
- ☐ Wenn es sich um einen langen Text handelt, dem nur eine bestimmte Information entnommen werden soll, kann man auch einfach die **Anfänge der Textabschnitte überfliegen,** um zu sehen, ob sie wichtig sind. Anschließend kann man gezielt die interessanten Abschnitte auswerten.

### Überfliegendes Lesen
▷ S. 294–295

- ☐ Der Text wird im Schnelldurchlauf geprüft, ob er für das Thema wichtige Informationen enthält. Dazu muss man **nicht Satz für Satz lesen,** sondern man lässt die Augen wie ein Segelflugzeug über den Text fliegen. Ähnlich wie aus dem Flugzeug heraus nur grobe Umrisse wahrgenommen werden (Berge, Flüsse, Felder), erkennt man zunächst Absätze, Überschriften, Hervorhebungen.
- ☐ Der schnell schweifende Blick wird **vor allem Nomen wahrnehmen** und diese in Sekundenschnelle mit dem Schriftbild der von euch gesuchten Ziel- und Schlüsselbegriffe abgleichen.
- ☐ Das überfliegende Lesen wird trainiert, indem die **Blicksprünge,** die die Augen machen, systematisch vergrößert werden. Bei einem langsamen Leser springt das Auge von Wort zu Wort, schnellere Leser erfassen 3–4 Wörter gleichzeitig und machen somit weniger Blicksprünge pro Zeile.

Orientierungswissen

### Intensives Lesen ▷ S. 295

- Wenn man einen Text intensiv liest, untersucht man ihn vollständig auf **alle Informationen,** die er enthält. Die Informationen können sowohl inhaltlicher Art sein, als auch Textart, Textaufbau und den Sprachstil betreffen.
- **Lest konzentriert und versucht, alles zu verstehen.** Dazu muss man manchmal einzelne Stellen mehrmals lesen und Begriffe im Lexikon nachschlagen.
- Dazu werden in den wichtigen Aussagen die **Schlüsselwörter** markiert und mit Bleistift **Anmerkungen** neben den Text geschrieben. Sie helfen später, den Inhalt wiederzugeben.

### Sinn erschließender Vortrag ▷ S. 225

Ein Gedicht laut zu lesen, bedeutet auch immer, es zu interpretieren, also das eigene Verständnis des Gedichts zum Ausdruck zu bringen. Das könnt ihr selbst erfahren, wenn ihr die Gedichte „ersprecht". Geht dabei so vor:

- Legt zuerst Kriterien eines guten Vortrags fest, z. B. Betonung, Sprechpausen usw.
- Eine oder einer von euch trägt den Text vor. Die anderen machen sich zu den vereinbarten Beobachtungskriterien Stichpunkte. Ihr könnt den Vortrag auch auf Kassette oder MP3 aufnehmen.
- Besprecht den Gedichtvortrag, spielt evtl. noch einmal wichtige Textpassagen vor.
- Dieselbe Schülerin/derselbe Schüler trägt nun das Gedicht noch einmal vor.
- Wiederholt nun das Verfahren.
- Klärt abschließend in der Klasse, ob sich durch den unterschiedlichen Vortrag des Gedichts euer Verständnis des Textes geändert hat.

### Textkohärenz ▷ S. 207

Texte sind keine bloße Ansammlung von Sätzen, sondern verknüpfen diese kunstvoll. Diesen Zusammenhang der Sätze nennt man auch **Textkohärenz.**
Ein sprachliches Mittel solchen Verwebens von Sätzen zu Texten ist das **Wechselspiel von Nomen und Pronomen.**
Dabei haben die Pronomen normalerweise die Funktion, ein bereits genanntes Nomen wieder aufzunehmen und dadurch eine Verknüpfung zwischen zwei Sätzen herzustellen.

## 3.2 Sachtexte

### Bestandteile von Sachtexten

Sachtexte haben häufig unterschiedliche Bestandteile:

- den geschriebenen **Text;**
- **Abbildungen:** Fotos und Grafiken; ihre Aufgabe ist es, etwas anschaulich zu machen;

323

Orientierungswissen

- □ **Tabellen:**
  - ■ In einer Tabelle werden Informationen **übersichtlicher** dargestellt als in einem zusammenhängenden Text.
  - ■ In einer Tabelle kann man Informationen **gezielt suchen** und **schneller finden** als in einem zusammenhängenden Text.
- □ **Diagramme:** Sie stellen meist **Mengen- oder Größenverhältnisse** dar. Man kann verschiedene Formen unterscheiden: Kreisdiagramme, Kurvendiagramme, Balkendiagramme.

## Sachtexte verstehen

### Unbekannte Wörter klären
- □ Oft kann man unbekannte Wörter aus dem Zusammenhang verstehen.
- □ Ist das nicht möglich, fragt oder schlagt in einem Lexikon oder Wörterbuch nach.

### Sinnabschnitte und Schlüsselwörter
- □ Längere Sachtexte kann man in **Sinnabschnitte** unterteilen. Ein Sinnabschnitt stimmt manchmal mit einem Druckabschnitt überein, manchmal umfasst er aber auch mehrere Druckabschnitte.
- □ Die Sinnabschnitte haben oft keine eigene Überschrift. Man kann sie an den so genannten **Schlüsselwörtern** erkennen. Schlüsselwörter sagen einem, worum es in einem Abschnitt geht.

# 3.3 Zeitung und Zeitungstexte

## Aufbau und Grundelemente einer Zeitung

▷ S. 74

- □ Damit die Leser sich in einer Zeitung zurechtfinden, ist diese in verschiedene **Ressorts** gegliedert (Singular: das Ressort, frz. Geschäfts- oder Amtsbereich):
  - ■ Politik
  - ■ Wirtschaft
  - ■ Kultur/Feuilleton (von frz. feuilleton entlehnt = Blättchen)
  - ■ Sport
  - ■ Lokalteil (Stadt, Region/Kreis)
  - ■ „Aus aller Welt", „Panorama" oder ähnlich
- □ Auch die Ressorts sind wiederum unterteilt; so kann es z. B. im Ressort Politik eine Seite geben, die mit **„Meinung"** oder **„Kommentar"** überschrieben ist; oder es gibt eine Seite mit einem besonderen Tagesthema.
- □ Man unterscheidet auch zwischen dem „redaktionellen" und dem „nicht-redaktionellen" Teil einer Zeitung. Letzterer enthält die **Werbung**, über die sich eine Zeitung im Wesentlichen finanziert.
- □ Das **Impressum** enthält Informationen über den Verlag, in dem eine Zeitung erscheint, über Herausgeber, Chefredakteur usw. Ihr findet es in der Regel auf einer der ersten Seiten ganz klein gedruckt.
- □ Die Gestaltung einer Zeitungsseite – Aufteilung insgesamt, Schriftgröße, Verhältnis Text/Bild – nennt man **Lay-out.**

324

## Textdesign
▷ S. 76

Der Begriff **Textdesign** bezeichnet ein Gestaltungskonzept, nach dem ein komplexes Thema in verschiedenen Modulen aufbereitet wird:
- ☐ Im Zentrum steht meist ein **darstellender Text** (Bericht oder Reportage), der die grundlegenden und wichtigsten Gesichtspunkte des Themas behandelt.
- ☐ **Einzelne Aspekte** werden **in verschiedenen Bausteinen** dargestellt, die klare Aufgaben haben. So kann man z. B.
  - ■ **Meinungen** von Fachleuten in Form von Statements oder in einem Interview wiedergeben,
  - ■ **Begriffe** wie in einem Lexikon kurz erklären („Glossar") und
  - ■ **Entwicklungen** in einer stichwortartigen Chronik darstellen.
  - ■ Vieles kann man auch in grafischer Form aufbereiten – als **Torten**- oder **Säulendiagramm** (▷ S. 283), **Erklärgrafik** (▷ S. 75) oder als **topografische Grafik** („Topografik") wie in dem Beispiel auf S. 75.
- ☐ Der entscheidende **Unterschied des Textdesigns zum Lay-out** besteht darin, dass die Elemente des Textdesigns sich auf ein einziges Thema beziehen. Der Begriff Lay-out bezeichnet dagegen die grafische Gestaltung einer Zeitungsseite (Buchstabengröße, Schriftform) oder einer ganzen Zeitung, unabhängig von einem Thema.

## Gestaltungselemente von Zeitungsartikeln
▷ S. 78

- ☐ Die Überschrift eines Zeitungsartikels nennt man **Schlagzeile.** Sie erstreckt sich über alle Spalten und ist in größeren Typen gesetzt als der Text, außerdem meist fett gedruckt.
- ☐ Zwischen Schlagzeile und Text steht oft ein so genannter **Vorspann,** der ebenfalls meist fett gedruckt ist. Er hat die Aufgabe, den Inhalt kurz zusammenzufassen. Darüber hinaus soll er häufig auch einen Leseanreiz bieten.

## Die Nachricht
▷ S. 80

- ☐ **Die Nachricht** beantwortet die W-Fragen. Man unterscheidet zwei Formen:
  - ■ **Die Meldung** ist kurz und bezieht sich immer auf ein aktuelles Ereignis („Tagesaktualität").
  - ■ **Der Bericht** ist ausführlicher als die Meldung. Er kann sich auf ein aktuelles Ereignis beziehen, aber auch auf längerfristige oder generelle Vorgänge.

## Der Zeitungsbericht
▷ S. 71

- ☐ **Eigenart und Ziel:**
  Der Zeitungsbericht soll über Ereignisse und Vorgänge **sachlich informieren.** Er soll die W-Fragen beantworten (Wer? Was? Wann? Wo? Wie? Welche Folgen?), aber keine Beurteilung und Bewertung abgeben.

Orientierungswissen

☐ **Aufbau:**
Der Aufbau folgt dem Grundsatz: das Wichtigste zuerst (sog. **Lead-Stil**).
Zuoberst steht die fett gedruckte **Schlagzeile,** die Überschrift des Zeitungsartikels.
Dieser folgt der erste, alle wichtigen Informationen enthaltende Satz, der **Lead-Satz.**
Darauf folgt die genauere Darstellung. Am Ende können ergänzende Hintergrund-informationen stehen, die das Ereignis in einen größeren Zusammenhang stellen.

☐ **Schreibstil:**
Der Zeitungsbericht ist **sachlich** und meist im **Präteritum** geschrieben. Für Ereignisse, die vor dem hauptsächlich dargestellten Ereignis lagen, wird das **Plusquamperfekt** verwendet.

## Die Reportage

▷ S. 80

In einer Reportage stellt der Reporter dar, wie er ein Ereignis erlebt hat. Seine persönliche Sicht steht im Vordergrund. Dabei erläutert er aber auch Hintergründe, aus denen sich das Ereignis erklärt.

Die Reportage darf dabei im Gegensatz zum Bericht enthalten:
☐ **eine persönlich gefärbte Darstellung** des Erlebten, indem der Verfasser herausstellt, was ihm aufgefallen ist, was ihm ungewöhnlich und bemerkenswert erscheint,
☐ **Elemente der Schilderung,** z. B. die Wahrnehmung von Einzelheiten, die eine Stimmung charakterisieren,
☐ **kurze Zitate** aus Interviews mit den Beteiligten,
☐ **eine Wertung** aus persönlicher Sicht des Reporters.

## Der Kommentar

▷ S. 82

Die „klassische" journalistische Textsorte der Meinungsäußerung ist der **Kommentar.**
Im Kommentar äußert die Verfasserin bzw. der Verfasser ihre bzw. seine Meinung in sachlicher und begründeter Form. In der Regel (und meist mit Verweis) bezieht sich der Kommentar auf eine Nachricht, die in derselben Ausgabe der Zeitung steht. Oft enthält ein Kommentar selbst kurze informierende Passagen, damit die Leserin bzw. der Leser weiß, worauf genau sich die Meinungsäußerung bezieht. Häufig ist der Kommentar schon äußerlich durch einen Rahmen kenntlich gemacht.

## Die Glosse

Eine weitere journalistische Textsorte der Meinungsäußerung stellt die **Glosse** (von griechisch glossa = Zunge, Sprache) dar. Glossen sind eine besondere, meist humorvolle, ironische oder satirische Art von Kommentar.

# 3.4 Erzählende Literatur

## Erzählformen und Erzählperspektive ▷ S. 207

- **Die Autorin oder der Autor** einer Erzählung entscheidet sich für eine Erzählform (Er-/Sie- oder Ich-Form) und eine Erzählperspektive (auktoriales oder personales Erzählen).
- Beim **personalen Erzählen** werden die Leser nicht durch die Kommentare eines allwissenden (= **auktorialen**) Erzählers gesteuert, sondern nehmen das Erzählte aus der Perspektive einer oder mehrerer Figuren wahr, z. B.: Sichtweise Malka Mais: „Malka war müde und durstig, als sie endlich in Kalne ankamen. Und sie war wütend, ..." Sichtweise Hanna Mais: „Hanna fiel nichts Tröstliches ein, was sie ihr sagen konnte, außerdem war sie selbst so gereizt, dass sie Minna anfuhr ..."
- Gedanken und Gefühle der Figuren werden beim personalen Erzählen aus der **Innenperspektive,** oft in Form des so genannten **inneren Monologs,** wiedergegeben. „Doch da sah sie Malkas erschrockenes Gesicht und dachte: *Verdammt, ich bin es, die sich zusammenreißen muss ...*"

## Erlebte Rede ▷ S. 213

Die **erlebte Rede** gehört zu den modernen Erzählweisen.
- Als ob man in die Figur hineinschaute, werden Wahrnehmungen, Gedanken und Gefühle aus deren Sicht direkt wiedergegeben, z. B.: „Er winkte dem Mädchen, aber es verharrte unbeweglich. *Ob es ihn gesehen hatte?* Er war eigentlich überzeugt davon."
- Der Erzählbericht aus der Außensicht geht unvermittelt in die Innensicht der Figur über.
- Das Tempus der erlebten Rede ist das **Präteritum,**
- die Wiedergabe der Wahrnehmungen erfolgt **in der dritten Person.**

## Äußere und innere Handlung ▷ S. 211

Bei dem Begriff **Handlung** sind zwei Ebenen zu unterscheiden:
- Die **äußere Handlung** beschreibt das sichtbare Geschehen, den erzählten Ablauf von Vorgängen und Ereignissen, deren Ursachen und Folgen.
- Die **innere Handlung** spielt sich in den Gedanken und Gefühlen der Erzählfiguren ab. Deren innere Verfasstheit kann mitunter erst aus der Darstellung der Außenperspektive (Mimik, Gestik, Körperhaltung) erschlossen werden.

## Figurencharakteristik ▷ S. 209

Eine **literarische Figur zu charakterisieren,** bedeutet, sie genau zu beschreiben. Dabei geht man von zentralen Textstellen aus, in denen wichtige **Eigenschaften der Figur** zum Ausdruck kommen. Dies kann direkt über beschriebene Handlungsmuster und Äußerungen geschehen oder indirekt aus Äußerungen anderer Figuren abgeleitet werden.

Eine Charakteristik sollte gegliedert sein:
- ☐ Am **Anfang** wird die dargestellte äußere Erscheinung der Figur beschrieben (Geschlecht, Größe, Gesichtszüge, Körperhaltung, Kleidung).
- ☐ Den **Hauptteil** machen die Aussagen zu den besonderen Eigenschaften und dem Verhalten aus (Gebärden, Gestik, Mimik, Reaktionen auf Verhalten anderer, Verhalten in Konfliktsituationen ...).
- ☐ Am **Schluss** kann ein persönlicher Kommentar, eine eigene Einschätzung stehen.

### Die Kurzgeschichte
▷ S. 192

- ☐ **Kurzgeschichten** oder „Shortstorys" wurden im 20. Jahrhundert häufig zuerst in Zeitungen und Zeitschriften – oft als Wochenendbeilage – abgedruckt und wendeten sich damit an eilige Leser. Autoren von Kurzgeschichten fanden das „Material" für ihre Geschichten oft ebenfalls in den Zeitungen.
- ☐ Die Kurzgeschichte ist meist nicht so kurz wie die Anekdote oder die Kalendergeschichte. Ihre **Sprache** ist **alltagsnah,** der individuelle Fall einer alltäglichen Handlung ist meist von allgemein menschlichem Interesse.
- ☐ Durch einen **offenen Anfang** werden die Leser mitten in ein Geschehen hineingeführt, das erst nach und nach durchschaut wird. Oft handelt es von einem Menschen an einem Wendepunkt seines Lebens, er muss eine Entscheidung treffen, die sein ganzes Dasein betrifft. Wenn die Geschichte zu Ende ist, bleibt aber stets noch etwas zum weiteren Nachdenken **(offener Schluss).**
- ☐ Der Erzähler der Kurzgeschichte ist oft ein **personaler Erzähler,** er nimmt die Perspektive einer der Figuren ein, von denen er erzählt.
  Er macht sich deren Gedanken und deren Sicht der Dinge zu eigen. Das gesamte Geschehen ist dadurch immer nur aus dem Blickwinkel eines der Beteiligten erfahrbar. Die Leser müssen sich am Ende ein eigenes Urteil bilden, woraus sich oft eine **Mehrdeutigkeit** der Kurzgeschichte ergibt.

### Die Novelle
▷ S. 59

Eine **Novelle** (it. novella = Neuigkeit) ist eine Erzählung geringeren Umfangs, die über ein ungewöhnliches, „neues" Ereignis berichtet. Oft bedeutet dieses Ereignis einen **Wendepunkt** im Leben der Figur. In der Novelle von Eichendorff weist schon der Beginn (die Exposition) der Erzählung auf diese Umbruchsituation hin: „... ich saß auf der Türschwelle".

### Leitmotiv
▷ S. 65

Die Handlung einer Novelle ist häufig von **Leitmotiven** durchzogen. Das sind Motive (Bilder oder Wortfolgen), die sich wiederholen und dadurch Zusammenhänge herstellen. Diese erlauben u. a. Rückschlüsse auf den Charakter einer Figur.

**Die Fabel**  ▷ S. 180

- Die Fabel ist **eine kurze und lehrhafte Erzählung,** in der zumeist **Tiere** menschliche Eigenschaften verkörpern. Die Tiere sind häufig **Gegner** (Fuchs und Rabe, Wolf und Lamm, Löwe und Esel). Sie führen z. B. Streitgespräche, an deren Ende der Stärkere oder Listigere siegt.
- So besteht die Fabel in der Regel aus einem **Erzählteil,** in dem der Konflikt geschildert wird, und einem **Dialogteil,** in dem die gegensätzlichen Verhaltensweisen der Tiere, ihre unterschiedlichen Interessen, ihre Klugheit oder Dummheit zum Ausdruck kommen. Häufig sind in einer **Lehre** oder **Moral** allgemein gültige Regeln darüber, wie es in der Welt zugeht, in Form von Sprichwörtern formuliert.
- Fabeln üben also **Kritik** am Einzelnen oder an der Gesellschaft, dies geschieht indirekt durch Bilder und Vergleiche. Aus Fabeln soll man Lehren für das eigene Verhalten ziehen.
- **Fabeln bilden** – wie Märchen oder Sagen – **ein Netz** untereinander. Bestimmte Fabeln werden immer wieder erzählt und dabei abgewandelt.

## 3.5   Gedichte  ▷ S. 221–238

- Die Zeilen eines Gedichts heißen **Verse,** die Abschnitte nennt man **Strophen.**
- Ein wichtiges Gestaltungsmittel von Gedichten ist der **Reim.**
  - Beim **Kreuzreim** reimen sich der 1. und 3. sowie der 2. und 4. Vers. Man kann die Verse, die sich reimen, mit den gleichen Kleinbuchstaben bezeichnen, dann ergibt sich für den Kreuzreim die Reimanordnung *abab.*
  - Beim **Paarreim** reimen sich zwei aufeinanderfolgende Verse: *aabb.*
  - Wird ein Paarreim von zwei Versen umschlossen, die sich ebenfalls reimen, spricht man von einem **umarmenden Reim.** Die Reimanordnung ist *abba.*
- Von einem **Metrum** (Versmaß) spricht man, wenn die Abfolge der betonten und unbetonten Silben einem bestimmten Schema folgt. Bei einem **alternierenden Metrum** wechseln betonte und unbetonte Silben unmittelbar einander ab.
  - **Jambus:** Antikes Versmaß, bei dem auf eine unbetonte eine betonte Silbe folgt. „Diĕ Mít | tĕrnácht | zŏg ná | her schón ...“
  - **Trochäus:** Auf eine lange betonte Silbe folgt eine unbetonte: „Méinĕ | Glóckĕn | läutĕn“
  - **Daktylus:** Auf eine betonte Silbe folgen zwei unbetonte Silben: „Ŭnd | léertĕn diĕ | Bécher mit | fúnkĕlndĕm | Wéin.“ Die unbetonte Silbe am Versanfang des Beispiels wird als Auftakt nicht mitgezählt.
  - **Anapäst:** Auf zwei unbetonte Silben folgt eine betonte: „Wiĕ mein Glück, | ĭst mein Líed“
- Betonungen, Sprechpausen und Sprechtempo geben beim Vortrag den **Rhythmus** eines Gedichts wieder.

Orientierungswissen

### Bildlicher Sprachgebrauch ▷ S. 131

- ☐ Bei einem **Vergleich** werden zwei verschiedene Vorstellungen durch „wie" miteinander verknüpft, z. B.: „so hell *wie ein Kristall*".
- ☐ Bei einer **Metapher** wird eine Vorstellung ohne vergleichendes „wie" in einen anderen Bedeutungsbereich übertragen, z. B.: „*Feuerwoge* jeder Hügel".
- ☐ Eine besondere Form der Metapher ist die **Personifikation:** Ein Gegenstand oder ein Begriff wird vermenschlicht, z. B.: „Veilchen *träumen.*"

### Lyrisches Ich ▷ S. 228

Zu jedem Gedicht gehört eine Sprecherin oder ein Sprecher, das **lyrische Ich,** das nicht mit der Autorin oder dem Autor des Gedichts gleichzusetzen ist und das dem Leser seine Gedanken, Gefühle und Beobachtungen mitteilt. Manchmal gibt sich das lyrische Ich zu erkennen. Deutlich wird dies an den Pronomen.

### Die Ballade ▷ S. 172–174

Der Name kommt aus dem Französischen, von spätlateinisch: *ballare* = „tanzen".
- ☐ **Balladentexte** sind meist **lange Gedichte;** die Strophen folgen in der Regel einem strengen Metrum.
- ☐ In der Ballade werden handlungsreiche Geschichten erzählt; dabei kommen zum Teil auch die Figuren selbst zu Wort. Häufig spitzt sich das Geschehen dramatisch zu, so-dass die Spannung sich zu einem Höhepunkt hin entwickelt.
- ☐ Die Ballade ist also eine **Mischform von Gedicht, Erzählung** und einem kleinen **Drama.**

### Das Sonett ▷ S. 232

Als **Sonett** bezeichnet man eine Gedichtform, die in Italien entstanden ist.
In der Grundform besteht ein Sonett aus zwei **Quartetten** (vierzeiligen Strophen) und zwei **Terzetten** (dreizeiligen Strophen). Das Reimschema ist häufig *abba abba cdc dcd*. Dem strengen äußeren Aufbau entspricht auch ein inhaltlicher: Meist findet sich ein ge-danklicher Einschnitt nach den Quartetten.

## 3.6 Drama/Theater ▷ S. 241–260

Das **Drama** ist neben erzählender Literatur und Lyrik eine der drei Grundformen der Dichtung. Dramentexte sind in Dialogform verfasst und in der Regel für eine Theater-aufführung vorgesehen. Wir unterscheiden unterschiedliche Formen des Dramas, so z. B.: Komödie, Tragödie und Schauspiel.

Für das Verstehen eines Dramas, das man liest, aber auch für die Inszenierung eines Stückes wichtige Aspekte sind:

- **Aufzug/Akt:** In sich abgeschlossener Großabschnitt eines Dramas, der mit dem Aufziehen des Vorhangs beginnt (daher Aufzug) und mit dem Zuziehen endet; das traditionelle Drama besteht aus fünf oder drei solcher Abschnitte.
- **Auftritt/Szene:** Unterteilung des Aufzugs/Akts; abgegrenzt durch das Auf- oder Abtreten einer Figur und/oder einen Schauplatzwechsel
- **Botenbericht:** Bericht über ein zurückliegendes Ereignis durch eine Figur, die Augenzeuge oder davon betroffen war; häufig handelt es sich um Geschehnisse, die auf der Bühne schwer darstellbar sind.
- **Bühnenanweisung/Szenenanweisung:** kursiv gedruckte Informationen zu Schauplatz und Atmosphäre der Handlung, zum Aussehen der Figuren, ihrem Standort, ihrem Verhalten und ihrer Sprechweise.
- **Dialog:** Wechselgespräch zweier oder mehrerer Dramenfiguren; Hauptbestandteil eines Dramas, in dem die Auffassungen und Interessen der Figuren aufeinanderstoßen, der Konflikt zu Tage tritt und die Handlung vorangetrieben wird; unterbrochen werden kann er durch stumme Handlungen, Lieder oder Monologe.
- **erregendes Moment:** Bestandteil der Exposition, der den Konflikt deutlich hervortreten lässt und die Handlung in Gang setzt bzw. beschleunigt.
- **Exposition:** Eingangsszene eines Stückes. In ihr werden die Hauptpersonen, Ort, Zeit und, wenn sie wichtig ist, die Vorgeschichte der Handlung vorgestellt. Konflikte deuten sich an, die die Handlung vorantreiben und dem Stück seine Spannung geben.
- **Konflikt:** Auseinandersetzung, die den Kern einer Handlung auf der Bühne bildet.
- **Mauerschau:** griech.: Teichoskopie; eine Figur berichtet meist von einem erhöhten Standpunkt aus, was für die übrigen Figuren und die Zuschauer nicht sichtbar geschieht, meist über einen auf der Bühne schwer darstellbaren Vorgang.
- **Monolog:** Selbstgespräch einer Figur, in der sie sich über ihre Gefühle und Gedanken Rechenschaft ablegt oder sich zu einer Entscheidung durchringt.
- **Pantomime:** Theater ohne Worte. Die Darstellung von Gefühlen und Situationen geschieht allein durch die Körpersprache, also durch Gestik und Mimik.
- **Regieanweisung:** Anweisung an Regisseure und Schauspieler, wie eine bestimmte Szene gespielt werden soll. Regieanweisungen helfen außerdem der Leserin oder dem Leser, sich die Personen und das Geschehen vorzustellen.
- **Requisit, Requisiten** (lat. *requisitum* = erforderliches Ding): Requisiten können die Figuren charakterisieren oder eine wichtige Bedeutung für den Ablauf der Handlung haben.
- **Rolle:** Gestalt oder Figur, die eine Schauspielerin oder ein Schauspieler auf der Bühne verkörpert.

Orientierungswissen

# 3.7 Filme und Werbung

▷ S. 265

Ziel von Werbung ist es, eine bestimmte Personengruppe (= **Zielgruppe**) zu einem bestimmten Verhalten anzuregen (vor allem zum Kauf von Produkten) oder zu informieren.

- ☐ Mit verschiedenen **Werbemitteln** (Anzeige, Plakat, Werbespot, Flyer u. a.) wird die Werbebotschaft zusammengefasst und meist grafisch unterstützt.
- ☐ Als einfache Regel für die Erzeugung von Werbewirksamkeit gilt die **AIDA**-Formel (Attention – Interest – Desire – Action). In Werbeanzeigen wird die Aufmerksamkeit bei den Adressaten durch die besonders abgestimmte Gestaltung von bildlichen (Motiv, Farbe u. a.) und textlichen Elementen **(Headline, Copy, Slogan)** erzeugt.
- ☐ Es werden immer neue Strategien entwickelt, um neue Zielgruppen zu erreichen:
  - ■ So versucht **Massenwerbung** die möglichen Käufer möglichst häufig auf möglichst vielen Wegen und in vielen Medien zu erreichen.
  - ■ **Connaisseur-Werbung** setzt dagegen auf Zielgruppen, die ein Produkt oder bestimmte Elemente einer Werbung sofort erkennen, ohne dass der Produktname genannt werden muss.

## Fachbegriffe der Werbung

▷ S. 264

- ☐ **Eyecatcher:** Blickfang
- ☐ **Headline:** Überschrift oder Schlagzeile
- ☐ **Copy:** Fließtext; eigentlich: Stoff, Material
- ☐ **Slogan:** Schlagwort
- ☐ **Logo:** Darstellung eines Markennamens in Bild- oder Schriftform

## Einstellungsgröße und Kameraperspektive

▷ S. 275

- ☐ Je nach Größe des gewählten Bildausschnitts unterscheidet man bei den **Einstellungsgrößen** (von ganz weit bis ganz nah): Weit, Totale, Halbtotale, Halbnah, Nah, Groß, Detail.
- ☐ Bei der **Kameraperspektive** unterscheidet man nach dem Standpunkt der Kamera zwischen Vogelperspektive, Froschperspektive oder Normalsicht.

## Kamerabewegung

▷ S. 273

Ein wesentliches Element von Werbespots ist die Bewegung. Mit filmischen Mitteln lässt sich Bewegung auf unterschiedliche Weise erzeugen:

- ☐ Man kann die Position der Kamera verändern: Kamerabewegung (Kamerafahrt oder Kameraschwenk).
- ☐ Man verändert die Position der handelnden Figuren.

332

### Schnitt und Montage

▷ S. 274

- Ein **Schnitt** bezeichnet die Verknüpfung von zwei Einstellungen. Es gibt verschiedene Schnittarten:
  - Beim **harten Schnitt** folgen die zwei Einstellungen ohne Übergang aufeinander.
  - Beim **weichen Schnitt** werden im Gegensatz dazu durch Überblendung Übergänge geschaffen.
- Unter **Montage** versteht man das Zusammenfügen von Bild- und Tonelementen und das Zusammenfügen von einzelnen Einstellungen zu Szenen, zu größeren Einheiten (= Sequenzen) und schließlich zum ganzen Film. Heute wird diese Bearbeitung meistens durch digitale Bild- und Schnittprogramme vorgenommen.

# 4    Arbeitstechniken und Methoden

## 4.1    Ideen sammeln und ordnen

### Recherchieren

▷ S. 219

- Geht in eure **Stadt- oder Gemeindebibliothek** und recherchiert, welche Materialien vorhanden sind. Informiert euch direkt am Anfang über das **Ausleihverfahren.** Wenn es sich um eine **Präsenzbibliothek** handelt, ist eine Ausleihe nicht möglich. Dann müsst ihr vor Ort arbeiten.
- Macht euch mit dem jeweiligen **Katalogsystem** vertraut und überlegt euch passende **Schlagworte,** unter denen ihr nachschauen könnt, z. B.:
  - Epochen/Zeitabschnitte: Drittes Reich,
  - besondere Ereignisse: Pogromnacht,
  - Autoren/Autorinnen: Lasker-Wallfisch.
- **Legt** dann den **Themenbereich fest,** der euch besonders interessiert, z. B.:
  - Wer war die Weiße Rose?
- Schaut möglichst in die Materialien hinein, bevor ihr sie ausleiht: **„Überfliegt"** **Inhaltsverzeichnisse, Überschriften** und lest kürzere Textpassagen, schaut euch die Bildmaterialien an, damit ihr entscheiden könnt, ob das Material für euer Thema geeignet ist.
- Ihr könnt euch auch in **Gruppen aufteilen,** wenn es mehrere Medien zu einem Thema gibt, z. B.: jemand kümmert sich um den Film, ein anderer um die CD-ROM.

### Das Flussdiagramm

Mit einem Flussdiagramm kann man Abläufe und Handlungen, die in einem Text beschrieben werden, bildlich darstellen. Die Stationen eines Ablaufs werden in Stichworten von oben nach unten notiert und durch Pfeile verbunden.

333

■ Orientierungswissen

### Das Brainstorming

Brainstorming ist eine Methode, die man gut anwenden kann, um erste Ideen zu einem Thema zu sammeln.
- ☐ Beim Brainstorming äußert jeder seine Ideen spontan, also so, wie sie ihm gerade einfallen.
- ☐ Keine der Äußerungen, auch wenn sie auf den ersten Blick noch so ungewöhnlich erscheint, soll kommentiert werden.
- ☐ Ein Brainstorming dauert in der Regel nur wenige Minuten.
- ☐ Damit die vielen spontanen Ideen nicht verloren gehen, bestimmt man eine Protokollantin oder einen Protokollanten, die oder der alles so ungeordnet aufschreibt, wie es gesagt wird.

### Der Cluster

Das Clustern eignet sich gut für eine erste Stoffsammlung und Ideenfindung. Ein Cluster („Traube") ist eine assoziative Aneinanderreihung von Begriffen, die zusammenhängen.
- ☐ Das Thema wird mit einem Wort oder einem kurzen Satz in die Mitte eines Blattes geschrieben und ein Kreis darum gezeichnet.
- ☐ Von diesem Kern des Clusters ausgehend notiert man nun spontan Begriffe und Gedanken, die einem dazu einfallen.
- ☐ Jede dieser Notizen wird wieder mit einem Kreis umgeben und mit einem Strich mit dem Kern des Clusters oder dem vorherigen Stichwort verbunden.
- ☐ Damit die Gedanken frei fließen können, sollte man sich nicht auf die innere Logik konzentrieren und zunächst auch abwegig erscheinende Ideen notieren. Sie können das „Tor" für weitere wichtige Assoziationen sein.

### Die Mind-Map                                                   ▷ S. 43

- ☐ In einer Mind-Map werden Texte und Gedanken auf kreative Weise übersichtlicher gemacht und gegliedert. So kann man auf einen Blick die wichtigsten Begriffe und Zusammenhänge eines Themas erkennen.
  Wenn man ein neues Thema erschließt, sollte man zunächst im Brainstorming oder durch einen Cluster Ideen sammeln, die man dann in der Mind-Map in eine logische Struktur bringt.
  - ■ In die Mitte wird das Thema notiert.
  - ■ Ausgehend vom Thema werden Äste für die Oberbegriffe gezeichnet.
  - ■ Von den Ästen gehen Zweige ab, die Unterbegriffe oder zusätzliche Informationen
  - ■ anschaulich machen.
  - ■ Inhalte können auch mit Symbolen oder kleinen Zeichnungen dargestellt werden.
  Die Mind-Map kann man während des Vortrages als „Spickzettel" benutzen. Außerdem ist diese Darstellungsform eine gute Grundlage für eine Gliederung am PC.

Orientierungswissen

## Informationen gliedern

Aus einer **Mind-Map** lässt sich recht schnell eine **Gliederung** des Hauptteils einer schriftlichen Stellungnahme erstellen. Das Zentrum der Mind-Map enthält meist die Hauptthese, die Nebenäste enthalten die Argumente oder Unterthesen, die weiteren Äste die Belege oder Beispiele. Allerdings muss noch festgelegt werden, welche Argumente besonders überzeugend sind. Diese werden in der Regel als letzte angeführt.

## 4.2 Ergebnisse präsentieren

### Portfolio                                                                          ▷ S. 13

- Unter einem **Portfolio** versteht man eine sorgfältig angelegte Mappe, in der wichtige Quellen (z. B.: Buchauszüge, Zeitungsfotos ...) und eigene Materialien (z. B.: eure Helden-Steckbriefe, eigene Texte, Bilder ... ) zu einem bestimmten Thema und nach einem vorher überlegten Arbeitsplan gesammelt und von euch selbst beurteilt werden.

- **Mögliche Inhalte eines Portfolios:**
  - ein grafisch gestaltetes Deckblatt, das zum Thema passt;
  - ein Vorwort, in dem ihr euer Ziel und eure Vorgehensweise beschreibt;
  - ein Inhaltsverzeichnis, eine Gliederung;
  - selbst geschriebene Texte, z. B.: eine Inhaltsangabe zu einem Buch oder eine Zusammenfassung umfangreicher Informationen aus dem Internet;
  - fremde Texte und Bilder aus Zeitschriften, Büchern, dem Internet ... eingescannt oder in Kopie (mit Quellenangaben);
  - Interviews;
  - persönliche Einschätzungen zum Gelingen der jeweiligen Arbeitsschritte.

- **Materialrecherche**
  - Für eine umfangreiche Dokumentation über das Thema „Landminen" sind die hier abgedruckten Texte nur ein Baustein. Ein zentraler Arbeitsschritt bei der Erstellung von Referaten oder Portfolios ist deshalb die Recherche, d. h. Hintergrundinformationen müssen zusammengestellt werden.
  - Hierzu müssen Fakten, Daten, Personen, Ereignisse, die mit dem gewählten Thema zu tun haben, ausfindig gemacht und ausgewertet werden.
  - Folgende Möglichkeiten stehen für die Informationsbeschaffung zur Verfügung: Bibliothek, das Internet, Anfragen bei öffentlichen oder privaten Institutionen (Parteien, Kirche, Unicef, Stiftungen etc.).

335

- **Materialauswertung** (vgl. Schaubild)
- **Überdenken des eigenen Arbeitsprozesses**
  Gebt in eurem Portfolio darüber
  Auskunft, auf welche Art und Weise
  ihr gelernt habt,
  - z. B.: wie ihr auf eine Anfrage hin
    die Zusage für ein Interview
    bekommen habt,
  - wie lange ihr surfen musstet,
    um im Internet an eine bestimmte
    Information zu kommen,
  - welche Arbeitsschritte besondere
    Schwierigkeiten bereiteten und
    wie ihr diese gelöst habt.

**Leitfragen:** Ist das Thema klar formuliert?

**Internetrecherche:** z. B. Online-Angebot der Fernsehsender, Suchmaschinen gezielt nutzen, Suchbegriffe eingrenzen

**Weitere Informationsquellen:** Tages-/Wochenzeitungen, Hilfsorganisationen, Sachbücher etc.

Material prüfen (▷ Informationen gezielt entnehmen, S. 10), immer Fundort angeben

Teile ich die Meinung des Autors/der Autorin?

**Merkwissen:** Informationen und Sachwissen gezielt nutzen (vgl. oben)

## Kurzreferat und Kurzvortrag                    ▷ S. 219–220

Ein Kurzreferat bzw. Kurzvortrag informiert knapp und präzise über einen wesentlichen
Sachverhalt und sollte nicht länger als zehn Minuten dauern. Wichtig sind die
Gliederung – die Einleitung, die die Aufmerksamkeit des Publikums sichert;
der Hauptteil, der das Thema entfaltet, und der Schluss, der den Vortrag abrundet,
sowie der Einsatz entsprechender Medien zur Visualisierung.

- **Der Einstieg**
  Es gibt verschiedene Möglichkeiten, zum Thema hinzuführen und dabei das Interesse
  des Publikums zu wecken:
  - eine Frage, auf die sich die Zuhörenden eine Antwort wünschen;
  - ein Zitat einer bekannten Persönlichkeit, das zum Weiterdenken anregt;
  - eine eigene These formulieren, die zum Mitdenken einlädt;
  - ein Umfrageergebnis, das überrascht.

- **Die Themenentfaltung**
  Bei der Entfaltung des Themas geht es darum, die wesentlichen Erkenntnisse,
  Informationen zu vermitteln. Dabei muss dem Publikum der rote Faden deutlich
  werden, d. h., die Inhalte müssen klar und verständlich sein und aufeinander
  aufbauen, dabei gilt es z. B. Fachbegriffe zu klären.

- **Der Schluss**
  Der Schlussteil sollte den Vortrag abrunden. Er bietet Raum für die eigene Meinung
  und Wertungen. Er kann durchaus persönlich ausfallen. Möglich ist auch ein
  abschließendes Zitat.

Orientierungswissen

# 4.3 Hilfreiche Arbeitstechniken

| | |
|---|---|
| ☐ Blicksprünge beim Lesen steigern | ▷ S. 294 |
| ☐ Flyer gestalten | ▷ S. 30 |
| ☐ Hypertexte erstellen | ▷ S. 67 |
| ☐ Informationen gezielt entnehmen | ▷ S. 10 |
| ☐ Interaktiver Textaustausch | ▷ S. 181 |
| ☐ Kreisgespräch | ▷ S. 33 |
| ☐ Kugellagergespräch | ▷ S. 32 |
| ☐ Lesetagebuch führen | ▷ S. 218 |
| ☐ Plakate gestalten | ▷ S. 30 |
| ☐ Rollenbiografie entwerfen | ▷ S. 248 |
| ☐ Testaufgaben erstellen | ▷ S. 287 |
| ☐ Texte interpretieren | ▷ S. 101 |
| ☐ Zitieren | ▷ S. 177 |

## BILDQUELLENVERZEICHNIS

S. 9 links oben, unten 2. v. rechts, 18 oben, 19, 20, 58, 178 unten (2), 187, 277 oben rechts, 278, 281 unten: akg-images, Berlin
S. 9 links unten, 2. v. links, 23, 66 rechts, 112, 115: picture-alliance/dpa: © dpa-Bildarchiv
S. 9 unten rechts: picture-alliance: © akg/images
S. 11: © Norman Schreiber/Internews, München
S. 12, 85 links oben: Das Fotoarchiv, Köln
S. 14: Bernd Nanninga/Westdeutsche Zeitung, Köln
S. 16: ullstein – AP, Berlin
S. 24: aus: Die Drahtharfe. Balladen Gedichte Lieder. Verlag Kiepenheuer & Witsch, Köln 1977, S. 28
S. 29: Nadia Budde/die tageszeitung, Berlin
S. 31, 34, 35, 37, 54, 57, 68, 73, 84, 126, 135 (2), 161, 198, 199, 261, 274, 275: Thomas Schulz, Berlin
S. 39: imago/deripo, Berlin
S. 48, 281 oben links, 296: picture-alliance/dpa: © dpa-Fotoreport
S. 50, 277 Mitte: picture-alliance/dpa: © dpa-Photoshot
S. 51 links: Foto-AG Klasse 7/8, Theodor Heuss Schule, Hamburg. Deutscher Jugendfotopreis 1995, S. 32. jugendfotopreis.de. Kinder- und Jugendfilmzentrum in Deutschland (Hg.), Remscheid
S. 51 rechts: Christof Rehm. Deutscher Jugendfotopreis 1991, S. 17. jugendfotopreis.de. Kinder- und Jugendfilmzentrum in Deutschland (Hg.), Remscheid
S. 55: Bettina Gerber, Collage. Deutscher Jugendfotopreis 1989, S. 19. jugendfotopreis.de. Kinder- und Jugendfilmzentrum in Deutschland (Hg.), Remscheid
S. 60, 63: artothek, Weilheim
S. 66 links: Ronald Friese/Bonner General-Anzeiger, Bonn
S. 75: isotype.com, Köln,

S. 85 oben rechts und Mitte, 86, 130: Wodicka/BilderBox, Thening/Österreich
S. 85 unten links: Wolfgang Deuter, Willich
S. 85 unten Mitte: Jürgen Held/travelstock44, Berlin
S. 85 unten rechts: picture-alliance/dpa: © dpa-Sportreport
S. 88: Lobdeburgschule, Jena
S. 90: Evangelischer Pressedienst, Frankfurt/M.
S. 94 oben: Silke Reents/Visum, Hamburg
S. 94 unten: aktionpress, Hamburg
S. 102: ullstein/Giribas, Berlin
S. 106 oben: PPW/Max Kohr, Berlin
S. 108: Stadtarchiv, Mainz
S. 109, 277 oben rechts: bpk, Berlin
S. 110: Thomas Greifenberg, Köln
S. 113, 114: picture-alliance/dpa/dpaweb © dpa
S. 117: picture-alliance/dpaweb: © dpa/ASA
S. 125: Comic. Aus: Yam Nr. 21 v. 18. 5. 2005
S. 133: Das Jugendgericht. RTL, Köln
S. 135: Corel Liberary (2)
S. 141 oben links: argum, München
S. 141 oben Mitte: Peter Arnold
S. 141 oben rechts, unten Mitte, unten rechts: Jahreszeiten Verlag, Hamburg
S. 141 unten links: Caro Fotoagentur, Berlin
S. 145: Joker Photojournalismus, Bonn
S. 149: Vario-Press/Christoph Papsch
S. 167: Paula Modersohn Becker Stiftung, Bremen
S. 178 oben: Deutscher Jugendfotopreis 1993, S. 49. jugendfotopreis.de. Kinder- und Jugendfilmzentrum in Deutschland (Hg.), Remscheid
S. 179: David Mühlfeld, „Siamese Connection". Deutscher Jugendfotopreis 2002, S. 75. jugendfotopreis.de. Kinder- und Jugendfilmzentrum in Deutschland (Hg.), Remscheid
S. 203: aus: Barbara Rogasky, Der Holocaust. Ein Buch für junge Leser. Rowohlt Verlag, Reinbek b. Hamburg 1999
S. 218: Umlauff, Bonn

S. 201: Cover von: Myron Levoy, Der gelbe Vogel. Deutscher Taschenbuchverlag, München. Umschlaggestaltung Jorge Schmidt und Tobea Dietrich.; Umschlagbild: Bernhard Förth unter Verwendung eines Fotos von Jan Roeder
S. 201: Cover von Mirjam Pressler, Malka Mai. Beltz Verlag, Programm Beltz und Gelberg, Weinheim 2001
S. 221 links: G. Schuster/zefa/corbis
S. 221 rechts: Carsten Koall/Visum, Hamburg
S. 222, 231: ullstein-bild, Berlin
S. 223: akg-images, Berlin; © VG-Bild-Kunst, Bonn 2007
S. 230: ullstein/KPA, Berlin
S. 233: Archiv Mehrl/Caro
S. 238 oben: Keystone Pressedienst, Hamburg
S. 238 unten: Cover Sport, Zülpich
S. 240: Berlinische Galerie, Berlin; ©VG Bild-Kunst, Bonn 2007
S. 241 (3), 259: picture-alliance/Urs Flüler/Keystone/dpa © dpa-Bildarchiv
S. 241, 244 256, 258: Kurt Kalischke, Peter Stein Verlag, Erfurt
S. 248: aus: Willhelm Tell. Illustration v. Klaus Ensikat. Kindermann Verlag, Berlin 2004
S. 263, 270, 271, 272, 273: Unternehmenskommunikation Nike, Deutschland
S. 263 Mitte: Chiemsee AG, Bernau am Chiemsee
S. 263 rechts: Scholz & Friends, B erlin
S. 267 rechts: SC & A, Vienna/Virginia/USA
S. 277 unten links: picture-alliance/empics
S. 277 unten Mitte: picture-alliance/dpa: © dpa
S. 277 unten rechts: cinetext, Frankfurt/M.
S. 281 oben rechts: Phil McCarten/Reuters
S. 282: Public Address Presseagentur
S. 284: Picture Press, Hamburg
S. 289: © Man Ray Trust/ADAGP/VG Bildkunst/Telimage 2006
S. 293: Wildlife, Hamburg

# AUTOREN- UND QUELLENVERZEICHNIS

ALBRECHT, JÖRG

154  Das Tatterometer
aus: Frankfurter Allgemeine
Sonntagszeitung v. 18. 9. 2005

BIERMANN, WOLF (*1936)

23  Ballade vom Briefträger William
L. Moore aus Baltimore
aus: Die Drahtharfe. Balladen Gedichte
Lieder. Verlag Kiepenheuer & Witsch,
Köln 1977, S. 28–31

BOCK, JERRY; STEIN, JOSEPH

110  Wenn ich einmal reich wär' ...
aus: Anatevka. Textbuch. Verlag Jugend und Volk. Wien, München

BORCHERT, WOLFGANG (1921–1947)

187  Nachts schlafen die Ratten doch
aus: Das Gesamtwerk. Rowohlt Verlag,
Reinbek bei Hamburg 1959

BRAUN, ANDREAS

90  Die Sache mit dem Anstand
aus: Sonntag aktuell v. 20.2.2005

BRECHT, BERTOLT (1898–1956)

98  Die unwürdige Greisin
aus: Gesammelte Werke, Bd. 11, Prosa
1, S. 315. Suhrkamp Verlag, Frankfurt
M. 1967

BÜSING, KRISTIN

50  „Die Küche ist für Kinder ein
fantastischer Ort"
aus: http://www.brigitte.de/kochen/
kinderkueche/ki_oliver/index.html

CHOTJEWITZ, DAVID (*1964)

56  Einsteins Zimmer
aus: Das Abenteuer des Denkens.
Roman über Albert Einstein. Carlsen
Verlag, Hamburg 2004, S. 24–25

CRESCENZO, LUCIANO de (*1928)

19  Aus den „Zwölf Arbeiten des
Herakles"
aus: Als Männer noch Helden sein
durften. Antike Mythen neu erzählt.
Btb Taschenbücher, München 1999,
S. 112–127

DEUTSCH, JUDITH

284  Der Mensch – ein Produkt des
Arztes?
aus: http://www.ksta.de/artikel.
jsp?id.=1091009598683 v. 29. 7. 2004

DÖRRIE, DORIS (*1955)

290  Bin ich schön?
aus: Bin ich schön? Erzählband.
Diogenes Verlag, Zürich 1994

DUVANEL, ADELHEID (1936–1996)

196  Mein Schweigen
aus: Windgeschichten. Luchterhand
Verlag, Darmstadt/Neuwied 1980,
S. 135–139

EBB, FRED (1933–2004)

228  New York, New York
aus: Musikverlag EMI Partnership,
Hamburg

ECO, UMBERTO (*1932)

295  Die Geschichte der Schönheit
aus: Die Geschichte der Schönheit.
Aus dem Italienischen v. Friederike
Hausmann und Martin Pfeiffer. Carl
Hanser Verlag, München 2004

EICHENDORFF, JOSEPH von (1788–1857)

58  Das Rad an meines Vater Mühle
brauste und rauschte ...

60  Der Schlafrock stand mir schön
zu Gesichte

63  Ich war Tag und Nacht eilig
fortgegangen ...
aus: Das Leben eines Taugenichts. In:
Ausgewählte Werke. Bd. 2. Hg. v. Paul
Stapf. Verlag Vollmer, Wiesbaden o. J.
49 ff.

FICHTNER, ULRICH

48  „Das riecht ja wieder wunderbar"
– Ein Interview mit dem Fernseh-
koch Johann Lafer
aus: Der Spiegel Nr. 48/2005

FINKELSTEIN, DANIELLE

284  Das Glück liegt unter dem
Skalpell ...
aus: http://www.ksta.de/artikel.
jsp?id.=1096374365344 v. 9. 10. 2004

FISCHER, HILDE

233  Op der Huhstroß
aus: Jet Leckersch us Kölle Rümcher
un Verzällcher. Albert Vogt Verlag, St.
Goar/Köln 1984, S. 41

FISCHER, JOCHEN

86  Anmerkungen zur Straßenlage
der Nation
aus: Sonntag aktuell v. 20.2.2005

FONTANE, THEODOR (1819–1898)

22  John Maynard
aus: Sämtliche Werke. Hg. v. E. Groß
und K. Schreinert. Nymphenburger
Verlagsbuchhandlung, München 1962

FRANCK, JULIA (*1970)

186  Streuselschnecke
aus: Bauchlandung. Geschichten zum
Anfassen. DuMont Verlag, Köln 2000

FRANK, KARLHANS (*1937)

238  Das Haus des Schreibers
aus: Die Stadt der Kinder. Hg. von H. J.
Gelberg. Bitter Verlag, Recklinghausen
1969

FRIED, ERICH (1921–1988)

96  Ritterlichkeit
aus: Gesammelte Werke. 4 Bde. Hg. v.
Volker Kaukoreit. Verlag Klaus
Wagenbach, Berlin 2006

FREYTAG, CLAUDIA

82  Die Charts des bimmelnden
Grauens
aus: Kölner Stadt-Anzeiger v. 25. 1. 2005

FROBÖSE, ROLF

142  Stahl im Alltagsleben – Rostfrei

144  Stahl im Alltagsleben – ... kratz-
fest und sogar farbig

145  Titanische Potenziale – Von der
Hüttensalami bis zum Hüft-
gelenk
aus: Innovate! 1/05. Hg. v. EADS, General Elektric, Roche Diagnostics, Thyssen Krupp, München, S. 14, 15, 44 f.

GOETHE, JOHANN WOLFGANG
(1749–1832)

131  Das Schreien
aus: Goethes Werke. Hg. v. Erich
Trunz. C. H. Beck Verlag, München,
12. Aufl. 1981

GOMRINGER, EUGEN (*1925)

238  cars and cars
aus: konstellationen. Ideogramme.

Stundenbuch. Philipp Reclam Verlag,
Stuttgart 1983

GÖTTINGER, PETRA

184  friends 4 you
aus: friends 4 you. Alles über
Freundschaft. Kösel Verlag, München
200, S. 18–20

GREFE, CHRISTIANE

175  Wie man in Deutschland
befreundet ist
aus: DIE ZEIT v. 26. 2. 2004, S. 60

GRUPA, JULIANE

53  In 15 Jahren
aus: Dieter Bongartz, Ganz anders als
du denkst. Eine Generation meldet
sich zu Wort. Verlag Sauerländer,
Aarau, Frankfurt/M. 2002, S. 85

HAGENER, MALTE

296  Doris Dörrie
aus: http://www.cinegraph.de/lexi-
kon/Doerrie_Doris/biographie.html

HAUNER, ANDREA/REICHART, ELKE

288  Attraktivität
aus: Bodytalk. Der riskante Kult um
Körper und Schönheit. Deutscher
Taschenbuch Verlag, München 2004

HEINE, HEINRICH (1797–1856)

122  Deutschland. Ein Wintermärchen.
aus: Deutschland. Ein Wintermärchen: Caput XI. In: Sämtliche
Schriften. Hg. von Klaus Briegleb. Carl
Hanser Verlag, München 1976

HELMINGER, GUY (*1962)

193  Die Bahnfahrt
aus: Rost. Kurzgeschichten. Edition
Phi, Echternach 2001

HERRMANN, LUTZ

75  Noch kein Gift an der Oberfläche
aus: Kölner Stadt-Anzeiger v.
3. November 2000

HESSE, HERMANN (1877–1962)

170  Freundespflicht
aus: Unterm Rad. Suhrkamp Verlag,
Frankfurt/M. 1977

HEYM, GEORG (1887–1912)

231  Berlin I
aus: Dichtungen und Schriften.
Gesamtausgabe. Lyrik Bd. 1, hg. v. Karl
Schneider. C. H. Beck Verlag, München
1960

HOFMANN, BENJAMIN

80  Lizenz zum Schuldenmachen
aus: Kölner Stadt-Anzeiger v.
29. 5. 2004

HOMES, A. M. (*1961)

168  Jack und Max
aus: Jack. Aus dem Amerikanischen v.
Hans-Georg Noack. Arena Verlag,
Würzburg 1997, S. 165–167

IDEAL

224  Berlin
Text: Annette Humpe. © 1980 P.O.E.M.
Musikverlag , Berlin

KAFKA, FRANZ (1883–1924)

169  Gemeinschaft
aus: Sämtliche Erzählungen. Hg. v.
Paul Raabe. Fischer Taschenbuch
Verlag, Frankfurt/M. 1979, S. 308–309

KALÉKO, MASCHA (1912–1975)

237  Frau Wegerich
aus: Die paar leuchtenden Jahre

Deutscher Taschenbuch Verlag,
München 3. Aufl. 2004, 69 f.

KAMINER, WLADIMIR (*1967)

190 Schönhauser Allee im Regen
aus: Schönhauser Allee im Regen.
Goldmann Verlag, München 2001

KÄSTNER, ERICH (1899–1974)

222 Besuch vom Lande
aus: Erich Kästner für Erwachsene.
Ausgewählte Schriften. Atrium Verlag,
Zürich 1983, S. 196

KIESCHKE, MICHAEL

53 In 15 Jahren
aus: Dieter Bongartz, Ganz anders als
du denkst. Eine Generation meldet
sich zu Wort. Verlag Sauerländer,
Aarau, Frankfurt/M. 2002, S. 86

KIRSTEN, NADJA

88 Mit Anstand unterrichten
aus: Die ZEIT v. 4. 9. 2003

KNAUF, DENIS

52 In 15 Jahren
aus: Dieter Bongartz, Ganz anders
als du denkst. Eine Generation
meldet sich zu Wort. Verlag Sauerländer, Aarau, Frankfurt/M. 2002,
S. 83 f.

KOEPPEL, MATTHIAS

237 Döss Tourrastn Flauch
aus: Städte. Verse. Deutschsprachige
Großstadtlyrik der Gegenwart. Hg. v.
Axel Kutsch. Verlag Landpresse
Weilerswist 2002, S. 52

KÜHN, JOHANNES

238 Der Dom
aus: Städte. Verse. Deutschsprachige
Großstadtlyrik der Gegenwart. Hg. v.
Axel Kutsch. Verlag Landpresse
Weilerswist 2002, S. 239

LÖHLE, JÜGEN

87 Du solltest die Tour verlassen
aus: Sonntag aktuell v. 20. 2. 2005

LEVOY, MYRON (*1930)

209 Der gelbe Vogel
aus: Der gelbe Vogel. Benziger Edition
im Arena Verlag, Würzburg 1981

LUTTEROTTI, NICOLA VON

152 Der Strom aus dem Rucksack
aus: Frankfurter Allgemeine Zeitung v.
9. 9. 2005

MANZ, HANS (*1937)

179 Freundschaften
aus: Der fliegende Robert. Viertes Jahr-
buch der Kinderliteratur. Hg. von H. J.
Gelberg. Verlag Beltz & Gelberg,
Weinheim u. Basel 1977

MÜLLER, TITUS (*1977)

230 Potsdamer Platz
aus: Städte. Verse. Deutschsprachige
Großstadtlyrik der Gegenwart. Hg. v.
Axel Kutsch. Verlag Landpresse
Weilerswist 2002, S. 223

OLBERT, FRANK

75 Styropor auf dem Wasser
75 Erhebliche Mängel
aus: Kölner Stadt-Anzeiger v.
3. November 2000

PAVONE, RITA (*1945)

123 Wenn ich ein Junge wär
aus: http://genevieve-cory.150m.com/
music/pavonejunge.html

POE, EDGAR ALLAN (1809–1849)

278 Das ovale Porträt
aus: Der Untergang des Hauses Usher
und andere Geschichten von
Schönheit, Liebe und Wiederkunft.
Diogenes Verlag, Zürich 1984

PRESSLER, MIRJAM (*1940)

202 Malka Mai
aus: Malka Mai. Verlag Beltz &
Gelberg. Programm Beltz & Gelberg,
Weinheim 2001

RAIMUND, FERDINAND/KREUTZER, -
CONRADIN

124 Das kriegerische Mädchen
http://ingeb.org/Lieder/achewennich.
html

RECHEIS, KÄTHE (*1928)

180 Der Löwe und die Stiere
aus: Das große Fabelbuch. Neu bearb.
Von Käthe Recheis. Carl Ueberreutter
Verlag, Wien und Heidelberg 1965,
S. 198

REISER, RIO (1950–1996)

106 König von Deutschland
aus: © George Glueck Musik GmbH
c/o Sony/ATV Music Publishing
(Germany) GmbH

RÖHRIG, JOACHIM

77 Frei reden, überzeugend
argumentieren
aus: Kölner Stadt-Anzeiger v.
21. 2. 2005

ROTH, UWE

87 Invasion der Fernsehgaukler
aus: Sonntag aktuell v. 20. 2. 2005

SAUTER, LILLY (1913–1972)

226 Ballade von der Métro
aus: Zum Himmel wächst das Feld.
Wort und Weltverlag, Innsbruck,
S. 72 f.

SCHILLER, FRIEDRICH (1759–1805)

172 Die Bürgschaft
242 Wilhelm Tell
aus: Sämtliche Werke. Hg. v. Gerhard
Fricke/Herbert Göpfert/Herbert
Stubenrauch. Carl Hanser Verlag,
München 1958

SCHMIEDER, JÜRGEN

267 So konzentriert kommen wir
nicht mehr zusammen
aus: Süddeutsche Zeitung v.
21. 4. 2004

SCHOBLINSKY, PETER

140 SMS-Texte – Alarmsignale für die
Standardsprache?
aus: www.mediensprache.net/de/
essays/2/

SELBER, MARTIN (1924–2006)

25 Hanna und Elisabeth
aus: Hanna und Elisabeth. Der
Kinderbuch Verlag, Berlin 1981, S. 58–
65

SIECKMEYER, DIETER

11 Stars, Sternchen und wahre
Helden
aus: Westdeutsche Zeitung v. 30. 5. 2005

SPRECKELSEN, KAY

155 Karussell-Versuch
aus: Frankfurter Allgemeine Sonntagszeitung v. 16. 1. 2005

SRASIK, FRANZISKA

12 Vera Bohle: Mein Leben als
Minenräumerin
aus: http://www.br-online.de/kultur/
literatur/lesezeichen/... 20. 10. 2005

STEFANI, GWEN

111 Rich Girl
aus: http://www.goldlyrics.com/song_
lyrics/gwen_stefani/love_angel_
music_baby/rich_girl

STORM, THEODOR (1817–1888)

229 Die Stadt
aus: Sämtliche Werke. Hg. v. A. Köster.
Insel Verlag, Leipzig 1923

STUCKRAD-BARRE, BENJAMIN VON (*1975)

102 Entsorgung
aus: Deutsches Theater. Kiepenheuer
& Witsch, Köln 2001, S. 251–253

THENIOR, RALF (*1945)

195 Zu spät
aus: Radio Hagenbeck. Sieben schmutzige Geschichten in schmutziger Sprache. Kellner-Verlag, Hamburg 1984,
S. 76-79

TUCHOLSKY, KURT (1890–1935)

224 Augen in der Groß-Stadt
aus: Sämtliche Werke. Hg. v. M.
Gerold-Tucholsky/F. Raddatz. Bd. 8.
Rowohlt Verlag, Reinbek b. Hamburg
1960, S. 69 f.

VELI, ORHAN (1914–1956)

227 Ich höre Instanbul
aus: Fremdartig/Garip. Gedichte in
zwei Sprachen. Hg. und übersetzt
v. Yüksel Pazarkaya. Frankfurt/M.
1985

WOLF, IRMGARD

66 Kein Wort zu viel
Autobiografie. Köln 2001

WOHLGEMUTH, HILDEGARD (1917–1994)

229 Industriestadt sonntags abends
aus: Wen soll ich nach Rosen
schicken? Peter Hammer Verlag,
Wuppertal 1971

WOODING, CHRIS (*1977)

182 Beste Freunde
183 Einen Freund auslachen
aus: Die Party. Aus dem Englischen
von Salah Naoura. Arena Verlag
Würzburg 1999, S. 22, 125–126

ZITZ-HALEIN, KATHINKA (1801–1877)

108 Wenn ich ein König wäre
aus: Wahre Freiheit. Gedichte und
Prosa, hg. von Dietmar Noering.
Bangert & Metzler, Frankfurt/M. 1987

## Unbekannte/Unbenannte Autoren

115 Abenteurer Fossett hat schon die
Hälfte der Weltumrudung
geschafft
aus: www.reuters.de vom 2. 3. 2005

91 Anstand
aus: Duden, Bd. 10: Bedeutungswörterbuch. Bibliographisches Institut &
F. A. Brockhaus AG, Mannheim 2002

91 Anstand
aus: Wahrig. Herkunftswörterbuch.
Wissen Media Verlag, Gütersloh/Mün-
chen 2003

76 Archäologische Entdeckung im Internet
aus: Kölner Stadt-Anzeiger v. 22.9.2005

147 Aus Tomatenschalen
aus: Innovate! 1/05. Hg. v. EADS, General Elektric, Roche Diagnostics, Thyssen Krupp, München, S. 6

126 Benni, 13 Jahre, 8. Klasse
Originalbeitrag

129 Die Merkmale der Jugendsprache
aus: Wörterbuch der Jugendsprache 2005. Klett Verlag, Stuttgart 2004

136 „Die Tätigkeit eines Juristen lebt von der Sprache"
Originalbeitrag

14 Düsseldorfer Tafelrunde
Originalbeitrag

282 Ein Bild auf der Haut bleibt beliebt
aus: http://www.ksta.de/artikel.jsp?id.=1059758247878 v. 3.8.2003

14 Elfjährige ist Unicef-Junior-Botschafterin
aus: Westdeutsche Zeitung v. 3025. Juni 2005

40 Fair feels good – Genießen mit gutem Gefühl
nach: http://www.bmz.de/de/service/kampagnen/fair_fwwla_good.html

177 Freund, Freundschaft, freundschaftlich
aus: Duden. Das Synonymwörterbuch. Ein Wörterbuch sinnverwandter Wörter. 3., völlig neu erarb. Auflage. Bibliographisches Institut & F. A. Brockhaus AG, Mannheim/Leipzig/Wien/Zürich 2004, S. 395

156 Frischetests
aus: Frankfurter Allgemeine Sonntagzeitung v. 20.3.2005

39 Kinderarbeit macht unser Leben süßer
nach: http://www.aktiv-gegen-kinderarbeit.de/orange.htm (Stand: 20.11.2006)

133 Mordanschlag nach Mobbing?
nach: Das Jugendgericht, gesendet am 9.2.2005, RTL, Köln

128 „Mädchen reden unteinander nicht so derb wie wir"
aus: Bravo Girl Nr. 22 v. 19.10.2005, S. 14

116 Rekordjäger Fossett hat es wieder geschafft
aus: www.rtl.de/news v. 3.3.2005

149 Schwerhörig
aus: Stuttgarter Zeitung v. 19.5.2004

78 Schüler diskutieren wie Profis
aus: Kölner Stadt-Anzeiger v. 19.9.2005

75 Sicherheit
aus: Kölner Stadt-Anzeiger v. 3. November 2000

112 Text A: Pop ist meiner Meinung ...
aus: www.rollingstone.de/forum/showthread.php?t=9068&page=6

112 Text B: „Was wäre, wenn ... es die Musik nicht mehr geben würde?"
aus: www.sz-jugendseite.de/sz-texte.php?rubrik=wwwe

130 Trendwörterbuch
aus: Mädchen Nr. 22 v. 19.10.2005, S. 6

117 Umjubelter Empfang von Weltrekordseglerin MacArthur
aus: http://www.reuters.de

147 Umwelt-Check per Gen-Chip
aus: http://www.gbf.de/download/1916/0502_Biotool.pdf

# TEXTARTENVERZEICHNIS

## Balladen
Biermann, Wolf: Ballade vom Briefträger William
L. Moore aus Baltimore 23
Fontane, Theodor: John Maynard 22
Sauter, Lilly:
Ballade von der Métro 226

## Biografien
Hagener, Malte: Doris Dörrie 296

## Dramentexte
Schiller, Friedrich: Wilhelm Tell 242

## Erzählungen
Dörrie, Doris: Bin ich schön? 290
Fried, Erich: Ritterlichkeit 96
Hesse, Hermann: Freundespflicht 171
Kafka, Franz: Gemeinschaft 169
Poe, Edgar Allan:
Das ovale Porträt 278
Wolf, Irmgard: Bratäpfel 66

## Fabeln
Recheis, Käthe:
Der Löwe und die Stiere 180

## Gedichte
(siehe auch Balladen, Mundartgedichte)
Frank, Karlhans:
Das Haus des Schreibers 238
Gomringer, Eugen:
cars and cars 238
Heine, Heinrich: Deutschland.
Ein Wintermärchen 122
Heym, Georg: Berlin I 231
Kaléko, Mascha: Frau Wegerich 237

Kästner, Erich:
Besuch vom Lande 222
Kühn, Johannes: Der Dom 238
Manz, Hans: Freundschaften 179
Müller, Titus: Potsdamer Platz 230
Raimund, F./Kreutzer, C.:
Das kriegerische Mädchen 124
Storm, Theodor: Die Stadt 229
Tucholsky, Kurt:
Augen in der Groß-Stadt 224
Veli, Orhan: Ich höre Istanbul 227
Wohlgemuth, Hildegard: Industriestadt sonntags abends 229
Zitz-Halein, Kathinka:
Wenn ich ein König wäre 108

## Gesetzestexte
Allgemeine Schulordnung NRW
2003 § 37 119
Allgemeine Schulordnung Saarland
1997 § 13 120

## Interviews
Büsing, Kristin: „Die Küche ist für Kinder ein fantastischer Ort", Interview mit Jamie Oliver 50
Die Tätigkeit eines Juristen lebt von der Sprache, Interview mit Azis Sariyar 136
Fichtner, Ulrich: Das riecht ja heute wieder wunderbar, Interview mit Johann Lafer 48

## Jugendbuchauszüge
Chotjewitz, David:
Einsteins Zimmer 56

Homes, A. M.: Jack and Max 168
Levoy, Myron: Der gelbe Vogel 209
Pressler, Mirjam: Malka Mai 202
Selber, Martin:
Hanna und Elisabeth 25
Wooding, Chris: Beste Freunde 182

## Kurzgeschichten
Borchert, Wolfgang:
Nachts schlafen die Ratten doch 187
Brecht, Bertolt:
Die unwürdige Greisin 98
Duvanel, Adelheid:
Mein Schweigen 196
Frank, Julia: Streuselschnecke 186
Helminger, Guy:
Die Bahnfahrt 193
Kaminer, Wladimir:
Schönhauser Alle im Regen 190
Thenior, Ralf: Zu spät 195

## Lexikonartikel
Anstand 91
Auto 143
Der schöne Schönfaden oder Zylinderputzer 292
Design 143
Die Merkmale der Jugendsprache 129
Freundschaft 177
Kurzgeschichte 192
Lack 144
„Menschenmaterial" 104
Sonett 232

### Liedtexte

Bock, Jerry:
  Wenn ich einmal reich wär' 110
Ebb, Fred:
  New York, New York 228
Ideal: Berlin 224
Pavone, Rita:
  Wenn ich ein Junge wäre 123
Reiser, Rio:
  König von Deutschland 106
Stefani, Gwen: Rich Girl 111

### Mundartgedichte

Fischer, Hilde: Op der Huhstroß 233
Koeppel, Matthias:
  Döss Tourrastn Flauch 237

### Novellen

Eichendorff, Joseph von: Aus dem
  Leben eines Taugenichts 58

### Sachtexte

Abenteurer Fossett hat schon die
  Hälfte der Weltumrundung
  geschafft 115
Archäologische Entdeckung im
  Internet 76
Braun, Andreas:
  Die Sache mit dem Anstand 90
Deutsch, Judith: Der Mensch –
  ein Produkt des Arztes? 284
Düsseldorfer Tafelrunde 14

Eco, Umberto:
  Die Geschichte der Schönheit 295
Ein Bild auf der Haut bleibt
  beliebt 282
Elfjährige ist Unicef-Junior-
  Botschafterin 14
Fair feels good – Genießen mit gutem
  Gefühl 40
Fischer, Jochen: Anmerkung zur
  Straßenlage der Nation 86
Freytag, Claudia: Die Charts des
  bimmelnden Grauens 82
Froböse, Rolf:
  Stahl im Alltagsleben 142
Grefe, Christiane:
  Wie man in Deutschland befreundet
  ist 175
Herrmann, Lutz: Noch kein Gift an der
  Oberfläche 75
Hofmann, Benjamin:
  Lizenz zum Schuldenmachen 80
Kinderarbeit macht unser Leben
  süßer 39
Kirsten, Nadja:
  Mit Anstand unterrichten 88
Löhle, Jürgen:
  Du solltest die Tour verlassen 87
Mobilfunkrechnung 81
Müller, Ursula: Lieber Herr Lafer 49
Rekordjäger Fossett hat es wieder
  geschafft 116

Röhrig, Joachim: Frei reden,
  überzeugend argumentieren 77
Roth, Uwe:
  Invasion der Fernsehgaukler 87
Schmieder, Jürgen:
  So konzentriert kommen wir
  nicht mehr zusammen 267
Stuckrad-Barre, Benjamin von:
  Entsorgung 102
Schüler diskutieren wie Profis 78
Schwerhörig. Freizeitlärm als Feind
  der Kinder 149
Sieckmeyer, Dieter: Stars, Sternchen
  und wahre Helden 11
Srasik, Franziska: Vera Bohle: Mein
  Leben als Minenräumerin 12
Tanner, Elfriede: Meinung zum
  Interview mit Herrn Lafer 49
Umjubelter Empfang von Weltrekord-
  seglerin MacArthur 117

### Sagen

Crescenzo, Luciano de: Aus den
  „Zwölf Arbeiten des Herakles" 19

### Versuchsbeschreibung

Frischetests 156
Lutterotti, Nicola von:
  Der Strom aus dem Rucksack 152
Spiegelwelten 156
Spreckelsen, Kay:
  Karussell-Versuch 155

# SACHREGISTER

**A** Abkürzung 138, 143
Ableitung 147–149, 162, 165
Adjektiv 57, 63, 240, 242, 280
Adverbiale Bestimmung 183
Akrostichon 181
Alltagssprache/Standardsprache 130,
  140
Anapäst 232
Anfrage 15
Annonce 262
Antonym 89, 103
Appell 29–30
– Flyer 30, 262
– Plakat 18, **29–30,** 72, 150, 262
Apostroph 166
Arbeitstechniken
– Cluster 10, 93, 103, 105, 169, 177,
  179, 275, 277
– Flussdiagramm 60, 80, 174, 180
– Mind-Map **42–43,** 93, 206, 221
– nachschlagen 94, **142–144,** 280
– Portfolio 10–17
– Schreibkonferenz 47, 84, 178, 195,
  228
– Steckbrief 10
– Tabelle erstellen 82, 130, 148, 210
– Testaufgaben erstellen 210, 280,
  283, 287–291

Argumentation 36, 44, 47, 128, 269,
  283, 286
– Argumentationspyramide 36
Argumentieren 33–38, 172, 174, 192,
  229
– Argument 33–37, 44, 50, 97, 129,
  140, 248, 266, 281, 285
– Beispiel 35–36, 129, 140
– These 33–37, 112, 128
Attribut 57, 189
Auktorialer Erzähler 207

**B** Ballade 22–24, 172–174, 228
Bedeutungswörterbuch 91–94, 102
Begriff 85–104
– abstrakter Begriff 90
– Denotation 93
– Euphemismus 103
– Konnotation 93–94, 264
– Neologismen (Begriffsneubildung)
  130, 230
– Ober-/Unterbegriff 68, 86, 103
– Unwort 104
Begründen 9, 48, 73, 130, 142, 157,
  174, 179, 271, 281, 283
– begründete Stellungnahme 81,
  129, 136, 140
Bericht/Zeitungsbericht 23, 117

Beschreiben 51–55
– Bilder 51, **64,** 85, 167, 178, 185, 221,
  263
– Gegenstände 141, 165
– Personen 52–55, 280
– Vorgänge 152, 154
– Versuche 156
Bewerbungsgespräch 68
Bewerbungsschreiben 158–160
Bilder beschreiben 51, **64,** 85, 167,
  178, 185, 221, 263
– Bildunterschrift 85
Brief/Leserbrief 48–50, 72, 81, 89, 216

**C** Chat 95, 112, 118
Cluster 10, 93, 103, 105, 169, 177, 179,
  275, 277
Collage 221, 240
Computereinsatz 83–88, 159

**D** Daktylus 232
Definition 10, 177
Denotation 93
Diagramm 283
– Balkendiagramm 177
– Diagramme auswerten 81
– Erklärgrafik 76
– Flussdiagramm 60, 80, 174, 180
– Säulendiagramm 81

Dialekt 233–237
Dialog 55, 128, 179, 199
Direkte Rede 116, 213
Diskutieren 31–38, 69, 80–81, 86, 128, 184
– Internetchat 95, 112, 118, 135
– Kreisgespräch 33
– Kugellagergespräch 31–32
– Pro- und Contra-Diskussion 69, 237
Drama **241–262**
– Aufzug/Akt: 246, 250
– Botenbericht 250
– Bühnenbild 242, 250
– erregendes Moment 246, 248–250
– Exposition 250, 255
– innerer Monolog 179, 207, 250, 259
– Konflikt 248–251, 255
– Mauerschau 250
– Monolog 259
– Regieanweisung 38, 55, 200
– Protagonist/Held 243
– Szene 242, 245, 250
Drehplan 275–276

**E** Einleitung 46
Ergänzungsstrich 165–166
Erlebte Rede 213
Erörtern/Erörterung 284–286
Erregendes Moment 246, 248, 250
Ersatzprobe 55, 57, 183
Erweiterungsprobe 55, 57, 183
Erzählen 56–68
Erzählform 59
Erzähler 28, 59, 101, 169, 174, 186, 197, 200, 207
– Ich-Erzähler 59, 62, 186
– personaler Erzähler 207
– auktorialer Erzähler 207
Erzähltechnik 28, 210–211
– äußere Handlung 28, 210–211
– erlebte Rede 213
– innere Handlung 28, 210–211
Erzähltempus 197
Erzählungen 25–28, 96–101, 167–172
– Aufbau 62, 187
– Erzähler 28, 59, 101, 169, 174, 186, 197, 200, 207
– Figuren 60, 186, 189, 197, 200, 203, 215, 241–242, 245
– Handlungsschritte 206, 214
– Leitmotiv 189, 191
– Ort des Geschehens 60, 242
– Perspektive 28, 189, 215
– sprachliche Gestaltung 59, 62, 187, 195
– Wendepunkt 187, 191
– zeitgeschichtlicher Hintergrund 189, 203, 215, 219–220, 225, 249
Euphemismus 103
Exposition 250, 255

**F** Fabel 180
Fachbegriff 135, 145, 269
Fachsprache 135, 141–151

Fantasiereise 51
Feedback 220, 255
Figurencharakteristik 189, 198, **208–209**, 215, 217
Filmdrehbuch 198
– Dialoge 198
– Einstellungsgrößen 198
– Kameraperspektiven 198
– Montage 273–274
– Schnitt 273–274
Finalsatz 41
Flussdiagramm 60, 80, 174, 180
Flyer **30**, 262
Fremdwort **141–149**
– Doppelschreibung 149–151
– Herkunft 146
– langes i 163
– Präfixe 148
– Rechschreibmerkmale 146–147

**G** Gebrauchsanweisung 141
Gedankenspiel 106, 112
Gedichte 108, 122, 131, 172, **221–240**
– Metapher 57, 130–131, 197, 229–230
– Metrum (Versmaß) 107, 229, 231–232
– Personifikation 223, 229
– Reim 229
– Rhythmus 231–232
– Sonett 232
– Strophe 23, 109, 225, 230
– Vergleich 57, 63, 197, 230
– Vers 230
– Zäsur 232
Gegenstandsbeschreibung 141, 165
Geschlechtsspezifisches Gesprächs-verhalten 128
Gesprochene Sprache 127, 132, 140
Gestik 38
Gliederung 43
Gliedsatz 110, 153
Glosse 82
Grafik 70, 76, 81, 84, 92, 94, 110
– Schaubild/Skizze 22, 89, 171, 186, 255, 280

**H** Herkunftswörterbuch/Etymo-logisches Wörterbuch 91–95, 142, 151
Hochsprache 234
Hörspiel 199
Hypertext 66–67

**I** Ich-Erzähler 59, 62, 186
Idiolekt 127
If-Sätze 111
Indikativ 107, 114
Indirekte Rede 113–117
Infinitiv 152
– satzwertiger Infinitiv 152
Infinitivsatz 45, 154, 164–165
Inhaltsangabe 18, 60, 174, **215**
Inhaltsverzeichnis 16–17, 219
Innerer Monolog 179, 207, 250, 259
Indirekte Rede 113–117

Internet 66–67, 95, 118, 181–184
– Chat 95, 112, 118
– Internetrecherche 13, 109, 219, 225
– Intranet 181
– Homepage 118, 181
– Hypertext 66–67
Interpretieren 281
Interview **14–15**, 50, 67, 127–128, 136
– Fragentechnik 15, 67

**J** Jambus 232
Journalistische Textsorten **76–82**, 113
– Glosse 82
– Kommentar 72, 74, 82
– Leserbrief **48–50**, 72, 81, 89
– Meldung 76–77, 80, 117
– Nachricht 80
– Reportage 79–80
Jugendroman 182–183, **201–218**
Jugendsprache 125–137
– Idiolekt 127
– Soziolekt 127
Jugendzeitschriften 125, 128

**K** Kamerabewegung 270–273
– Kamerafahrt 270–273
– Kameraschwenk 270–273
Kameraperspektive 271, 275
Kausalsatz 41
Kernaussagen 231
Klassisches Theater (s. auch Theater)
Komma 153–156
Kommentar 82, 128
Kommentieren 88, 97, 132, 286
Konditionalsatz 110–111
Konflikt 248–251, 255
Konjunktion 41, 44
Konjunktiv 105–124
– irrealis 110–112, 123
– Konjunktiv I 113–117
– Konjunktiv II 105–112, 114
– realis 107–112
Konnotation 93–94, 264
Konsekutivsatz 41
Konzessivsatz 45
Kontext 90
Kreisgespräch 33
Kugellagergespräch 31–32
Kurzgeschichte **185–200**, 278–280
Kurzfilm 198–200
Kurzreferat 219–220
Kurzvortrag 219–220

**L** Lebenslauf 161
Lehnwort 151
Leitmotiv 65, 189
Lesen
– laut vorlesen 229, 259
– Lesen mit verteilten Rollen 174, 245
– szenisches Lesen 255
Leserbrief **48–50**, 81, 89
Lesetagebuch 218
Lesetraining 292–297
– gezieltes Lesen 292–293

- intensives Lesen 296–297
- überfliegendes Lesen 294–296
Lieder 23, 106, 110, 111, 122, 123, 228
Lyrik 221–231
Lyrisches Ich 228–229, 231

**M** Mauerschau 250
Medien
- Hörspiel 199–200
- Jugendzeitschriften 125, 128
- Internet 66–67, 95, 118, 181–184
Medienfachsprache 133–137
Meldung 77, 80, 117
Metapher 57, **130–131**, 194, 197, 229–230
- Bildempfänger 130–131
- Bildspender 130–131
Metrum 107, 229, 231–232
- Anapäst 232
- Daktylus 232
- Jambus 232
- Trochäus 232
Mimik 38
Mind-Map **42–43**, 93, 206, 221
Modalverben 119, 121
Modus 105–121
- Indikativ 107
- Konjunktiv I 113–117
- Konjunktiv II 105–112, 114
Monolog 259
- innerer Monolog 179, 207, 250, 259
Montage 273–274
Motiv 222–223

**N** Nachricht 80
Nachschlagen **91–94**, 142, 280
Neologismus 103, 130, 230
   (Begriffsneubildung)
Nominalisierung 40
Notizen machen 10, 32, 67
Novelle 58–65

**O** Oberbegriff 62, 68, 86, 103

**P** Paraphrase 116–117
Paralleltexte schreiben 179–181, 197, 228, 239
Partizip 152
- satzwertiges Partizip 152–153
Partizipgruppe 153–154
Partnerdiktat 164
Personaler Erzähler 207
Personen beschreiben 52–55, 280
Personifikation 223, 229
Plakat 18, 24, **29–30**, 72, 150, 262
Podiumsdiskussion 273
Portfolio 10–17
Präfix 147–148
Präsentation 220
Proben 55, 57
- Ersatzprobe 55, 57, 183
- Erweiterungsprobe 55, 57, 183
- Umstellungsprobe 55, 57
- Weglassprobe 54, 183
Projekte
- Bücher, CD-ROM vorstellen 219–220

- Hypertext erstellen 66–68
- Klassenzeitung 83–84
- Tell-Abend 260–262
- Werbespot drehen 275–276
Protokoll 33, 132

**Q** Quiz erstellen 74, 250

**R** Rap 225
Recherchieren 13, 41, 67, 102, 105, 109, 219
- Inernetrecherche 13, 109, 219
Rechtschreibung 141–147
   (s. auch Fremdwörter)
- Schreibung nach kurzem Vokal 162
Redewiedergabe 113–121
- indirekte Rede 113, 116
- wörtliche Rede 115
Referat 10, 220, 249
Regieanweisung 38, 55, 200
Relativsatz 154–155
Reportage 79–80
Ressort 83
Rhythmus 232–232
Rollenbiografie 248
Rollenspiel 38
Romantik 64–65

**S** Sachtexte erschließen 79, 86–87, 102, 175–177, 267–269, 282–285, 288–291
- Fünf-Schritt-Lesemethode 177
- Informationen auswerten 79, 177, 269, 283
- Informationen gliedern 79, 177
- Informationen festhalten 102, 177
- Schlüssel-/Signalwörter 62, 297
Satzarten
- Hauptsatz 41, 45
- Nebensatz 45, 114
Satzgefüge 41, 44–45, 110
Satzreihe 45
Schildern 56–57, 60–62, 65, 239
Schlagzeile 69–70
Schlüsselwörter 297
Schnitt 273–274
Schreibkonferenz 47, 84, 178, 195, 228
Schülerzeitung 121
Selbstporträt/Selbstbeschreibung 53
Sonett 232
Soziolekt (Gruppensprache) 127, 137
Sprachvarianten 107, **125–140**
- Alltagssprache/Standardsprache 130, 140
- Dialekt 233–237
- Fachsprache 133–137, 141, 150
- gesprochene Sprache 127, 132, 140
- geschlechtsspezifische Sprache 128
- Hochsprache/Schriftsprache 140, 234
- Jugendsprache **125–137**
- SMS-Sprache 138–140

- Soziolekt (Gruppensprache) 127, 137
- Umgangssprache 21, 107, 131–132
Standbild 255, 271
Steckbrief 10
Stellung nehmen 39–49, 97
- schriftliche Stellungnahme 39–49
Stichwörter machen 31–32, 51, 59, 70–71, 170, 178, 255
Stichwortzettel/-karten 39–41, 220
Streitgespräch 37–38
Strophe 23, 109
Suffix 149
Synonym 89, 103
Szene 242, 245, 250
Szenisches Spiel 28, 255, 261–262

**T** Tabelle erstellen 35, 38, 109, 169, 172, 192, 229, 283
Tandem-Lernen 104
Tempus/Tempora 24, 71, 109, 213
- Plusquamperfekt 71
- Präsens 109, 215
- Präteritum 109, 213
Testaufgaben 287–291
Textdesign 75–76
Texte analysieren 18–28
Texte erschließen 12, 18–28, 79, 96–97, 98–101, 169, 170, 231, 290–291
- Gestaltungsmittel 18
- Schlüsselwörter 79
- sprachliche Mittel 59, 62
- Texte vergleichen 12, 18–28, 120–121, 124
- zeitgeschichtlicher Hintergrund 189, 203, 215, 219, 225, 249
Texte interpretieren 101, 281
Texte umschreiben 207, 216–218, 223–225, 242–243
Texte vergleichen 11–12, 18–28, 121, 123–124, 214, 225, 237
Text verstehen 286–287
Texte vortragen 174, 225, 231, 234
Texte weiterschreiben 193–194, 216–218
Texte zusammenfassen 79, 81, 90, 170, 191, 194, 203, 214, 245
Textkohärenz 207
Theater (s. auch Drama)
These 33–36, 112, 129, 136
Trochäus 232

**U** Umfrage **14–15**, 235–236
- Fragenkatalog 14
Umgangssprache 107
Umstellprobe 55, 57, 153, 183
Unterbegriff 68, 103

**V** Verb 107, 114, 121
- Modalverben 118–119, 121
Vergleich 57, 63, 197, 230
Versuche beschreiben 155–156
Visualisierung 92–93, 220
Visuelle Poesie 238–240
Vorgänge beschreiben 152–154

Vorstellungsgespräch 68
Vortrag 219–220
Vorwort 16

**W** Wandzeitung 142, 150
Weglassprobe 54, 183
Werbung 29–30, 74, **263–276**
– Connaisseur-Werbung 265
– Copy 264–265, 267
– Eyecatcher 264
– Headline 264, 267
– Logo 264–265, 269
– Slogan 264, 266, 269
– Zielgruppe 264
Wortfamlie 91, 151
Wörterbuch 91–93, 102, 130, 142, 177
– Bedeutungswörterbuch (Synonymwörterbuch) 91–94, 102

– Fremdwörterbuch 142–143
– Herkunftswörterbuch (Etymologisches Wörterbuch) 91–94, 142, 151
– Wörterbuch der Jugendsprache 130
Wörtliche Rede 114–116
Wortfeld 91, 206

**Z** Zäsur 232
Zeichensetzung 153, 156–157, 164
– Apostroph 166
– Doppelpunkt 157
– Ergänzungsstrich 165–166
– Gedankenstrich 157
– Komma 153, 156
– wörtliche Rede 114–116
Zeitschrift 73–74, 263

Zeitung 70, **73–84,** 245, 269 (s. auch Journalistische Textsorten 76–84)
– Impressum 74, 181
– Lay-out 73–74, 76, 84
– Lead-Stil 70
– Ressort 73–74, 83
– Schlagzeile 69–71, 78
– Schüler-/Klassenzeitung 72, 83, 121
– Textdesign 75–76, 84
– Vorspann 78
– Zeitungsartikel schreiben 90
Zitat/Zitieren 116–117, **177,** 210
Zuhören 66–67, 286
Zusammenfassung 79
Zusammensetzung 147–149, 165

Zu diesem Buch gibt es ein passendes Arbeitsheft (ISBN 978-3-464-68064-3; mit CD: ISBN 978-3-464-68100-8), das Orientierungswissen zum Nachschlagen (ISBN 978-3-464-68116-9), eine begleitende Lernsoftware (ISBN 978-3-464-60969-9) sowie ein Hörbuch (ISBN 978-3-464-60378-9).

Für wertvolle Hinweise danken wir Roswitha Haase-Romeo (Berlin), Harald Kargus (Neustadt), Margot Lauer (St. Wendel), Sabine Menzel (Fulda), Gabrielle Steinbach (Schwegenheim), Dirk Walter (Quierschied), Bianca Weber (Essen) und Margarita Wolter (Rheinstorf).

Redaktion: Birgit Wernz
Bildrecherche: Gabi Sprickerhof

Illustrationen:
Maja Bohn, Berlin (S. 25, 26, 28, 59, 185, 186, 188, 190, 193, 194, 195, 196)
Klaus Ensikat, Berlin (S. 96, 99, 173, 248)
Sylvia Graupner, Annaberg (S. 70, 76, 127, 131, 132, 138, 139, 202, 204, 206)
Sabine Lochmann, Frankfurt/Main (S. 52, 168, 170, 181, 182, 183, 209, 211, 214)
Jutta Melsheimer, Berlin (S. 30, 32, 33, 42, 43, 44, 46, 151, 157, 159, 250, 272, 280, 294)

Umschlaggestaltung und Layout-Konzept: Katharina Wolff (Foto: Thomas Schulz, Illustration: Nina Pagalies)
Layout und technische Umsetzung: werkstatt für gebrauchsgrafik, Berlin

www.cornelsen.de

Die Links zu externen Webseiten Dritter, die in diesem Lehrwerk angegeben sind, wurden vor Drucklegung sorgfältig auf ihre Aktualität geprüft. Der Verlag übernimmt keine Gewähr für die Aktualität und den Inhalt dieser Seiten oder solcher, die mit ihnen verlinkt sind.

Dieses Werk berücksichtigt die Regeln der reformierten Rechtschreibung und Zeichensetzung.
Bei den mit R gekennzeichneten Texten haben die Rechteinhaber einer Anpassung widersprochen.

1. Auflage, 7. Druck 2011/06

Alle Drucke dieser Auflage sind inhaltlich unverändert
und können im Unterricht nebeneinander verwendet werden.

© 2007 Cornelsen Verlag, Berlin

Das Werk und seine Teile sind urheberrechtlich geschützt.
Jede Nutzung in anderen als den gesetzlich zugelassenen Fällen bedarf der vorherigen schriftlichen Einwilligung des Verlages. Hinweis zu den §§ 46, 52a UrhG: Weder das Werk noch seine Teile dürfen ohne eine solche Einwilligung eingescannt und in ein Netzwerk eingestellt oder sonst öffentlich zugänglich gemacht werden.
Dies gilt auch für Intranets von Schulen und sonstigen Bildungseinrichtungen.

Druck: CS-Druck CornelsenStürtz, Berlin

ISBN 978-3-464-68058-2

 Inhalt gedruckt auf säurefreiem Papier, aus nachhaltiger Forstwirtschaft.